Gestern ist nicht vergessen

Glück und Glas wie leicht bricht das

(Publilius Syrus aus Antiochia, 1. Jahrh.v.Chr.)

Lothar Neimke

Gestern ist nicht vergessen

Edition Falkenberg

Das vorliegende Buch ist eine überarbeitete Neuauflage des Titels »Sturmzeiten«, das 2013 im united p.c. erschienen ist.

2., überarbeitete und erweiterte Auflage 2019

ISBN 978-3-95494-202-2
www.edition-falkenberg.de

Grafik auf dem Umschlag: Lothar Neimke

www.edition-falkenberg.de

Inhalt

Prolog

Die Katastrophe war nicht eingetreten. Der Halleysche Komet raste mit feuerrotem Schweif an dem blauen Planeten Erde vorbei. Aufatmend konnte die Menschheit in das beginnende zwanzigste Jahrhundert blicken, ohne zu ahnen, dass eine andere, die Menschheit aufrüttelnde, Katastrophe bevor stand.

Doch noch war es nicht so weit. Im deutschen Kaiserreich währte der Friede mit wirtschaftlicher Blüte seit Jahrzehnten. Die Heimat des jungen Mädchens Charlotte, die Provinz Schlesien, stand in wirtschaftlicher und kultureller Blüte. Das Großbürgertum hatte sich mit dem Industrieadel, den Gutsbesitzern und den gut situierten Kaufleuten gesellschaftlich arrangiert. In den Garnisonsstädten spielten Offiziere eine gesellschaftlich Rolle. Studenten der Universitätsstadt Breslau pflegten in ihren Verbindungshäusern im wahrsten Sinne des Wortes die Verbindung zwischen den verschiedenen Gesellschaftsgruppen auszuleben. Die Religionsgemeinschaften lebten in gegenseitiger Achtung voreinander, seit 1871 in Preußen die Juden den anderen Religionsgruppen gleichgestellt worden waren. Neben den beiden christlichen Konfessionen stellten sie in Breslau die dritte, wichtige und unübersehbare Konfessionsgruppe.

Und doch, oder gerade weil die Industrie große Fortschritte machte und die großen landwirtschaftlichen Güter immer mehr Ertrag erwirtschafteten, gab es unterprivilegierte Arbeiterschichten, deren Kinder besonders unter der Armut litten. Die industrielle Revolution hatte in den Industriezentren eine in der heutigen Zeit nicht vorstellbare Armut in der arbeitenden Bevölkerung erzeugt. Das Ende des ersten Weltkrieges brachte durch die Zerstörung aller gesellschaftlichen Unterschiede einen Jahrhundertsturm, in dem fast alle bis dahin geltenden Werte hinweggefegt wurden. In diese Wertelage hinein wurde Charlotte geboren. Verwöhnt, glücklich und geborgen in ihrer Familie aufgehoben. Von der Mutter geliebt, von dem Vater verwöhnt, mit einer Großmutter als Beraterin in allen Lebensfragen zur Seite. Ihr Vater, Otto Schlüter, war mit Vertragsverhandlungen über die Lieferung von Kohle im Deutschen Reich als auch in Polen häufig auf Reisen und kannte die Verhältnisse, unter denen im oberschlesischen Industriegebiet die Menschen lebten. Viel erzählte er. Durch die Gespräche, auch mit im Elternhaus geladenen Geschäftsfreunden, wurde Charlotte sehr früh darauf aufmerksam, dass es neben ihrer häuslichen Geborgenheit Bevölkerungsschichten gab, in denen die Kinder nicht die nötige aufmerksam der Eltern erhielten, ja, dass Armut und Elend herrschten. Mit Beendigung ihrer Schulzeit bemühte sie sich, im Bereich der Kindererziehung eine berufliche Grundlage zu erarbeiten, um so Einfluss auf Kinder zu erhalten, die ihr in Kindergruppen oder Horten unterstellt wurden. Während ihre Eltern versuchten, sie auf eine spätere Ehe vorzubereiten, mit den in ihrer bürgerlichen Welt geübten, vermeintlich wichtigen Kenntnissen, in Haushaltsführung, Bildung und Musikunterricht.

Ein selbstständiges Arbeiten mit einem Beruf war zu dieser Zeit für eine Tochter aus der »besseren Gesellschaft« unmöglich. Aus ihrem Elternhaus gab es vorerst keinerlei Unterstützung zu einem derartigen Plan. Mit Trotz, Hartnäckigkeit und Ausdauer wurde es ihr möglich, sich Stück für Stück ihrem Plan - der Kindererziehung - zu nähern. Verzichte auf verlockende Angebote der Eltern und die Einsicht, dass Freundinnen bereits ihre Lebenspartner gefunden hatten und so ein sorgloses Leben führten, konnte sie nicht davon abbringen, ihren gewählten Weg zu gehen, der auch mit Enttäuschungen versehen war. Es wurde damals früh geheiratet und die jungen Mädchen wurden durch eine verkürzte Schulzeit, durch die Pflege des gesellschaftlichen Umgangs sowie dem Erlernen häuslicher Aufgaben auf die Ehe vorbereitet. Beruf - keiner, dafür die drei K`s - Kinder - Küche - Kirche. Diesem weitgehend vorgegebenen Schicksal wollte sie, und das war ihr fester Wille, entkommen, vorerst jedenfalls.

Das Ende des Ersten Weltkriegs mit der Not breiter Bevölkerungsschichten schaffte den Nährboden dafür, dass in ihrem Elternhaus ein Umdenken erfolgte. Wenn schon nicht im heiratsfähigen Alter mit einer »guten Partie« versorgt zu werden, dann sollte wenigsten eine gute berufliche Grundlage dazu beitragen, dass das Lottelchen (eine Koseform auf schlesisch für Lotte) ihres Vaters glücklich wurde.

Der Versuch, einen Weg in eine eigene, finanziell unabhängige Zukunft zu gehen, in der die Frau anerkannt wurde, von einem Mann, dem »Ernährer«, unabhängig, das war weitgehend noch neu und allenfalls in gesellschaftlichen Randgruppen praktiziert.

Einige Stationen ihres Lebensweges wurden von mir und meiner Frau erforscht. Die fast vollständige kriegsbedingte Zerstörung einiger Lebensstationen in Schlesien und der Vertreibung evtl. Zeitzeugen, ließen weitgehend nicht zu, dass an einigen Orten Nachforschungen angestellt werden konnten.

In dem Buch wird das Leben eines heranwachsenden jungen Mädchens als ein Stück Zeitgeschichte geschildert. Der Weg mag für unzählige junge Frauen ähnlich gewesen sein. Charlotte ist in stürmischen gesellschaftlichen und politischen Zeiten zu einer mutigen, aber doch zögerlichen, und mit ihren Ideen nicht durchsetzungsfähigen Frau heranreift und sie hat irgendwann begriffen, dass ihr Leben einen anderen Weg nahm, als sie sich erhofft hatte. War sie mit ihren Ideen vom Leben in einem falschen Jahrhundert geboren worden? Sie verschloss später nicht die Augen vor dem tatsächlichen Leben und widmete sich voller Hingabe ihrer Familie, besonders in den Zeiten der Angst und Not des neuen Krieges. Versuche, den ihr durch äußere Lebensumstände, aber auch sich selbst aufgezwungenen Weg, der sie von ihren ursprünglichen Lebensideen weggeführt hatte, zu korrigieren, schlugen fehl. Ihre Ehe mit ihrem Mann war ihr Lebensschutz und Fessel zugleich. Hatte sie in den ersten Ehejahren noch gehofft, eine gewisse geistige Selbstständigkeit, eine gewisse »Selbstverwirklichung« zu erreichen, resignierte sie vor den tatsächlichen Umständen, in denen sie ihr Leben lebte. Als Ehefrau und Mutter hatte sie Kontakte, die ihr das Gespräch um übliche Lebensumstände gaben, ihr innerstes Seelenleben mit der Umsetzung ihrer eigenen Lebensideen hielt sie für sich verborgen, immer in der Hoffnung, dass da jemand kommen könnte, der sie verstand. Ihre Religiosität mit der Hinwendung zu kirchlichen Institutionen gab ihr eine gewisse Grundlage für Themen, die sie bewegten.

Die Zeit des tiefen, lang andauernden Friedens wird abgelöst von einem Weltkrieg mit Hunger und Entbehrungen, folgender wirtschaftlicher Depression und einer kurzen Zeit, in der das Leben den Menschen wieder alles zu bieten schien. Diese Zeit wird allgemein mit den »Goldenen Zwanziger Jahren« umschrieben. Ihr folgte eine Arbeitslosigkeit in bis dahin ungeahntem Umfang, die durch die Weltwirtschaftskrise ausgelöst wurde. Es folgte das Leben in der Unfreiheit des Nationalsozialismus, aber mit anfänglichem wirtschaftlichen Aufschwung, die Schrecken des Zweiten Weltkriegs und die entbehrungsreichen Jahre nach dem Ende des Krieges bis hin zum Wirtschaftswunder des neuen deutschen Staates.

Die Nutzung von Aufzeichnungen alleine wäre nicht ausreichend gewesen, nur mit Gesprächen in der Familie war es möglich geworden, den Lebensweg von Charlotte vollständig nachzuzeichnen. In dem Buch vorkommende Personen sind, wegen der Entfernung zu den geschilderten Jahrzehnten, mit den aus den Aufzeichnungen her bekannten Namen oder mit ihren Namensabkürzungen genannt. Jahrzehnte liegen zwischen den damaligen Ereignissen und heute. Es ist davon auszugehen, dass die in den Lebenserinnerungen genannten Personen aus dem Freundes- und Bekanntenkreis nicht mehr leben. Die noch Lebenden aus der verzweigten Familie, die Nachfahren der Freunde und Bekannten werden mir die Namensnennung sicher verzeihen. Zu meinen Recherchen wurden alle mir erreichbaren Unterlagen genutzt und sind so sorgsam wie möglich geprüft worden.

Lothar Neimke

1983 Omas Puppenstube

Ein ganz normaler Tag brach an, und doch war dieser Tag einmalig, nicht austauschbar. Der Umzug in ein Seniorenheim stand bevor. Wie würde Charlotte sich verhalten? Heraus aus ihrem schönen, geliebten Haus. Die Zustimmung zu dem Umzug hatte sie ohne weitere Fragen gegeben, so, als wenn es für sie völlig selbstverständlich war, nach der Entlassung aus dem Krankenhaus nicht wieder in ihr Haus einzuziehen. Es war ein schwerer Gang gewesen von ihr die Unterschrift für den Verkauf des Hauses zu erhalten. Aber sie zögerte keinen Moment, es waren keine Erklärungen nötig, es gab keine Träne, kein Jammern. Die Entscheidung war unabänderlich gefallen. Hatte sie sich schon lange innerlich auf diesen Tag vorbereitet? War es die Angst vor dem, was da kommen würde, die sie verschlossen gemacht hatte? War für sie jetzt die Ungewissheit über ihre Zukunft beendet und sah sie für sich ein neues Ziel?

In einem kleinen Appartement in dem Seniorenwohnheim St. Rembertistift in Bremen war all das von meiner Frau und mir eingerichtet, was ihr lieb und teuer war. Sie hatte keine Vorgaben gegeben, keine Hinweise, wie ihr neuer Lebensbereich ausgestattet werden sollte. Neben den Dingen, an denen sie nach früheren Gesprächen hing, war die Einbringung der existenziell notwendigen Einrichtungsteile ein Versuch, ihr eine lebenswerte Umgebung zu schaffen. Dazu gehörten ihre vielen Bücher, Fotoalben von all den Reisen, die sie mit meinem Vater unternommen hatte. In einer Vitrine standen die Mokkatassen, zu jeder konnte sie eine Geschichte erzählen, mit jeder verband sich eine Erinnerung. Eine kleine silberne Ente, ein Salzstreuer, war das Verlobungsgeschenk ihres späteren Mannes gewesen. Die geschliffenen Gläser, aus der berühmten Josephien Hütte aus Schreiberhau, »Römer« genannt, mit hohen Stielen, funkelten in den verschiedensten Farben von Grün bis Kobalt. Mit einem Glas verband sie die interessanteste Geschichte: Es war der Rest der so genannten »Pariser Erbschaft« von ihrer Großmutter Agnes Hoffmann. Diese hatte einen Schwager, Robert Hoffmann, der war sehr wohlhabend gewesen und in Paris gelebt hatte. Wann immer er die Hoffmann-Großmutter in Schweidnitz besuchte, erzählte er von seiner Reise zur Eröffnung des Suezkanals, was auf sie einen großen Eindruck machte. Da er keine Kinder hatte und nie geheiratet hatte, sollte einmal die Großmutter eine große Erbschaft machen, so hoffte sie jedenfalls. Es wurde nichts daraus. Der Erste Weltkrieg und die Inflation in den 20er Jahren fraßen das ganze Vermögen auf. Ein kleiner Karton mit einigen Silberschalen und dem besagten Weinkelch war letztlich die »Pariser Erbschaft« von der immer wieder - natürlich ausschmückend - erzählt wurde. Hiervon abgeleitet sagte sie zu passenden Gelegenheiten:

Wer nichts erheiratet und nichts ererbt,
der bleibt ein armes Luder, bis dass er sterbt.

An wen sie jeweils dabei genau dachte, ist immer ihr Geheimnis geblieben.
Und dann gab es da noch ihre Bilder, die alle in ihre Wohnung gehängt wurden. Da gab es ein Aquarell von der Teichmannbaude im Riesengebirge, am Fuße der Schneekoppe gebaut. Ein elegantes Hotel mit Gastronomie, wohin meine Eltern mit Freunden und Bekannten gerne fuhren. Das Wernigeröder Rathaus, eine Radierung von Erich Heermann, den ihr Vater aus seiner Berufszeit in Achenrain in Tirol kannte. Anlässlich eines Besuches in Breslau, dem späteren Wohnort meiner Eltern, hatte ich den geladenen Gästen auf dem Klavier vorgespielt. Wann immer die Möglichkeit bestand, wünschte sich mein Vater, dass seine Tochter auf dem Klavier spielte. Die Jahre der Ausbildung in dem schlesischen Konservatorium sollten ja nicht vergebens gewesen sein. Er war ein erfolgreicher Kaufmann und so hoffte er, dass der Lohn für die finanziellen Aufwendungen die Hausmusik sein würde, die den Gästen Eindruck machte. Der Maler Heermann war von den musikalischen Vorträgen am Klavier so begeistert gewesen, dass er mir zwei Radierungen von Mozart und Beethoven schenkte. Eine Radierung von der Dresdner Frauenkirche erinnert an die sechs Jahre meines Lebens in Dresden, die Jahre der Familienwerdung, zwei meiner Kinder wurden dort geboren. Es waren die Jahre der Weltwirtschaftskrise, die Millionen in Deutschland arbeitslos machte. Löhne wurden täglich ausgezahlt und hatten vom Morgen zum Abend keinen Wert mehr. Und dann gab es da ein Bild von dem Worpsweder Maler Heuys mit der Hamme bei Worpswede. Es war ein Geschenk von Freunden anlässlich unserer Silberhochzeit, die in Utrecht 1955 in dem großartigen Hotel »Des Bays Bas« gefeiert worden war. Ich zollte dem Bild Respekt als Geschenk. Mit der niederdeutschen Landschaft, ihrer Einsamkeit und Weite konnte ich nie recht etwas anfangen. Ich war ein Kind der niederschlesischen Landschaft mit Wiesen, tiefen Wäldern, den Vorgebirgslandschaften, die die Horizonte begrenzen, den stillen Tälern und den kahlen Höhen der Grenzgebirge nach Böhmen hinüber.

Eine weitere Erinnerung gehört zu einem kleinen, eher unscheinbaren Glasbecher mit einer Landschaftsmalerei, den ich später von der Großel geerbt hatte. Ein Bild zeigt das Dreiländereck zwischen dem Zarenreich Russland, dem Kaiserreich Österreich-Ungarn und dem Kaiserreich Deutschland bei Myslowitz in Ost-Oberschlesien. Aus dieser Länderecke, wo es unzählige Bergwerke gab, wo man nur Schornsteine und Fördertürme sah, wo die Kumpels ihr armseliges Leben führten, wo die deutsche Sprache sich mit der polnischen Sprache vermengte, ist ein kleiner Spruch überliefert, der in sich die ganze Problematik der Menschen in der oberschlesischen Industrielandschaft beinhaltet:

Schwien - Schwien - Schwientochlowitz,
Königshütte, Kattowitz,
Myslowitz und Morgenrot,
da soff sich schon so mancher tot.

Myslowitz, dieser ehemals geografisch bedeutende Grenzpunkt, dessen Erwähnung in keinem schlesischen Reiseführer fehlte, ist heute verweht und vergessen. Ein neues Dreiländereck liegt heute ca. 300 km weiter westlich, dort wo Deutschland, Polen und Tschechien zusammenstoßen. Kaum wird man jemals ohne Emotionen zu wecken beschreiben können, wie es zu dieser räumlichen Verschiebung gekommen ist!

Das Glas fand viele Jahre später seinen Weg in das Schlesische Museum in Görlitz. Wie auch bei anderen besonderen schlesischen Erinnerungsstücken, hatte Charlotte einmal darauf hingewiesen, wo sie bleiben könnten, nach ihrem Tode, wenn es denn je einen Ort geben würde, der die Erinnerung an ihr geliebtes Schlesien wachhalten würde.

Sie konnte nicht ahnen, dass es nach der Wiedervereinigung der beiden Teile Deutschlands (ohne Schlesien) in Görlitz an der Neisse einen Sammelort für schlesisches Kulturgut geben würde. Dort in der Altstadt gibt es heute das »Schlesische Museum«. Der westlich der Neisse liegende Teil von Schlesien verblieb mit Görlitz als ein Art von »Restschlesien« Heimat für einige Schlesier.

So war der kleine Wohnbereich mit Erinnerungen, als auch mit ihren Möbeln ausgestattet. Die Heimleitung meinte, es sei »Omas Puppenstube« geworden.

Und in diese Puppenstube zog Charlotte am 01.08.1983 gefasst und ohne viele Worte ein. Eine kleine, alte, weißhaarige Frau betrat das Seniorenwohnheim und ging kerzengerade an einem Stock, ihrem Bergstock, Erinnerung an die vielen Wanderungen im Riesengebirge, dem Glatzer Bergland und dem Harz. Wir Kinder begleiteten sie mit Herzklopfen an den Gedanken, was wird sie sagen? Wird sie ihre Gefühle preisgeben?

Sie war verschlossen geworden nach dem Tod ihres Mannes. Doch die Frage, wie ihr Leben weitergehen würde, hat sie nicht mehr losgelassen. Vorbei waren die kurzen glücklichen, manchmal großzügig gelebten Zeiten. Die Jahre waren nicht frei von Problemen gewesen, vor allem wenn zwei Sternzeichen-Löwen aneinandergerieten! Aber einmal verriet sie, unter einigen Tränen: »Sie sei nun eine alte Frau, und wie es weiterginge, wüsste sie nicht.« Ihr Lebensweg würde so ganz anders enden, als ihr Vater für sie erträumt hatte.

Die Heimleiterin schloss die Wohnungstür auf und übergaben ihr die Schlüssel mit den herzlichsten Glückwünschen und der Hoffnung, dass sie noch viele Jahre hier leben möge, in einer kleinen Welt, die sie in allen Teilen an die Jahre in ihrem Haus und den Lebensweg, den sie zurückgelegt hatte, erinnern sollte.

Sie trat auf einen kleinen Balkon und sah sich um, so als suche sie ihren alten, schönen Garten. Nach einer Tasse Tee wollten wir gehen. Nur das Teegeschirr regte sie dazu an darauf hinzuweisen, dass es von ihrem ersten selbst verdienten Geld in Breslau gekauft worden sei. Mehr nicht. Sie war beherrscht und verschlossen. War sie überwältigt, war sie bis aufs Äußerste gespannt und unterdrückte jede Regung, bis sie alleine war? Leise gingen wir hinaus und schlossen die Tür. Fragen blieben offen. Wie hat sie innerlich reagiert? War die Wohnung für sie ein Neuanfang oder das Ende ihres Lebens? Hat sie in den Stunden, in denen sie allein war, über ihr Leben nachgedacht? Sicher ist, sie wollte nicht mehr an ihren Lebenserinnerungen schreiben. Ein »ja, ja es wird schon werden« wiederholte sie des Öfteren. In der kurzen Zeit, die ihr tatsächlich verblieb, hatte sie da eine Vorahnung gehabt, dass sie am Ende ihres Lebens war und nicht in einen neuen Lebensabschnitt eintrat? War ihr sonst so unbeugsamer Wille durch die Krankheit und den Umzug letztlich zerbrochen worden? Hatte sie aufgegeben?

Im Rückblick schreibt sie später, jetzt allein ohne Theo, ohne ihre Kinder:

»Heute, ist ein Tag zum Nachdenken, zum sich besinnen. Meine Umwelt? Meine Mitwelt? Was ist richtig, was ist falsch? Rat kann mir niemand geben. Alle kommen

mit ihren eigenen Erfahrungen, und die nützen mir nichts. Ich möchte manchmal Vogel sein und in den Himmel fliegen. Alles und alles hinter mir lassen, nichts mehr hören und sehen von den tausend Nichtigkeiten, die das »Leben« sein sollen. Auf und ab ist es die vielen Jahre gegangen. Immer wieder habe ich Kraft und Zuversicht gefunden, mich durchzuringen anderen gerecht zu werden, mich Selbst zu prüfen. Doch manchmal hat man keine Lust mehr! Doch was soll`s, es ist halt heute modern Erinnerungen aufzuschreiben. So schreibe ich mit Mut, manchmal mit Verzagtheit. Wer wird meine Schreiberei einmal lesen?«

Dieser Absatz in ihrem Tagebuch, oder wie Charlotte es nennt, ihr Erinnerungsbuch als »Echo der Vergangenheit«, zeigt ihre ganzen Zweifel an ihrem Leben auf. »In den Himmel fliegen wie ein Vogel« was hat sie damit gemeint?

Es ist dies der Tod, der uns aufhorchen lässt, der den Zeitschlag anhält, der eine Wunde reißt, und doch ist da etwas Großes, die Erinnerung an einen geliebten Menschen, die Zärtlichkeit mit der des Lebens feine Unterschiede in das Licht der Erinnerung drängen.

Das waren ihre geschriebenen Worte zum Tode ihres geliebten Theos.

Ein Leben mit manchmal nicht zu erwarten gewesenen Höhen und Tiefen in seiner Vielfalt ist nachzuzeichnen aus ihren in den Erinnerungen beschriebenen Episoden. Ihre »zwei Leben«, wie sie einmal sagte. Lücken auffüllen, mit den ungeschriebenen, doch manchmal in den wenigen Begegnungen gesprochenen Worten, wenn ein Gespräch mehr durch Zufall über die Banalitäten des täglichen Lebens hinaus eine unerwartete Wendung nahm. Die Zwischentöne in diesen Gesprächen, die eher »zwischen Tür und Angel« stattfanden. Die Küche in ihrem Haus, nicht sehr groß, war der Platz für die »Küchengespräche«, jedenfalls wurden sie so in der Familie genannt. Wann öffnet sich eine Mutter ihrem Sohn? Ist es nicht so, dass eher Töchter zu ihren Müttern eine wissende Beziehung haben? Hat Charlotte deswegen immer bedauert keine Tochter zu haben? Ihren Lebensweg mit starken religiösen Grundlagen hat sie die Jahrzehnte ihres Lebens lieben und ertragen lassen. Sie war eben eine Frau, die in stürmische Zeiten hineingeboren war und vielleicht gerade deswegen sich in ihrem Leben zu behaupten wusste, in Lebensnischen, die sie sich selbst mit ihrem christlichen Glauben geschaffen hatte. In der weiteren Lebensgeschichte wird sie an entscheidenden Lebensabschnitten selbst aus ihren Erinnerungen sprechen. Nur sie selbst kann in ihrer Sprache das wiedergeben, was sie gefühlt, gedacht hatte. Authentisch wird sie als »Charlotte« zur Sprache kommen, darauf hinzuweisen ist nötig, denn in ihrem Elternhaus wurde sie Lottel gerufen, der schlesischen Koseform von Charlotte. In ihrem Freundeskreis war sie das Lottelchen, auch das Lottchen. Im späteren Leben wurde sie, auch von ihrem Theo, Lotte genannt. Bei ihrem Rufnamen Charlotte soll es bleiben, der Name passt am besten zu ihr, da er einen gewissen Stolz signalisiert, den sie auch tatsächlich hatte. Alle anderen Namensformen sind eher zärtliche Synonyme für sie, die klein und zierlich war, worauf sie später nicht unbedingt immer wieder hingewiesen werden wollte.

1900/1914 Friedensjahre – Familienjahre

Alles begann in Schweidnitz (heute Swidnica), einer Stadt mit reicher Kultur und mit einer großen Vergangenheit. Die Stadt wurde 1241 mit deutschem Stadtrecht ausgestattet. Im Siebenjährigen Krieg spielte die Stadt als Festung eine wichtige Rolle. Nach Beendigung des Dreißigjährigen Krieges wurde ein in Deutschland einmaliges Bauwerk errichtet: Die Friedenskirche, (heute Weltkulturerbe der UNESCO) eine Stiftung Friedrich des Großen. Im Westfälischen Frieden wurde dem schlesischen Erbfürstentum Schweidnitz gestattet, ein evangelisches Gotteshaus zu bauen. Bedingung war, dass die Kirche außerhalb der Stadtmauern gebaut werden musste, und sie durfte nur in Holzfachwerk ausgeführt werden. Es entstand ein äußerlich völlig schmuckloser Bau, der nur durch das sichtbare Fachwerk beeindruckt. Die Kirche fasst 4800 Gläubige mit einer Raumausnutzung als »drei Emporenkirche«. Die innere Ausschmückung ist überreich mit Holzschnitzereien versehen. Zu erwähnen ist weiter die katholische Pfarrkirche, die in der Mitte des 14. Jahrhunderts errichtet wurde. Mit ihrem 105 Meter hohen Turm und einem Renaissancehelm beherrscht sie die malerische Stadt. Schweidnitz war eine beliebte Kongressstadt mit guten Verkehrsanbindungen in allen Richtungen. Die Stadt ist im zweiten Weltkrieg weitgehend unzerstört geblieben. 1989 wurde die Friedenskirche von dem Bundeskanzler Kohl besucht. Es gab da noch eine Deutsche evangelische Gemeinde von ca. 400 Gläubigen. Charlottes Hoffmann-Großeltern besaßen auf dem Friedhof der Kirche ein Erbbegräbnis, ausgeführt in schwarzem Marmor, einer Marmoreinfassung mit schweren Ketten aus Bronze. Da die Stadt im Krieg nicht zerstört wurde, besteht die Möglichkeit, dass diese Begräbnisstätte wegen ihrer Größe und auf einem evangelischen Friedhof gelegen, noch heute vorhanden ist, sicher allen Metalls beraubt. Vielleicht ein Grund einmal eine Reise in die Vergangenheit zu versuchen, Brücken bauen zu den neuen Bewohnern.

Um das ganze Leben von Charlotte richtig zu verstehen, müssen einige der Familienwurzeln freigelegt werden und es immer hilfreich, wenn man zu mindestens Teile der Familie in ihrer Herkunft kennt.

Die Eltern und Großeltern lebten im niederschlesischen Kulturkreis, der von Ost nach West, weniger nach Süden, beherrscht und geprägt war von den verschiedensten Deutschen Volksstämmen. Aber auch aus dem nördlichen polnischen Siedlungsbereich kamen Menschen, um Arbeit zu finden und um dann sesshaft zu werden. »Wasserpolnisch« nannten man im Volksmund die lokale Sprachfärbung in Oberschlesien, welches weit hinter Breslau im Osten lag.

Friedenskirche Schweidnitz

Viele Menschen waren der Kirche, gleich welcher Glaubensart, zugeneigt, sie waren fröhliche, fleißige nicht eben begüterte Menschen. Das alte Habsburger Reich, zu dem Schlesien über sehr lange Zeit gehört hatte, prägte noch immer mit seiner Lebensleichtigkeit des Lebens die Menschen. Breslau, Dresden oder Prag lagen Wien sehr nahe, weniger Berlin mit seiner preußischen Strenge. Weswegen der spätere Umzug der Familie von Breslau nach Dresden nicht sonderlich schwer viel. Ein ganz besonders inniges Verhältnis hatte Charlotte zu ihrem Vater, zu ihrer Mutter war das Verhältnis eher von liebendem Respekt geprägt. Ihre Hoffmann-Großmutter verehrte sie in grenzenlose Liebe. Der Vater als weltoffener, gebildeter Mann mit einem großen Herzen stellte ohne Zweifel den festen Mittelpunkt der Familie dar. Menschenliebe, Toleranz und Offenheit gegen andere Menschen, ein Grundsatz jeden Freimaurers, der er war, wurde von ihm gelebt und weitergegeben. Er war ein Mann der Geselligkeit, er konnte in Versen eine ganze Gesellschaft unterhalten und wurde nicht müde mit seiner Frau, die Klavier spielte, selbst durch Gesangseinlagen zur Erheiterung beizutragen. Charlotte wurde von ihm verwöhnt, kaum war er in der Lage ihr eine Bitte abzuschlagen. Besonders, wenn es um hübsche Kleidung ging. Zuvor

Charlotte und ihr Bruder Erich in Breslau ca. 1920

musste sie ihm allerdings auf dem Klavier vorspielen, aber nur klassische Musikstücke, oder er deklamierte die Odyssee in griechischen Hexametern und wollte, dass sie ihm nachsprach, aber ihr gelang es regelmäßig nicht. »Sehr schön mein Kind«, sagte er dann, aber spiele mir lieber noch »die Mühle im Schwarzwald« vor. Aber das waren schon die späteren Jahre in Breslau. Der Grund, dass die Familie in Schweidnitz lebte, lag darin, dass der berufliche Weg des Vaters sie in diese Stadt geführt hatte. Er war am 07.01.1873 in Lüben/Niederschlesien geboren, nicht weit von Liegnitz entfernt. Dort besuchte er das humanistische Gymnasium. Lüben ein kleines »Provinznest« in der Nähe von Liegnitz, wie Charlotte zu sagen pflegte. Es ist nicht überliefert, ob er dieses Gymnasium bis zum Abitur durchlaufen hatte. Eher ist anzunehmen, dass er, mit dem Wunsch Kaufmann zu werden, mit der mittleren Reife die Schule verlassen hatte, um eine dreijährige Lehrzeit anzutreten. Sein Vater, aus heutiger Sicht mit dem Beruf des Innenausstatters, wird weniger Möglichkeiten gehabt haben für seinen Sohn eine kaufmännische Lehrstelle zu organisieren, da er beruflich völlig anders ausgerichtet war. Über seine Logenzugehörigkeit wäre ihm sicher der Weg in eines der Industrieunternehmen der Tuchmacher geöffnet worden. Aber der Vater zog den Weg in die weite Welt vor, mit einer Neugierde nach Entdeckungen, die ihm bis zu seinem Tode erhalten blieb. So landete er mit einem Empfehlungsschreiben in Achenrain in Tirol. Dort hatte die schlesische Bergwerks-Gesellschaft - Eugen von Kulmnitz - eine Zweigniederlassung mit einem Kupferbergwerk. Er durchlief dort eine dreijährige Lehrzeit, die nach Charlottes Erzählungen beruflich und privat voll von Erlebnissen und schon zu damaliger Zeit voll von menschlichen Erfahrungswerten für die weiteren Lebensjahre war. Er lernte dort Menschen anderer Mentalität kennen, die zwar die deutsche Sprache sprachen, aber der katholischen Religion zugehörten. Für ihn aus seiner eher toleranten evangelischen Heimat eine neue prägende Erfahrung. Zu dem Maler und Radierer Erich Heermann, den er dort kennenlernte, war die Verbindung niemals mehr abgerissen, besonders als dieser nach Berlin übersiedelte. Nach der Lehrzeit verblieb er in der Firma um eine Anstellung in Saarau/Niederschlesien, ebenfalls in der Nähe von Liegnitz, anzutreten. Dort lernte er seine spätere Frau Clara Hoffmann kennen und heiratete am 16.06.1902 in Lüben. Von dort bewarb er sich um eine Position innerhalb der Firma nach Schweidnitz in die dortige Niederlassung der Gesellschaft. Er stand in einer guten Position, die es ihm ermöglichte eine Familie zu gründen. Bis 1910 hat die Familie Schlüter dort gelebt. Die Mutter, Clara Schlüter, geb. Hoffmann war am 18.05.1880 in Malisch/Niederschlesien geboren. Sie hat mit ihrer Familie in Lüben gelebt, denn dort hatten die Großeltern Hoffmann auch geheiratet.

Charlotte schreibt von ihrer Mutter Clara.
Sie war klein, zierlich, später rundlich. Sie war ein fröhlicher Typ, lachte gern und zog sich gerne hübsch an. Sie lebte eher so »oben hin« und war den schönen Dingen des Lebens zugewandt. Über ihre Jugendzeit ist mir nicht viel bekannt. Nur dass sie mit 12 Jahren nach Gnadenfrei/Schlesien in ein Töchterheim der Herrnhuter Gemeinde kam und unter Altersgenossinnen erzogen wurde. Ob sie fromm, oder ob sie fleißig war, kann ich nicht sagen. Ich kann auch nichts darüber sagen, ob sie eine gute Hausfrau war, da sie später viele Hilfen im Haushalt hatte. Vor allem hatte sie die »Großel«, die Hoffmann-Großmutter, die später in Breslau die Mitte der ganzen Haushaltsführung darstellte. Selten hatte sie mit ihren Kindern gespielt. Vielleicht hat sie der Tod zweier Kinder dahin gebracht, dass sie mit gelebter Äußerlichkeit ihr wahres Inneres eingeschlossen hatte. Später

in Breslau hatte sie ein paar Freundinnen, den Damenlogenkreis, und, nachdem mein Bruder mit seinem Studium begann, traf sie sich regelmäßig zum Damentreffen im Haus des »Corps Siesta« – einer akademischen Verbindung.

Und weiter schreibt sie.
Ich habe nie gesehen, dass meine Mutter mit Hausarbeit beschäftigt war. Sie konnte mit einer unübertroffenen Genauigkeit sticken und verbrachte viel Zeit mit diesem, heute würde man sagen »Hobby«. Doch zu Weihnachten war sie zusammen mit der Großel nicht mehr zu bremsen. Tage vor dem Fest herrschte in der Küche lebhaftes Treiben. Eine Gans wurde für den 1. Feiertag hergerichtet. Natürlich gab es damals noch keine ausgenommenen, tiefgefrorenen und bratfertigen Gänse. Ein Wagen kam durch die Straßen und verkaufte nach Gewicht geschlachtete Gänse. Die mussten noch ausgenommen werden, und wehe, wenn die Galle beschädigt wurde. So war die Großel im Einsatz und mit ihren flinken Händen hatte sie schnell das Biest ausgenommen, gerupft und gesengt. Das Gänseklein, also die Innereien, gab es als Geschnörresuppe am 24.12. mittags. Es war eine besonders delikate Suppe, auf die mein Vater ganz besonderen Wert legte. Zum Heiligen Abend gab es Karpfen mit polnischer Soße. Eine schlesische Delikatesse. Natürlich entbrannte bei Tisch der Streit darum, wer die »Bäckchen« bekam. Das ist der große schuppenartige Knorpel hinter dem Ohr des Karpfens. Getrocknet wurde der in das Portemonnaie des Finders gelegt und verhieß für das ganze Jahr einen Geldsegen. Na, wer wollte den wohl nicht haben.

Mohn- und Streuselkuchen wurden zum Backen vorbereitet. Der Teig wurde noch früh morgens in der Dunkelheit zum Bäcker gebracht. War die Küchenarbeit vollbracht, dann gingen wir alle in die Christnachtsandacht. Kamen wir von dort zurück, dann roch die ganze Wohnung nach Weihnachten. Anna hatte dann schon den großen Tisch eingedeckt mit einer wunderbaren Damasttischdecke und mit den passenden Servietten. Nur an besonderen Tagen wurde der Tisch so eingedeckt, mit den echt silbernen Gabeln, Messer und Löffeln. Die Eltern hatten sie von ihren Eltern, meinen Hoffmann-Großeltern, erhalten. Das Monogramm HH 1879-1904 weist darauf hin. Als der Haushalt meiner Eltern aufgelöst wurde, erhielt ein Teil mein Bruder Erich in Hirschberg, einen kleinen Teil erhielt ich. Nur dieser Teil hat bei mir die ganzen Wirren des Krieges mit der Flucht meines Bruders aus Hirschberg überlebt. Gabel und Messer lagen auf kleinen silbernen Bänkchen. Wein gab es aus geschliffenen Kelchen. Eine Nachspeise gab es aus handgeschliffenen Schalen, die aus der Josephinenglashütte im Riesengebirge kamen. Zu den Schalen gab es eine große Schale, die aus einem Kristall geschliffen war. Die Hütte gibt es seit Kriegsende nicht mehr. Heute ist eine polnische Nachfolgefirma (Julia) auf dem Gelände eingerichtet.

Und da gibt es eine Anekdote:
Beim Einfüllen der Nachspeise wurde häufig übersehen, dass der Rand aus tief eingeschliffenen Zacken bestand. Von einem meiner Jungs, die am Tisch saßen, wurde immer darauf hingewiesen: Denkt daran, die Schale kann man nicht ganz auffüllen. Es sollte wohl damit darauf hingewiesen werden, dass für die anderen am Tisch etwas übrig bleiben sollte. Unter drei Brüdern war eine solche Bemerkung sicher angebracht!

Zurück zu den Weihnachtsfesten in Breslau:
Vor dem Heiligen Abend geschahen noch aufregende Dinge. Meine liebste Großmutter, die Großel, hatte mit uns Kindern lange Weihnachtsgedichte eingeübt. Mein Bruder und ich schrieben die Verse abwechselnd in Schönschrift auf besonders dafür gekaufte Papierbogen. Am Weihnachtsabend standen wir dann Hand in Hand vor der noch verschlossenen Weihnachtstür und sagten auswendig unsere Gedichte auf. Als wir noch ganz klein waren sagten wir - ich kann es heute noch - das folgende

Verslein: *Mach auf die Tür, mach auf die Tür,*
wir möchten gern herein,
wir haben lang genug geharrt,
nun zieh`n wir fröhlich ein.

Nicht immer ging die Wartezeit, bis es die Geschenke gab, ruhig unter uns Kindern ab. Es wurde getobt, oder es wurden die Gedichte geübt. Einmal spielten wir Vortragsabend. Einer war das Publikum und saß auf einem Stuhl, der andere war der Vortragende und stand auf einem Stuhl. Aber dann passierte es! Als ich mitten in einer schönen Rede war, verlor ich das Gleichgewicht und fiel mitten in die Scheibe des Bücherschranks in dem Zimmer von meinem Bruder. War das eine Aufregung! Scheibe zu Bruch, Tochter heulte, Bruder grinste, die Eltern waren erschrocken. Zum Glück war ich nicht verletzt. Eine Scheibe ist in die Schranktür nie wieder eingesetzt worden. Bis 1914 waren es glückliche Jahre für die Familie. Immer war Trubel am Weihnachtsabend. Wer von dem Personal da war, wurde in den Weihnachtsabend mit einbezogen und bekam -sicher praktische - Geschenke. Aber auch das nicht ständig beschäftigte Personal wurde zu Weihnachten beschenkt. Mein Vater legte größten Wert darauf, dass an jeden gedacht wurde. Mit feinem Gespür musste er später die Hoffmann-Großmutter, die Großel, behandeln. Hatte sie vor der Inflation doch so gerne alle beschenkt und war nun als arme Frau auf die Schlüter-Familie angewiesen. Wie er das immer gemacht hatte, dass sie für alle kleine Geschenke hatte? Eine feine Beobachtungsgabe hatte mein Vater. Von ihm kamen die Vorschläge zu Geschenken, auch wenn er die meiste Zeit des Tages nicht zu Hause war.

Aber zurück zu der Familie, zu der trotz der Entfernungen enge Bande bestanden. Es wurde mehr geschrieben, als das man sich besuchte. Die Briefe wurden immer wieder gelesen, bis dann neue Briefe eintrafen. Auch als es das Telefon schon gab, wurde weiter geschrieben, denn wer hatte denn schon in den ersten Jahren nach dieser Erfindung ein Telefon. Über die Großel als »Seele des Haushalts« habe ich schon viel gesagt.

Meine Großmutter, Agnes Hoffmann, geb. Riedel, zärtlich von mir »die Großel« genannt, stammte aus Lüben/Schlesien und war am 15.02.1855 geboren. Ihr Mann, Hermann Hoffmann war am 11.10.1842 auch in Lüben/Schlesien geboren. Sie hatten 1879 geheiratet. Sie wohnten auch in Schweidnitz, auf dem Burgplan. Über den Großvater Hoffmann kann ich nicht viel berichten. Er soll sehr wohlhabend gewesen sein und gehörte einer Freimaurerloge an, wie das zu der Zeit, über die ich berichte, in situierten Kreisen wohl üblich war. Studentische Verbindungen, wo es diese gab, auf der einen Seite, Freimaurerlogen auf der anderen Seite, das waren die gesellschaftlichen Grundlagen für die damalige großbürgerliche Welt.

Die Großeltern väterlicherseits lebten in Halle/S. Carl Schlüter war 06.04.1843 in Halle geboren. Seine Frau Anna Schlüter, geborene Müller war am 15.01.1845 in Saarau/Schlesien geboren. Geheiratet hatten sie am 08.07.1869. Mir war von diesen Großeltern wenig bekannt. Nach dem Schulabschluss hatte ich meine Großmutter in Halle einmal über eine längere Zeit besucht. Sie hatte ein Haus in der Henriettenstraße 36 und ein Familiengrab auf dem Stadtgottesacker in Halle. Der Großvater war Mitglied im Gemeindekirchenrat und auch Freimaurer. Vom Beruf her war er aus heutiger Sicht Raumausstatter. Das Hoftheater ist unverändert über viele Jahrzehnte und es wird sicher so sein, dass die alte Innenausstattung noch vorhanden ist und unter Denkmalschutz steht. Diese stammte nämlich aus der Hand des Großvaters Schlüter. Wohl seine größte und bedeutendste Arbeit.

Das herzogliche Hoftheater in Meiningen hatte einst Weltruf. Meiningen war Residenzstadt der Wettiner aus der ernestischen Linie. 1423 verlieh Kaiser Sigismund Herzog Friedrich IV die Kurwürde. Damals ging der Name Sachsen auf den Besitz der Wettiner über. 1435 entführte der Ritter Kunz von Kaufungen die kleinen Sachsen-Prinzen Ernst und Albert, um ein Lösegeld zu erpressen. Er wurde nach wenigen Tagen gefasst und hingerichtet. Seine beiden Opfer wurden die Stifter der beiden Linien des Hauses Sachsen: Die albertinische Linie und die ernestische Linie. Die ernestische Linie verzweigte sich in vier Äste: Sachsen-Altenburg, Sachsen-Coburg-Gotha, Sachsen-Meiningen und Sachsen-Weimar-Eisenach.

Ein kleiner Lebenssplitter ist von meinen Großeltern erhalten: die Speisekarte des »Bräutigams« für das Hochzeitsmahl vom 16.Juni 1902 in Lüben. Und was gab es als Speisenfolge zu essen?

Krebs - Suppe / Victoria Pastete /Zunge und Koteletts mit Gemüse /Zander mit Butter / Rehrücken / Comvols - Salate / Gefrorenes / Butter und Kekse.

Auf der Speisekarte sind weiter nicht etwa die gereichten Getränke genannt, nein es wird das vorgesehene Musikprogramm vorgestellt:

1. Hochzeitsmarsch aus: »Einsommernachtstraum« von Mendelssohn-B.
2. Ouverture z. Op. Die Zigeunerin
3. Fantasie aus der. Op: »Der Freischütz« von C.M. v. Weber
4. »Mondnacht auf der Alster«, Walzer von O.Fetras
5. Barataria - Marsch von Komzak
6. Stephany - Gavotte von Czibulka
7. Intermezzo aus der Op. »Cavalleria - Rusticana« von P.Mascagni
8. Hochzeitslieder - Potpourri von G. Herold

Mehr als 116 Jahre ist dieses Ereignis her, Speisekarten und Musikdarbietungen zeigen den Wandel der Gesellschaft. Man möchte die Augen schließen und sich die Hochzeitsteilnehmer

Clara und Otto Schlüter, Erich und Charlotte

Brückenberg, Mutter Schlüter und Charlotte

vorstellen, wie sie angezogen waren, wie sie sich herausgeputzt hatten, und wie wohl das Brautpaar ausgesehen hatte.

Ich hatte die schrecklichen Vornamen der Tanten - Olga, Ida, Martha erhalten, da die Tanten zu der Taufe als Taufpatinnen geladen waren. Mein Rufname war Charlotte. Ich wurde als Drittes von vier Kindern am 30.07.1906 in Schweidnitz geboren und in der Friedenskirche getauft. Mein ältester Bruder Erich war 1903 geboren, mein anderer Bruder Willi 1904. Die Schwester Elisabeth wurde 1908 geboren. Die Familie hatte in Schweidnitz, in der Bahnhofstr. 17 gewohnt. Sie hatte dort eine großzügige Etagenwohnung mit großen Zimmern, einem Nebenaufgang für das Personal und Anlieferungen, so wie diese Miethäuser in den östlichen Städten gebaut waren. Einfamilienhäuser in der Art, wie sie in Bremen statt großer Wohnungen zu finden sind, gab es nicht. Bei frei stehenden Häusern handelte es sich meistens um große Villen, die von reichen Industriellen, Kaufleuten oder dem Adel bewohnt wurden.

Das Haus hatte drei Stockwerke und wir wohnten im 2. Stock. Im Erdgeschoss wohnte eine Familie Zuckerschwert, mit deren Kindern eine enge Gemeinschaft in den Jahren des Kindseins bestand, sobald sie den Windeln entwachsen waren. Die jüdische Herkunft der Zuckerschwerts war uns Kindern weder besonders bekannt noch von meinen Eltern her besonders herausgestellt. Später in Breslau waren in der Schule von den Schülerinnen etwa 1/3 katholisch, 1/3 evangelisch und 1/3 jüdischen Glaubens. Der Umgang miteinander war von Toleranz und Verständnis für die Besonderheiten der Einzelnen geprägt. Unterschiede wurden nicht gepflegt. So wurden später in Breslau an Sonnabenden keine Klassenarbeiten geschrieben, da dieser Tag für die jüdischen Mitschülerinnen der Sabbat war, und sie nicht schreiben oder Bücher tragen durften. Ein anderer Mitbewohner war ein General von Manteuffel mit seiner Familie mit denen das Zusammenleben nur am Rande stattfand. Militärische Ränge konnten meinen Vater als einen weltoffenen Kaufmann, der es gewohnt war über Ländergrenzen hinaus seine Geschäfte zu betreiben, nur wenig beeindrucken. Mehr beeindruckte bzw. verärgerte ihn schon ein an der Kette liegender Fuchs, den der General eines Tages von einer Jagd mitgebracht hatte. Dieser biss mich beim Spiel mit den Kindern in die rechte Hand. Für den armen Fuchs hielt der General von Manteuffel nicht viel von einer Kinderaufsicht. Vor allen Hunden und anderen Vierbeinern behielt ich Zeit meines Lebens einen Respekt um nicht zu sagen eine Angst, die die Tiere, die mir näher kamen, spürten.

Bei einer Reise nach Schlesien im Sommer 1981 habe ich wieder vor dem Haus in der Bahnhofstraße in Schweidnitz gestanden. Jemanden anzusprechen habe ich mich nicht getraut, zumal ich die polnische Sprache nicht beherrsche.

Das Wiedersehen versetzte mir »einen Stich im Herzen«. Alles in meiner Jugend Erlebte tauche aus der fernen Erinnerung wieder auf.

Die Jahre in Schweidnitz waren mir, schon vom Alter her, nur von den Erzählungen der Eltern und Großeltern bekannt. Ich selbst war zu jung, als dass mir breitere, in das Leben der Familie hinein gehende Erinnerungen verblieben waren. Die Lebensjahre vor meinem vierten Geburtstag waren mir durch immer wieder erzählte Geschichten so bekannt, dass Erzählung und Erinnerung sicher ineinander übergingen. Gerade die Erzählungen im Familienkreis, immerhin gab es kein Radio und kein Fernsehen, waren fester Bestandteil jedes Zusammenseins. Den fantasievollen Ausschmückungen waren keine Grenzen gesetzt. Es gab aber schon die Fotografie und die Bilder waren dann die »Festpunkte« die mit der Erinnerung zusammen jede Erzählung in die Wirklichkeit zurückrückten.

Nicht vergessen werden darf, dass zu der Zeit aus der ich hier berichte, in den Herbst und Wintertagen unzählige Geselligkeiten den Tages- und Wochenablauf bestimmten. Besuche und Gegenbesuche in der Stadt und auf den Landgütern erfolgten, häufig mit den Kindern zusammen, wenn dann keine ständige Kinderfrau zugegen war. Meine Mutter hat solche Besuche auf Landgütern in der weiteren Familie beschrieben. Sie waren ein Ritual, eingebunden in die jeweiligen gesellschaftlichen Stellungen der einzelnen Familien. Auf dem Land waren die eigenen Kutschen, offene Landauer, im Winter Schlitten, selbstverständliches Verkehrsmittel. In der Stadt nahm man sich die Mietdroschke oder den Mietschlitten. Die Kutschen oder Schlitten warteten vor ihrem Ziel so lange, bis die Geselligkeit geendet war. Die Aufstellung der Kutschen oder Schlitten erfolgte vor dem Entree eines Gutshauses nach der gesellschaftlichen Stellung des Eigentümers oder des Kutschen-Mieters. Auch gab es unumstößliche Rituale, die von den Kutschern ohne besondere Hinweise gehandhabt werden mussten. »Einfach nur Kutsche fahren«, das war sicher zu wenig. Das winterliche Eingraben in die Schlittendecken oder Pelze war ein Kindervergnügen, gab es doch damals in Schlesien tiefe Winter mit viel Schneefall. Ein Kutscher war Fahrer, Logistiker, Klimaverantwortlicher und absolut diskret, mindestens gab er sich den Anschein. Manchmal war er sicher mit diskreten Weitergaben von Informationen an interessierte Kreise mit einem heutigen Telefon zu vergleichen.

Im Jahr 1910 gab es dann den Umzug am 30.07.1910. Ein Umzug mit vier kleinen Kindern! Der berufliche Erfolg meines Vaters, er wurde zum Direktor der von Kulmitzschen Bergwerke berufen, verlangte nach dem Umzug von Schweidnitz nach Breslau. Mein Vater hatte sich bei dieser so wichtigen Nachricht aus der Firmenzentrale nicht aus seiner Ruhe bringen lassen. Generalstabsmäßig plante er den Umzug. D.H. genauer »er ließ planen«. Sein Auftrag in die Firmenzentrale lautete:

> *»Man möge ihm für seine zahlreiche Familie zuzüglich für die erforderlichen Dienstboten eine entsprechende Wohnung in bester Lage offerieren, den Umzug organisieren und sein Bureau entsprechend den von ihm genannten Vorgaben herrichten«.*

Im Rahmen einiger notwendigen Reisen nach Breslau wurde die Wohnung Malteserstr. Nr. 9 gefunden. Die Lage an einem schönen Park in einer schönen Wohngegend überzeugte auch meine Mutter bei der durchgeführten Besichtigung. Die Straße war innenstadtnah, breit, mit Bäumen bewachsen. Die Bebauung war noch nicht sehr alt, die Häuser großzügig gestaltet und alles »so viel großstädtischer als in Schweidnitz«, wie meine Mutter bemerkte. Um Geschäfte machte Mutter sich keine Gedanken, erfolgte das tägliche Einkaufen doch durch das dafür zuständige Personal. Die Frage, ob die Straße eine ruhige Wohnstraße war, stellte sich damals noch nicht. Eines der wenigen Fotos zeigt meine Eltern auf dem Balkon im 2. Obergeschoss des Hauses. Das erste Obergeschoss war wichtig, war das doch die »belle Etage«. Die höheren Geschosse waren nicht »standesgemäß«. Meistens ohne Aufzug, den es durchaus schon in einigen Häusern gab, aber nach Meinung der Gesellschaft deswegen nicht bewohnbar. Und im Erdgeschoss wohnte man zu dicht an der Straße mit ihrem Treiben.

Nur die größeren Kinder bemerkten die in der Familie entstehende Unruhe. Packer und andere Dienstleute erledigten die Verladung des Hausrats. Eine Kinderfrau kümmerte sich um die vier Kinder, meine Mutter »schwebte« am Rand mit, zu dem Haushalt hatte sie keine enge Beziehung gehabt. Einen letzten Abschied gab es mit der großen Hoffmann-Familie, die in Schweidnitz wohnen blieb. Hermann Hoffmann war schon 08.01.1908 gestorben. Seine Frau, die Hoffmann-Großmutter, von meiner Mutter liebevoll Großel genannt, zog dann auch nach Breslau und wohnte in der Lützowstr. 7. Diese Straße befand sich um die Ecke zu der Malteser Straße. Ihre Wohnung dort hatte sie, obgleich sie täglich bei den Schlüters war, behalten. Sie wollte Unabhängigkeit sein, was ihr auch gelang, denn ihr Mann hatte ein Vermögen hinterlassen. In der Inflation der 20er Jahre hatte sie dann alles verloren und wurde bettelarm. Sie lebte dann mit Unterstützung meines Vaters weiter in ihrer Wohnung. Sie war es, die den ganzen Schlüterhaushalt bis zu ihrem Tod 1931 mit den Dienstboten und den Einkäufen organisierte. Sie organisierte den Ablauf der häufigen gesellschaftlichen Einladungen und den Speisefolgen. Uns Kindern war sie mit Geduld und Liebe zugewandt. Später war die Wohnung nur einen Sprung von meiner ersten Wirkungsstätte, Bethanien, entfernt und ein heimlicher Hort für alle Geheimnisse, die so junge Mädchen besitzen, die sie aber doch gerne teilen, wenn ein verstehender, verschwiegener Zuhörer da war. Und das war eben meine Großel!

Die Jahre in Breslau bis zum Beginn des 1. Weltkrieges hätten glückliche Jahre für die Familie werden können. Doch das Schicksal wollte es anders. 1910 starb meine jüngere Schwester an Keuchhusten, 1911 verstarb mein ältere Bruder Willi nach einem Sturz aus einer Schaukel. Die Trauerfeiern im Hause Schlüter haben sich bei mir trotz meiner Jugend tief eingeprägt.

An die Beerdigung meines Bruders erinnere ich mich noch ganz genau. Wie auch meine Schwester, wurde die Leiche in der Wohnung aufgebahrt. Das Zimmer wurde schwarz ausgeschlagen, und nur hohe Kerzen brannten. Die Trauergemeinde versammelte sich im Haus. Der Pastor hielt im Haus die Predigt und sprach den Segen. Als alle still und ergriffen den Worten lauschten, fing ich plötzlich ganz fürchterlich an zu weinen. Der Pastor, Pastor Seibt von St. Maria Magdalena, drehte sich nach mir um und legte seine Hände auf meinen Kopf. Da war ich still. Vor dem Haus war der offene, geschmückte Leichenwagen vorgefahren. Schwarz verhängte Pferde zogen ihn. Schwarze, zweispännige Droschken fuhren mit den Trauergästen in langsamer Prozession zum Salvator-Friedhof. Alle Leute auf der Straße grüßten den Zug. Es war die damals übliche Art der Beerdigung.

Beide Kinder erhielten auf dem Salvator-Friedhof, der am Ottaschiner Kirchweg lag, große Grabsteine aus weißem Marmor in dem neu angelegten Familiengrab, in welchem später auch mein Vater beigesetzt wurde.

Der Friedhof wurde bei den Kämpfen um Breslau 1945 von den angreifenden russischen Truppen überrollt und später von den Polen eingeebnet. Heute ist die gesamte Friedhofsfläche eine Parkanlage.

Das Leben in der Familie musste sich in den folgenden Jahren normalisieren. Jetzt gab es nur noch zwei Kinder in der Familie, Erich und Lotte. Es ist aus heutiger Sicht erstaunlich, wie das Leben einer Familie nach dem Verlust von zwei kleinen Kindern damals weiter ging. Neben der Erwähnung der vielen Spaziergänge zum Friedhof mit den geschmückten Gräbern, besonders jedes Jahr zum Toten Sonntag, gibt es keine weiteren Hinweise mehr in den Aufzeichnungen zu den verlorenen Geschwistern. In vielen Familien war eine große Kinderzahl üblich, aber ebenso kam es immer wieder vor, dass Kinder im jüngsten Alter verstarben. Der Kindertod war noch bei jeder Geburt allgegenwärtig. Der Trost im Glauben, bei der Familie Hoffmann tief verwurzelt, war sicher ein Trost für Charlottes Mutter. Es verblieben, rückwirkend gesehen, nur noch fast drei Jahre, bis zum Ausbruch des ersten Weltkrieges. Jahre, die als tiefe Friedenszeit gesehen werden können. Jahre, in denen die Familie sich in Breslau einleben musste, Jahre, in die bei den Kindern Kindergartenzeit und Schulbeginn fielen.

Nach diesen schrecklichen Erlebnissen normalisierte sich unser Leben. Das Leben in meinem Elternhaus bzw. in unserer schönen Wohnung war vor dem 1. Weltkrieg recht sorglos. Meine Mutter hatte im Haushalt jegliche Hilfe. Dienstmädchen - für ganz - d.h., diese waren jeden Tag anwesend und wurden die Aufräumfrauen genannt. Eine Waschfrau kam regelmäßig, und andere dienstbare Geister, die zu halten man sich leisten können musste. Die Friseure kamen ins Haus. Mein Vater hatte einen Barbier, der täglich ins Haus kam.

Wie es vor sich ging, wenn man ein neues Dienstmädchen benötigte, hat Charlotte dann weiter sehr drastisch beschrieben:

Wenn mal wieder ein neues Dienstmädchen engagiert werden musste, dann ging das folgendermaßen vor sich: Der Vaterländische Frauenverein hatte in Breslau in der Junkerstraße eine Vermittlungsstelle für Dienstmädchen. In einem großen viereckigen Raum saßen dicht gedrängt auf Bänken an den Wänden die Mädchen, die eine Stellung suchten. An einer Seite stand der Schreibtisch mit den Aufsichtsdamen. Die Hausfrau also, die ein Mädchen engagieren wollte, meldete sich dort an und erhielt die Erlaubnis, sich ein Mädchen auszusuchen. Sie ging dann an den Wartenden mit prüfendem Blick entlang, fragte hier und da. Wenn sie nun ein »passendes« Mädchen gefunden hatte und man handelseinig war, wurde am Schreibtisch alles geregelt. Eine Droschke wurde bestellt, Dienstmädchen mit Koffer, oder dem, was wie ein Koffer aussah aufgeladen - und ab ging die Post.

Ich bin einmal mit meiner Mutter mit gewesen, und habe das alles, wie hier geschildert, in lebhafter Erinnerung. Es war wie auf einem Sklavenmarkt. Bei ihrer Dienstherrschaft fanden die Mädchen für sich vor: Eine unbeheizbare Kammer, oft mit einem Fenster zum Lichthof, ein Bett, einen Schrank, einen Stuhl, eine Waschschüssel auf einem Blechgestell, das war alles. Gearbeitet wurde von früh bis spät, Aufenthaltsraum war die Küche. Basta! Doch mein Vater hatte da andere Vorstellungen. Bei uns waren die Kammern ordentlich eingerichtet und sie wurden vom Flur her auch beheizt. Das Personal wurde fast gleichberechtigt zu uns Kindern behandelt, da achtete mein Vater drauf.

An ein Mädchen kann ich mich noch gut erinnern. Es war die »polnische Anna«. Sie war dick und rund und freundlich und sprach gebrochen Deutsch. Als einmal die Weihnachtszeit nahte, machte mein Bruder, dem stets der Schelm im Nacken saß, einen Spaß. Er sagte der Anna, dass es bei uns üblich sei, dass die Dienstmädchen am Weihnachtsabend ein Gedicht aufsagen müssten, und zwar in einwandfreiem Deutsch. O, Gott was für Herzklopfen wird die Ärmste wohl gehabt haben, und wie glücklich war sie wohl, als sich alles als Spaß herausstellte.

Auf einem Foto von einer Mitarbeiterzusammenkunft ihres Vaters sieht man die Herren mit den steifen Kragen, Kneifern und einer Zigarre in der Hand. Vater war ganz mit der Firma beschäftigt. Er hatte eine große Zahl von Mitarbeitern. Seine Geschäfte führten ihn bei dem Verkauf der oberschlesischen Kohle nach Berlin, Warschau, Krakau, Königsberg. Von jeder dieser Reisen, die in die damalige weite Welt führten, brachte der Vater den Kindern etwas mit. Jede Rückkehr war ein Ereignis für die Kinder. Er reiste niemals in das Ruhrgebiet, wo es doch ebenfalls große Kohlegruben gab. Das war keine Konkurrenz, denn die schlesische Kohle kam in solcher Mächtigkeit vor, dass sie im Abbau der Kohle aus dem Ruhrgebiet kostenmäßig weit überlegen war. Inzwischen hatte er eine eigene Kutsche mit Droschkenführer. Ein im Sommer offener Wagen, der zweispännig gefahren wurde. Der Familie stand diese Kutsche auch zu Verfügung, die Mutter machte von ihr gerne Gebrauch, wenn sie zu ihren verschiedensten Frauenkränzchen fuhr und diese Treffen weiter entfernt waren.

Wie das damals so üblich war, hatte sich der Vater inzwischen auch in Breslau in einer Loge aufnehmen lassen. Es war vermutlich die Loge »Hermann zur Beständigkeit«. Sie hatte ein großes eigenes Versammlungsgebäude mit einem Ballsaal am Museumsplatz 16. 1933 wurde sie auf Befehl der Nationalsozialisten, wie alle Logen, geschlossen, ihr Eigentum beschlagnahmt. Die Freimaurer hatten bis zum Beginn des Ersten Weltkrieges ihre große Zeit, sie waren die gesellschaftlichen Vereinigungen, auch wenn sie nur im verborgenen wirkten. Niemals wieder erlangten die Logen ein so großes gesellschaftliches Gewicht. Schon vor 1933 liefen den Logen viele Mitglieder weg aus Sorge, dass ihnen die Mitgliedschaft zum Nachteil gereichen könnte. In einigen Logen wurde den jüdischen Mitgliedern nahegelegt die Bruderschaft zu verlassen. Andere Logen benannten sich um. Zu diesem Niedergang hatte das Ehepaar Ludendorff mit ihren Schriften gegen die Freimaurer wesentlich beigetragen. Juden und andere dem Nationalismus fernstehende Gruppierungen hatten in dem sich anbahnenden gesellschaftlichen Umbruch keinen Platz mehr.

Wer sind die Freimaurer?
Sie bilden Vereinigungen, die ohne Ansehen der Religion, der Rasse, des Standes oder der Staatsangehörigkeit Männer verbinden, die sich untereinander Brüder nennen und durch ehrwürdige rituelle Handlungen sittliche Festigung, Pflege echter Menschlichkeit und geistige Vertiefung anstreben. Sie gliedern sich weltweit in Logen und Großlogen, sind aber wegen ihres Eintretens für Geistesfreiheit in Diktaturen verboten. Sie bilden keine »geheimen Bünde«, wenn sie auch über alle internen Angelegenheiten Schweigen breiten. Die Jahrzehnte tiefsten Friedens um die vorletzte Jahrhundertwende bildeten die Blütezeit für das Leben in den Logen. 2012 wurde die älteste Loge in Deutschland 275 Jahre alt.

Führungsmannschaft Fa. von Kulmnitz

Um etwas von dem damaligen Zeitgeist einzufangen, sei hier ein Artikel aus der Zeitschrift »Die Welt« vom Januar 2010 zitiert:

»Am Rande einer neuen, besseren Welt«
... Und 1910? Seit der Reichsgründung 1871 lebten fast alle Deutschen ein wenig satter, ein wenig wärmer, ein wenig sicherer und hoffnungsfroher als ihre Vorväter. Telefon und Zentralheizung veränderten den Alltag der Bürger, Strom und fließend Wasser den Alltag der Arbeiter. Doch hinter dem Alltag mit seinen Veränderungen veränderten sich nicht nur die Ideen und Regeln des menschlichen Zusammenlebens, es wandelte sich auch das Bewusstsein dessen, was man tat und was man nicht tun durfte. Das Verhältnis der Generationen geriet ins Wanken. Die Beziehung der Geschlechter untereinander änderte sich. Eines indes blieb den Deutschen auch 1910 erhalten - die Furcht: die Furcht vor der Revolution, die Furcht vor der Machtübernahme durch die Sozialdemokratie, die Furcht vor den Juden als den Trägern der Moderne, schließlich die Angst, dass der Homo Faber, der 1910 das erste Passagierluftschiff der Welt baute, auch ein Zerstörer ist.

Fichte schrieb 1810 den Deutschen ins Stammbuch:
Es lässt sich der strenge Beweis dass kein Mensch und führen, kein Gott, und keines von allen im Gebiet der Möglichkeiten liegenden Ereignisses uns helfen kann, sondern dass allein wir selber uns helfen müssen, falls uns geholfen werden soll.

Geistige Strömungen? Politische Aktivitäten im Kaiserreich? Der Bürger lebte sein schönes, sorgloses Leben. Und so führte die Schlüter Familie, beschützt durch den Vater in den Jahren vor dem Ersten Weltkrieg ein Leben, wie es Millionen Menschen im Reich führten.

Und Charlotte schreibt weiter:
Gespielt wurde auf der Straße. Von den Fotos her war die Malteserstr. eine schöne, breite Straße mit breiten Fußwegen, auf beiden Seiten breite Grünstreifen, die mit Bäumen bepflanzt waren. Das Wohnviertel war noch nicht alt und die Bäume noch jung und klein. Schatten gaben sie in den heißen Sommern noch nicht. Wir spielten noch richtig auf der Straße, ganz anders als heute, da uns keine Autos störten. Ab und zu kam mal ein Pferdefuhrwerk gefahren. Vor dem Haus, an der Straßenecke gab es eine kleine Parkanlage, in der wir Ball spielen konnten, z.B. Völkerball. Oder wir hatten unseren großen, bunten Holzreifen, die wir um die Wette laufen ließen. Mit der Peitsche wurden die bunten Kreisel gedreht, bis sie über das Straßenpflaster sprangen. Wessen Kreisel am längsten lief, hatte gewonnen. Oder wir machten Hüpfspiele, zeichneten in den Sandflächen, ließen unsere Glasmurmeln laufen. Mit den Glasmurmeln spielen nannten wir »Schippeln«. Das »Titschern« war ein echt schlesischer Ausdruck dafür. Man kaufte sich für einen »Böhm« (das war ein Zehnpfennigstück) die Titscher. Das waren kleine Messingmünzen zum Spielen mit Bildern darauf. Man warf den Titscher gegen eine Hauswand, dann kam der Nächste dran usw. Wenn zwei Titscher mit der ausgespannten Hand zu erreichen waren, konnte man sie einkassieren, bis einer keine Titscher mehr hatte. Dann sind wir natürlich Rollschuh gelaufen als Wettlauf oder Kunstlauf. Höchstens ein Milchkutscher störte uns, der die frische Milch in die Häuser brachte, oder ein Gemüsewagen, der das jeweils reife Obst oder das frische Gemüse brachte. Auf den Tisch kam nur das, was gerade nach der Jahreszeit reif war. Am Straßenrand gab es Wasserbrunnen, an denen die Pferde getränkt werden konnten. Die Brunnen waren zugleich für die Feuerwehr vorgesehen. Im Winter gab es dann schon mal Eis um die Brunnen. Für uns Kinder waren die Brunnen ideal für jede Art von Spielen mit Wasser.

Hinter unserem Haus waren die Teichäcker, ein unbebautes Land, von dem es von der Straße her abschüssig herunterging. Das waren unsere »Bergel«, die es noch so gab, als ich nach fünfzig Jahren wieder dort stand. Nur gab es keine Häuser mehr. Von Mitte November bis Ende März lag meistens der Schnee und es gab Schneeballschlachten, wir fuhren Schlitten, liefen auf dem Eis der Gräben.

Wollten wir ein besonderes Eislaufvergnügen haben, dann gingen wir auf den Stadtgraben, mitten in der Stadt. Dort gab es eine gepflegte Eisbahn, die allerdings Eintritt kostete. An einem Ende war ein Musikpavillon aufgebaut, in dem zu bestimmten Tageszeiten eine Kapelle, dick vermummt, spielte. Abends war die ganze Eisbahn hell erleuchtet. Es war herrlich dort. Man traf sich, später gab es kleine Flirts mit den Jungen, und immer mussten wir aufpassen, dass wir rechtzeitig zum Abendbrot zu Hause waren.

Es gab viele Kinder bei uns im Viertel, mit denen wir spielten. Immer waren einige da und wir verstanden uns so, wie eben Kinder sich verstehen, wo es auch mal kleine Ärgereien gab. Aber mein großer Bruder Erich, der meistens dabei war, war mein Beschützer zu jeder Zeit, da ich ja klein und zierlich war. Ja, Erich, er war neben der Großel mein verständiger Bruder. Ich fand es herrlich einen älteren Bruder zu haben und war immer recht stolz auf ihn.

Jeden Sommer gab es, jedenfalls in den Friedensjahren und später wieder nach der Inflation eine große Sommerreise. Manchmal waren wir in Bad Landeck, wenn meine Mutter kuren musste. In diesem eleganten Bad gab es viele reiche Polen, die dort kurten. Überall wurde polnisch gesprochen, es war dort die erste Fremdsprache, welche die Bediensteten lernen mussten.

So war die Sommerreise für die Familie Schlüter immer wieder der Höhepunkt des Jahres. Die große Sommerreise musste sein, im Rest des Jahres wurde gearbeitet, gelernt und gelebt.

1913 machte die Familie wieder eine große Sommerreise. Reisen war für meinen Vater nicht nur beruflich, sondern auch privat eine besondere Herausforderung. Er organisierte alles bis hin zu den Koffern, die mitgenommen werden mussten. Die verschiedenen Dienstboten erhielten genaue Anweisungen, was für jeden in der Familie mitgenommen werden sollte. Die Reisen wurden mit der Bahn durchgeführt. In der Bahn war mein Vater ständig um uns Kinder herum, um uns die große Welt zu zeigen. Dazu gehörte ein Essen in einem Speisewagen, wenn es einen solchen gab. Mit Begeisterung waren wir Kinder dabei, wenn es durch das Rütteln des Wagens zum Verschütten von Getränken kam. Die Kellner mussten geduldig Auskunft darüber geben, wieso aus so einer kleinen Küche ein für Kinder so schönes Essen kommen konnte, wo doch in Breslau die Küche viel größer war. Besonders mein Bruder Erich, der um drei Jahre ältere Bruder, fragte genau. Ob das schon die Vorwegnahme seiner späteren Karriere als Jurist war?

Bei der Ankunft stand eine Mietdroschke bereit, die selbstverständlich vorher bestellt worden war. Wo mein Vater in den Hotels eintraf, erwartete er »Entgegenkommen der Hotelleitung«, beste Plätze im Speisesaal und erstklassige Zimmer. Er war niemals mit Trinkgeld kleinlich, sagte aber ohne Umschweifen, wenn ihm etwas nicht passte.

Eine große Reise führte in den Harz, nach dem damaligen eleganten Wintersportort Braunlage. Damals war das eine tolle Reise, die sich nicht jeder leisten konnte. Als meine Klassenlehrerin von dieser Reise erfuhr, stellte sie mich vor alle Kinder und sagte: Seht mal her, unsere Lottel fährt ganz, ganz weit in den Harz. Mir war es ganz und gar nicht bewusst, wie weit es bis Braunlage war und wie besonders diese Reise war. War ich doch erst sieben Jahre alt. Wir mussten mehrmals umsteigen, um zu Letzt mit der Harzer Schmalspurbahn nach Braunlage zu gelangen. Ich habe keine Erinnerung mehr, wo wir gewohnt haben. Erst später hörte ich in der Familie, dass mein Vater natürlich in einem erstklassigen Haus Quartier bezogen hatte. Es war wohl das Hotel »Weidmannsheil«, das damals mit anderen Häusern das »erste Haus am Platze« war. Nur wenn man kuren wollte, stieg man im Sanatorium von Dr. Barner ab, welches als ein Spätwerk des Darmstädter Jugendstils gilt. Heute werden durch die liebevoll erhaltene große Hotel- und Kuranlage wöchentlich Führungen veranstaltet, die das damals mondäne Leben wieder aufleben lassen. Braunlage war ein bekannter Winterkurort, wenn auch Schierke als das »Davos« des Harzes galt. In den großen Hotels rund um die Klinik Dr. Barner traf man sich in den großen Gärten und

Brückenberg, Silberhochzeit Eltern Schlüter

Liegehallen der Hotels zum Nachmittagstee. Wir hatten zwei Zimmer nebeneinander mit einer Verbindungstür, die immer offen sein musste, damit meine Mutter jederzeit bei uns sein konnte. Immer in den Ferien war sie uns sehr zugetan, da gab es ja auch keine Großel, die sich um alles kümmerte. Wir Kinder genossen das sehr.

In Braunlage trafen wir uns mit Onkel Willi und Tante Martha Gerecke (eine Schwester meines Vaters). Onkel Willi war Stadtrat in der Lutherstadt Wittenberg. Es waren heiße Tage. Ich wurde furchtbar von Mücken geplagt und mein Vater machte eine ganze Apotheke rebellisch, um seinem kleinen Lottchen zu helfen. Nach dem Verlust der beiden Geschwister war er immer äußerst besorgt, wenn irgendetwas nach einer Krankheit aussah. Eines Tages hieß es: auf den Brocken! Wir fuhren mit der Kleinbahn über Schierke hinauf. Vor der Reise hatten wir Kinder Bergstöcke bekommen. Meine Mutter hatte ein grau-weißes Kostüm an und dazu einen grünseidenen Südwester. Sie sah großartig aus! An weitere Einzelheiten erinnere ich mich kaum noch. Mein Vater erzählte immer, dieser Tag wäre einer der ganz wenigen Tage gewesen, an denen man auf dem Brocken eine großartige Fernsicht hatte. Später, als ich dann schon verheiratet war, bin ich mit meinem Theo und den Kindern 1937 einmal auf dem Brocken gewesen. Damals gab es neben dem Brockenbahnhof noch einen hohen Steinturm. An dem Tag war es mit der Sicht nicht so gut, wir konnten gerade Wernigerode im Tal erspähen. Auf der Reise nach Hause machten wir in Leipzig Station. Unser Vater fuhr mit uns zum Völkerschlachtdenkmal, welches kurz vor seiner Vollendung stand. Es war die erste Autofahrt meines Lebens vom Leipziger Hauptbahnhof zum Völkerschlachtdenkmal und wieder zurück. Wir hatten einen großen, offenen Wagen. Meinem Vater bereitete es ein großes Vergnügen, diesen Spaß sich ausgedacht zu haben. Er liebte immer das Besondere und hatte wohl schon insgeheim überlegt, wann er so ein Auto haben würde, aber da kam der Krieg dazwischen. Das Denkmal hatte auf uns Kinder keinen besonderen Eindruck gemacht, waren wir doch noch sehr jung. Später war immer in den Erzählungen der Reisehöhepunkt das rote Auto. Ist es nicht bis heute so, dass ein besonderes Auto einen bewundernden Eindruck macht? Nicht nur auf Kinder!

So hat sich die Familie Schlüter in den Jahren bis zum ersten Weltkrieg in der großen Stadt Breslau eingerichtet. Die Wohnung in der Malteserstr. lag an einer Straßenecke und hatte 14 Fenster. Breslau war damals, 1912, eine Stadt mit 511.000 Einwohnern (Bremen im Vergleich 246.000 Einwohner zum gleichen Zeitpunkt.). Nach der Volkszählung von 1923 hatte die Stadt ca. 337.000 Bürger der evangelischen Landeskirche, 197.000 katholische Bürger und 20.000 jüdische Bürger. Das ganze Deutsche Reich hatte nach dieser Zählung ca. 62.000.000 Einwohner. Ganz Schlesien hatte ca. 5.2 Mio. Einwohner, es war eine dicht besiedelte Provinz, besonders Oberschlesien.

Charlotte bemerkt zu ihrer Geburtsstadt:
Ich habe der Stadt Breslau meine Erziehung, Mein Wissen, meine Mentalität zu verdanken. Die kulturelle Eigenheit der Stadt, die Schönheit der Provinz, haben mein Leben gefördert, sie haben mich geformt, mich beglückt. »Heimat ist dort, wo man geboren ist«, das sagte einst ein weiser Mann. Deshalb ist mir meine Geburtsstadt, die Heimstätte meiner Eltern und Vorfahren ans Herz gewachsen.«

Viel ist über diese Stadt (Wratislaw, Wratislavia, Breslaw, Breslau, Wroclaw) geschrieben worden, seitdem ihre Innenstadt zu 85% durch die sinnlose Verteidigung in einem verbrecherischen Krieg zerstört wurde. Ihre Bewohner mussten fliehen, der Rest wurde, bei Hinterlassung ihres gesamten Eigentums, gnadenlos vertrieben. Ein neues Leben wurde ihr als eine Provinzstadt Polens aufgepfropft. Die berühmte Alma Mater war 1811 als Friedrich-Wilhelm-Universität gegründet worden. Den Zweiten Weltkrieg haben die einmalige Aula Leopoldina und das Marianische Oratorium, der spätere Musiksaal, unversehrt überlebt. Sie gelten als Beispiele für den eigenständigen Schlesischen Barock. Die Alma Mater Viadrina aus Frankfurt an der Oder wurde nach politischen Querelen in Breslau 1811 wieder gegründet. Nach dem Ende des Zweiten Weltkrieges wurde in Frankfurt/Oder die Universität neu gegründet. Die aus Lemberg (L`wiw) ausgesiedelte polnische Universität erhielt ihr neues Domizil in den unzerstört gebliebenen großartigen Universitätsgebäuden in Breslau. 800 Jahre der Deutschen Besiedlung unter den verschiedensten Herrschaften mit kurzen Zeiten der Selbstständigkeit Schlesiens wurden ausgelöscht. Die Stadt und ihre Bewohner hatten dieses Schicksal nicht verdient gehabt, hatte sie doch noch bis Anfang 1945 unzerstört in ihrer barocken Pracht vollständig gestrahlt.

Die Stadt war von dem Gauleiter Hanke zur Festung erklärt worden. Die sowjetische Armee forderte die Übergabe der Stadt, oder die völlige Zerstörung drohte. Die Drohung wurde wahr gemacht in nur zwei Tagen zu Ostern 1945 war die Stadt weitgehend durch Artillerie und Kampfbomber zerstört worden.

Der Gauleiter Hanke war verschwunden. Hugo Hartung schreibt: »Am 6. April 1945, neun Uhr, rummst es noch ein paar Mal an der Front. Pessimisten meinen, es gehe noch einmal los. Dann Stille. Waffenruhe. Gottlob«. Die Festung Breslau war gefallen. Die deutsche Stadt Breslau war untergegangen. Es kam das, was die Römer beschrieben mit: »Wehe dem Besiegten!« Ca. 1 Millionen Menschen lebten noch in der eingeschlossenen Stadt, als der Aufruf am 22.1.45 kam, Frauen und Kinder hätten die Stadt sofort zu verlassen. Bei etwa minus 20 Grad zogen die Kolonnen der Menschen aus der Stadt heraus. »Als Todesmarsch von Kanth« wurde dieser Auszug später bezeichnet. Ca. Achtzehntausend Menschen starben in der Stadt, etwa neunzigtausend Menschen kamen bei dem Auszug auf den Straßen ums Leben. Warum hatte der Stadtkommandant nicht kapituliert? Hatte ihn der Irrsinn eines Führerbefehls gebunden? Die Befehlsverweigerung hätte für ihn den sicheren Tod bedeutet. Doch er selbst floh mit einem kleinen Flugzeug ins Unbekannte.

Heute ist die Stadt ein beliebtes Touristenziel. Viele Gebäude in der Innenstadt, am Ring sind originalgetreu wieder aufgebaut worden. Seit Polen Mitglied der Europäischen Union ist, wird die Stadt ohne irgendwelche Grenzkontrollen an der Oder von vielen Menschen besucht. Und die Geschichte der Stadt wird nicht mehr durch eine kommunistische Ideologie verbogen.

Die Bevölkerung der Stadt bestand aus Katholiken, Protestanten und Juden. Die Religionsgruppen hatten bis zu Machtübernahme der Nationalsozialisten tolerant zusammengelebt.

Die Feiertage der Juden waren auch die Feiertage der übrigen Bevölkerung gewesen. Bis zur Volkszählung 1933 hatte die Zahl der Deutschen jüdischen Glaubens erheblich abgenommen. Die neue Synagoge, die einen Teil des Stadtbildes beherrschte und am 8. Nov. 1938 zerstört wurde, stellte die symbolische Verbundenheit der Gemeinde mit der Stadt dar. Friedrich Wilhelm der II. hatte das Verdienst, durch seine Politik der Toleranz die Eingliederung der Juden in die Bevölkerung zu ermöglichen. Die bedeutende Stellung der Juden in Breslau wird eindringlich in dem Buch »Breslau« – Hauptstadt Schlesiens« aus dem Gräfe und Unzer Verlag in dem Kapitel »Die jüdische Gemeinde zu Breslau«, von Ernst J. Cohn beschrieben. Die Mitglieder der jüdischen Gemeinde waren bis in das nationalsozialistische System hinein aktiv in der städtischen Selbstverwaltung tätig. Bedeutende deutsche Juden aus Breslau zählten zu der geistigen Elite der Nation. Mit Kriegsende war die jüdische Gemeinde vollkommen ausgelöscht worden.

Und Charlotte weiter:
Wir waren verwöhnt, was die schulfreien Tage betraf. An den hohen jüdischen Feiertagen waren die großen Geschäfte in der Schweidnitzer Straße geschlossen. Und die übrigen Geschäfte schlossen sich dieser Regelung an. Da die jüdischen Kinder die Feiertage in ihren Familien verbrachten, hatten auch die Schulen geschlossen. Der Handel und die unzähligen kulturellen Ereignisse prägten die Stadt neben der großen Universität, die nach der Eroberung durch die Preußen als Ausgleich für die Unterbrechung der Handelswege nach Österreich-Ungarn eingerichtet worden war. Weltoffenheit nach allen Himmelsrichtungen zeichnete die Regentschaft der Habsburger

Die sowjetischen Kapitulationsbedingungen an General *Niehoff*.

Der Befehlshaber der 6. russischen Armee der 1. ukrainischen Front:
Glusdowskij, Generalleutnant.

Ich schlage folgende Bedingungen vor:

1. Alle unter Ihrem Befehl stehenden Truppen stellen die Kampftätigkeit am 6. 5. 45 ab 14 Uhr (Moskauer Zeit), 13 Uhr (deutscher Zeit) ein.
2. Sie übergeben den Mannschaftsbestand, Waffen, alle Kampfmittel, Transportmittel und technischen Einrichtungen unbeschädigt.
3. Wir garantieren Ihnen, allen Ihren Offizieren und Soldaten, welche den Widerstand eingestellt haben, das Leben, Ernährung, Belassung des persönlichen Eigentums und Auszeichnungen und nach Beendigung des Krieges Heimkehr in die Heimat, dem ganzen Offizierskorps ist das Tragen der blanken Waffe gestattet.
4. Allen Verwundeten, Kranken wird sofortige medizinische Hilfe durch unsere Mittel zuteil.
5. Der gesamten Zivilbevölkerung werden Sicherheit und normale Lebensbedingungen garantiert.
6. Ihnen persönlich und anderen Generälen werden Pkw.s mit Bedienung überlassen, ebenso die entsprechende Bedienung für Generäle in der Gefangenschaft.
   Waffen-SS: Die Garantien erstrecken sich auch auf diese.

A u s f ü h r u n g :

1. Vom Augenblick der Einstellung der Kampftätigkeit Truppen aus der HKL in den nächstliegenden Raum, der vom Ost-Kdt. angewiesen wird.
2. Reihen zu vier Mann.
   a) Südgruppe: Hindenburgplatz, Krietern, Klettendorf.
   b) Westgruppe: Ober-Stephansdorf.
   c) Nordgruppe: Rux.
   Generäle nach Striese, Offiziere nach Striese.
3. Der Stab der Festungskommandantur meldet sich auf dem Hindenburgplatz.

Kapitulationsaufforderung an Breslau

aus. Streng war das Regiment unter der Preußischen Krone, ablehnend die Bevölkerung gegenüber Berlin. Die durch den Ersten Weltkrieg geografisch entstandene Randlage im Deutschen Reich führte zur Abwanderung von Bewohnern in andere deutsche Provinzen.
Die Neuorientierung des Handels, nachdem die reiche Region Oberschlesien nach dem Versailler Vertrag sinnlos zerteilt worden war, hätte noch Jahrzehnte benötigt, mehr als bis zum Aufkommen des Nationalsozialismus an Zeit zur Verfügung gestanden hatte.

Auf eine Besonderheit muss ich hier eingehen, da sie eine charakteristische Situation in Breslau aufzeigt. Es gab die Straßenbahnlinie 2, die die »Jerusalemer Bahn« genannt wurde. Der Grund dafür? Im Breslauer Süden, Kleinburg, Südpark hatten die reichen Juden ihre Villen und komfortablen Etagenwohnungen. Dorthin fuhr die Linie 2 und brachte besonders diejenigen dorthin, die irgendwie mit den Bewohnern der schönen Häuser Kontakt hatte, also kleine Gewerbetreibende wie Friseure, Gardinenaufstecker, Dienstboten usw.

Man sagte nicht zu einander: Fährst du mit der zwei? sondern man fragte: Fährst du mit der Jerusalemer?

Still und schüchtern war das Lottchen, doch der Vater wollte aus seiner - jetzt einzigen - Tochter ein lebensfrohes, aufgeschlossenes Mädchen machen. Später irgendwann einmal gut verheiratet. So wurde sie in einen Kindergarten in der Nähe der Wohnung geschickt um im Umgang mit anderen, lebhaften Kindern zu lernen lebhafter und durchsetzungsfähiger zu werden.

Zu diesem Kindergarten sagte sie:
Ich ging gerne in den Kindergarten und hatte viele Freundinnen. Allerdings wurde ich immer als besonders brav und artig herausgestellt. Mein Vater hätte nichts dagegen gehabt, wenn auch einmal eine Beschwerde gekommen wäre, oder der Hinweis, dass ich mich nicht in die Gruppe einfügen wollte. Nichts geschah. Ob der Kindergarten für mich einen Sinn gehabt hatte, mag ich noch heute bezweifeln. Elternwünsche in Kinder projiziert, haben meistens keinen Erfolg. Erst viel später habe ich in meinem Beruf gelernt durch genaues Hinschauen zu erkennen, wo bei Kindern Möglichkeiten sich zeigten, um sie zu beeinflussen.

Kurz vor dem Kriegsbeginn machten wir unsere letzte Ferienreise im Juli 1914 an die Ostsee nach Westerplatte in der Danziger Bucht. Wir wohnten in Neufahrwasser, weil dort ein Hotel stand, dessen Besitzer beim Kaiser Koch gewesen war, wenn dieser alle Jahre seine Hochseefahrten unternahmen. Da mein Vater ein verwöhnter Feinschmecker war, erhoffte er sich von »Kaisers Koch« das Allerbeste und nahm deshalb die Unbequemlichkeit des täglichen Übersetzens nach Westerplatte gerne in Kauf. Wir lagen aber nicht drei Wochen nur am feinsandigen Strand. Oh nein! Der Vater gab die Parole aus: Alles lernen, alles kennenlernen. So besuchten wir die Schichau Werft und sahen dort den gewaltigen Passagierdampfer Columbus im Bau. Das Schiff hatte ein tragisches Ende. Es versenkte sich im 1. Weltkrieg selbst vor Südamerika, um nicht der überlegenen britischen Kriegsflotte in die Hände zu fallen. In Oliva sahen wir den Kronprinzen Wilhelm, der als Totenkopfhusar in schwarzer Uniform vom Fenster der Kaserne der versammelten Menschenmenge zu winkte. Ein besonderes Erlebnis war die Ausfahrt des Unterseeboots U 9 mit dem Kapitänleutnant Weddigen. Er war der berühmteste U-Boot-Fahrer im kommenden

Weltkrieg. Die ganze Besatzung war auf dem U-Boot angetreten. Das Boot lief nach Tsingtau - einer deutschen Kolonie an der chinesischen Küste - aus, nichts ahnend, dass es mitten in den kommenden Krieg hinein fuhr. Was hatten wir für schöne, sonnige Tage! Wer hatte schon einen Vater, der wissensdurstig die Familie dazu anhielt mehr zu lernen, mehr zu sehen, um das spätere Leben besser zu begreifen.

Die später tragisch - berühmt gewordene Westerplatte, vor der das Schlachtschiff Schleswig-Holstein die ersten Schüsse im Zweiten Weltkrieg auf Polen abgab, lag damals in tiefster Ruhe. Ein weiterer Ausflug brachte uns zur Halbinsel Hela, wo wir bei wogender See bis nach Adlershorst fuhren und seekrank wurden. Nun hatten wir auch diese Erfahrung gemacht, auf die wir aber liebend gern verzichtet hätten. Das Schiff, der Ausflugsdampfer »Onkel Beneke« kam aus Danzig, wo er im Hafen vor dem berühmten Krantor lag, um Fahrgäste aufzunehmen.

Zu der Hinfahrt nach Westerplatte gibt es noch eine Anekdote, die meinen Vater betrifft.
Wir hatten in Dirschau einen langen Aufenthalt. Der Zug wurde aus irgendwelchen Gründen vor der Weichselbrücke umrangiert. Bei der Weichselbrücke handelte es sich um eine gewaltige Brücke, wohl die längste Brücke im damaligen Deutschen Reich. Mein Vater stieg aus dem Zug um etwas Luft zu schnappen, aber wie ich ihn kannte, war er neugierig danach, warum es den Aufenthalt gab. Mutter, mein Bruder und ich blieben sitzen. Plötzlich fuhr der Zug an und rollte bis auf die Weichselbrücke. Und da stand er und rührte sich über eine Ewigkeit nicht mehr. Mein Vater war hinter dem Zug hergelaufen und stieg mitten auf der Brücke zu uns wieder ein. Die Brücke zu betreten war strengstens verboten. Aber so war eben mein Vater, immer ohne Angst über die Folgen für etwas Neues zu haben. Der Reisetag war ein brütend heißer Sommertag und wir Kinder hatten nur Durst und meine Mutter hatte ja nicht damit rechnen können, dass der Zug stundenlang auf der Brücke stehen würde. Mein Vater, der sonst alles organisierte, stand neben dem Zug, während meine Mutter den Schaffner nicht nach Getränken zu fragen wagte, da sie dann hätte sagen müssen, wo ihr Mann war. Nach überstandener Angst um meinen Vater kamen wir auf der anderen Weichselseite im Bahnhof Marienberg an. Das Ganze erzähle ich nur, weil die Dirschauer Weichselbrücke im Zweiten Weltkrieg zum Mittelpunkt schwerer Gefechte geworden war. Es war die Brücke mit den roten Türmen, die in die Kriegsgeschichte eingegangen ist.

Mit einem großen Absatz schreibt sie weiter:
Dieses waren die letzten Tage in meinem jungen Leben, die im vollen Sonnenschein, in unbeschwerter Freude dahinflogen. Ich war acht Jahre alt.

Im Oktober 1913 war Charlotte in die Schule gekommen, und zwar in die Cecilienschule an der Taschenbergstraße. Zu der Taschenbergstraße musste man unter der Bahnstrecke am Hauptbahnhof durchgehen. Die Cecilienschule war das 3. städtische Lyzeum und Oberlyzeum. Sie besuchte die Schule von der 10. bis zu der 1. Klasse bis 1923. Es wurde aus heute unbekannten Gründen nicht von der 1. zur 10. Klasse gezählt, sondern anders herum. Sie war, wie sie schreibt, eine durchschnittliche Schülerin mit ihren Lieblingsfächern Deutsch, Erdkunde und Turnen. Da sie gut turnen konnte, konnte sie auch gut tanzen. Aus der Sicht des Vaters tanzte sie später mehr als genug, ohne sich nach einem Mann für die Ehe umzuschauen. Doch ihr Vater wusste (noch) nicht, dass sein zierliches, manchmal auch trotziges Töchterlein andere Pläne verfolgte, in die nur die Großel eingeweiht war. Ja, trotzig konnte sie sein, wie man an einer von ihr niedergeschriebenen Weihnachtsepisode erkennen kann:

An eine Weihnachtsbescherung, schreibt sie, erinnere ich mich noch deutlich:
Auf meinem Wunschzettel stand an 1. Stelle eine große Schlafpuppe. Wenn ich mit meiner Muttel zur Stadt fuhr, dann kam ich nie an einem Spielwarengeschäft auf dem Ring vorbei. Da stand eine Puppe im Schaufenster! Es gab für mich keinen sehnlicheren Wunsch, als diese Puppe zu besitzen. Ich träumte von ihr und konnte Weihnachten kaum erwarten. Als dann der große Augenblick der Bescherung gekommen war, stürze ich zu meinem Gabentisch und da war keine Puppe. Mein Herz stand still, die Tränen rannen. Da lag auf dem Sessel so ein langweiliger, feuerroter Tuchmantel mit einem weißen Schalkragen. »Ja, liebes Kind, zieh doch mal den Mantel an«, sagte meine Mutter, trotzig riss ich den Mantel vom Sessel ohne den Versuch zu machen ihn anzuziehen. Und was lag unter dem Mantel? Oh, Seligkeit meine heiß gewünschte Puppe! Mein Bruder Erich war bei solchen Gelegenheiten immer schnell mit einem kleinen Spott dabei, was mich als die jüngere Schwester nur noch wütender machte.

Oder eine andere Episode:
Meine Mutter war die einzige Nichte von Robert Hoffmann, der in Paris allein lebte und von dem ich schon von der »Pariser Erbschaft« erzählte. Bei einem Besuch in Breslau hatte er mir eine Puppe mitgebracht. Ohne sie besonders anzusehen, nahm ich die Puppe und warf sie weit von mir. Mein Onkel Robert wurde zornig und rief: »Wo mag denn nur das Kind den Trotzkopf herhaben!« Diesen Ausspruch habe ich später immer wieder hören müssen. Es gab Deutungen, doch in meiner sanften Mutter kann der Ursprung des Trotzes nicht gelegen haben und mein Vater war zu sehr verstehend und von großer Toleranz geprägt. Wenn ihm etwas nicht passte, wurde er still, und wenn Vater nichts sagte, so musste ich später dann selbst feststellen, er war nicht der gleichen Meinung mit mir. Er sammelte Argumente, um dann zu überzeugen. Nur ganz selten habe ich ihn verärgert erlebt.

Ob diese und andere Episoden in ihrem späteren Leben schon ein Anzeichen dafür waren, dass das Sternzeichen »Löwe« in ihr ruhte? Ein Löwe auf der Lauer hinter einer schüchternen Fassade. Erst Jahrzehnte später erkannte sie selbst bei dem Umgang mit ihren Hortkindern, das Geduld ein kostbares Gut ist und erlernt werden kann. Aber davon später mehr.

In dem täglichen, glücklichen Leben rückte der erste Schultag wie für alle Kinder immer näher. Als es so weit war, bestimmte ihr Vater, dass sie den Weg durch den Bahnhofstunnel erst einmal nicht alleine gehen sollte. Täglich wurde sie im 1. Schuljahr von einem Dienstmädchen (der polnischen Anna) zur Schule gebracht. Bei schlechtem Wetter wurde sie schon mal mit dem Dienstwagen gefahren. Der Schulweg führte durch den langen Bahnhofstunnel, oder mehr heimlich, durch den Bahnhof direkt an der Liebichs-Höhe vorbei, einem großartigen Bauwerk, mit weitläufigen Treppenanlagen, einer halbrunden Kolonnade, in der man herrlich verstecken spielen konnte. Gekrönt wurde die Anlage von einem hohen als Kuppel gestalteten Turm, auf dem ein Engel stand. Besonders die Kolonnade war ein beliebter Treffpunkt jung Verliebter. Konnte man sich doch unauffällig den meistens anwesenden Müttern, Tanten, Onkeln oder Brüdern entziehen. Ein Treffen und ein Spaziergang mit einem Angebeteten, z.B. von dem Elisabethgymnasium, welches ja in unmittelbarer Nähe hinter den Bahngleisen stand, waren völlig unmöglich. Von Schulgeneration zu Schulgeneration gaben sich die jungen Mädchen den Tipp weiter: Triff deine Liebe an der Liebichshöhe. Und alle Mütter wussten Bescheid, wenn der Spaziergang unter »Bewachung« zu der Liebichshöhe gewünscht wurde. Die Mütter trafen zufällig Bekannte, die Mädchen ihren Schwarm.

Und weiter schreibt sie in ihrem Tagebuch:
Ich hängte mich bei meiner polnischen Anna ein, und wir schritten fröhlich in den Morgen hinein. Der Schulweg führte uns durch den langen Tunnel des Hauptbahnhofs hindurch und über den belebten Bahnhofsvorplatz in die Taschenbergstraße, an deren Ende die Schule lag. Bei schlechtem Wetter gingen wir durch die große, lange Bahnhofshalle. Da saßen in einem schmalen Seitenweg die polnischen, galizischen Juden, angetan mit dem langen schwarzen Kaftan und dem schwarzen Käppi auf dem Kopf. Meisten trugen sie einen langen Bart. Wir empfanden nichts dabei, gehörten die Juden doch in das ganz normale Straßenbild in Breslau. Im Hochsommer, zur Erntezeit lagen oder standen die sog. »Sachsengänger«, die polnischen Erntehelfer, in Scharen an der Rückseite des Hauptbahnhofs und warteten auf die Transporte zu den riesigen schlesischen Gütern, den Domänen und Rittergütern. Auf dem Weg zur Schule wurde ich von der Anna über das Leben der Menschen unterrichtet, die nicht unbedingt die Sonnenseite des Lebens erreicht hatten. Wie schon erwähnt, hatte ich nur über die Gespräche in meinem Elternhaus geringe Kenntnisse über die arbeitende Bevölkerung. Die Anna erzählte - sicher aus heutiger Sicht schonend - davon, wie so andere Menschen, z.B. dort wo sie aus Polen herkam, lebten. Das war Lebenskunde aus erster Hand. Die vielen »Sachsengänger« am Hauptbahnhof sah ich mit meinen jungen Jahren jetzt anders. Erst viel später ging die Saat dieser Erzählungen in mir auf. Im ersten Schuljahr, das weiß ich noch genau, wurde manchmal ein Schulspaziergang unternommen. Wir gingen zwei und zwei durch die Straßen zum Scheitniger Park. Wir hatten die guten Matrosenkleider an, weiß und blau und Matrosenmützen mit blauen Bändern auf dem Kopf. Dazu lange schwarze Strümpfe und hohe schwarze Schuhe. Im Park wurden einige Spiele gemacht und dann ging es genauso sittsam wieder nach Hause. Mit meiner Freundin, der Puschel-Hanne (ich war die Schlüter-Lotte) führten wir den Zug an. Sehr lobenswert, wie die beiden Mädchen den langen Zug anführten, sagten Passanten. Ich war entsetzlich schüchtern und daher war der Umgang mit mir für alle Erwachsenen bequem.

Und zu unserer polnischen Anna:
Sie war dick, rund und freundlich. Sie sprach gebrochen Deutsch. Wie schon geschildert, war sie über die städtische Vermittlung zu den Schlüters gekommen. Polnische Mädchen kamen aus den Dörfern im damaligen Westpreußen. Die Dörfer gruppierten sich meistens um ein Schloss oder einen Gutshof oder Lagen in deren Nähe. Arbeit fanden die männlichen Dörfler auf den riesigen Ländereien, wenige Mädchen in den häuslichen Bereichen der Schlösser oder Gutshäuser. Die

Zahl der Kinder war meistens groß. Die Entlohnung war ärmlich, die Wohnverhältnisse in den Dörfern ebenfalls. Während Schlösser oder Gutshäuser in deutschem Besitz waren, von ihren Eigentümern selbst bewohnt oder von Verwaltern bewirtschaftet, waren die Dörfer von Polen bewohnt. Nach der zweiten polnischen Teilung 1793 kam das Land nördlich von Schlesien zu Preußen (Westpreußen). Es wechselten die Landesherren, die Menschen blieben, wo sie waren und was sie waren. Sie blieben bei ihrer Sprache und Konfession. Erst nach dem Aufkommen des Nationalismus im Habsburger Reich entstanden auch Spannungen zwischen der polnischen und deutschen Bevölkerung. Der Staat legte nun Wert darauf, dass alle Untertanen in den Schulen Deutsch lernen mussten. Auf dem Lande mit den kleinen Dorfschulen eine sich nur langsam anbahnende Entwicklung. So blieb es bei der überwiegenden Zahl dörflicher Bewohner bei ihrer Muttersprache. Die jungen Mädchen, die sich in den Städten um einen Arbeitsplatz bemühten, sprachen so gut oder schlecht Deutsch, wie sie zu Hause gesprochen hatten und keiner nahm Anstoß daran. Mit ihren geringen Deutschkenntnissen, welche die Anna besaß, versuchte sie mir vieles zu erklären, worüber die Eltern nicht sprachen. Die Anna lebte in unserer Familie lange Jahre. Sie war eben die »polnische Anna« und das war liebevoll gemeint.

1913 war die letzte Kaiserparade in Breslau, vielleicht nach heutigen Maßstäben vergleichbar, wenn die deutsche nationale Fußballmannschaft von einem Sieg nach Hause kommt. Mutter und Kinder standen in der Gartenstraße mit unzähligen anderen Menschen, wobei wir Kinder in der vordersten Reihe stehen durften. Natürlich gab es schulfrei zur Kaiserparade. Der Tag war ein Volksfest und betonte die Volksnähe des Kaisers, der dieses Amt immerhin »vor Gottes Gnaden« erhalten hatte. Ich denke, wer nicht in der Zeit des Kaiserreiches gelebt hat, kann sich keine Vorstellung davon machen, wie die Macht eines einzelnen Mannes sich auf die Menschen ausgewirkt hat, besonders nach den langen Friedenszeiten seit 1871. Es gab aber schon das »Sozialistengesetz« und eine geheime Staatspolizei, die durchaus ihr Amt ausübte.

»Da kam der Kaiser! Auf einem stolzen Schimmel, in der Uniform der weißen Kürassiere, Garderegiment Breslau. Die Menschen jubelten, winkten und riefen Hurra! Die Polizei hatte Mühe die Straße abgesperrt zu halten. Vorweg die Fahnenträger und die Regimentsmusik und dahinter die weißen Kürassiere hoch zu Ross. Der Kaiser ritt allein zwischen Musik und Kürassieren. Es war für uns Kinder ein unvergesslicher Anblick.«

Ein anderes Ereignis, noch kurz vor Kriegsbeginn, blieb in meiner Erinnerung haften:
Ein Pferderennen in Hartlieb auf der Pferderennbahn. Die Teilnahme als Zuschauer gehörte aus der Sicht des Vaters zum »Bildungsprogramm« für heranwachsende Kinder. Das Vibrieren der Menschen um das Wettlokal, die Eleganz, und Aufgeblasenheit der Zuschauer, wie sie uns darstellten, die Jockeys und ihre Pferde sollten wir Kinder sehen und beurteilen können. Mein Vater machte uns schon hier und da darauf aufmerksam, soweit wir das in unserem Alter verstanden, wo Unterschiede zwischen den Menschen bestanden. Unser Vater unterlies nichts, seinen Kindern alles zu bieten, was in seinen Kräften stand. In Hartlieb kam alles aus Breslau und Umgebung zusammen, was Rang und Namen hatte. Der hohe Adel, der Landadel, die großen Gutsbesitzer und die Städter, die etwas auf sich hielten. Nach dem Rennen begab man sich zur Kaiser

Wilhelmstraße, Breslaus Prachtstraße, und ließ an sich all die Sechsspänner, Vierspänner, Zwei - und elegante Einspänner an sich vorbei fahren. Alle liefen auf Gummireifen, eine noch neue und elitäre Errungenschaft.

Weiter schreibt sie auf einer nächsten Seite, um besonders auszudrücken, dass jetzt etwas kommt, was für alle Menschen so ungeheuerlich war, aber für die Wissenden, nach dem Mord in Sarajewo an dem österreichischen Kronprinzen in der, Luft gelegen hatte.

»Am 1. August 1914, einem heißer, sonnen durchglühten Tag bin ich mit Muttel (liebevolle schlesische Bezeichnung für Mutter) in der Stadt und wir schlendern auf der Schweidnitzer Straße (die eleganteste Einkaufsstraße der Stadt). Ich war damals 8 Jahre alt. Auf einmal vor uns ein großer Menschenauflauf am Stadttheater und Rufe Extrablatt! Extrablatt! Mobilmachung, es ist Krieg! Alles rennt aufgeregt durcheinander. Ich weiß nicht mehr, wie wir nach Hause gekommen sind. Ich sehe nur noch die traurigen Gesichter meiner Eltern.

Kinder, es ist Krieg und Vater wird Soldat. Damit waren die bisher schönen und sorglosen Jahre unserer großen Familie abgeschlossen.«

Hier sollte ich noch nachtragen, wie verzweigt in Schlesien unsere Familie war. Wir hatten alle Kontakt miteinander, Briefe gingen hin und her und bei besonderen Anlässen besuchten wir uns.

In der Familienbibel von 1885, als deren letzte Eigentümerin Clara Hoffmann eingetragen ist, steht ein Hinweis:

Eigentum der Familien Hoffmann in:

Militsch, Münsterberg, Lüben, Schweidnitz und Saarau.

1914/1919 Krieg und Schule in Breslau

Mit dem Kriegsbeginn ging vorerst das Leben normal weiter. 43 Jahre war es her seit dem Ende des Deutsch-Französischen Krieges. Er hatte ein siegreiches Ende gefunden und warum sollte sich ein solcher Sieg nicht wiederholen? Nur die Militärs wussten, dass Strategien für Krieg und der Einsatz von Kampfmitteln sich völlig verändert hatten. Schon konnte man von ersten Luftschiffen über grenznahen Gebieten Bomben abwerfen. Man konnte also Kriegshandlungen in das Hinterland tragen und so die Zivilbevölkerung treffen und demoralisieren. Aber wer von den kriegsbegeisterten Menschen wusste darum? Die Einberufung der Männer zu den Rekrutierungen glich vorweggenommenen Siegesfeiern. Nur wenige Wochen, und alle kämen siegreich heim. Was für ein tragischer Irrtum!

Mein Vater war eingezogen und an der Front, erst im Osten und dann im Westen. Die Sorgen meiner Mutter kannten wir Kinder nicht. Ehe mein Vater »in den Krieg zog« durften wir Kinder uns etwas von ihm wünschen. Mein Wunsch war ein Kanarienvogel, ich nannte ihn Hänschen. Er hatte ein großes Zutrauen und kam, wenn ich ein Salatblatt auf den Teppich legte, aus dem geöffneten Käfig. Er kam auch auf den Tisch, wenn ich meine Schularbeiten machte. Später hatte ich dann noch Tanzmäuse und eine Schildkröte, die einmal das Einweichwasser für Wäsche überstanden hatte. Die Schildkröte war in einem Päckchen aus Griechenland gekommen, wo der Vater meiner Freundin Luise, stationiert war. Ja, die erste Zeit des Krieges war für uns Kinder noch sorglos. Nur die Mutter und ihre Bekannten waren voll mit dem Krieg, den Frontverläufen und den Verlusten bei den Soldaten vertraut. Langsam begann aber auch für die Menschen in den Städten die Zeit der Entbehrungen. Lebensmittel gab es nur noch auf Marken, die streng rationiert waren. Kohle wurde knapp, wo diese doch fast vor der Tür lag. In der Wohnung wurde nur noch ein Zimmer durch einen der großen Öfen geheizt. Alle froren entsetzlich, da die schlesischen Winter hart waren und 15 Grad Kälte über Wochen keine Seltenheit war. Das Personal drängte sich in der Küche um die Herdstelle. Manchmal blieb das Dienstpersonal länger als es bleiben musste, da in ihren häuslichen Bereichen kaum ein Feuer wegen Kohlemangel brannte. Zusammenrücken, dort wo der Mangel weniger war, wurde zur Normalität. Im Sommer 1916 gab es nur noch Papierschuhe mit Holzsohlen. Es war Ehrensache barfuss zu laufen. Stoffe gab es so gut wie keine mehr. Der Vater hatte vorausschauend darauf bestanden, dass alle im Haushalt lebenden Dienstboten so gut oder schlecht zu essen bekamen wie die Familie selbst. Er wollte und konnte nach seiner Lebenseinstellung keine Unterschiede dulden. Der ganze Haushalt war in diesen schlechten Zeiten eine große Familie, wenn auch auf das dringlichste Maß verkleinert. Selbst die Kutsche und den Kutscher gab es nicht mehr.

In dem berüchtigten Kohlrübenwinter 1917 hatte die Familie buchstäblich gehungert. Der Vater, der evtl. hätte noch organisieren können, war nicht da, die Mutter war nicht in der Lage »krumme

Geschäfte« zu machen. Ich weiß noch, dass meine Mutter uns Kindern 10 Pfennig Belohnung gab, wenn wir die fade Kohlrübensuppe aßen. Kuchen wurde aus Kartoffeln gebacken, Bonbons wurden aus irgendwelchen komischen Zutaten selbst gekocht. Ich weiß heute nicht, wie wir das alles durchgestanden haben. In der Kälte lagen um den Bahnhof, an dem ich zur Schule vorbei kam, Menschen, die vor Hunger und Kälte zusammengebrochen waren. Soziale Einrichtungen, die im Krieg entstanden, kümmerten sich um diese armen Menschen. Aus unserer Schule wurde ein Lazarett und wir wurden klassenweise in Wohnungen verteilt. Meine Klasse z.B. in die Lessingstr. 14. Die jungen Lehrer waren alle im Krieg und so wurden wir durch Lehrerinnen unterrichtet. Hier hörte ich erstmalig nach den Schilderungen der Anna von Kindern, die ohne Eltern aufwachsen mussten, die in den ärmlichsten Verhältnissen lebten. Mir machten diese Schilderungen einen enormen Eindruck, war ich doch in wirklich großzügigen Verhältnissen bisher aufgewachsen. Ich war da 11/12 Jahre alt.

Aus einer anderen Erzählung aus der Familie berichtet sie:
Die Großel war eher in der Lage eine Hamstertour auszuführen. Die Tante Minna Mackiol lebte bei ihrem Bruder, der in dem Ort Schweinebraten - werde ich nie vergessen - gezogen war, nachdem er ein Landgut bei Schweidnitz verkauft hatte. Dorthin fuhr die Großel, um etwas Essbares zu organisieren. Die Züge waren übervoll. Es waren die »Hamsterzüge« die streng nach Essbarem kontrolliert wurden. Alle Reisenden versteckten ihre Mitbringsel irgendwie. So auch die Großel, die frische Eier gehamstert hatte. Aber wohin damit? Sie packte die Eier in Papier und schob sie unter ihre Bluse. Sie sah etwas korpulent aus, aber die Kontrolle ging vorbei. Die Reisenden saßen eng beieinander und die Großel gedrängt dazwischen. Ein Ruck des Zuges verwandelte das ganze Schmuggelgut in Rührei, das aber nicht weggeworfen wurde, sondern in der Küche aus dem Papier gekratzt wurde, um dann am Tisch serviert zu werden. An diese Geschichte habe ich immer 1946 gedacht, als wieder Hungerszeit war.

In der Kriegszeit hat sich dann ihre Mutter mehr den Kindern zugewandt. Der Mann war eingezogen, die Großel organisierte den Haushalt. Ihre noch kleinen Kinder litten darunter, dass der Vater nicht mehr da war. Warum, das war den Kindern nur schwer zu erklären. Krieg? Was war das? Warum gab es den? Wieso gab es nur noch wenig zu kaufen? Wie jede Mutter wohl versuchte auch die Schlüter Mutter die Tage so zu gestalten, dass die Kinder möglichst wenig von den Sorgen merkten, die alle Menschen betrafen. Spiele mit den Kindern, an den Wochenenden Spaziergänge, Besuche in der Verwandtschaft, besonders in den Schulferien.

Charlotte berichtet über die Tagesabläufe:
Als Krieg war und mein Bruder und ich noch so klein waren, saßen wir nachmittags im Schlafzimmer der Eltern um die Mutter herum, die vor der Frisierkommode saß. Ich durfte sie frisieren. Mein Bruder war weniger interessiert und musste mir die Haarbürste, Klammern und anderes reichen. Ich spielte Friseur. Mutter ließ sich alles gefallen, was haben wir gelacht! Oder wir gingen nachmittags im Südpark spazieren, wo wir uns mit unseren Verwandten trafen. Wie das damals so war, die »Großen« gingen vorneweg, die kleinen Kinder an den Händen der Mütter und die schon größeren Kinder tobten hinter her. Wir waren immer schön angezogen. Wir trafen uns mit der

befreundeten Familie Kornek und ihren Kindern. Sicher hatten die Mütter sich vieles von ihren an den Fronten stehenden Männern zu erzählen, und wie sie so das tägliche Leben meisterten. Ob heute jemand verstehen kann, wie man es als Mutter schaffte das Leben zu meistern, ohne von dem Mann über Monate etwas zu hören? Täglich konnte die gesamte Existenz zerstört sein, die Basis des Familienlebens stellte nun mal der Mann, der Vater der Kinder dar.

Wir fuhren auch mit der »Elektrischen« nach Scheitnig in das hübsche Parkcafé. Der Scheitniger Park war eine große Parkanlage. Die Linien drei und zehn endeten dort. Die Sommerwagen der »Elektrischen« waren etwas Besonderes. Es waren offene, nur mit einem Sommerdach versehene Straßenbahnwagen, auf denen Querbänke standen. Der Schaffner turnte während der Fahrt außen auf einem Trittbrett entlang und verkaufte die Fahrkarten. Viele Straßenbahnwagen im Krieg waren ohne Bänke, nur ein paar Stangen standen in dem Wagen. Alle eisernen Bänke waren abmontiert. Es gab auch noch die Pferdebahn, die die Bewohner der Außenbezirke in die Innenstadt brachte. Eine Linie, die Nr. 7, war die »Gürtelbahn«, weil sie wie auf einem Gürtel sich um die Stadt schlängelte. Der Volksmund nannte sie die »Gürtelschleiche«. Als ich zum ersten Mal nach dem Krieg 1982 wieder in Breslau war, was war das für ein Wiedersehen: Die Gürtelschleiche gab es noch immer! Es gab noch andere Mitreisende, die sich mit mir den Spaß gönnten, ein Stück mitzufahren. Wir waren alle sehr still. Hing doch jeder seinen Erinnerungen nach. Und was gab es zu sehen? Leere Flächen, wo früher Häuser standen, völlig verkommene Häuser, neue grässliche Wohnblocks, ohne Ende. Nur in der Innenstadt konnten wir uns orientieren. Nein, das war nicht mehr unsere alte, geliebte Heimatstadt.

Die Linie 2 der Straßenbahn hieß die »Jerusalemer Bahn« wie ich schon an anderer Stelle erwähnte. Und der Grund dafür? Im Breslauer Süden, Kleinburg, Südpark hatten die jüdischen Bürger ihre Villen und komfortablen Etagen. Es gab sehr reiche jüdische Bürger, denen die großen Warenhäuser und Banken gehörten. Sie waren angesehen und bestimmten maßgeblich das gesellschaftliche Leben mit. Die Synagoge war für uns ein Gotteshaus wie jedes andere. Ganz besonders war der jüdische Friedhof, der etwa dem Bahnhof gegenüberlag. Dieser sah so ganz anders aus, als der Friedhof der Salvatorkirche, auf dem unsere Geschwister begraben lagen. Es gab nur die großen Gedenksteine mit den hebräischen Inschriften. Bedeutende Bürger waren dort begraben. Was aus dem Friedhof geworden ist, weiß ich nicht, die freie Zeit auf meinen Reisen war immer zu kurz. Allein schon das Suchen nach bestimmten Zielen war so zeitaufwendig, da es die deutschen Straßennamen nicht mehr gab, und manche Straßen überhaupt keine Häuser mehr hatten. Bei meiner ersten Reise war es noch verboten irgendwelche deutschen Landkarten oder Stadtpläne mitzubringen. Das wurde an der Grenze kontrolliert. Ich war zu ängstlich, als dass ich heimlich einen Stadtplan eingesteckt hätte. So musste die Erinnerung helfen. Mit unseren Reiseteilnehmern haben wir uns lange darüber unterhalten, ob es überhaupt einen Sinn mache, die alten, verlorenen Stätten der Kindheit aufzusuchen. Wir waren überwiegend der Meinung, dass nur der Ruhe bekäme, der einmal in seinem Leben noch einmal dort gewesen sei, wo seine Lebenswurzel gestanden hätte. Und wenn man dann das ganze Unglück gesehen hat, wie es sich entwickelt hat, dann ist das wie ein Abschluss zu einem vergangenen Leben. Nicht rückwärts sehen, nach vorne sehen. Nur so haben Millionen Vertriebener ihr neues Leben gemeistert. Ich war mit meiner Familie zum Glück von diesem schrecklichen Los verschont geblieben, aber meine Wurzeln stehen in Breslau, in Schlesien: Vielleicht tragen diese Erinnerungen dazu bei, dass meine Kinder und Kindeskinder einmal verstehen, was es bedeutet in Jahrzehnten tiefsten Friedens zu leben, mit all dem Überfluss, den es heute gibt und vielleicht wird es einmal wieder ein Interesse daran geben, woher die Eltern, Großeltern kamen, und wo das überhaupt war. Denn der »Osten« beginnt in unserem neuen, modernen Staat hinter der Elbe, nur wenige Kenntnisse gib es über den großen Kulturanteil meiner Heimat an unserem gesamten Leben.

(Charlotte hatte die Wiedervereinigung nicht mehr erlebt, und die alte Bundesrepublik Deutschland endete an er Elbe).

Über ihre Schulzeit hat Charlotte wenig berichtet. Sie schwamm so mit, wie eine Lehrerin berichtete. Besonders gut war sie im Deutschunterricht, der Geografie und natürlich im Musikunterricht. Auch Turnen war ihre Leidenschaft, ihr kam entgegen, dass sie klein und zierlich war. Sie hatte einen Kreis von Freundinnen, mit denen sie sich in der Freizeit regelmäßig traf. Später, das war schon nach dem Krieg, machten sie schon einen kleinen Umweg zu dem Gymnasium ihres Bruders Erich, der natürlich seine Klassenkameraden vorstellen konnte. Diese Treffen vor dem Schultor waren so harmlos, wie man sich das heute überhaupt nicht vorstellen kann. Keine »Markenklamotten« keine Handys, keine teuren Fahrräder aus einer Manufaktur und keine auch noch so gearteten »Annäherungen«. Ihr Bruder, drei Jahre älter, war für sie ein liebevoller, auch spöttischer Lehrer. Es war z.B. den Kindern strengstens untersagt in die sogenannte »Logentasche« des Vaters zu schauen. Immer am Freitag lag diese mit dem Frack und dem gebügelten Hemd auf dem großen Bett im Elternschlafzimmer. Natürlich hatte ihr Bruder schon in die Tasche geschielt. Ein dicker, vertrockneter Frosch sei darin. Mit dieser Antwort wollte er ihre Neugierde wecken. Aber sie blieb sich treu. Was man nicht durfte, konnte man nicht erzwingen. So blieb der Tascheninhalt ein Geheimnis für sie, und die Anna konnte wirklich dazu nichts sagen. Die Welt der Loge mit allen ihren vermeidlichen Geheimnissen war ihr verschlossen, aber auch völlig ohne Interesse für sie.

Bei einer Schulausführung mit verschiedenen Mädchen sollten sie auf der Bühne Gedichte aufsagen. Für das Lottchen war der - gelernte - Vers gedacht:

> Werdet nicht müde, Opfer zu bringen
> Soll uns das große Werk gelingen.
> Der ist der großen Zeit nicht wert,
> der müde auf halben Weg umkehrt.

Stolz war sie, die kleine erst 10-jährige, mit einigen wenigen Mädchen vor der ganzen Schule mit ihren Eltern auf der Bühne zu stehen. Schon damals bemerkten Lehrer, dass sie eine so klare und deutliche Sprache hatte. »Du wirst mal Lehrerin werden«, meinte ein zuhörender Freund ihres Vaters zu ihr. Ob der Vater über diese Prognose glücklich war? Damals eher nicht, hatte er doch insgeheim andere Pläne mit seinem Lottchen! Er sah sie eher als Frau und Mutter eines angesehenen Mannes der Wirtschaft, vielleicht auch der Wissenschaft, mit gesellschaftlichen Ambitionen.

Doch sobald wollte er sie nicht loslassen. Sie hatte zu Hause alles, was sie brauchte, jedenfalls aus der Sicht des Vaters. Ja, wie oft sind schon Väterträume zerstört worden!

Die Veranstaltung war in ihrem Erlös für die Ausstattung der Soldaten an den Fronten gedacht.

Weiter traut sie ihrem Tagebuch an:
Eine andere wohltätige Veranstaltung war das »Nagelkreuz«. In der Stadtmitte war ein Kreuz aufgestellt und man konnte sich bunte Nägel kaufen, die man mit einem kleinen Hammer in das Holzkreuz schlug. Das war zwar sehr feierlich und wurde von unzähligen Menschen ausgeführt, nur eine Kriegswende entstand dadurch auch nicht mehr.

Alles Gold wurde abgeliefert (Gold gab ich für Eisen hin) und man bekam eine Bescheinigung als Dank des Vaterlandes. Waren es Goldringe, die abgeliefert wurden, dann stand auf dem Ring aus Eisen, der dagegen gegeben wurde »Vaterlandsdank 1914«. Kamen Truppentransporte durch Breslau, dann waren alle Hausfrauen angehalten zu kochen und Brote zu streichen und alles an die Züge zu bringen. Da die Malteserstr. In der Nähe der Bahngleise nach Osten lag, konnte meine Mutter aus dem Elisabeth-Gymnasium, in das mein Bruder ging, alles sehen. Die Soldaten hatten strengste Anweisungen über Fronterlebnisse keine Auskunft zu geben. Die Presse war zensiert, so gab es nur ein ungenaues Bild von den schrecklichen Vorgängen an den Fronten. An den offenen Waggontüren durften sich nur gesunde Soldaten zeigen.

In den Sommerferien 1916 bekamen wir eine Einladung von Tante Lehnchen, Nichte meiner Großel, nach Mallnitz/Schl. Die Tante war unverheiratet und besaß ein kleines Haus im Städtchen. Wie waren wir erfreut, besonders meine Mutter, da sie hoffte, dass es dort etwas mehr zu essen geben würde als in der Großstadt. Mein Vater war noch immer im Krieg und wann hatte schon jemand Gelegenheit mit zwei Schulkindern irgendwo unterzukommen. Wir fuhren los und wurden auf das Herzlichste begrüßt. Wie alle Sommer war es heiß und wir konnten täglich im Garten spielen. Schnell hatten wir uns mit Nachbarskindern angefreundet. Pilze im Wald zu suchen war für uns Stadtkinder eine besondere Herausforderung. Mallnitz lag inmitten unendlicher Nadelwälder, und es gab Pilze im Überfluss. Pfifferlinge wurden in Schlesien Galuschel genannt. Steinpilze, Grünlinge – was wir alles lernten! Wir zogen morgens los und kamen zu Mittag mit reichen Funden zurück. Das Mittagessen war jeweils gerettet. Es gab keine Not mehr um das tägliche Brot wie in der Stadt. Es gab aber noch ein Ferienhöhepunkt. In Mallnitz lag der große Besitz, ein Gut mit Schloss – der Grafen Dohna-Schlodien. Und in unserer Ferienzeit gab es die Hochzeit des später weltberühmten »Möwen-Dohna« , einem U-Boothelden im Krieg. Es war ein strahlender Sommertag, vom Schloss zur Kirche waren Teppiche gelegt. Das Brautpaar und der ganze Hochzeitszug kamen zu Fuß zur Kirche. Ich erinnere mich noch daran, dass ich ein weißes Kleid an hatte. Mit anderen Kindern, die wie ich am Rande standen, bekamen wir kleine Körbe mit Blumen, die wir ausstreuen durften. Aber jede Ferien gehen zu Ende. Wir mussten zurück nach Breslau und uns kam die Stadt grauer vor, als wie wir sie verlassen hatten.

Ihre Mutter hatte insgeheim immer gehofft, dass ihre Kinder von der Schule zur Kinderlandverschickung vorgeschlagen würden. Ausgesuchte Kinder wurden für sechs Wochen verschickt, damit die unterernährten und erholungsbedürftigen Stadtkinder wieder aufgepäppelt wurden. Alle Anwärter kamen zur schulärztlichen Untersuchung, so auch das Lottchen, da sie klein und blass war. Der Schularzt urteilte nach einer Untersuchung, dass sie kerngesund sei. Die Mutter war traurig, ihre Tochter fröhlich. Sie wollte lieber Kohlrüben am Morgen, Mittag und Abend essen, als auf eine »dämliche« Landverschickung geschickt zu werden. Kohlrüben, die sollte sie nach dem Zweiten Weltkrieg noch zur Genüge essen, nur das wusste sie damals noch nicht!

Vater Schlüter war bis zum bitteren Ende Soldat. Von irgendwelchen Auszeichnungen ist nichts bekannt. Er hatte keine Verletzungen erlitten, ein Wunder aus heutiger Sicht, wenn man an die entsetzlichen Schlachten, besonders in Frankreich, denkt. Fronturlaub hatte er ganz selten erhalten. Bei der Verlegung aus dem Osten in den Westen waren die Züge mit Soldaten und Material überwiegend nachts, nur wenige am Tage, durch Breslau gekommen. Die Soldaten durften nichts über eine Verlegung schreiben, so kam es vor, dass die Familie zeitweise nicht wusste, wo der Vater sich befand. Er schickte der Familie, aber auch direkt an die Kinder adressierte Briefe, und ab und zu ein Buch, das er irgendwo ergattert hatte. Einmal bekam sie ein Buch mit einer Widmung und einem gepressten, selbst gesuchten Blumenstrauß. Aber über viele Jahre überdauert hatten nur zwei riesige Lothringer Kaffeetassen. In diesen Tassen haben mein Bruder Ekkehard und ich noch nach dem 2. Weltkrieg mit Milch aufgeweichtes Brot bekommen, manchmal mit Zucker.

Aus dem letzten Kriegsjahr gibt es für mich noch eine Erinnerung:
Etwa 1917/18, die schlimmste Hungerzeit, in der niemand mehr etwas zu essen hatte, ausgenommen die neureichen Kriegsgewinnler, kam ich eines Tages aus der Schule, ganz aufgeregt: »Darf ich Sternchen werden? Darf ich dem Sternchenbund beitreten?« Ja, ich durfte. Und das war so: Es lebte in Michlowitz in Oberschlesien eine stille, fromme, aber tatkräftige Frau mit hilfsbereitem Herzen. Die Gräfin Eva von Thiele-Winkler, die Gründerin eines Diakonissenmutterhauses. In dieser großen Notzeit gewann sie über die Schulen die Hilfe der keinen und größeren Mädchen. Sie gründete den Sternchenbund, und wir gingen als »leuchtende Sternchen« zu den armen Kindern und brachten, was zu Hause an Baby- und Kleinkindersachen entbehrlich war. Es war wohl damals dieses große Erleben, helfen dürfen, das den Grund legte für meine spätere Tätigkeit. Wir gingen immer zwei und zwei zu den Familien, deren Adressen in den Schulen bereitlagen.

Für die zu Hause verwöhnte Tochter war diese selbstlose Tätigkeit mit ihren Schulfreundinnen und dem Hintergrund, was sie schon von den Ärmsten der Armen gehört hatte, sicher ein »Schlüsselerlebnis«, welches entscheidend für ihren später beharrlich gesuchten Weg zu ihrem Beruf als Kinderhortnerin beigetragen hat.

In ihrer Familie, die in allen Teilen als evangelisch gläubig bezeichnet werden kann, waren ihre Mutter und die Großel die im Glauben ruhenden Personen. Eine Bibelausgabe als Einzeldruck aus dem Jahr 1885 trägt die handschriftliche Notiz: Eigentum der Familien Hoffmann in Militsch, Münsterberg, Lüben, Schweidnitz und Saarau.

Das »Buch der Bücher« war allen Familienteilen der Hoffmanns je nach Alter zugängig gewesen und weitergegeben, bis es in den Besitz von Charlotte gelangte. So hat diese Bibel (gedruckt für die britische und ausländische Bibelgesellschaft) im sicheren Norden Deutschlands den Untergang Schlesiens überlebt.

Besonders nach dem Tod der beiden Geschwister war die nicht weit liegende Salvatorkirche, auf deren Friedhof die Geschwister beigesetzt waren, häufiges Ziel der Gottesdienste, besonders an den großen christlichen Feiertagen. Von dem Vater Schlüter, über den Charlotte vieles geschrieben hat, ist kaum eine Stellungnahme zu Glaubensfragen bekannt. Er war neutral, tolerant gegenüber seiner Familie und später, nach vielen Auseinandersetzungen, wohlwollend gegenüber dem beruflich eingeschlagenen Weg seiner Tochter, besonders nachdem Erfolge in ihrer Tätigkeit sichtbar wurden.

Die Großmutter Hoffmann - die Großel - war sehr fromm. Der Kirchgang war ihr wichtig, und sie las, wenn sie in ihrer Wohnung war, immer in der Bibel. Über den Verlust der zwei Enkelkinder ist sie über Jahre nur langsam hinweggekommen.

Und Charlotte selber? Es gibt nur eine frühe Aufzeichnung, in der sie schreibt:
Ich habe heute noch die Bibel meiner Mutter, eine Herrenhuter-Zierbibel im Gebrauch zur seelischen Stütze und oft zum Trost.

Das schreibt sie, als sie mit ihren Aufzeichnungen 1983 begonnen hatte.

Später in Bremen versuchte sie an ihre kirchlichen Wurzeln über die Domgemeinde anzuknüpfen. Aber es gab da erhebliche Widerstände bei Theo, die genaueren Gründe sind unbekannt. Doch mit Sicherheit kann gesagt werden, dass sie religiös eingestellt war. Es war ihr nur nicht möglich offen zu der Religiosität zu stehen. In ihren Freundeskreisen bestand eher eine distanzierte Haltung zu der Kirche. So konnte sie gerade durchsetzen, dass ihre drei Kinder getauft und konfirmiert wurden. Theo war leidenschaftlicher Techniker und kam aus einem wenig religiösen Elternhaus. Die Kindererziehung lag vollständig in den Händen von Charlotte und die religiöse Erziehung der Kinder gehörte mit zu diesem Aufgabenbereich.

Jahre später (1926) trifft sie Schwester Eva von Thielen-Winkler, deren Wirken sie von den »Sternchen« her kannte. Diese schenkte ihr bei dieser Begegnung das von ihr verfasste Buch »Soli Deo Gloria«. Das Buch überstand Jahrzehnte die Wege der Familie und gelangte nach Bremen.

Überschwänglich schreibt sie:
Als ich das Buch überreicht bekam, war die Sozialarbeit der bedeutenden Frau in ihrer Grundhaltung zu den ethischen Werten des Menschen für mich von großer Bedeutung. Ihre Worte und ihre Hoffnung auf eine bessere Welt habe ich nie vergessen. Ich war schwindelig vor Glück über das mit ihr geführte Gespräch.

Eine der Pressestimmen über Eva von Thielen-Winkler:
Eva von Thielen-Winckler war geboren 1866 in Michlowitz/OS, gestorben 21.06.1930 in Michlowitz. Sie übte praktisches Christentum, widmete ihr Leben den Armen und Elenden, erprobte und bewährte sich in den Bodelwinghschen Anstalten zu Bethel bei Bielefeld. Nach

ihrem Willen wurde das Pflegeheim »Friedenshort« 1890 errichtet. Sie geriet jedoch in Konflikt mit dem leitenden Diakonissenpfarrer, ging wiederum nach Bethel, dient dort sechs Jahre lang, wurde Lungenkrank, kam nach Davos und kehrte schließlich nach Michlowitz zurück. Das Haus »Warteberg« bei Obernigk entstand, das zur Wiege für weitere 40 Heimstätten wurde, in denen über 2300 verwaiste Kinder Zuflucht fanden.

Die die sozialen Nöte ihrer Zeit erkennende Frau wird zur Gründerin des Diakonissen-Mutterhauses Friedenshort in Mechthal/OS. Ihr gesamtes ererbtes Vermögen brauchte sie für ihr Lebenswerk auf, das nicht nur über Deutschland sich auswirkte, sondern auch Niederlassungen in Norwegen und China besaß.

1919/1923 Kriegsende, Inflation, Haushalt und Tanzen

Und weiter schreibt sie zu ihrer Familie.
Der Krieg war beendet, ich war 13 Jahre alt. Der Vater kam nicht mit Hurra schreiender Begleitung der Bevölkerung heim. Leise schlichen sich die überlebenden Soldaten nach Hause. Die Heimat war, wenn auch unbeschädigt, weitgehend verarmt. Die Zukunft aussichtslos. Der Kaiser war geflüchtet. Die Räterepublik war in Breslau ausgerufen mit täglichen Straßenkämpfen. Gemeinsam mit Sozialdemokraten und dem Zentrum wurde ein »Volksrat« eingesetzt, der dann mehrere Monate 1918 mit dem selbstständigen Soldatenrat die Führung der Stadt Breslau übernahm.

»Der spätere schlesische Oberpräsident Felix Philipp, der Tischler Paul Seybold und ich übernahmen den Vorsitz im Volksrat, bis ich später in die Nationalversammlung in Weimar eintrat« – so schreibt der spätere Reichspräsident Paul Löbe.

Nach allen Nöten und Entbehrungen, die ja auch uns Kinder betrafen, wurde die Revolutionszeit noch schlimmer. Oft, wenn ich aus der Schule kam, wurde das Signal gegeben »Straße frei« und wir mussten sofort in Hauseingänge oder andere Schutzgelegenheiten flüchten. Maschinengewehrsalven fegten durch Straßen, Schreie von Menschen waren zu hören. Kam ich dann nach Hause, standen alle schon an der Treppe, schlossen mich glücklich in die Arme, weil mir nichts passiert war. Noch heute denke ich darüber nach, wie wir nach solchen Tagen überhaupt haben abends schlafen können. Die Frage, nicht in die Schule zu gehen, stellte sich nicht. Es gab keine Elternabende mit Grundsatzdiskussionen über evtl. gegenseitige Hilfe. Jeder war in dieser Zeit sich selbst der Nächste. Im Bombenhagel des Zweiten Weltkrieges dachte ich immer wieder an die, vergleichsweise ungefährlichen Tage, in Breslau. Schüler des Gymnasiums, zu denen auch mein Bruder Erich gehörte, wurden von der Technischen Nothilfe eingesetzt. Mein Bruder war tätig in dem Gaswerk. Die Jungen bekamen regelrechten Arbeiterlohn. Von seinem ersten Lohn kaufte er mir einen vergoldeten Rosenthal-Porzellanarmreifen. Wie war ich stolz!

Am 11.11.1918 wird im französischen Compiegne von Erzberger, dem Deutschen Delegierten, der Waffenstillstand geschlossen. Nun war der Krieg auch juristisch beendet. Schlesien wird in folge »schmäler«. Im Norden erfolgt eine neue Grenzziehung zu dem wieder entstandenen Polen, ohne das vorerst die deutschen Bewohner das Land verlassen mussten. Im Süden werden als Teile von Schlesien (das Hultschiner Ländchen), das jenseits der Sudeten liegt, an den neuen Staat Tschechoslowakei abgetreten. Auch dort bleibt die Bevölkerung in ihrer angestammten Heimat. Erst 1920 musste als Ergebnis von Volksabstimmungen mehr als ein Drittel von Oberschlesien an Polen abgegeben werden. Der Handel mit Stahl und Kohle kommt zum Erliegen. Alte Unternehmungen müssen sich neue Betätigungsfelder suchen oder werden liquidiert. Auch die von Kulmitzschen Bergwerke verlieren alle Produktionsstätten. Als Vater Schlüter aus dem Krieg zurückkommt, findet er eine ruinierte Firma vor.

Als mein Vater wieder zu Hause war, ging er wieder ins »Kontor«, wie wir sagten. In meinem Elternhaus wurde niemals über geschäftliche Dinge gesprochen. So habe ich keine Erinnerung daran, was denn mein Vater in seiner Firma vorgefunden hatte. Alles regelte sich unter den schwierigen Umständen, in denen wir lebten. Genau weiß ich noch, dass wir wieder ordentliche, gute Bekleidung und Schuhe bekamen, und gut zu essen. Eines Tages stand in der Küche ein riesiger Korb mit süßen Kirschen. Es war wie im Paradies. Sie sollten eigentlich in Einmachgläser wandern, aber so glaube ich, da sind sie nicht angekommen. Erst langsam, dann immer rascher überflutete uns die Inflation. Ich habe authentische Zahlen von 1922/23 aus einer nachträglichen Aufstellung, die mein Vater aufgeschrieben hatte:

1 Dollar = 1 Million Mark
1 Goldmark = 1 Billion Mark
1 Semmel = 100 Milliarden Mark
1 Straßenbahnfahrkarte = 660 Milliarden Mark
1 Klavierstunde = 800 Milliarden Mark

Am 15.11.1923 wird die Inflation durch Ausgabe der Rentenbankscheine (Rentenmark) beendet.

Jeder lebte damals nur für den Tag, denn am nächsten Morgen konnte er schon bettelarm sein. Ich glaube, das kann heute niemand nachvollziehen, der es nicht selbst erlebt hatte. Die Hoffmann-Großmutter, meine Großel, die von ihrer Pension lebte, wurde bettelarm. Über Nacht verlor sie ihr gesamtes Vermögen und wurde später als Kleinrentnerin vom Staat unterhalten. Natürlich hat mein Vater ihr geholfen, aber wie verletzt war ihr Stolz! Sie hatte immer alle in der Familie großzügig beschenkt und ein gutes Leben geführt. Nun hatte sie noch ihre Wohnung und lebte den ganzen Tag bei uns.

In der Klasse hatten wir eine Tschechin, die mit ihrer Währung alles kaufen konnte und steinreich war. Sie war ein bescheidenes Mädchen, aber sie wusste sehr wohl aus ihrem Elternhaus, dass es mit ihrem Geld möglich war,, den Klassenkameradinnen eine große Freude zu machen. Sie kaufte für die ganze Klasse so eben mal Kuchen oder belegte Brötchen in einer Pause. Na, da haben wir aber zugelangt. Was ihre Eltern zu den Ausgaben sagten, weiß ich nicht. Nie hat sie mit uns darüber gesprochen. Sie wollte geben und freute sich darüber, dass sie uns in der Not helfen konnte. Es war insgesamt eine furchtbare Zeit, bis die neue Währung, die Rentenmark, eingeführt wurde.

1918 beschloss ihr Vater, dass seine Tochter nun alt genug sei, um auf einem Konservatorium Klavier spielen zu lernen. Töchter »aus der Gesellschaft« mussten ein Instrument spielen können, vielleicht dazu auch singen. So ging sie in das Schlesische Konservatorium in Breslau,

Ohlauerstraße 74. Der Unterricht »schlug wie ein Blitz« ein. Der Vater freute sich, seine Tochter schien begabt zu sein, die Halbjahreszeugnisse waren gut bis sehr gut. Sie ging bis Ostern 1922 mit großer Begeisterung dorthin, hatte sie doch durchgehend eine Klavierlehrerin, Frau Elisabeth Engel. Zu Hause hatte bisher nur ihre Mutter am Klavier gespielt, jetzt lernte sie sogar vierhändig zu spielen. Das Klavier war nach der Hochzeit in Breslau geblieben. Ihre Mutter hätte es gerne sofort ihrer Tochter über lassen, mit der Überzeugung, dass dann die Trennung von Breslau nicht so schwierig würde. Doch gibt es in Charlottes Aufzeichnungen keinerlei Hinweise, dass ihr das Klavier anfänglich gefehlt hätte. Nach Bremen kam das Klavier, als die Wohnung ihrer Mutter aufgelöst wurde, nur wurde es nicht mehr gestimmt. Theo, ein leidenschaftlicher Techniker, hielt mehr vom Radio und Grammofon. Meine Mutter habe ich nie spielen hören. Später in Bremen wurde das Klavier weggeben. Ihre Leidenschaft für die Musik war in ihr ausgelöscht worden. Die Unterordnung der Frau in der Ehe zu ihrem Mann, auch in den persönlichsten Fragen, ist im Rückblick offenkundig gewesen. Ihren Kindern konnte sie später schon wegen des Krieges und der Nachkriegsjahre das Interesse an der Musik nicht vermitteln. Hinzu kam, dass ihr Theo für Interessen auf dem Gebiet der Musik, Literatur und Malerei keine Empfindungen hatte. Er war eben Techniker. So habe ich 2009 ihre ganzen geliebten Noten, die zum Teil noch von ihrer Großmutter aus dem Jahr 1884 stammten, gebunden und datiert waren, in Bremen der Rudolf Steiner Schule geschenkt. Rudolf Steiner mit seiner Anthroposophie hatte Charlotte sehr beeindruckt, sodass sie beschlossen hatte aufgrund einer Empfehlung einige Wochen in Pilgramshain zu verbringen. Ein Kreis hatte sich geschlossen, der 1918 begonnen hatte, der über Pilgramshain mit Karl König, Montessori, und Bethanien gereicht hatte. Überall war die Musik ihr ständiger Begleiter gewesen, zur Freude aller Zuhörer und zum inneren Trost in weniger guten Stunden.

Es bleibt mir für immer im Ohr, was der Musiklehrer, als er die Noten durchsah, sagte: »Oh, ihre Mutter konnte vierhändig spielen!«

Rudolf Steiner:
Von 1890 bis 1897 war er Mitarbeiter am Weimarer Goethe- und Schiller-Archiv und erarbeitete u.a. die philosophische Grundlage seiner eigenen, auf Goethes Studium aufbauenden, neuen Geisteswissenschaft: der Anthroposophie. Er schrieb diverse Arbeiten über Heilpädagogik und Eurythmie, eine von Steiner entwickelte Laut- und Bewegungslehre. 1919 gründete Steiner in Stuttgart die erste nach seinem pädagogischen System entwickelte Waldorfschule, der sowohl in Deutschland als auch im Ausland viele weitere folgten. In Dornach wurde das Goetheanum in Beton erbaut, nachdem der erste Bau aus Holz einer Brandstiftung zum Opfer fiel. Als er 1925 starb, hinterließ er neben einem umfangreichen schriftlichen Vermächtnis in Dornach, ein geistiges Zentrum, dessen Impulse noch heute unentwegt weiter in die Welt strahlen.

Mit der neuen Währung entwickelte sich ein kleiner Wirtschaftsaufschwung. Vater Schlüter dachte schon wieder ans Reisen mit der Familie. In der Loge ihres Vaters wurden fröhliche Feste gefeiert, keines wurde ausgelassen. Sicher sah Charlottes Vater seine Tochter heranreifen und begann frühzeitig sie daran zu gewöhnen, dass einmal zu heiraten das unabänderliche Ziel der ganzen Ausbildung seiner Tochter sei.

Zu ihrem Vater und seinem Leben sagt sie:
Mein Vater sah gut aus. Er hatte eine stolze, gerade Haltung. Viel Wert legte er auf tadelloses Aussehen und auf gute Kleidung. Er konnte sich lange vor dem großen Standspiegel, der in unserem Salon stand, betrachten. Er hatte es in seinem Beruf weit gebracht, war kaufmännischer Direktor der Bergwerksgesellschaft von Kulmnitz, die unter seiner Leitung nach dem Krieg sich wieder zu einem sehr angesehenen Unternehmen entwickelt hatte. Wir wohnten in einer 7-Zimmer-Dienstwohnung und hatten etwa seit 1922 einen dunkelblauen 6-Sitzer Mercedes mit Chauffeur. Kroker hieß er und trug eine Dienstuniform. Mein Vater war, wie man so sagte »ein Mann von Welt«. Er aß gerne und gut. Das Essen war ihm allemal sehr wichtig und musste immer bestens sein. Wie gut, dass Mutter und die Großel gut kochen konnten. Wenn er nicht auf Reisen war oder in der Firma Geschäftsbesuch hatte, dann war er zu Mittag zu Hause, um nach dem Essen ein Nickerchen zu machen. Die Pause war ihm heilig und Störungen mochte er nicht. Er liebte die Geselligkeit und Heiterkeit. Ohne Pause konnte er eine große Gesellschaft allein unterhalten. Er konnte singen, während meine Mutter Klavier spielte, später beschränkte er sich auf das Zuhören, besonders, nachdem seine Tochter ebenfalls so gut auf dem Klavier spielen konnte. In seiner Jugend hatte er gedichtet und singen gelernt, eine große Schmetterlingssammlung, von der er am liebsten erzählte, war seine besondere Leidenschaft. Mit den Schmetterlingen konnte er um die ganze Welt fliegen. Hätte er heute gelebt, ein Vielflieger wäre er geworden.

Gespielt hat er mit uns Kindern nie. Wir bekamen auch keine Belohnung für gute Zeugnisse. Er sagte dann bei solcher Gelegenheit manchmal: »Nun ja, du bist eben meine Tochter!« Bei meinem Bruder war das ähnlich. Er setzte immer voraus, dass wir uns anstrengten, gleich, was wir machten. Aber er hat uns nie zu irgendwelchen besonderen Leistungen angetrieben. Er kannte sich selbst zu gut, um zu wissen, dass er auch seine Schwächen hatte. Hin und wieder sagte er: »Man muss sich selbst erkennen«, um zu wissen, was man von einem anderen Menschen einfordern kann. »Erkenne dich selbst« - ein uralter Spruch aus dem Ritual der Freimaurer. Sehr großzügig war er, was meine Bekleidung betraf. Er wollte schon wissen, was ich zu jedem Fest in der Ballsaison tragen wollte. Schick und adrett solle seine Tochter sein. Im gefiel es auf der einen Seite, wenn die jungen Männer sich um mich bemühten, auf der anderen Seite sorgte er für Distanz und damit manchmal für - heimliche - Tränen bei mir, von denen nur die Großel wusste. Gab ich ihm als Dank für ein schönes Kleid ein Küsschen, dann strahlte er und sagte meistens: »Trage es fröhlich und freue dich!«

Genau so sah er meine Mutter gerne schön angezogen. An eine Gelegenheit erinnere ich mich genau. Sie waren zu einer Abendgesellschaft bei dem Oberregierungsrat S. eingeladen. Mutter trug ein hellblaues Rüschenseidenkleid und schwarze, spitze Lackschuhe und über dem Kleid ein dunkelrotes Abendcape und lange, weiße Handschuhe. Ich fand sie umwerfend herrlich.

Da gibt es noch eine Anekdote aus seiner Jugendzeit aus dem Militär:
Als zukünftiger Offizier muss er wohl schneidig ausgesehen haben. Er war schlank und mittelgroß. Allerdings musste er wegen seiner Kurzsichtigkeit ein Glas tragen, ein Pincenez (Zwicker würde man heute sagen). Vorschrift war beim Militär, dass bei jedem Gruß das Glas abgenommen werden musste. Beim Einnehmen der »strammen Haltung« gegenüber einem Vorgesetzten fiel leider das Glas manchmal herunter und zerbrach. Nach der Militärzeit trug er dann eine Brille.

Von der Logenzugehörigkeit wurde niemals gesprochen. Es gab den Logenfreitag, private Geselligkeiten und die internen Feste, wie z.B. ein Stiftungsfest sowie die Feste, an denen die Frauen oder auch die gesellschaftsfähigen Kinder teilnehmen konnten. Über Inhalte der Logenabende wurde niemals gesprochen. Ich bin mir sicher, dass auch meine Mutter keine Einzelheiten kannte. Später als die Schmähungen der Freimaurer in der Öffentlichkeit zunahmen, gab es auch keine Gespräche in der Familie über das Thema »Freimaurer«. Auch nicht, als mein Bruder einer studentischen Verbindung beigetreten war, und die Eltern alle Feste der Verbindung mit machten. Da mein Vater 1933 zu Ostern starb, hat er das schmähliche Ende der Logen nicht mehr erlebt.

Vergessen darf ich nicht, etwas zu unserer ersten Wohnung in der Malteser Str. 9 und zum häuslichen Tagesablauf zu sagen. Die Großel kam früh morgens und teilte die nicht ständigen dienstbaren Geister ein. Wir Kinder bekamen unser Frühstück von der Großel ans Bett gebracht. Als mein Bruder und ich noch ganz klein waren, war unser liebster Wunsch: »Großel mach mal Gespenst!« Und die Großel, gekleidet in lange, weite, schwarze Röcke und Unterröcke zog die Röcke über den Kopf, streckte die Arme darunter aus und ging, sich verneigend, auf und ab. Sie sah aus wie ein »Gespenst.

Ich habe einen Frühstückstisch erst später kennengelernt. Die Ausnahme war, wenn wir Hausbesuch hatten, dann wurde am Tisch gefrühstückt. Erst mittags zu Tisch sahen wir uns alle. An der Lampe über dem Esstisch war eine Klingel. Wenn Mutter dort läutete, trug das Hausmädchen das Essen auf. In jedem Zimmer war eine Klingel, draußen vor der Küche war ein Klingelanzeiger, auf dem die Nummer des Zimmers aufleuchtete, aus dem geklingelt wurde. Zu dieser Zeit hatten wir dann auch elektrisches Licht und Telefon. Geheizt wurde jedes Zimmer durch einen riesigen Kachelofen, der vom Boden bis zur Decke reichte und mit Kohle gefeuert wurde. Aber es gab eben auch Dreck und Staub, warm waren die Öfen immer und in einigen Öfen waren Bratröhren, in denen man Essen warm halten konnte, oder Bratäpfel braten konnte. Die Öfen wurden von den Dienstmädchen gefeuert, Sie machten das unauffällig immer dann, wenn ein Zimmer nicht genutzt wurde. Die Fenster waren Doppelfenster, außen mit Zinkblech als Fensterbänke. Immer waren diese Bleche mit Ruß belegt und mussten ständig sauber gehalten werden. Die Fenster, die Gardinen und Jalousien waren immer schmutzig. Ein Jalousienwäscher kam ständig, ebenso wie ein Fensterputzer. Ein Dekorateur ging ewig ein und aus und holte die schmutzigen Gardinen und steckte neue Gardinen auf. Und als es dann die ersten Staubsauger gab, hatten die Eltern sofort so ein Ding. Es war ein rundes, grünes Ungeheuer, ein »Prometheus«, der uns bis Bremen treu geblieben war.

Wie ich schon sagte, konnte die Großel sehr gut kochen. Es wurde bei uns immer zu Mittag gegessen. Mein Vater kam nach Hause, wir aßen alle an dem großen Tisch. Vielleicht sollte ich hier einmal etwas zu unseren heimatlichen, schlesischen Gerichten sagen, die fast alle in einem großen Kochbuch von »Hedwig Heil« standen. Das Buch hat mich viele Jahre begleitet, wenn es auch die meiste Zeit nur im Schrank lag. Die vielen genannten Speisen waren wegen ihrer Opulenz in den vielen Jahren der Not gar nicht zu bereiten.

Da gab es:
Den Schwärtelbraten, (Schweinebraten) mit Klößen und Sauerkraut. Schellfisch mit brauner Butter und Sauerkraut, Rindfleischbraten mit Rosinensoße oder Mostrichsoße, Pökelfleisch mit Hirse und Sauerkraut, Gänsepökelfleisch mit Teltower Rübchen und Brühkartoffel, Spargelgemüse mit Schwemmklößen, Hefeklöße mit Backobst, Schlesisches Himmelreich, Häckerle mit Pellkartoffeln und saurer Gurke, Bratwurst mit polnischer Soße und Knoblauchzehen, Blut- und Leberwurst mit Sauerkraut und Kartoffelbrei, Gelinge, gebratene Tauben Täubchensuppe (besonders als Krankensuppe), Sauerbraten mit Mohnklößen (zu Sylvester), Eisbein mit Erbsenpüree und Sauerkraut. Alle Salate wurden mit gebratenem Speck angerichtet.

Und zu den Backwaren:
Babe als Rosinen- oder Mohnbabe, Blechkuchen als Apfel- oder Mohnkuchen, Streuselkuchen, Kirschkuchen, Prasselkuchen.

Niemals gab es Torten, alle Kuchen waren Blechkuchen aus Hefeteig.

Das Brot gab es meistens als runden Vierpfünder. Es wurde bei Tisch geschnitten. Die Großel stand auf, nahm das Brot und schlug mit dem Messer drei Kreuze über den Brotlaib. Dann wurden Scheiben abgeschnitten. Das gleichmäßige Abschneiden wollte gut gelernt sein. Unsere Küchendienstmädchen mussten unter der Anleitung unserer Großel das Schneiden von Brot lernen. Die Ränftel (Kanten) waren von uns Kindern besonders beliebt, denn es war altes Brot, wenn es das Brotende war, und wurde dann in Milch eingetaucht.

Als ich dann verheiratet war, musste ich mich mit den erlernten Rezepten völlig umstellen. Mein Mann, war in der Niederlausitz groß geworden und seine Mutter war eine »waschechte« Kölnerin. Na, da kann sich jeder vorstellen, was für eine Küchenmischung später erstand. Das sonst auch bekannte Sprichwort: Allen Leuten recht getan ist eine Kunst, die niemand kann, war sicher häufig anwendbar. Aber auf die spätere »Bremer Küche« werde ich sicher noch zu sprechen kommen.

Ehe ich es vergesse. In der Lausitz gab es als ein besonderes Regionalessen »Quark mit Leinöl und Pellkartoffeln«. Als ich das erste Mal in Forst bei meinen Schwiegereltern war, gab es am zweiten Tag natürlich »dieses Essen«. Großzügig lächelnd meinte Schwiegermutter: »Kindchen, du braucht natürlich dieses dir unbekannte Essen nicht zu essen.« Aber ich aß mit »Todesverachtung« wie selbstverständlich den Quark mit dem Leinöl. Später habe ich mich an das Essen gewöhnt. War es doch im Sommer leicht und auch sehr gesund. Ich glaube auch meine Kinder essen noch heute hin und wieder im Sommer dieses doch in Bremen völlig unbekannte Essen.

Erinnern möchte ich noch daran, dass es keine Kühlschränke gab. Jedes Essen musste kurzfristig gegessen werden, egal ob die Tage kalt oder warm waren. Vielleicht ist aus dieser Sicht zu verstehen, dass es häufig Sauerkraut und Gebratenes gab. In Tongefäßen wurden Speisen aufbewahrt, auch die Kühlung durch Wasser gab es schon.

Aber zurück zu unserer Wohnung, denn es gab noch mehr zusehen, was aus heutiger Sicht erwähnenswert ist. Eine Wohnung, die mit ihrer Einrichtung als klassische »Gründerzeitwohnung« beschrieben werden kann.

Da war der schöne Salon. Er hatte Mahagonimöbel, einen achteckigen Tisch mit einem Mittelfuß, einen schön geschwungenen großen Spiegel mit Konsole. Ein abgestufter Schrank mit Intarsien in den Türen„ auf dem ganz oben eine Unterglasuhr mit einem Reiter aus Messing stand. Eine Etagere gab es, auf der das große, lederne Familienfotoalbum lag. Besondere Familienereignisse wurden immer von einem Fotografen festgehalten. Sofa und Sessel waren mit dunkelgrünem Samt bezogen. Am großen Erkerfenster stand ein Mahagoni-Kacheltisch mit dunkelgrünen Kacheln. 2 Stühle mit hellem Rohrgeflecht, und an den Wänden war eine dunkellila Stiefmütterchentapete geklebt. Vor den Fenstern dunkellila Übergardinen. Von der Decke hing ein Kristallkronleuchter. An der Wand über dem Sofa hing ein riesengroßes Bild mit breitem Mahagonirahmen »Eichen im Sturm am Vierwaldstättersee«. Auf dem Parkettfußboden lag ein großer, kostbarer dunkler Teppich. Eine Seite des Salons bestand aus einer hellen Glaswand mit weißer, in Holzleisten geschmückter Tür zum Wintergarten. In einem einzelnen Sessel saß meine Mutter an ihrer immer gegenwärtigen Handarbeit. Ein über die Jahrzehnte geretteter Gobelin - schlesisches Dorf - war ihre liebste Handarbeit. Noch Jahre später, als sie in Arnsdorf im Riesengebirge in einem Altenheim war, fragte sie manchmal nach dem Verbleib dieser mühseligen Handarbeit.

Mit etwas Ironie bemerkt Charlotte zu dem Salon später:
War das eine Pracht! Die könnte man heute in ein Museum für großbürgerliches Wohnen stellen!

Ihre Eltern lebten eben noch so, wie es in den »Gründerjahren« um die Jahrhundertwende üblich war. Moderne Wohnformen waren aber schon auf dem Markt, wurden aber nur von den jungen Menschen angenommen, die sich bewusst von der Welt ihrer Eltern absetzen wollten.

Zu dem Esszimmer sagt sie:
Es war aus schwerer, dunkler Eiche gefertigt. Ein großer Schrank mit einem doppelten Aufsatz stand an einer Wand. Auf den Aufsätzen standen Vasen, zwischen den Aufsätzen war ein oval geschliffener Spiegel eingebaut. Ein kleines Gegenstück stand an der anderen langen Wand. Das »Prachtstück« war ein schwerer Tisch, der nach Bedarf für 16 Personen ausgezogen werden konnte. Vorher gab es sogar einen Tisch, der für 24 Personen ausgezogen werden konnte. Und es gab sogar die 24 Stühle dazu, die zum großen Teil irgendwo gelagert waren, für den Fall, dass sie gebraucht wurden. Mein Vater hat immer auf eine »komplette Tafel« großen Wert gelegt, und dazu gehörte, dass auch die Stühle alle zusammengehörten. Die Stühle hatten hohe Lehnen, an die wir Kinder uns beim Essen nicht anlehnen durften. »Gerade sitzen«, kommandierte mein Vater, gerade geht man durch das Leben, nicht krumm!

Wenn man daran denkt, dass es aus der Verwandtschaft häufigen Besuch gab, der als Hausbesuch logierte, so ist es verständlich, dass die entsprechenden Räumlichkeiten und das Mobiliar vorhanden sein mussten. Das bezog sich auch auf das Tischgeschirr und die Tischwäsche, die in großen Schränken aufbewahrt wurde. Einen Gast in einem Hotel einzuquartieren war nicht üblich.

Über dem Esstisch hing an einer langen Bronzekette eine Alabasterleuchte. Sie bestand aus einer großen Schale, gefasst mit einem Bronzering. Rundherum standen auf ziselierten Armen sechs kleine Alabasterschalen. Das ganze Esszimmer ist später, nachdem meine Eltern in die Gallestr. 21 gezogen waren, zu uns nach Dresden gekommen. Von dort gelangte das ganze

Zimmer nach Bremen. 1962, als wir ein neues Haus bezogen, wurde das komplette Zimmer einer Kirchengemeinde übereignet. Ein Teil meiner Heimat wurde aufgegeben. Ich habe nicht geklagt, war es doch jetzt schick kleine, zierliche Möbel zu haben. Gradlinigkeit, eckig war angesagt. Den Leuchter hat dann mein Sohn gerettet und in einer Kiste verpackt.

Später hing der Alabasterleuchter in dem Haus ihres zweiten Sohnes. Das alte Stück aus dem Jahr 1902 war seit der Hochzeit der Großeltern im Familienbesitz. Damals ging man noch davon aus, dass der gemeinsame Hausstand für das Leben angeschafft wurde. Wer dachte an Zerstörung und Verlust durch Flucht und Vertreibung? Dort hing der Leuchter bis in das Jahr 2007. Wieder wurde der Leuchter in einer Kiste verpackt und im Keller abgestellt. Und was wird weiter geschehen? Wird eine kommende Generation einmal den Alabasterleuchter als Beispiel für die Wohnkultur der »Gründerzeit« wieder aufhängen oder wird er in den »Sperrmüll« wandern? Die »Wegwerfgesellschaft« unserer Zeit wird sich vielleicht einmal besinnen auf Werte aus Zeiten, die längst vergangen scheinen. Haben nicht Museen großen Zulauf, weil gezeigt wird, was zum kulturellen Leben des Menschen früher gehörte. Ist da vielleicht ein Sehnen nach vergangenen Zeiten? Der alte Stuhl, der alte Schrank »von Oma« wird zum Vorzeigestück? Warum nicht ein Kronleuchter?

Eine zu den Hausbesuchen gehörende Episode erfordert eine kleine zeitliche Rückblende. Die Schlüter-Großmutter kam zu Besuch und wurde in meinem Zimmer einquartiert. Vor ihrem Bett und dem Nachtschrank wurde ein Paravant aufgestellt, ein mir völlig unbekanntes Ding. Ich konnte vor Aufregung, wieso dieses Ding aufgestellt wurde, nicht einschlafen. Irgendwann kam sie. Ich hörte draußen auf dem Flur das »gute Nacht« Geflüster. Der Leuchter auf dem Nachtschrank, - damals gab es noch nicht überall elektrisches Licht - wurde angezündet. Nun wollte ich doch wissen, was hinter dem »Ding« vor sich ging. Ich kletterte also auf die Kommode, die am Fußende meines Bettes stand, und machte einen langen Hals. Was war? Die Großmutter stand im langen Nachthemd vor dem Bett und kämmte sich. Ich war restlos enttäuscht. Aber das dicke Ende kam noch! Als ich in das Bett zurück stieg, gab es ein Geknister und Knarren. Die Großmutter wurde misstrauisch und guckte um die Ecke und los ging der Skandal! »Na so etwas, so ein ungezogenes, neugieriges Kind!« Es war schlimm, die immer so brave, die schüchterne, die stille kleine Lotte. Nein was für ein Ausbund der Ungezogenheit. Wie die Klage bei meinen Eltern aufgenommen wurde, ist mir nicht bekannt. Ich kann mir denken, dass sie herzlich gelacht haben. Auch mein Bruder, immerhin drei Jahre älter, konnte nicht in Erfahrung bringen, wie die Eltern reagiert hatten. Mir wurde jedenfalls kein Vorwurf gemacht. Für ein Kind in meinem Alter war es unschicklich eine alte Frau im Nachthemd zu sehen. Doch meine »polnische Anna« hatte mich auf unseren Schulwegen über Fragen des Lebens, meinem Alter gemäß unterrichtet, heute würde man sagen »aufgeklärt«. Sie kannte das Leben ohne große Umschreibungen aus ihrem Elternhaus. Die liebe Schlüter-Großmutter wurde 81 Jahre alt und kam sicher noch öfters zu Besuch bei meinen Eltern, auch als ich schon nicht mehr zu Hause lebte.

Aus dem Treppenhaus ging man in eine große Diele, von der ein langer Flur zu den Schlafzimmern und dem Bad abging. Auf der anderen Seite lag der Salon, das Herrenzimmer, das

Esszimmer. Die Küche mit einem Plättzimmer, der Mädchenkammer und einem Abstellraum lag extra.

Dann hatten wir noch einen Wintergarten, der an einer Seite des Salons lag, mit einer großen, weißen Glaswand in Holzleisten eingefasst. In dem Wintergarten standen große Pflanzen in Kübeln. Eine Palme war der besondere Stolz meines Vaters. Einen Balkon gab es an der Straßenseite. Auf dem saß »man« aber nicht. Sich auf einem Balkon zu sonnen, das war nicht üblich. Er diente zum Lüften von irgendwelchen Anziehsachen oder wir Kinder ließen unsere Haustiere dort frei laufen. Ich hatte eine Schildkröte, das Muckchen, mein Bruder anderes Getier, mit dem er mich manchmal ärgerte oder erschreckte. Ja, einen älteren Bruder zu haben ist schon etwas Besonderes. So kam ich der Welt der Jungen schnell näher, aber davon später. Alle Räume waren, gemessen an heutigen Räumen groß, und sehr hoch. Erst in Bremen habe ich mich an die üblichen Neubauhöhen gewöhnt, waren die Räume in Dresden auch noch sehr hoch. Zu dem Treppenhaus muss ich noch sagen, dass es sehr großzügig angelegt war. In jeder Etage befanden sich an einem großen Treppenabsatz zwei Wohnungen, eine große und eine etwas kleinere Wohnung. Die Wände waren hell gestrichen, auf der dunklen Holztreppe war ein roter Läufer befestigt, für dessen Reinigung ständig ein extra Angestellter des Hauseigentümers kam. Es gab ein schön gestaltetes Geländer mit einem Handlauf, in dem man Murmeln rollen lassen konnte. Auf dem man aber auch rutschen konnte, was aber die Eltern strengstens untersagt hatten, da man ja abstürzen konnte. Sicher stand dahinter immer der Gedanken an meinen früh verstorbenen Bruder, der aus einer Schaukel gefallen war.

Das Entree an der Straße war großzügig. Es gab im hinteren Teil noch eine Tür zu einem Hof, in dem Schuppen standen, die zur Lagerung von Kohle dienten. Sicher gab es auch einen Keller, aber davon weiß ich nichts. Wäsche wurde nicht getrocknet. Da kam jemand von einer Wäscherei und holte alles ab.

In Breslau wurde nicht Fahrrad gefahren, jedenfalls in unserer Straße nicht. Auch in meiner Schulklasse gab es keine Mädchen, die mit dem Fahrrad zur Schule kamen. Die Schulen standen damals so, dass man sie gut in seinem Wohnbezirk zu Fuß erreichen konnte. Sicher muss man daran denken, dass ein Schulweg von einer ¾ Std. nicht als besonders lang angesehen wurde. Es gab kaum Autos, dafür Straßenbahnen und einige Omnibuslinien und sonst Droschken. Der Straßenverkehr war also sehr übersichtlich, sicher mit Ausnahmen mitten in der Stadt. So gab es auch keine Abstellmöglichkeiten für Fahrräder. Ich habe nie Fahrrad fahren gelernt, während mein Bruder später ein Fahrrad hatte, auf dem er mir das Fahren beibringen wollte, aber vergebens, ich wollte nicht und hatte auch Angst.

Alle Häuser der Malteserstr. sind im Krieg zerstört worden. Nur die Lützowstraße, in der meine Großel gewohnt hatte, war unversehrt geblieben. 1978 konnte ich Breslau besuchen. Ich stand in der Lützowstr., machte die Augen zu und meinte, gleich müsste die Großel aus dem Haus kommen, und fragen »Na Lottel wolltest du zu mir und dein Herz ausschütten?« Und wenn es so gewesen wäre, was hätte es alles gegeben, was ich mit ihr und nur mit ihr hätte besprechen können! Ich öffnete die Augen und der Traum war vorbei.

Unbeschwerte Schulzeit, Musikunterricht, Tanzstundenzeit, die Nachkriegszeit war überwunden, die Jahre vergingen. Neben einer oder zwei Freundinnen war die Großel und der Bruder meine besten Vertrauten. Ich sollte noch zu der Wohnung der Großel etwas sagen. Es war eine »urgemütliche Wohnung« mit Beispielwert für die damalige Lebenswelt weiter Bevölkerungsteile.

Erzählen muss ich nun noch, von Großels hübscher, gemütlicher, kleiner Wohnung in der Lützowstr. Nr. 7. Nachfolgende Generationen werden sich für den Bericht vielleicht interessieren. Von dem Balkon der Wohnung konnte man in das Kloster der barmherzigen Brüder schauen. Die Nonnen hatten mir einen besonderen Eindruck gemacht und die Großel musste mir immer wieder davon erzählen, wie es in einem Kloster zugeht. Ich verstand nicht, dass man sich im Inneren des Klosters nicht einmal umsehen konnte. So blieb ein Rest Neugierde bestehen.

Aber zu der Wohnung: Besonders das Wohnzimmer hatte es mir angetan. Man denke: hochglanzpolierte Kirschbaummöbel in massiver Ausführung. In einer Ecke - wie sollte es anders sein - ein riesiger, weißer Kachelofen mit einer Bratröhre. Daneben ein dunkelrotes, samtbezogenes Rosshaarsofa, davor zwei ebensolche Sessel, rundum mit einem Kirschbaumholzgestell. In der Mitte ein großer, ovaler Tisch, auch aus Kirschbaum in Hochglanz, ohne Tischdecke. Der Tisch stand auf einem Teppich, der von meiner Mutter handgeknüpft war.

Diesen Teppich hat es bis in die Jahre des Zweiten Weltkrieges in unserer Wohnung in Bremen gegeben. Er lag dort in einer großen Diele. Er war im Grundton rot mit schwarzen und gelben Mustern geknüpft. Bei den Luftangriffen und ihren Folgen mit Glasscherben, Schutt, mit Kohle und Asche in der Wohnung, war er dann beschädigt worden und ging verloren.

Dann war da noch ein Glasschrank, in dem die Großel so alles gesammelt hatte, was ihr in ihrem Leben wert gewesen ist. Der Schrankinhalt war für mich als Kind eine Wundergrube. Die Großel erzählte mir immer wieder, was es mit dem einen oder anderen Gegenstand auf sich hatte. Später dann, wenn ich Trost suchend oder Rat suchend bei ihr war, dann sagte sie schon mal: Wenn du was Schönes findest, dann sollst du es später erhalten, damit du mich in guter Erinnerung behältst. Dann lachten wir beide. Jeder dachte sich seinen Teil. Ich dachte daran, dass sie mir ewig erhalten bleiben sollte. Von allen ihren Schätzen hatte ich dann einiges geerbt, weil mit dem einen oder anderen Gegenstand sich eine Geschichte verband, die für mich wertvoll gewesen ist, z.B. der Glasbecher vom Dreiländereck.

Zwei große, hohe Fenster hatte das Wohnzimmer mit weißen, zur Seite gerafften Gardinen. Dazwischen befand sich ein hoher Standspiegel mit vergoldetem Holzrahmen. Vor einem Fenster stand ein Blumentisch mit üppigen Grünpflanzen. Dann waren da noch eine Kommode und zwei riesige Schränke vorhanden. Auch diese aus Kirschbaum. Von der Decke herab hing eine auf Hochglanz polierte Petroleumlampe. Die alten Häuser hatten nur in den Küchen Gas zum Kochen. Strom gab es in dem Haus, in dem die Großel wohnte, noch nicht. Etwas Spaßiges gab es in der Wohnung noch: Auf dem Klo stand, Tag und Nacht brennend, eine Öllampe. Wenn wir Kinder einmal bei der Großel übernachteten, und das konnte nach uns nicht oft genug sein, dann mussten wir natürlich oft dorthin gehen, um die Lampe zu bestaunen. Auch als es später elektrisches Licht gab, blieb es auf dem Klo bei der Öllampe. Meine Großel wehrte sich hartnäckig gegen die Neuerung. Oft hatte mein Vater sie liebevoll aber auch streng darauf hingewiesen, dass es ein Fortschritt sei, wenn man in allen Räumen elektrisches Licht habe, aber vergebens, sie wollte nicht. Noch ein Nachtrag zum Wohnzimmer: Über dem Sofa hingen große Fotos, meist in ovalen, schwarzen Rahmen. Sie zeigten die Ahnen und Urahnen. Die Großel musste uns immer wieder erklären, wer auf den Bildern zu sehen war, denn es lebte keiner mehr von den Ahnen. Sie tat das mit Geduld und verband mit der Erklärung lange Geschichten aus den Familien. Ob sie dabei auch eine Märchenerzählerin wurde, weiß ich nicht. Mein älterer Bruder war da manchmal anderer Meinung, sagte das der Großel aber nicht.

Der auch noch über dem Sofa hängende Gobelin - Schlesische Dorfstrasse -, den ich schon erwähnt habe, hatte meine Mutter ihren Eltern zur Silberhochzeit 1901 gearbeitet. Von dem Maler Erich Heermann, den ich schon als einen Freund meines Vaters erwähnte, stammte ein großes Porträt des Reichskanzlers Hindenburg. Anlässlich einer besonderen Gelegenheit, die mir nicht mehr in Erinnerung ist, bekam mein Vater dieses Porträt geschenkt. Als der Reichskanzler einmal in Breslau war, wurde das Bild in einer Kunsthandlung in einem Schaufenster ausgestellt, mit dem Hinweis: Aus dem Privatbesitz Direktor Schlüter. Wir Kinder waren mächtig Stolz und gingen in den Tagen der Ausstellung dort immer hin und her, um zu hören, was die Passanten sagten, die vor dem Fenster stehen blieben. Ob Ähnliches heute noch passieren könnte, wenn das Bild eines Bundeskanzlers in einem Fenster stünde? Hat sich das Verhältnis zwischen Bürgern und Staat doch völlig verändert. Nur ein Bild? Ist der Kanzler vielleicht für ein Autogramm erreichbar, ist das sicher auch heute noch etwas Besonderes.

Als die Großel 1931 starb, wurde die ganze Wohnung aufgelöst. Einen Teil der Einrichtung bekam mein Bruder Erich nach Hirschberg, auch das Hindenburg Bild. Dort ist alles 1945 verblieben, als die große Flucht vor der Sowjetarmee einsetzte. Nun, ich sprach schon von den Silberlöffeln mit der Gravur H + H, Herrmann und Agnes Hoffman 1869 - 1904, sie waren von der Silberhochzeit meiner Großeltern 1904, das Glas vom Dreikaisereck und der große handgearbeitete Teppich. Alles war noch in Friedenszeiten bei mir in Dresden und später nach Bremen gelangt.

Die Frau meines Bruders, meine Tante Anni, hatte, und da greife ich weit vor, in Hirschberg ihren gesamten Silberbesitz vor der Flucht vergraben. Hatten sie doch geglaubt nach Kriegsende wieder in ihre alte Heimat zurückzukommen. Sie durften nicht zurück, der Schatz blieb vergraben, die Kenntnis über den Ort, wo der Silberschatz vergraben wurde, ging verloren. Aber die neuen Besitzer des Landes und der Häuser wussten schon, dass viel vergraben worden war, und haben mit heutiger Suchtechnik manchen Schatz gehoben. Den von Erich sicher auch.

Nicht vergessen darf ich die Beschreibung eines späteren Logenfestes, da es für mich der Ausdruck der Freude über das Leben, die Geselligkeit war.

Es war zu der Karnevalszeit. Breslau war stark katholisch geprägt und war Sitz des Fürstbischofs. So war bei uns die Fastnachtszeit besonders ausgeprägt. Der große Saal des Logenhauses wurde in eine Tiroler Berglandschaft ausgestaltet. Wer an dem Fest »Auf nach Tirol« teilnahm, konnte nur über eine Rutschbahn nach Tirol sausen. Ich hatte ein ganz süßes Dirndlkleid an und, da ich sehr dünnes Haar hatte trug ich eine Perücke mit zwei langen Hängezöpfen. Ich war damals schon fast stolze 17 Jahre alt und sauste auf der Rutschbahn fast in die Arme eines »feschen« Tirolers. Diesen hatten die Freunde meiner Eltern mitgebracht, weil er in Breslau noch ganz fremd war. Er war Chemiker, Dr. Ing. und fing gerade in dem neuen Superphosphatwerk des bekannten Industriekonzerns »Georg von Gieschens Erben« mit einer Anstellung an. Unser Freund, Max Schramm, war Direktor in diesem Werk, und hatte den jungen Mann eingeladen. Ich fiel also in seine Arme und wurde bis zum Morgengrauen nicht mehr losgelassen. Ich schwelgte im Glück, er sicher auch. Mein Vater hatte das ganze Fest über seine Beschäftigung, in dem er sich um uns kümmerte.

War das als Verhinderung von diskreten Annäherungen zu verstehen? Junge Männer waren gestern wie heute auf eine Eroberung aus, nur die Art, wie eine Eroberung gelingen sollte waren zu heute grundverschieden. War die zu Erobernde nicht abgeneigt, dann war das Spiel schnell gewonnen. Da der Vater nach allem was ich weiß noch nicht bereit war seine Tochter einem Mann zu überlassen, so kann ich sicher davon ausgehen, dass der Begriff »kümmern« in den Aufzeichnungen von Charlotte so zu verstehen ist, dass der Vater beschäftigt war die beiden nicht allzu sehr alleine zu lassen.

Zurück zu dem Fest und dem Verehrer:
Bei dieser Gelegenheit muss ich auf einen Ausspruch einer Lehrerin über mich hinweisen, Sie sagte einmal: »Die Lottel hat ein Madonnengesicht!« Mein Bruder, der Spötter, meinte aber, ich sähe aus wie die Mona Lisa mit dem undeutbaren Lächeln. Nun an diesem Abend, als mein Tänzer und ich uns einmal ausruhten, erzählte ich lachend von dem Vergleich. Er sah mir tief in die Augen: »Madonna-Mona Lisa-Charlotte!« Er nannte mich noch oft so. Aber wie es so im Leben geht, ich kam kurz darauf für ein Jahr in ein Töchterheim in Wernigerode. Wir haben uns nie wiedergesehen. Nie hat mich jemand wieder so genannt.

Ob da der Vater seine Finger im Spiel hatte und seine geliebte Tochter schon in den Armen des - älteren - Mannes sah? Einerseits wollte er für sein Lottchen eine »gute Partie« anderseits war es ihm noch zu früh. Schon wurde sie, nach nicht besonders langer Planung mal eben aus Breslau weggeschickt. Später haben Väter solche »Verschickungen« mit ihren Töchtern immer wieder gemacht, das Ziel war egal, Hauptsache weit weg. Was wäre gewesen, wenn sie einen ihrer späteren Verehrer geheiratet hätte? Ein sicher großzügiges Leben irgendwo in Schlesien mit Kindern und Hausstand. Flucht und Verlust aller Habe, vielleicht auch Verluste in der Familie wäre ihr Los mit unzähligen anderen Menschen gewesen. War dafür das Leben in Bremen, so weit weg von ihrer Heimat, nicht ein Glücksfall gewesen?

Aber noch war das Lottchen zu Hause, das Schulende nahte, konfirmiert wurde etwa mit sechzehn Jahren und so kam neben der Schule und dem Konservatorium der Konfirmandenunterricht. Mit 16 Jahren wurde ich von meiner Mutter zum Konfirmandenunterricht bei dem Kirchenrat Müller in der Salvatorkirche angemeldet. Ein Jahr mussten wir lernen. Da meine Großel mit mir nicht nur über »die Dinge des Lebens« gesprochen hatte, sondern auch über Fragen des Glaubens und der evangelischen Religion, so war ich schon mehr mit Glaubensfragen bewandert, als andere, die an dem Konfirmationsunterricht teilnahmen. Kirchenrat Müller lies uns viel, ganz viel auswendig lernen, und machte sich den Unterricht leicht. Manchmal packte ihn auch die Verzweiflung über uns »Ungläubige« und er sagte: »Mit dem Holz von Euren Köpfen könnte man eine Holzhandlung gründen!« Auf einem schönen Gedenkblatt habe ich meinen Konfirmationsspruch aufgeschrieben bekommen:

»Ich bin der Weg, die Wahrheit und das Leben, niemand kommt zum Vater, denn durch mich.« Joh. 14.6.

Trotz der Inflation hatten meine Eltern keine Mühe gescheut zu Hause eine schöne Feier zu gestalten. Ich bekam an meinem Ehrentag am 23. März 1922 schöne Geschenke, wir hatten viele Gäste und es wurden gute Reden auf meine Zukunft gehalten. Damals war es noch nicht Sitte, das Geld geschenkt wurde, das galt als nicht üblich, eher unschicklich, jedenfalls im Kreise meiner Eltern. Wie das so Brauch war, hatten meine Eltern auch den Herrn Pastor geladen, der es sich nach den erledigten Pflichten in der Kirche gut schmecken lies. Auch an ihm waren die Folgen der Inflation nicht spurlos vorbei gegangen.

Breslau war eine katholische anmutende Stadt, die evangelische Gemeinde trat nicht so sehr in Erscheinung, beeindruckend waren die barocken Kirchenbauten, der katholischen Gemeinden. Für mich hatte Eindruck gemacht, soweit ich mich heute noch erinnern kann, dass die Konfirmationsreden offen oder versteckt sich mit Vermutungen über meinen weiteren Lebensweg beschäftigten. Ich war jetzt 16 Jahre alt, die Schulzeit neigte sich ihrem Ende zu und die Frage »was dann« stand bei meinen Eltern sicher im Raum. Mit den Freundinnen habe ich häufig darüber gesprochen, wie sie sich ihren weiteren Lebensweg denn vorstellten. Irgendwie lag ich bei den Gesprächen häufig mit meiner Meinung über den weiteren Lebensweg völlig abseits.

Ich wollte mich selbst verwirklichen wenn gleich das, was ich wollte, damals noch nicht so benannt wurde, der Begriff kam erst später auf. Ich wollte lernen und erstmals kamen die Gedanken zur Kindererziehung auf. Sicher war: Ich wollte noch nicht heiraten, wenn auch so mancher junge Mann in der Tanzstunde, bei Bällen mir den Kopf verdrehen wollte. Ja, da gab es schon den einen oder anderen, aber für meinen Vater waren sie alle nicht recht. Zu jung, zu alt, kein Vermögen, gesellschaftlich nicht angesehen usw. Was kann ein Vater einer Tochter, die er liebt, aber nicht hergeben will noch ins Feld führen? So gab es die ersten Auseinandersetzungen zwischen meinem Vater und mir. Bei der Großel heulte ich mich aus. Ich denke heute, sie hat mit viel Diplomatie zwischen mir, dem Trotzkopf und meinem Vater dem Nichtloslasser vermittelt. Und meine Mutter? Sie saß zwischen den Stühlen wollte und konnte sich nicht gegen meinen Vater erklären. Aber es gab da nicht viel vorzustellen, der Weg war durch die Eltern, nur weil wir Mädchen waren, vorgezeichnet. Mädchen heirateten nach einer mittleren Schulausbildung und dem Erwerb der hausfraulichen Tugenden, Jungen gingen aufs Gymnasium und studierten, schlugen sich in Verbindungen und bekamen auf Empfehlung eines »Alten Herren« eine gute Stellung. So war das damals! Eine mittlere Schulbildung, Klavierunterricht, hauswirtschaftliche Kenntnisse und dann die Suche nach einem geeigneten Ehekandidaten. Fast zwangsläufig ohne Ausnahme wurden in den Familien die Töchter dahin geschoben. Einen Beruf erlernen? Diese Möglichkeit stand außerhalb jeder Diskussionsfähigkeit. Evtl. konnte die Tochter für eine gewisse Zeit zu einer hausfraulichen Ausbildung irgendwohin geschickt werden, standesgemäß selbstverständlich! Die sichere

Ich bin der Weg, die Wahrheit und das Leben; niemand kommt zum Vater denn durch mich. Joh. 14,6.

Gedenk=Blatt

an die Konfirmation

Charlotte Schlüter

geboren den 30. Juli 1906

ist heute in der St. Salvator=Kirche konfirmiert worden.

Breslau, den 23. März 1922

Müller, Pastor prim.

Salvator=Kirche

Kommet her zu mir alle, die Ihr mühselig und beladen seid, ich will Euch erquicken.

Salvatorkirche an der Bohrauer Str. / Gustav Freytag Str. im Teichäcker Park

Bewegung auf dem gesellschaftlichen Parkett, eine unabdingbare Grundlage für die Männersuche war mit der Tanzstunde absolviert worden.

Ich habe nachträglich den Eindruck, dass meine liebe Mutter für uns Kinder erst richtig da war, als mein Bruder und ich zur Schülertanzstunde angemeldet waren. Die Tanzstunde, das war so recht nach ihrem Herzen. Sie machte sich schön und putzte mich, sie war stolz auf mich, weil ich gut tanzen konnte und von der Tanzlehrerin, Frau Dr. Fabian, bevorzugt wurde. Es war ein privater Tanzzirkel, in dem wir angemeldet waren. Mein Vater hatte vorher, wie er das immer tat, unauffällig seinen Freundeskreis nach den bestehenden Möglichkeiten abgefragt. Die Jungen waren alle Unterprimaner, wir Mädchen alle 2. Klasse Lyzeum - also 2 Jahre vor dem Schulabschluss. Die Mütter kamen immer mit und saßen als Zuschauer da. Die Reihe der Mütter wurde nicht zu Unrecht als der »Drachenfelsen« verspottet. Nicht auszudenken, welche Verbindungen da schon in den Köpfen der Mütter zwischen den Jungen und Mädchen gesponnen wurden. Obgleich in der Regel die heiratsfähigen Männer schon in einem Beruf stehen mussten, wenn möglich mit Vermögen. Wir Mädchen gingen als erste in den kleinen Tanzsaal und mussten vor den Müttern einen Hofknicks ausführen.

Wir trugen alle lange, weiße Handschuhe und die Jungen, die nach uns eintrafen, hatten ebenfalls weiße Handschuhe an. Sie machten vor den Müttern und anschließend vor uns eine tiefe Verbeugung. Gelernt haben wir die Quadrille und Gavotte. Alles nach französischem Kommando. Wir wurden gedrillt in Ballbenehmen. Die Jungen machten Besuche bei den Eltern, alles ganz nach Vorschrift. Es gab dann private Einladungen zu Tanztees. Meine Mutter »schwebte«. Das war ihr Leben. Unermüdlich und fröhlich war sie dabei. Nichts war ihr zu viel. Zum Tanzstundenball, der in einem der Logenhäuser stattfand, stickte sie eine ganz herrliche Tanzschleife in hellblauer Seide für meinen Ballherrn. So war das damals üblich. Ich trug zum Tanzstundenball ein weißes Voilekleid mit Filetspitzen und hellblauer Schärpe. Das Kleid hatte natürlich unsere Schneiderin gefertigt. Mein Ballherr war der Sohn des Handelskammerpräsidenten Dr. G.. Wir führten zusammen die Polonaise an. Es waren immer herrliche Stunden, wenngleich nicht immer der »Traumtänzer« jedem Mädchen zugeflogen kam.

Ein Fest muss ich noch besonders erwähnen:
Es war eine Einladung in das Haus des Landeskulturamtspräsidenten Dr. F. Er hatte eine riesige Etage am Höfchenplatz. Es war dort alles so prächtig, besonders **die** Tafel. Der Sohn des Präsidenten führte mich zu Tisch. Der ältere Bruder hatte, als angehender Künstler die Tischkarten gezeichnet. Ich erbleichte vor Wut, als ich meine Tischkarte sah! Da war eine Hand gezeichnet, und auf dem ausgestreckten Zeigefinger stand ein winziges Strichmädchen. Daneben stand in winzigen Buchstaben: Lottchen. Ich war wieder einmal die Kleinste und auch die Jüngste. Später hat sich der »Künstler« artig bei mir entschuldig, sodass meine Wut bald verraucht war. Der Abend war gerettet und ich genoss die Tänze in den Armen meiner Tänzer. Getanzt wurde natürlich in gebührendem Abstand zueinander. Die herrliche Tanzstundenzeit endete, der Winter war vorbei, die Fest- und Ballsaison klang aus, ein Wiedersehen wurde offen oder heimlich verabredet, aber wie und wo? So drängelte ich bei meinen Eltern und entdeckte plötzlich eine Neigung zum Tennisspielen. Ob mein Vater die ganze Aktion durchschaute, ist mir nie bekannt geworden. Auf alle Fälle musste es ein privater Tennisplatz sein. Nachfolgenden Generationen, falls sie sich für

meinen Lebensweg in Breslau interessieren, nenne ich die Straßennamen meiner einzelnen Stationen nur, damit sie die »Schauplätze« evtl. wiederfinden können. Es war der Tennisplatz an der Lohestraße. Inzwischen gibt es die alten Deutschen Stadtplänen mit den jetzt neuen polnischen Namen.

Wenn schon US-Amerikaner nach Europa kommen um ihre Wurzeln zu suchen warum sollten nicht die Enkel oder Urenkel die Stätten besuchen wollen, wo ihre Vorfahren gelebt haben? Mit dem Verständnis für das vergangene Leben und zugleich die Sicht auf das neue Leben in den Städten und Landschaften wird Verständnis geschaffen für die Völker unseres Kontinents, besonders wenn die Wurzeln des Lebens durch die Folgen eines mörderischen Krieges verdeckt wurden.

Die Menschen waren vertrieben, aber die Landschaften, die Denkmäler in Stein als Zeitzeugen für die Städte und Dörfer der deutschen Kultur sind verblieben und wirken auf Dauer fort.

Und was war mit der Liebe? Da gibt es nur vage Andeutungen über gute Tänzer auf den verschiedensten Festen. Charlotte war jetzt 16-17 Jahre alt. Das war schon bald das heiratsfähige Alter zu damaliger Zeit. Nur Vater Schlüter dachte nicht daran irgendwelche »Drähte« zu eventuellen Heiratskandidaten zu ziehen. Sein Lottchen sollte weiter eine glückliche Jugend haben, Fragen nach der weiteren Zukunft blieben ausgeklammert. Vielleicht hat der Vater mit seiner Frau, mit Logenbrüdern, über die Zukunft seiner Tochter gesprochen. Die gesellschaftlichen Verhältnisse waren im Umbruch, Weitsichtige sahen auch für die Wege heranwachsender junger Mädchen neue Entwicklungen, die weggingen von dem »schnell unter die Haube kommen«. Im Leben selbstständig zu sein, einen Mann nach freier Entscheidung zu wählen, wie die Jungen höhere Ausbildungen in Schulen und Universitäten zu erlangen, das waren Ziele, die »in der Luft« lagen. Nur der Weg dorthin war den jungen Mädchen noch verstellt, Gespräche mit den Eltern gab es nicht. Romantische Schülerliebe, Träume um Verehrer, ja, die gab es genug mit dem Wissen, dass »daraus nichts werden würde«.

Aber es gibt eine in den Erinnerungen verbürgte Episode, die sich anlässlich einer Urlaubsreise nach Bad Dirsdorf, einem kleinen Ort in der Nähe von Nimpsch, ereignet hat.

Zu den großen Ferien 1922 machten wir wegen der noch anhaltenden Inflation nur eine kleine Reise in die nächste Umgebung von Breslau in das kleine Bad Dirsdorf, lieblich gelegen bei dem hübschen Städtchen Nimpsch. Es gab dort heilsame Schwefelquellen, die von einigen Kurgästen besucht wurden. Die Kuranlagen waren erst im Entstehen und doch fühlten wir uns herrlich wohl dort. Mein Bruder und ich hatten Altersgenossen, die auch mit ihren Eltern dort waren, der Vater war der spätere Prälat der Kurhessischen Landeskirche, Kurt Müller-O. Ich hatte zwei große Verehrer, ein Brüderpaar. Hans 18, Oberprimaner und Kurt 17, Unterprimaner, beide aus Breslau. Nun ergab es sich so, dass wir von morgens bis abends zusammen waren. Meine Eltern waren mit den Freunden zusammen und mein Vater lies die Zügel schleifen, da er in den Schülern keine Gefahr für seine Tochter hinsichtlich irgendwelcher Heiratsabsichten erkennen konnte. Wir wanderten zusammen und konnten im kleinen Kurhaus tanzten. Wir konnten auch im Kursaal des Kurhauses Klavier spielen. Kurt, später ein bekannter Theologe, schwärmte sehr für mich und reimte Gedichte für mich, die er mir (ganz allein!) im Kurgarten vorlas. Sein Bruder Hans, dessen erste Liebe ich wohl war, war mehr ein Verstandesmensch und schickte mir später Briefe auf Englisch. Er konnte wunderbar tanzen und ich schwärmte für ihn. Kurt hatte nach einem Gottesdienst in der kleinen Diersdorfer Kirche zu meinem 16. Geburtstag für mich ganz alleine auf der Orgel gespielt. Mein Bruder Erich hatte schnell erkannt, »was da so lief« und verstand es die Brüder zu trenne, sodass ich die Möglichkeit bekam mit Hans auch einmal allein zu sein, während mein Vater meinte, Erich und ich und Kurt und Hans seien immer zusammen unterwegs. In Breslau besuchten beide Brüder uns oft, und wir tanzten bei den Logenfesten zusammen. Der Vater war in Breslau Pastor. Hans und ich trafen uns später in Breslau oft zu Spaziergängen. Füreinander zu schwärmen ist wohl zu gering bezeichnet. Es waren herrliche Zeiten. Es war die Zeit der ersten Liebe.

Händchen halten, ein Kuss? Wohl kaum, oder doch? So genau will sie dann doch nicht über ihre erste Liebe schreiben.

Nur meiner lieben Großel habe ich diese Liebe gestanden! Und gerne hat sie mir zugehört und mir mit der ihr eigenen Art Rat und Trost gespendet. Was war sie für eine Frau gewesen! Bis zu meiner Hochzeit war sie meine liebste, beste Beraterin, Betreuerin und Freundin. Sie war die Erzieherin zu Kinderzeiten, Märchenerzählerin, Gespielin und Spaßmacherin. Kurz, sie war alles was Kinder und Heranwachsende brauchen, um glücklich zu sein. Mein Bruder nannte sie mit herzlichster Zuneigung »Nesi« eine Koseform für ihren richtigen Namen »Agnes«. Von ihren Neffen und Nichten wurde sie mit großer Liebe »Tante Ange« genannt. Sie war in ihrer großen Bescheidenheit, Hilfsbereitschaft und tiefen Frömmigkeit ein bewundernswerter Mensch. Als sie in der Inflation über Nacht verarmte, hat sie niemals geklagt. Sie war stets gütig, verständnisvoll, geduldig und in unserer Kinderzeit einfach unersetzbar.

So hat sie mir in meinem Liebesschmerz versucht klar zu machen, dass es das Schönste sei sich an eine - unerfüllte - Jugendliebe sein Leben lang zu erinnern. Männer zum Heiraten, die sähen anders aus und müssten vor allen Dingen bereits fest im Leben stehen. Nun ja, nach dem Abitur gingen die Brüder zum Studium nach Tübingen. Es war ein schmerzvoller Abschied - für immer. Hans war später Rechtsanwalt in Frankfurt/M und Kurt wurde Theologe, C`est la vie!

1923/1925 Im goldenen Käfig, Leben wie im Wunderland

Die Schulzeit war zu Ende. Es war Frühjahr 1923. Charlotte war 17 Jahre alt. Alle Not war vergessen, die kommenden Jahre versprachen Wohlstand und neue Freiheiten für junge Mädchen. Es wurde Tango und Swing getanzt - eine Revolution für die Nähe der tanzenden Paare zueinander.

Das Ende der Schulzeit war nicht »vom Himmel gefallen«. Alle in der Schulklasse, die weitgehend über die ganze Schulzeit zusammen gewesen waren, wussten, dass ein Lebensabschnitt zu Ende ging. Alle Mädchen waren etwa 16-18 Jahre alt, fast - nach damaliger Zeit - bald im heiratsfähigen Alter.

Aber wie sollte es weitergehen? Die Freundinnen besprachen sich untereinander. Je nach Elternhaus hatten die Mädchen die verschiedensten Ideen, aber es gab natürlich auch Vorgaben durch die Eltern. Die meisten Mädchen sollten sich in hauswirtschaftlichen Fragen weiterbilden. Kurse in Kultur und Kunst mit der Aneignung von gesellschaftlichen Formen standen hoch im Kurs. Einige wollten ihre Neigungen in der Musik vertiefen. Andere wollten einfach nur im Elternhaus leben, der Mutter zur Hand gehen und auf die nächste Ballsaison hoffen, ob es nicht einen ansprechenden, vielleicht vermögenden Mann zu angeln gäbe. Berufsfragen wurden kaum besprochen. Und gar nicht so erstaunlich für die Zeit, gab es keine Wünsche für eine Weiterbildung an einer Hochschule oder Universität. Der Lyzeumsabschluss bot hierfür auch keine Grundlage. Die Durchlässigkeit heutiger Bildungswege gab es damals noch nicht. Die Jungen im gleichen Alter gingen auf das Gymnasium und studierten im Anschluss. Wie doch die Wege für das Leben vorgezeichnet waren, jedenfalls in der wohlhabenden bürgerlichen Gesellschaftsschicht.

So auch für ihren Bruder Erich. Nach dem Studium hatte er zuerst in Breslau und dann in Berlin Jura studiert. Es war für ihn ein finanziell sorgloses Leben. Vom Vater oft getadelt: »Der versäuft noch seinen ganzen Verstand als flotter Studienbruder.« Natürlich war er einer studentischen Korporation beigetreten, »schlagend«, wie es sich gehörte, in dem Corps selesia. Dem Corps, bei dem in Breslau in jedem Winter großartige Feste gefeiert wurden und wo die Mutter ihr Damenkränzchen hatte. Nach dem Assessorexamen an der Berliner Universität war er dann in Hirschberg als Richter tätig. Später, nach dem Tod seines Vaters zog die Mutter zu Erich nach Hirschberg in eine kleine Wohnung.

Leider sind die Anschriften von Erich und Charlottes Mutter untergegangen. So war es bei einem Besuch in Hirschberg (Jelina Gora) nicht möglich irgendwelche Lebensspuren zu finden. Die Spannung auf diese ehemalige alte deutsche Stadt hielt sich bei der Reisegemeinschaft aus Bremen in engen Grenzen. Eine Pause vielleicht für einen Kaffee. Sehr schön soll die Stadt sein, erklärte unsere Reiseleiterin und war noch voller Optimismus, als unser Bus auf einer unbefestigten

Hinterhoffläche einen Parkplatz suchte. Die Hauptstraße mit den Lauben strahlte, nach Meinung einiger Reiseteilnehmer, Verfall aus, wenn auch die Menschen fröhlich in den Straßen schlenderten und ihren Einkäufen nachgingen. Schon hinter der Hauptsraße sah es aus wie in der ehemaligen DDR nach der Grenzöffnung. Es ist alles noch im Aufbau und dauert eben länger als bei uns, so unserer Reiseleiterin. In einer alten Straßenbahn wurden Andenken und Reisebücher vom Riesengebirge, auch vieles in Deutsch angeboten. War das der Straßenbahnwagen, in dem Charlotte mit ihren Kindern noch gefahren war? Oder dort das Eckgebäude, war es das Hotel mit dem Erkerzimmer in dem Charlotte mit uns Kindern gewohnt hatte? Wo hatte Onkel Erich gewohnt? Fragen, auf die es bei einem kurzen Stopp keine Antworten geben konnte. Wir verließen diese Stadt ohne besondere Gefühle. In einem alten Familienfilm sieht man noch, wie die Familie Selka aus einem Haus tritt, neben dessen Haustür ein Emailleschild zu sehen ist: Max Selka, Rechtsanwalt.

Charlotte verfolgte den Lebensweg ihres Bruders mit großer Aufmerksamkeit und Bewunderung. Hätte sie das nicht auch gekonnt? Warum er und nicht sie? Die Frage hatte sich zu Hause nie gestellt. Mit ihrem Bruder sprach sie schon darüber, aber auch er war der Meinung, die Frau gehört mit der nötigen Ausbildung an den Herd, für Charlotte galt noch immer Küche-Kirche-Kind. In das Bett hatte wohl damals noch keiner gewagt zu sagen, gedacht haben es alle. Fragen danach haben sich sicher auch nicht die engsten Freundinnen gestellt, wie das heute ohne Scheu möglich ist. Das es unverheiratete Frauen mit einem Kind gab, war wohl nicht unbekannt, aber eher verborgen, bis ihr Bruder mit seiner späteren Frau Anni bei seinen Eltern vorsprach – mit ihrer kleinen Tochter, der Gisela, im Schlepptau. Unbekannt ist, wie die Schlüter Eltern im ersten Augenblick reagiert haben. Auf den Bildern der Hochzeit sind aber keine unglücklichen Gesichter zu erkennen.

Seine, zum großen Kummer meiner Eltern, geschiedene Frau brachte eine kleine Tochter, die Gisela, mit in die Ehe. Anni gefiel schon wegen ihrer Lebenslust meinem Vater, und da auch ihre Eltern »sehr passabel« waren, so wird sich der erste Sturm der Ablehnung schnell gelegt haben. Meine Eltern verstanden sich gut mit Annis Eltern, die in Cunnersdorf bei Hirschberg ein schönes, behagliches Landhaus besaßen. Eine große Parkanlage gehörte zu dem Haus mit einem Eichenwald. Das Grundstück lag am Ende eines Weges, der nach dem Großvater von Anni, Schadeweg, hieß. Mein Bruder verbrachte mit seiner Frau und Gisela häufig die Wochenenden dort, waren doch Gästezimmer reichlich vorhanden. Dass Annis Mutter in erster Ehe mit einem polnischen Adligen verheiratet gewesen war, hat sie nicht davor geschützt, dass auch sie 1945 ihr gesamtes Hab verloren und das Haus verlassen mussten. Der leibliche Sohn meines Bruders, Michael, wurde in Straubing/Bayern, dem Fluchtziel, geboren. Er war ein hochbegabter Physiker, wanderte verheiratet nach Amerika aus und lebte auf Long Island vor New York. Leider verstarb er früh. Zu seiner Frau, Ines Schlüter und der Tochter Eve-Rose, Ihrem Mann Marc und dem Sohn sind dann alle Verbindungen abgebrochen.

Ihr Weg führte wieder zu der ihr Vertrauten, der Großel. Mit ihr besprach sie, soweit die alte Frau das verstand, was Charlotte bedrängte. Sie wollte noch nicht heiraten, sie wollte einen Beruf erlernen, der irgendwie mit der Kindererziehung zusammenhing, vielleicht auch Bibliothekarin werden, wie und was war noch völlig unklar. Sicher sollte die Großel bei den Eltern Fürsprache für diese Pläne einlegen. Noch schien es ihr unmöglich selbst die Initiative zu ergreifen. Erst später, mit einer Freundin zusammen gelang es ihr, den Mut zu finden und dort vorzusprechen, wo sie meinten, dass ihnen eine Tür zu einer Weiterbildung geöffnet werden könnte. Zwei Mädchen allein in Breslau! Sie waren da wohl sehr mutig geworden.

So war also die Schulzeit zu Ende. Wir hatten das Abschlusszeugnis in der Hand, die Abschlussfeier hinter uns mit dem bekannten Lied: Nun zu guter Letzt geben wir dir jetzt auf die Wanderung das Geleit.... usw. Der Abschied von den Schulfreundinnen mit viel Tränen, Umarmungen, Versprechen des Wiedersehens und Dank an die lieben Lehrerinnen und Lehrer. Und dann, der Weg nach Hause - und was nun? Das war wie der Sturz aus einem fahrenden Zug. Plötzlich war es ganz still um einen herum. Es gab ja noch keinerlei Möglichkeiten des Telefonierens. Man war allein. Ich hatte meine Großel, die mich zu Hause empfing und die ich an dem Tag auf ihrem Weg in ihrer Wohnung begleitete. Meine Eltern, mit denen dann ein »Gespräch« folgte, beschlossen zunächst gar nichts. Ich sollte »ein bisschen nähen, ein bisschen kochen, na und ein bisschen dies und das lernen«. Irgendwie fiel ihnen dann ein mich auf die städtische Frauenberufsschule in Breslau zu schicken. Dass ich nicht platzte! Ich mit Schürze und Häubchen, mein Bruder als angesehener Richteraspirant. Es gab zwei getrennte Halbjahreskurse in: Kochen, Schneidern, Weißnähen, Feinplätten, Putzmachen, einfache und feine Handarbeit, Säuglings- und Krankenpflege. Ich habe die Kurse brav und folgsam hinter mich gebracht. Damals ahnte ich noch nicht, welche furchtbaren Kriegszeiten auf mich zukommen würden, und ich dank dieser Kurse meine kleinen Kinder und meinen Theo mit dem Nötigsten versorgen konnte. Aus den abenteuerlichsten Stoffen wurde Bekleidung geschneidert, Hemdkragen umgedreht, Vorhänge zu Kleidern verarbeitet und meinen Jungen Hosen aus Jutesäcken genäht. Nicht Essbares wurde mit Fantasie in Essbares verwandet.

Aber dann begannen die geplanten hauswirtschaftlichen Kurse und sie schreibt:
Nach den zwei Kursen hatte ich die Nase voll. Ich wollte auch keine Kochtöpfe und dampfende Lehrerinnen mehr sehen. Vielleicht bin ich zu Hause auch bockig geworden. So blieb ich vom Ende dieser Kurse bis Ostern 1925 zu Hause. Die Tage wurden manchmal lang. Ich ging Tennisspielen, musizierte allein oder mit Freundinnen, traf mich mit Freundinnen zum Bummel, ging mit meiner Mutter in die Stadt - Shopping würde man heute dazu sagen, und ich saß bei der Großel. Viel habe ich in dieser Zeit mit meiner Mutter Klavier gespielt. Vierhändig die »Petersburger Schlittenfahrt« oder »der Kalif von Bagdad«. Abends legten Muttel und ich Patience für zwei und natürlich waren wir mit Handarbeiten beschäftigt. In dieser Zeit erzählte mir meine Mutter auch viel aus ihrem Elternhaus und von ihren Großeltern. Diese hatten in Lüben einen Buch- und Papierladen gehabt, der bis abends um 10 Uhr geöffnet hatte. Das Leben war karg, sie waren sechs Geschwister. Der Buchladen war am Heiligen Abend bis spät abends geöffnet. Die Weihnachtsbescherung war am 1. Feiertag um 5 Uhr morgens, da der Laden ab 8.00 Uhr bereits wieder geöffnet sein musste. Aus heutiger Sicht ist es unvorstellbar, wie die Menschen gelebt hatten Sie waren

deswegen aber nicht weniger fröhlich. Vergessen darf man dabei nicht, dass sie mit sechzig bis fünfundsechzig bereits tot waren.

In diese Zeit fiel auch ein Besuch bei der Schlüter-Großmutter in Halle. Ich durfte sogar mit der Bahn alleine dorthin fahren. Mein Vater brachte mich mit meinem Gepäck zum Bahnhof und in Halle holte mich die Großmutter ab. Alles war vorher von meinem Vater organisiert. Immer und überall fühlte er sich für mich verantwortlich! Es waren schöne Wochen dort. Die Großmutter war herzlich aber beeindruckend streng. Zu ihr empfand ich gleich eine tiefe Liebe, weil sie so aufrichtig war. »Mein Kind«, sagte sie, wenn sie etwas Grundsätzliches sagen wollte ohne Rücksicht darauf, dass ich immerhin schon neunzehn Jahre alt war. Auf dem schlohweißen Haar mit einem Mittelscheitel thronte ein Spitzenhäubchen oder, wenn sie ausging, ein Kapotthütchen. Sie trug es immer, auch bei ihren seltenen Besuchen in Breslau, und nur schwarze Kleider, weit, lang und hochgeschlossen. Wir unternahmen viel, besuchten dort Freunde der Großmutter, fuhren zur Burg Giebichtenstein und zu der Moritzburg. Ich habe die Stadt in schöner Erinnerung behalten.

Sie fuhr mit mir nach Weimar und wir besuchten alle Stätten, die sie für die Bildung notwendig hielt, das Goethehaus, ein Besuch im Theater, Goethes Gartenhaus. Ich war wissbegierig, und das gefiel der Großmutter. Im Anschluss an diese schönen Tage fuhr ich nach Wittenberg zu meinem Onkel Willi und Tante Martha Gerecke. Auch dort fand ich fürsorgliche Aufnahme und ich nahm an Führungen durch alle berühmten Lutherstätten teil, wie die Schlosskirche und das Luthermuseum. Ja, es waren - wieder einmal - schöne, sorglose Tage gewesen. Keiner fragte: »Und was wird jetzt aus dir? Wann wirst du heiraten?« Ich war mit Zuneigung aufgenommen worden und habe es genossen so viel zu sehen. Heute würde man im modernen Deutsch sagen: »Sie nahm sich eine Auszeit.« Nach der Inflation wurde das Haus in Halle verkauft und Großmutter zog zu ihrer Tochter Martha Gerecke nach Wittenberg in die Lutherstraße 31a. Dort ist sie auch gestorben. Mein Bruder und ich fuhren zu ihrer Beerdigung. Es waren noch Notzeiten und die Züge waren nicht geheizt. Die Beisetzung fand in Halle statt. Es gab dort eine große Grabstätte der Familie. Die schönen Tage in Halle gingen dann zu Ende und ich fuhr wieder nach Hause zu meinen lieben Eltern, denen noch immer nicht eingefallen war, was denn so mit mir passieren könnte. Der Alltag hatte mich wieder, der Sommer begann, und so war ich wieder mit meinen Freundinnen zusammen mit dem Tagesablauf, den ich schon kannte, nur das jetzt das Schwimmen - im Damenbad - hinzu kam.

Da ich im Turnen immer sehr gut war, stand bei mir immer das Schwimmen in den Sommern auf dem Programm. Mit einer Freundin zusammen schwammen wir in der Oder, sobald das Wasser warm war. Ja, wir konnten so einfach in der Oder schwimmen, oder in dem Schwimmbad. Eines Tages hatte es uns »gepackt«, gegenseitig machten wir uns Mut. Und wozu? Wir wollten die Schwimmprobe über zwei Stunden in der Oder machen. Am 02.08.1924 haben wir dann unser Ziel erreicht! Ich erhielt von dem Schwimmlehrer, Herrn Anders, das Zeugnis ausgehändigt und bekam fünf Sterne auf den Badeanzug genäht.

Auf dem Zeugnis stand:
Größtes und ältestes Damenschwimmlehrbad Breslau an der Burgstraße, zwischen Schuhbrücke und Universitätsbrücke.

Inhaber dieses Zeugnisses, Fräulein Charlotte Schlüter, wird hierdurch bescheinigt, dass dieselbe am heutigen Tage in meiner Anstalt die Dauer Probe mit 120 Minuten bestanden hat. Breslau, den 2. August 1924.

Dieses Schwimmen, auf das wir uns vorbereitet hatten, zeigte mir, dass man etwas erreichen kann, wenn man nur will. War es meine Probe zum »Aufstand« gegen den ganzen etablierten Ablauf wie Mädchen damals zur erwachsenen Frau hingeschoben wurden?

So ginge das nicht weiter, bemerkten meine Eltern, während mein Vater weiter zwischen Stettin, Königsberg, Warschau und Krakau seine Kohle verkaufte. Er vergaß nie mir russische Bonbons mit zubringen. Nur eine neue Idee für den weiteren Lebensweg seiner Tochter brachte er nicht mit.

Irgendwann kam der Gedanke auf, mich für eine Zeit in ein Töchterpensionat zu schicken. Meine Mutter hatte wohl in ihren verschiedenen Damenkränzchen herumgehorcht was man denn so mit einer fast erwachsenen Tochter, mit 21 Jahren war man damals volljährig, anfangen könnte. Mein Bruder hatte wohl einmal, als er zu Hause war, geäußert, dass man Jungen in dem Alter, besonders die einen Vater als Handelsherrn hatten, in das Ausland schickte. Aber wir hatten kein Handelshaus und keine Anverwandten im Ausland. So wie heute als besseres Hausmädchen, irgendwohin (Au-pair nennt man das wohl), das kam überhaupt nicht infrage, den Gedanken gab es überhaupt nicht.

Die Zeit der zwanziger Jahre war sicher für viele gesellschaftliche Formen aber auch für bisher geltende Normen eine Aufbruchszeit. Den Begriff der »Selbstverwirklichung« gab es schon, wer aber diesen Weg ging schloss sich aus der großbürgerlichen Welt aus. Experimentierende Künstler, Literaten, aufbegehrende Jugendliche, die gab es schon, gehörten aber nicht in den Lebenskreis der Schlüter Eltern. An den Hochschulen und Universitäten gab es große Vorbehalte, wenn nicht eine Immatrikulation für eine junge Frau überhaupt völlig ausgeschlossen war.

Sog. »Höhere Töchter« wurden zu Verwandten in andere Städte, andere Länder geschickt, wo sie häufig ihren Mann für das Leben fanden - und nie mehr wieder kamen. Der Vater Schlüter, der seine Tochter sehr liebte, hat sicher solche Folgen befürchtet, wenn er an entgegenkommende Angebote aus dem Kreis seiner Logenbrüder dachte. Die Welt hätte seinem Lottchen offen gestanden, aber er wollte wohl diesen Weg nicht gehen. Er hoffte auf die Zeit. Kam doch bald wieder die Ballsaison in der Loge oder der Verbindung seines Sohnes Erich. Und diese Feste waren allemal großartig und es waren genügend »gute Partien« dabei, wie er in der vergangenen Saison festgestellt hatte, aber die Liebe?

Ein fröhliches Logenfest in der Loge meines Vaters muss ich noch beschreiben schreibt Charlotte: Solange ich denken kann, hatte mein Vater die großen Logenfeste, und wenn die Möglichkeit bestand, mit meiner Mutter, besucht. Als ich 16 Jahre alt war, und die Tanzstunde hinter mir hatte, gingen mein Bruder und ich mit zu den Logenbällen, z.B. zu den Silvesterbällen. Mir ist das endlose Sitzen an der Tafel in Erinnerung. Diese Essenszeit war mit Reden und Darbietungen unterbrochen, sie war die »Pflicht«, durch die wir hindurch mussten. Um 12 Uhr erklang eine Glocke aus dem Tempel. Der Meister vom Stuhl hielt eine zu Herzen gehende Rede, zu deren

Abschluss wir alle aufstanden, uns die Hände gaben, sodass eine große Kette entstand und es wurde gemeinsam das Kettenlied gesungen. Dann sprach der Meister den Neujahrsglückwunsch und endlich wurde die Tanzfläche zum fröhlichen Tanz freigegeben. Wir tanzten die ganze Nacht bis in den Morgen bis mindestens um sechs Uhr. Der Nachhauseweg führte uns durch den langen, langen Hauptbahnhofstunnel. Unser Vater ging vorweg, dahinter alle doch schon recht beschwipsten Ballteilnehmer und wir sangen: »Was nützt mir ein schöner Garten, wenn andre drin spazieren gehen, und pflücken mir die Röslein ab, woran ich meine Freude hab.« Natürlich blieben wir Jüngeren unauffällig etwas zurück und es gab die Gelegenheit - völlig harmlos - sich an den Händen zu halten. Vater drehte sich nie um, Zufall oder Absicht? Ja, es ging schon fröhlich aber auch harmlos zu.

Ebenso fröhlich, aber mit einem unerwartet ernsten Hintergrund, war ein Fest in dem Haus des Corps Silesia. An einem Gesellschaftsabend, an dem mein Bruder und ich teilnahmen, wurde mir ein Herr von M. vorgestellt. Er sei ein hervorragender Tänzer und käme gerade von einem bekannten Tanzturnier aus Baden-Baden. Und, was soll ich sagen, einige Tage nach dem Abend machte der Herr von M. einen Besuch bei uns und bat meine Eltern um die Erlaubnis, mit mir an einem Tanzturnier in Baden-Baden teilnehmen zu dürfen. Nun es fehlte nicht viel, und mein Vater hätte den kühnen Bittsteller hinausgeworfen. Was er sich wohl wagte seine Tochter ohne Begleitung zu einem Tanzturnier irgendwo in die Fremde zu entführen. Mein Vater war zu tiefst in seiner Ehre darüber gekrängt, dass da jemand glaubte einfach so seine Tochter mitzunehmen. Wofür wurden er und besonders seine Tochter gehalten. Er konnte sich gar nicht mehr beruhigen und es gab, als ich von dem Verlauf des Besuchs hinter her erfuhr, eine tränenreiche Auseinandersetzung mit meinem geliebten Vater. Er wurde nie laut, schimpfte nicht, erkläre nur, warum er sich so verletzt fühlte. Nichts, aber auch nichts durfte ich. Ich saß in einem goldenen Käfig und vor der Tür saß mein Vater. Er wollte mich nicht gehen lassen, sosehr auch er mich liebte, für ihn war die Tochter kein »Verhandlungsobjekt«, aber was dann? Er muss erkannt haben, dass ich - aus damaliger Sicht - heiratsfähig war, allen gesellschaftlichen Anforderungen entsprach, musizieren und sehr gut tanzen konnte, die Hauswirtschaft komplett beherrschte, und, wenn ich auch ein wenig klein war, sehr gut aussah. Nicht umsonst versuchten Herren in verschiedenem Alter mich bei meinen Eltern »loszueisen«, wenn auch ohne Erfolg. Mein Vater war in ständige »Abwehrkämpfe« verwickelt, die ihm seine geliebte, doch auch störrische Tochter bescherten.

So auch bei einem Fest des Corps-Convent, bei dem ich als Tischdame des Prinzen Bernhard von Sachsen-Meiningen ausgewählt worden war. Wie selig ich war. Er ein baumlanger Kerl und ich so klein. Doch für den Eröffnungstanz war eine Corpsschwester von ähnlicher Größe ausgesucht worden. Ja, so streng war die Etikette. Der Abend an seiner Seite war jedoch für mich eine besondere Ehrung. Zum Glück war ein Abstand gewahrt, sodass mein Vater keine Einwendungen hatte. Später lebte der Prinz B. in Hirschberg und war mit meinem Bruder befreundet. Als der 2. Weltkrieg ausbrach, brachte er seinen schwarzen Neufundländer zu meiner Schwägerin. Damals war ich gerade in Hirschberg mit meinen Kindern zu Besuch. Lothar durfte, da er noch so klein war, auf ihm Reiten. Das Bild gibt es heute noch. Der Hund wurde zum Kriegsende freigelassen, mit einer langen Kette am Halsband, in der Hoffnung, dass er neue Besitzer finden würde. Die Eltern von Erichs guten Freund brachten es nicht über sich den Hund zu töten.

1925/1926 Der Käfig öffnet sich

Die Ballsaison war vorüber. Charlotte war jetzt 19 Jahre alt. Der »Kampf« gegen evtl. Heiratskandidaten war von dem Vater Schlüter erst einmal wieder gewonnen. Später hat er einmal gesagt: »Wozu habe ich zwei Kinder, wenn die nicht zu Hause sind!« Wie ernst er das gemeint hat, haben die Kinder wohl nie hinterfragt. Immerhin war der Vater immer zu Späßen aufgelegt, aber war das ein Spaß gewesen?

Die sich abzeichnenden politischen Unruhen verbunden mit dem Ansteigen der Arbeitslosenzahlen hat vielleicht bei Vater Schlüter zu einem Umdenken hinsichtlich der Zukunft seiner Tochter geführt.

Zwischen 1924 und 1929 sind die Arbeitslosenzahlen im Reich um 0.9 Mio. jährlich gestiegen. Bei 2.22 Mio. lag die Zahl am 31.01.1929 ohne das ein Ende abzusehen war. Am 27.02.1925 wurde die NSDAP durch Hitler neu gegründet. Am 09.11.1925 wird die SS gegründet. Hindenburg wird Reichspräsident.

Die Eltern horchten in ihren Freundeskreisen herum, was man denn so machen könnte mit einer Tochter, die nicht heiraten will. Dass der Vater der entscheidende »Bremser« war, hat er das nicht gemerkt?

Die Eltern beschlossen: Schicken wir das Kind doch für eine Zeit in ein Töchterpensionat! Und dann hatten sie das Töchterheim Thamm in Wernigerode ausersehen. Wie sie darauf gekommen sind, blieb mir verborgen. Es war nicht so weit von Breslau entfernt, sodass die Eltern sicher Besuche vorgesehen hatten, zumal ihnen Braunlage von der großen Sommerreise her noch bekannt war. Ich wurde nicht gefragt. Es war ein Elternentschluss, der mir verkündet wurde. Was hätte ich auch sagen sollen? Gegenüber dem täglichen Einerlei zu Hause erhoffte ich mit dem »Tapetenwechsel« neue Eindrücke für mich, vielleicht neue Freiheiten? Meine Mutter brachte mich nach Wernigerode. Die Freundinnen, von denen ich jetzt für lange Zeit Abschied nehmen musste, beneideten mich. Sicher, der dort vorgesehene Tagesablauf war wieder »Weiterbildung auf höherem Niveau«. Eine Woche Wissenschaften und eine Woche Haushalt immer im Wechsel standen auf dem Programm mit Sport- und Sprachunterricht zwischen durch. Für mich zum Lachen. Immerhin war das Pensionat für meinen Vater standesgemäß. Es wurde geleitet von zwei älteren, alleinstehenden Damen, Frau Thamm und Frau Eisenberg. Bei meiner Ankunft fand ich einige lustige, sorglose und wie sich dann herausstellte auch unvernünftige Mädchen vor. Alle waren immer zu Späßen aufgelegt. Insgesamt gab es kein Streben, nichts Ernsthaftes, alles so obenhin. Aus meiner späteren Sicht war das Pensionat nur Zeitverschwendung.

Mein Vater hatte natürlich die Reise in seiner Art genau organisiert. Seine Tochter sollte standesgemäß reisen, und dazu gehörte die Wahl des richtigen Reisegepäcks. Seine Wahl fiel auf einen großen sog. »Rohrplattenkoffer« wie man sie damals für größere Reisen hatte. Der Koffer hat im Laufe der Jahrzehnte eine unglaubliche Reisetournee hinter sich gebracht. Es gibt ihn noch heute als restauriertes Möbelstück.

Der Koffer stammt aus der Werkstatt des Louis Pracht in Breslau. Die Werkstatt wurde 1841 gegründet und stellte Koffer her, die geeignet waren in offenen Kutschen, mit der Dampfbahn oder dem Schiff transportiert zu werden. Als besonders schöner und haltbarer Koffer wurde er 8x prämiert. Mit dem Koffer ging es nach Wernigerode im Harz, später nach Ahlbeck an die Ostsee. Dann folgten einige kleinere Reisen mit meinen Eltern oder er verstaubte in einem Keller. Nach Dresden wurde der Koffer mit vielen kleinen Dingen gefüllt, die in dem neuen Hausstand Charlotte an ihr Zimmer in Breslau erinnern sollte. Dann kam die große Reise nach Bremen und es folgte eine lange Zeit in Kellerräumen, denn wer reiste noch und dann mit solch einem Koffer? Es wurde schick solche Koffer in Dielen und Fluren aufzustellen, gereinigt und restauriert erlebt der Koffer mit seinem aufgemalten CS ein neues Leben - für wie lange?

In Wernigerode angekommen merkte die Pensionsvorsteherin bald, dass das übliche Pensionsleben kein Leben für mich war. Sie übertrug mir allmählich Aufsichtspflichten und nahm mich zu besonderen Veranstaltungen als das »Aushängeschild« des Pensionats mit. In meiner großen Bescheidenheit und auch Wohlerzogenheit nahm ich das so hin und machte mich somit nicht etwa unbeliebt bei meinen Pensionsschwestern. Im Gegenteil, sie liebten mich sehr und luden mich immer zu ihren Stubenfesten ein, wo es meistens hoch herging. Diese Stubenfeiern fanden selbstverständlich spät abends und »geheim« statt. Unsere Erzieherinnen durften nichts davon merken. In den Mittagspausen gingen wir auch »heimlich« ins Städtchen und kauften ein, wenn möglich in den teuren Delikatessengeschäften. Alles was das Herz begehrte, nie durfte eine Flasche »Danziger Goldwasser« fehlen. Heute nehme ich an, dass unsere lieben Lehrerinnen davon gewusst haben, uns aber gewähren ließen. Was sollten sie auch machen, einige kleine Späße mussten ja auch sein.

Etwas, was mich in dieser Zeit besonders fesselte, waren die guten Musik- und Gesangsstunden. Ich hatte eine prima Lehrerin, die alles aus mir herausholte. Ich übte eifrig in Dur und Moll auf dem Klavier und zugleich mit der Stimme. Da ich ja in Breslau schon lange Klavierstunde und Gesangsunterricht gehabt hatte, konnte ich in Wernigerode auf dem Erlernten aufbauen. Es gab Hauskonzerte mit geladenen Gästen. Einmal stand ich als letzte Teilnehmerin auf dem Programm mit einem Nocturno von Chopin, meinem Lieblingsstück. Ich war nicht glücklich darüber, dass ich als letzte dran kam, aber meine Musiklehrerin tröstete mich überzeugend: Mit den Klängen Chopins im Ohr, von dir als die Beste, gehen die Zuhörer nach Hause! Ja, ich hatte dazu beigetragen, dass das Töchterheim als kleiner kultureller Mittelpunkt durch die Konzerte bekannt wurde. Sogar meine Pensionsschwestern, die längst nicht alle vorzeigbar mit ihren Musikkünsten waren, freuten sich mit mir, wenn unsere Erzieherinnen mit einem Lob zu uns kamen. So wie die Mädchen sich in mein Poesiealbum eintrugen, so unterschiedlich waren sie. Zwischen harmlosen, albernen Mädchen und schon gereiften Frauen, welche die Langeweile in das Pensionat getrieben hatte.

Sie, bzw. ihre Eltern, warteten auf den richtigen Mann, den sie mit ihrem hier erworbenen Wissen umgarnen wollen - oder sollten.

Rückblickend gesehen war die Zeit in dem Pensionat doch nicht völlig umsonst gewesen. Die Sprechtechnikstunden z.B. für den Gesangsunterricht waren für meine spätere Tätigkeit mit den vielen Vorträgen von großem Nutzen. »Keine Endsilben verschlucken«, »auf dem Atem sprechen«, waren Übungen, die mir später viel gebracht haben. Nur so konnte der Breslauer Rundfunk später meine Vorträge ohne Probesprechen live senden. So ging vor Weihnachten 1925 die Pensionatszeit zu Ende. Meine Pensionsleiterin war dann noch bei mir vorstellig geworden, ob ich nicht als deutsche Lehrerin in einem englischen Töchterheim unterrichten wollte. Sie hatte meinen Eltern mitgeteilt, dass sie mich für sehr gut geeignet hielte. Aber mein Vater hatte, wieder einmal die »Krallen« ausgefahren und mit einem glatten »Nein« geantwortet. Später, zu Hause sagte er mir: »Du hättest einen Engländer geheiratet, und wir hätten dich nie wieder gesehen!« Der Käfig klappte wieder zu, aber ich hatte die Freiheit erfahren und diese wollte ich mir so schnell nicht wieder nehmen lassen, auch wenn ich wieder zu Hause wohnte. Die Möglichkeit, unverheiratet allein zu wohnen, war für mich völlig undenkbar. Manchmal habe ich später daran gedacht, was passiert wäre, wenn ich meinem Vater eine solche Möglichkeit vorgeschlagen hätte! Kaum auszudenken, wie er reagiert hätte, ohne laut zu werden. Er hätte mir mit schwachem Humor die Abgründe vorgetragen, in die eine allein lebende junge Frau geraten könnte, und hätte am Ende des Gesprächs einfach »nein« gesagt. Ja, er war im geschäftlichen Bereich ein geschickter Verhandlungspartner, ich hätte seinen Argumenten nicht widerstehen können. Es gab einen großen Abschied mit viel Tränen im Pensionat. Die Poesiealben gingen herum, und wir trugen uns mit eigenen oder fremden Versen ein. Manchmal mit diskreten Anspielungen auf irgendwelche Ereignisse während der Pensionszeit. War das alles harmlos aus heutiger Sicht. Die Geschichte mit einem jungen Mann, die ein Mädchen schilderte, war wohl der Anlass gewesen, dass sie in das Töchterheim geschickt wurde. Sie war schon ein Jahr dort und blieb auch noch, als ich ging. Die Eltern waren sehr vermögend, nur zu Besuch waren sie nie gekommen, dafür hatte in Wernigerode ein junger Mann logiert und irgendwie kamen die beiden wohl auch zusammen. Die einen bewunderten sie, andere waren erschrocken über die sich auftuenden Abgründe.

Frau Tamm, die Leiterin schrieb mir in das Poesiealbum:

> *»Die interessantesten Zeiten des Menschendaseins sind nicht die, in welchen man sich der Illusion hingibt, sein Leben selbst führen zu können, nach links oder rechts abzuzweigen, zu bewahren oder aufzugeben; Sondern die, in denen man den Flügelschlag des Schicksals deutlich über seinem Kopf rauschen hört, und trotz aller möglichen Unruhe und Ahnung sind, die Letzteren auch, so paradox das klingen mag, die normalen.«*

Mit herzlichen Wünschen für Ihre Zukunft schreibt Ihnen dieses Ihre Hanna Thamm.

Oder: *»Die Beherrschung über den Augenblick ist die Beherrschung über das Leben.«*
In Erinnerung Ihre Thea Kahrs.

Oder: *»Das Leben gleicht einem Buche. Toren durchblättern es flüchtig, der Weise liest es mit Bedacht, weil er weiß, dass er es nur einmal lesen kann.«*
Zur Erinnerung an Deine Hilde Röntgen.

Oder: *»Glaube nicht alles, was Du hörst, liebe nicht alles, was Du siehst, rede nicht über alles, was Du weißt.«*
Zur freundlichen Erinnerung an Deine Thea Reinberth.

Es gibt sogar noch eine, na ja, Zeugnis wäre zu viel gesagt, Bestätigung von den Damen Eisenberg und Tamm:
»Charlotte Schlüter aus Breslau war vom 15.Mai bis 16. Dezember 1925 als Pensions-Gast in unserem Haus. Sie hat am Hauswirtschaftsunterricht teilgenommen und sich auch in Sprachen, Kunstgeschichte und Literatur fortgebildet. Sie war stets fleißig und verstand es ihre Zeit gut auszunutzen. Sie hat mit großer Pflichtreue ihre kleinen Hauspflichten ausgeführt. Lotte war uns in jeder Weise ein sehr lieber Pensions-Gast und wir entlassen Sie mit den besten Wünschen für ihre Zukunft.«

Dass sie diese Zeit später als weitgehend nutzlos bezeichnet hat, lässt sich schon an dem Entlassungsbericht ablesen. Für ihren Vater aber war es der Nachweis, dass seine geliebte Tochter vertieftes Wissen in all denen Bereichen bekommen hat, die er für nötig hielt, wenn er sie einmal für einen Mann »freigeben« würde.

Doch noch war es nicht soweit!

Die harmlosen, albernen Mädchen, wie Charlotte eingangs zu der Pensionszeit schreibt, entpuppen sich mit ihren Poesiesprüchen tiefsinnig mit Bezügen zu der Pensionszeit. Wie schön ihre Fotografien auch in dem Album aus der Pensionszeit aussehen, sie waren alle zwischen 19 und 22 Jahre alt und kamen aus den verschiedensten gut situierten Familien, sie waren eben doch im, wie man damals sagte »heiratsfähigen Alter«!

Dort wollen wir hin! Beschlossen meine Frau und ich, nachdem die Grenze zu der DDR offen war und es einigermaßen einfache Reisemöglichkeiten gab. Wie war das gewesen? Gab es das Pensionshaus noch? Konnte man vielleicht bei einem Gang durch das Haus erahnen, wie die jungen Mädchen dort gelebt hatten? Die Fotos aus der Pensionszeit zeigen reich möblierte Räume als Speisezimmer, Empfangszimmer, Diele oder Küche mit Waschküche. Es fehlen auch keine Bilder von den Stubenfeiern, bei denen Charlotte immer »mitten drin« zu sehen ist. Mit Schürze, Kopftuch und langen Kleidern sitzen sie bei der Hausarbeit. Aus heutiger Sicht würde irgendeine Behörde mit Schließungsabsichten eine Besichtigung vornehmen, vielleicht noch einmal von der Absicht abgehen, wenn sie die lachenden Mädchen bei ihrer Arbeit gesehen hätten. Bei der Morgentoilette sind drei Mädchen in langen Nachthemden zu sehen vor Waschschüsseln und Wasserkrügen in ihren Zimmern. Gewaschen wurde in einem großen Holzzuber, in einem Raum, der eher nach einem Stall aussah als nach einer Waschküche. Die ihre Töchter abliefernden Eltern waren sicher nicht weiter als bis in das Empfangszimmer vorgedrungen. Dabei erinnere ich mich, dass auch wir unsere Tochter in sehr jungen Jahren einmal auf einem bekannten Pferdehof »abgaben« ohne die Zimmer gesehen zu haben. Wie sich die Bilder gleichen, auch wenn mehr als 60 Jahre dazwischen lagen. Die Bilder zeigen meistens die ganze Gruppe mit zwanzig Mädchen.

Hochgeschlossene Kleider, manchmal Rock und Bluse. Weibliche Konturen waren nicht angesagt. Das »Deutsche Fräuleinwunder« hatte noch nicht stattgefunden. Die kurzen Frisuren, dem Bubikopf gleich oder variiert, werden mit und ohne Scheitel getragen. Manchmal werden Kopfbedeckungen bis über die Ohren getragen, eine Mode der zwanziger Jahre. Alle sehen sie aus wie zu groß geratene Teenager ohne eine Spur von »Verführung« in den Augen bei den Aufnahmen. Sie haben sich fotografiert bei Landausflügen in die Umgebung von Wernigerode mit einem offenen Autobus, der eher nach einer großen Badewanne aussah als nach einem Auto. Auf dem Regenstein, in Ilsenburg, in Rübeland, beim Ringelreihen am Forsthaus Hartenberg, im Schwimmbad, beim Tennisspiel und bei der Verrichtung ihrer häuslichen Pflichten.

Also fuhren wir kurz entschlossen nach Wernigerode mit dem Fotoalbum von der Pension Tamm im Gepäck. Aber wo konnte das Haus gestanden haben? Straße für Straße, in denen einzelne Häuser standen, gingen wir ab. Wir befragten Bewohner auf der Straße nach dem Haus. Leider hatte auf dem Abschlusszeugnis für Charlotte kein Straßenname gestanden. Dann gab es Leute, die meinten, irgendwo ganz in der Nähe ein solches Haus gesehen zu haben. Auf der Rückseite eines Fotos entdeckten wir nach ergebnisloser Suche einen Straßennamen: Schülerstr. 12. Das gab Hoffnung und die Suche begann wieder, leider ohne Ergebnis. Den Straßennamen gab es nicht. »Wissen sie, wie oft hier Straßennamen geändert wurden?« Im Dritten Reich, nach dem Zweiten Weltkrieg, in der DDR und dann nach dem Ende der DDR.« Sie müssen ganz Alte befragen, dann bekommen sie vielleicht ein Ergebnis«, sagte uns ein älterer Herr. Und dann wurden wir fündig. In der Luis Braile-Straße fanden wir das Haus, fast unverändert mit einer verblichenen Aufschrift am rechten Giebel »Pension Tamm«. Wir standen davor, und ich versuchte mir vorzustellen, wie hier vor mehr als siebzig Jahren meine Mutter gelebt hatte. Das Haus sah so leer und verlassen aus, trotz der Gardinen an verschiedenen Fenstern und Blumen auf der Terrasse zur Straße. Ich klingelte, und war wohl schon innerlich etwas aufgeregt. Was sollte ich sagen, ob ich überhaupt dazu kam etwas zu sagen? Jemand bat mich hinein, in die Diele. Nichts aber auch gar nichts erinnerte an die Pracht der vorletzten Jahrhundertwende, so wie sie auf den Fotos zu sehen war. Nein, die alten Bewohner waren nicht bekannt. Das Haus war für lange Jahre nach dem Krieg von Russen besetzt gewesen. Ein auch im Westen nicht unbekanntes Schicksal, nur dass es da Amerikaner oder Briten waren. Die Türblätter mit Holzfüllungen gab es nicht mehr. Türöffnungen waren verschlossen oder neu angelegt. Nicht einmal das Fotoalbum war von Interesse. Gab es da einen Argwohn, dass ein Alteigentümer vorsprach sich umzusehen, ob ein Antrag auf Rückgabe sich lohnen könnte? Ich weiß es nicht. Der Besuch

Pension Tamm, Wernigerode

war ernüchternd, irgendwie ergebnislos. Was hatte ich erwartet? Dass fröhliche junge Mädchen das Haus bevölkerten und sich an Charlotte gut erinnerten? Spurensuche sind Träume, noch mancher Traum zerrann bei der Spurensuche nach Charlottes Lebensweg, es war aber erst der erste Traum.

Charlotte war wieder zu Hause. Weihnachten stand vor der Tür und die Familie war insgesamt mit den Vorbereitungen zum Fest beschäftigt. So war sie richtig in den Haushalt eingebunden und ihre Mutter, als auch die Großel sahen, dass die Zeit der Entfernung vom Elternhaus ihre Wirkungen zeigte. Um nichts in der Welt sollte die »Käfigtür« wieder zu fallen. Ihr um drei Jahre älterer Bruder unterstützte sie in der sanften Rebellion. »Mein Sohn kriegt einen höheren Monatswechsel, als ein Oberregierungsrat Gehalt hat«, stöhnt ihr Vater. Und die Tochter? Die Winterballsaison begann und nun kam für Charlotte die Zeit als Corpsschwester im Corps Silesia. Sie konnte perfekt tanzen, sie beherrschte alle Benimmregeln bis zum »I-Tüpfelchen«, besonders bei den rauschenden Festen, an denen sie mit ihrem Bruder teilnahm.

Was trug ich die Nase hoch, wenn ich mit den Söhnen der hohen Offiziere, der Grafen und Barone, der oberschlesischen Industriemagnaten oder den angehenden Rittergutsbesitzer tanzte. Ich flog von einem Arm in den anderen immer unter Beobachtung meines Vaters. Hätte ich nur irgendwann »ja« gesagt, eine große Hochzeit wäre mir sicher gewesen, oder aber das mir schon bekannte nein!

Aber ich sagte nicht »ja« - noch nicht!

Die Familie im weitesten Sinne wartete, dass mir endlich »der Mann des Lebens« begegnen würde. Oh nein! Weit gefehlt, es war mein heißester Wunsch, endlich einen Beruf zu erlernen. Da ich gut tanzen konnte, war ich der Loheland-Gymnastik zugetan, und mein großer Wunsch war jetzt Gymnastiklehrerin zu werden. Aber Loheland war in der Rhön, und ich hätte Jahre von zu Hause weg sein müssen. Ein -wieder einmal - eisernes »nein« meines Vaters zerstörte meine Idee mal wieder mit dem schon bekannten Spruch: »Wozu habe ich Kinder, wenn sie nie zu Hause sind!«

Mein Bruder aber studierte nach Breslau in Jena, war beim Kösener Corps Thuringi, dem vornehmsten (und teuersten) Corps. Vorbei der Berufswunsch, mir blieben meine Bücher, die Musik und die Liebe zur Literatur allgemein. Jetzt wollte ich Bibliothekarin werden. Es gab einen neuen »Berufswunschanlauf«. Ich hätte zur Ausbildung nach Leipzig in die Deutsche Büchereischule gehen müssen. Das erste Mal war mein Vater fast böse auf seine »berufsbesessene Tochter«. Langsam gingen ihm die Argumente aus, warum seine Tochter zu Hause sitzen sollte, bis, ja bis der »eine« kam. Für die Bälle und die Garderobe war ihm nichts zu teuer, sicher hätte er auch eine Ausbildung finanziert, es ging immer um die räumliche Entfernung. So hatte ich später ein tolles Angebot. Ich sollte den Deutschen Kindergarten in Lüderitzbucht im damaligen Südwest-Afrika als Leiterin übernehmen. Da hatte ich schon meine Kindergärtnerinnen Ausbildung. Ich hatte den Rektor der dortigen Schule kennengelernt. Er war begeistern von der Idee, dass ich die Stellung annehmen würde, und verbürgte sich für alle nötigen Vorbereitungen, damals wäre das noch eine lange Schiffsreise gewesen. Mein Vater: nein, nein! Es war nichts zu machen.

Soweit war ich inzwischen, wenn ich etwas in Breslau erreichen wollte, dann würde er zustimmen. Mit dem Erlernen eines Berufs hatte er sich wohl abgefunden. Nur ich hatte niemanden, der mir raten konnte. Kopfschütteln überall. »Hast du es nötig einen Beruf zu erlernen?«

Die Situation ist für heutige Verhältnisse einfach unvorstellbar. Ein Mädchen mit fast 20 Jahren musste zu Hause sitzen, weil es der Vater so will. Heute wäre sie einfach ausgezogen und der Vater hätte schon bezahlt, aber damals? Interessant ist, dass Charlotte niemals von irgendwelchen finanziellen Angelegenheiten in der Familie gesprochen oder geschrieben hat. Der Bruder war großzügig ausgestattet, der Haushalt mit den ganzen Hilfen lief ohne irgendwelche Probleme. Der gesellschaftliche Rahmen wurde großzügig gepflegt. Die jährliche Sommerreise war immer lange geplant und wurde voll ausgelebt. Kuren, Bäder für Charlottes Mutter wurden durchgeführt, wenn es erforderlich war. Der Familie ging es großartig, wenn da nicht die widerspenstige Tochter gewesen wäre!

Ich hatte eine liebe Schulfreundin, die Ursel G., der es ähnlich erging. Wir beklagten uns unser Leid und suchten Wege unser Leben nützlich zu gestalten und irgendwie an einen Berufsanfang zu kommen. Einmal verirrten wir uns im Osteuropainstitut. Wir wollten russisch und polnisch lernen »am Ort« natürlich! Wir dachten gleich an unsere Väter und ob denen das wohl recht wäre. Aber es kam deswegen nie zu einem Gespräch mit unseren Vätern. Wir trauten uns nicht. Doch eines Tages, nachdem wir einen möglichen Berufsweg »eingekreist« hatten, fiel bei uns der Groschen. Unser Blick war bei einem Spaziergang auf ein schönes, großes Schulgebäude gefallen. Es war das Städtische Seminar für Kindergärtnerinnen, Hortnerinnen und Jugendleiterinnen. Wir gingen »einfach so« hinein und wollten uns bei der nächstbesten Sekretärin für einen Kursus im Herbst anmelden. Wir sagten, wer wir waren und haben auch ein nettes Gespräch gehabt. Wenn man bedenkt, wie das wohl gewesen wäre, wenn heutzutage jemand »einfach so« irgendwo auftaucht und um eine Einstellung zu einem Kursus bittet, bei dem man doch wohl Nachweise der Qualifikation beibringen muss. Ja, wir waren, wenn man das so nennen will, ohne Erfahrung und ohne Ahnung, wie man solche Gespräche führen muss. Dafür hatten wir den Kopf voll mit Hauswirtschaft und gesellschaftlichen Schnickschnack, gedacht zum Männerfang, sonst nichts.

Der Kursus war natürlich schon besetzt, aber die Dame fand Gefallen an uns und vermittelte uns weiter an ein gleiches staatliches Seminar im Diakonissenmutterhaus Bethanien an der Klosterstraße. Sie machte uns Mut, wir machten uns Mut und waren schon auf dem Weg dorthin. Wohin? Zu einer frommen Anstalt, die von Diakonissen geführt wurde. Noch nie hatten wir beide irgendwelchen Kontakt in dieser Richtung gehabt. Wieder versagte unsere ganze hauswirtschaftliche Ausbildung mit den »nebenbei« geführten Gesprächen über »das Leben und die Welt«. Keine Erfahrungen gab es aus Gesprächen im Elternhaus.

Wir wurden freundlich aufgenommen und in einem Büro kritisch gemustert und befragt. Wir, zeitgemäße, moderne Mädchen mit Bubiköpfen, schicken Kleidern in einem Diakonissenhaus! Dem Gespräch wohnte eine ältere Schwester bei und nach einiger Zeit sagte sie uns: Wir seien mit Beginn des Frühjahrskursus angenommen. Wie waren wir glücklich und verzagt zugleich, wenn wir an unsere Eltern dachten. Unsere Väter, um die Mütter ging es weniger, mussten überzeugt werden. Ich hatte noch meine Großel, die sicher für mich stimmen würde. Ursel hatte eine engagierte Mutter, mit der zusammen glaubte sie den Vater »rumzukriegen«. Aber mein Vater? Ich kannte ihn in solchen Situationen zu Genüge. Wenn gleich er bei Berufsgesprächen in der letzten Zeit nicht mehr so absolut ablehnend war. Er hatte sich verändert. War er vorausschauender geworden? Hatte er sich in seinem Logenkreis mit Freunden ausgesprochen, wie man mit widerborstigen Töchtern umgeht? Auf meinen Bruder konnte ich nicht rechnen, der war mit seinem Studium und den damit verbundenen Annehmlichkeiten voll beschäftigt. Eigentlich war ich arm dran, ganz auf mich gestellt. Die Ursel und die Großel waren meine Stützen, jede auf ihre Weise. Der Weg nach Hause schien endlos zu sein und mir brummte der Kopf mit Überlegungen, mit denen ich meinen Vater überzeugen wollte. So kam es zu der Aussprache zu Hause. Vater war sehr sachlich, es gab nicht mehr das kategorische »Nein« wie bei anderen Berufsvorschlägen. Hatte es damit etwas zu tun, dass ich jetzt in Breslau blieb, zu Hause wohnte? Es gab Protest, Verwunderung, Kopfschütteln, Versuche der Umstimmung. Aber es war irgendwie anders als früher. Hatte Vater insgeheim eingesehen, dass er seine Tochter glücklich, nicht unglücklich machen wollte. Er liebte mich sehr, aber er wusste auch um meinen »Dickkopf«, wenn er herausgefordert wurde. War es nicht besser jetzt nachzugeben und meinen Berufswunsch zu fördern? Es gab noch, wie es schien, Rückzugsgefechte. Der Kaufmann fragte: »Was wirst du denn später verdienen? Habt ihr

Bethanien

darüber überhaupt gesprochen?« Nein, hatten wir nicht, da war es wieder. Über Geld zu sprechen hatte ich nirgends gelernt. Die Frage stand außerhalb unseres Daseins. Mein Vater witterte noch eine letzte Chance. Er war eben ein erfolgreicher Kaufmann und war es gewohnt, sein »Opfer« genau zu beobachten, ehe er die Schlinge zu zieht. »Erkundige dich, was du verdienen wirst. Ich gebe dir schon ab jetzt Deinen Verdienst, und du bleibst zu Hause!«

Jetzt war ich dran. Tränen über Tränen, Weltschmerz brach über mir zusammen, die Großel musste mich in den Arm nehmen, die Mutter rang still die Hände. Die Tränen konnte mein lieber Vater nicht mit ansehen. Er rang sich noch zu einer - späten - Einsicht durch: » Du wirst sowieso heiraten und Kinder kriegen, dann kann es ja nicht schaden, wenn du lernst, Kinder zu erziehen. Also, von mir aus, wird dir das denn Spaß machen?« Was hatte er gesagt? Spaß? Ich hatte doch keine Ahnung über den vor mir liegenden schwierigen Ausbildungsweg. Ich wusste nur: Ich wollte jetzt etwas tun, ich wollte lernen, Kinder zu erziehen, Kinder, wie ich sie bei den Sternchen der Eva von Thielen-Winkler in den Kriegsjahren gesehen hatte. Ich hatte gewonnen, Vater auch - vorausschauend. Ich war überglücklich. Plötzlich hatte ich eine Lebensperspektive, es war ein Wunder geschehen. Die Welt hätte ich umarmen können, zuerst natürlich meinen Vater, der ganz ruhig blieb und mich bat doch mal wieder auf dem Klavier etwas vorzuspielen. Auch meine Mutter war glücklich, wir spielten dann vierhändig an diesem Abend alles, was Vater sich auch wünschte. Die Großel lachte vor sich hin. Wieweit war sie mit beteiligt gewesen, dass Vater ja gesagt hatte? Ich weiß es nicht, darüber hat sie nie gesprochen.

Und noch etwas: Bei meiner Freundin Ursel war auch alles glatt gelaufen, wenn auch die Eltern anders argumentiert hatten. Sie wollten ihre Tochter möglichst bald finanziell selbstständig sehen, wenn schon kein Mann bald aufkreuzte. Insgeheim dachten sie daran, dass ja beides, ein Mann und eigener Verdienst, nicht schaden könnten.

Sie lebten in einer Zeit, in der politisch schwerwiegende Entscheidungen fielen. Es war Ende 1925. Noch gab es die »sog. Goldenen zwanziger Jahre«. Hitler hatte den ersten Teil seines Buches »Mein Kampf« veröffentlicht. Wer lesen wollte, der konnte schon Zukunftssorgen bekommen.

Der Locarnovertrag wird entworfen und am 27.11.25 stimmt der Reichstag den Verträgen von Locarno zu. Zugleich tritt das Deutsche Reich dem Völkerbund bei und wird am 08.09.1926 aufgenommen.

»Der Zauberberg« von Thomas Mann erscheint, und reflektiert demokratische Grundauffassungen zu der Stellung des Bürgers in seiner Zeit.

Die »Braunen« werden mit Sorgen gesehen, aber der Gedanke überwog »das werde schon bald wieder vergehen«. Wenn es weiter wirtschaftlich bergauf ginge, alle Arbeit hätten, dann würden auch politisch ruhigere Zeiten kommen. Doch der Schein trog, wenn auch von der kommenden Massenarbeitslosigkeit noch nichts spürbar war. Die Menschen lebten frei und sorglos, sie tanzten Tango, Swing und Foxtrott. Die Jahre der tiefen politischen und wirtschaftlichen Krise waren vorbei. Das Reich im Völkerbund, es ging bergauf! Sollte man da vor so ein paar braunen Schreiern Angst haben? Die Deutsche Lufthansa und die Daimler Benz AG wurden gegründet. Das neue Bauhaus in Dessau wird feierlich eingeweiht. Der Berliner Funkturm als Sinnbild für den technischen Fortschritt wird eingeweiht. Riesige Auslandskredite ermöglichten die einsetzende wirtschaftliche Konjunktur.

1926 Die Freiheit winkt

Bethanien war das Zauberwort in die berufliche Freiheit. Später schreibt ihre Freundin Ursel G., die mit ihr zusammen in den herzklopfenden Anfang eines Berufsweges stolperte:

Leben heißt: Mit heißem Mühen aufwärts nach der Wahrheit ringen,
heißt: in nimmermüdem Streit ernst das eigne Ich bezwingen.
Leben heißt: Mit starkem Arme fest und froh sein Glück sich schmieden,
jauchzend nach den Sternen greifen und der Welt die Stirne bieten.
Leben heißt: Im Kampf und Stürmen Zuversicht im Herzen tragen,
heißt: Im Hoffen niemals wanken und im Leiden nie verzagen.
Heißt: Mit immer vollen Händen Liebe spenden, Liebe geben,
und für seine Ideale kämpfend sterben - das heißt Leben.

Dir, liebe Lotte zur Erinnerung an unsere gemeinsame Seminarzeit
Deine Ursel G. Bethanien Breslau 1927

Was stellte das Diakonissen-Mutterhaus Bethanien in Breslau dar?

Der Berufsname »Diakonisse« bezeichnet Frauen, die sich aus ihrem Glauben an Jesus Christus heraus entschlossen haben, ihr Leben ganz nach den Geboten der Nächstenliebe auszurichten und in einer Gemeinschaft mit gleich gesinnten Frauen die Nachfolge Jesu zu leben. Mitglieder dieser Gemeinschaften sind häufig an ihrer gemeinsamen Tracht zu erkennen, durch einfaches Leben, den Verzicht auf die Ehe sowie die gemeinsame Verwirklichung einer Aufgabe zugunsten der Ärmsten und Bedürftigen. Diakonissen bilden deshalb eine evangelische Glaubens-, Lebens- und Dienstgemeinschaft. Sie sind in den verschiedensten Berufen ausgebildet und haben Dienst getan in den Häusern der Stiftung, in kirchlichen Ortsgemeinden, auswärtigen Krankenhäusern oder in Heimen und Erholungszentren. Das Mutterhaus war für die Ausbildung verantwortlich. Alle in Breslau tätigen Diakonissen wurden mit Ende des Zweiten Weltkrieges ausgewiesen. Sie gründeten sich in Sachsen-Anhalt, Magdeburg-Cracau neu. Charlotte hatte bis in die fünfziger Jahre Kontakte gehalten in der stillen Hoffnung irgendwie eine neue Verbindung verbunden mit einer Teilhabe an der Arbeit des Mutterhauses zu erlangen. 1957 erhält sie die Nachricht, dass die von ihr hochverehrte und geliebte Diakonisse Käthe Vierhaus in Berlin verstorben war.

Käthe Vierhaus hatte ihr am 17.08.1927 in ihr Poesiealbum geschrieben:

> *Du, Gott, hast uns nach dir geschaffen und des Menschen Herz ist unvernünftig, bis dass es ruht in dir!* (Augustinus)

Zur Erinnerung an Ihre Seminarzeit und an Ihre getreue Schw. Käthe Vierhaus.

Aus Charlottes Tagebuch:
Zu damaliger Zeit wohnten und arbeiteten 500 Diakonissen in einer sehr großen, unmittelbar an dem Volkspark befindlichen Anlage bestehend aus vielen Gebäuden in einem weitläufigen Park. Die Wohnung der Großel war nur wenige Schritte entfernt, und so lag es nahe, dass ich häufig bei ihr war, um mit ihr über »Gott und die Welt« sich auszusprechen. Sicher, ich kam aus einem christlich angelegten Elternhaus, doch die Tätigkeit der Diakonissen war mir nicht geläufig. Ich wusste nur, dass mir dort dass vermittelt werden würde, zu dem ich mich berufen fühlte: Die Kindererziehung.

Nun kam die große Wende in meinem Leben! Einen Beruf erlernen, für etwas Ernsthaftes im Leben da zu sein. Ein strenger Schulbetrieb nahm mich gefangen: Früh um 7.00 Uhr begann der Tag im Seminar. Ich konnte von unserer Wohnung aus die Seminargebäude gut zu Fuß erreichen. Heute brauchte man sicher ein Auto für die Wegstrecke! Wir waren zunächst zwei und zwei zur Früharbeit eingeteilt. D.h., wir mussten unsere Schulungsräume in Ordnung halten, Vorbereitungsarbeiten im Büro durchführen, aushelfen in dem Kinderkrankenhaus und helfen bei den Gartenarbeiten. Die Arbeiten waren ungewohnt aber die Anleitung war freundlich und man war uns Anfängern wohl gesonnen. Um 8.00 Uhr begann der Unterricht bis 13 Uhr, dann ging ich kurz nach Hause. Am Nachmittag standen Turnen, Gymnastik, Werkunterricht, Handarbeiten, Nähen auf dem Programm. An den Abenden gab es pädagogische Leseabende, Bibelstunde und Andacht in der kleinen Anstaltskapelle. Als ich 1976 zum ersten Mal wieder nach Breslau kam, war mein erster Weg dorthin. Die Kapelle gab es nicht mehr, in den übrigen, kümmerlich erhaltenen Gebäuden lebten polnische Nonnen.

Wir, Ursel und ich, waren also fast jeden Tag voll ausgelastet. Für mich war es eine völlig neue Lebensart und ich stürzte mich voll Eifer und Idealismus in meine neue Tätigkeit. Was immer wir begannen, alles war letztendlich auf die Hilfe für den Nächsten, auf die Ärmsten unter uns Menschen ausgerichtet. Das Diakonissenmutterhaus war eine riesige Anstalt bestehend aus einem Krankenhaus, Schwesternhaus, Altenheim, Pastoren- und Bürohaus, Seminarräumen, Kindergarten und einer Schule für Schwesternschülerinnen. Der ganze Komplex war auf einer Seite begrenzt von der Ohle, auf der anderen Seite von der Klosterstraße und wurde von Parkanlagen durchzogen. Den Abschluss bildete eine kleine Kirche. Man war, wenn man durch das Eingangsportal schritt, umgeben von tiefster Stille und Frieden. Der Komplex war eine Welt für sich, einer Welt, die mit ihrem Tun segensreich hinaus in das weite Land wirkte. Die Diakonissen waren zu uns, ich sagte es schon, sanft und geduldig, konnten aber auch sehr streng sein, wenn es um Fragen des Glaubens und ihr tägliches Leben ging. Sie waren ja besitzlos, während wir, die Ursel und ich aus wohlhabenden Elternhäusern kamen. Das war auch den leitenden Diakonissen nicht verborgen geblieben.

Dazu ein kleines Erlebnis am Rande:
Früh um 7.00 Uhr machte unsere Schw. Oberin ihren Inspektionsgang mit der Seminarleiterin, Schw. Käthe. Sie war die Tochter des damaligen Oberlandesgerichtspräsidenten von Breslau. Sie betrachteten unser Klassenzimmer, in dem ich gerade Ordnung machte. Eine tiefe Verbeugung war immer angesagt und sie stellten Fragen, auf die man kurz antworten musste. Ich wurde von Kopf bis Fuß gemustert und im Hinausgehen sagte die Frau Oberin zu Schw. Käthe: »Nehmen Sie ihr den Besen weg, er passt nicht zu ihr!« An diese Episode habe ich später, in meinem so arbeitsreichen Leben, noch oft denken müssen! Der Besen hat mich nie mehr verlassen, nur das wusste ich - Gott sei Dank - damals noch nicht! Tatsächlich habe ich von da an nie mehr ein Hausamt bekommen und wurde dafür mit vielen anderen Dingen beschäftigt, um nicht zu sagen bevorzugt gegenüber den anderen, mit mir lernenden Mädchen. Schnell wurde ich die Vertrauensschülerin und habe in dieser Eigenschaft für die Klassengemeinschaft einiges ausfechten können. Natürlich habe ich in diesem Amt bei verschiedenen Anlässen reden müssen: zu Begrüßungen irgendwelcher Besuche, Abschiedsreden, wenn eine Schülerin aus dem Klassenverband ausschied usw. Zu Hause kamen meine Lieben aus dem Staunen nicht mehr heraus. Mein Vater und sein zu stilles Lottchen! Meine Zeit zu Hause war angefüllt voll Eifer und Tatendrang um das Wissen zu erlangen, dass ich meinte, für meinen Beruf zu benötigen. Hatte ich eine Frage, so verschaffte mein Vater mir alles an Literatur, was ich benötigte. Eine späte Genugtuung? Wohl nicht, er war einfach stolz auf mich, vielleicht hat er in stillen Stunden mit meiner Mutter darüber gesprochen, dass er vielleicht viel früher sich für meinen gewählten Lebensweg hätte ernsthaft interessieren müssen. Ich las die Pädagogik der Griechen genauso wie die der modernen mit Montessori, Fröbel und Rudolf Steiner. Das ganze Feld der Jugendliteratur mit ihrer pädagogischen Problematik. Die Arbeit der Inneren Mission, die Auslandsmission, die Sendung der Schwestern in die ganze Welt. Während mein Vater früher gesagt hatte: »Ich tanzte mir die Beine kurz«, sagte er jetzt: »Vor lauter Lesen würde ich nicht mehr wissen ob es Tag oder Nacht sei.« Aber so war es nicht. Das bisher von mir für gut Befundene war nicht vergessen, nicht abgewertet. Es gab weiterhin Feste, Gesellschaften, fröhliche Tanzereien, an denen ich teilnahm. Nur jetzt war ich nicht mehr die »mannsuchende junge Frau«, sondern durch meine berufliche Arbeit, wenn auch erst ganz am Anfang - etwas Besonderes. »Die kann musizieren, lesen, reden und arbeiten.« Mein Vater war stolz, mein Bruder war irgendwie zu mir anders geworden, respektvoller, anerkennender.

Neben der streng reglementierten Arbeit gab es aber auch fröhliche Stunden, die so angefüllt waren, dass Charlotte sie in ihren Erinnerungen beschreibt.

Sicher, für die zu betreuenden Kinder standen Glaubensfragen als Rahmen für ihre Betreuung immer im Vordergrund, doch Schwestern können auch feiern, vielleicht fröhlicher und ungezwungener, als manch anderer, der irgendwie in gesellschaftliche Rahmen eingezwängt war. Sommerfeste waren immer angesagt, an denen alle Kinder in Bethanien teilnahmen.

Die Sommerfeste begannen mit einem Kindergottesdienst. Wir versammelten uns alle im Vorhof der Anlage Bethanien zu einem stattlichen, langen Zug mit Fahnen vorweg, die Eltern hinter her. Der Weg führte uns die Klosterstr. in Richtung Innenstadt zur Oder-Dampfschiffstation. Dort lag schon ein Oderdampfer für uns bereit, mit dem wir nach Wilhelmshafen fuhren. Für viele

Kinder war es das erste Mal, dass sie mit einem Oderschiff fuhren. Wie staunten sie, als unter der Kaiserbrücke der Schornstein des Schiffes umgelegt wurde, damit es unter durch passte. Bei jedem Fest war das ein besonderes Erlebnis. Fröhlich verlief die Fahrt. Wir Kindergärtnerinnen mussten aufpassen, dass die Kinder sich nicht zu weit über die Reeling lehnten, dass sie sich nicht aufhielten, wo es verboten war. Die Eltern halfen uns dabei. Manchmal verirrte sich ein Kind auf dem Schiff und es gab Tränen. Am Ziel angekommen gab es Kaffee und Kuchen. Dann wurde gespielt, gesungen, wir machten Wettrennen, Topfschlagen, und andere Spiele, bis es wieder heimwärts ging. Gingen die Kinder vom Schiff, wurde gezählt, damit es keine »Ausreißer« gab. Am Anleger wieder angekommen wurden in der Dämmerung Lampions angezündet und ein langer Lampionzug wogte durch die Stadt mit viel Beachtung durch die Passanten. Im Bethanienhof war dann das Ende der Veranstaltung gekommen. Es wurde eine kurze Andacht mit einem Gebet gesprochen, wir sangen noch ein Lied und ein schöner Tag endete.

Daneben lies Charlotte den Bereich »lebenslustig«, ihr »zweites Leben« nicht etwa verkommen. Nein, auch hier war sie immer dabei, wenn auch die Akzente völlig anders gesetzt waren.

In ihrem Tagebuch sind episodenhaft Feste beschrieben, die sicher unter Bezug auf die jeweiligen Tanzherren besonders betont wurden. Schon die Erwähnung der jeweiligen Veranstaltungen lässt darauf schließen, dass nach wie vor ihre Eltern in der Ballsaison den Ton angaben. Um an den Festen teilzunehmen, bedurfte es in der Regel irgendwelcher Fürsprecher, denn in den meisten Fällen waren die Feste nicht öffentlich, wie z.B. die Corpsfeste der Verbindungen, die Feste der Logen oder besonderer Vereine. So z.B. das Winterfest des DVA - Verein für das Deutschtum im Ausland, zu dem »man« gehörte. Diese Veranstaltung ist deswegen bewerkenswert, da Charlotte als Herr im weinroten Frack mit Spitzenjabot, weißen Kaiserstrümpfen, Lackschuhen und einer weißen Perücke auftrat. Da hat Vater wohl tief in die Tasche greifen müssen, was er ja, seiner Tochter zu liebe, gerne tat, wenn es sich um Garderobe handelte. Wenn auch geliehen, so musste doch alles passend gemacht werden, da Charlotte klein und zierlich war.

Lassen wir sie selbst erzählen:
Zu diesem Fest waren die Eltern und Gäste eingeladen. Mein Bruder und ich hatten die ehemalige Tanzstunde alarmiert. Ich war Mitwirkende bei den verschiedensten Vorführungen, für die wir wochenlang geübt hatten. Als Höhepunkt gab es nach Klavierbegleitung eine Rokokogavotte in entzückenden Kostümen, die wir uns aus dem Stadttheater, mit Vaters Hilfe geliehen hatten. Ich tanzte als Herr, meine Partnerin im hellblauen Reifrock, ebenfalls mit Perücke. Der Beifall wollte nicht enden. Von einem meiner früheren Tanzstundenherren bekam ich dann noch ein langes Gedicht geschrieben. Ja, so war das damals, Gedichte zu schreiben waren durch aus noch üblich. Es wurde als eine Art besonderer Verehrung angesehen, musste man doch als diejenige, die da »bedichtet« wurde irgendwie antworten. Und daraus konnte sich ja etwas entwickeln. Es wurde kein »Fall« für meinen Vater, da ich zu der Zeit andere Dinge im Kopf hatte als eine Liebelei anzufangen.

Es blieb in Bethanien nicht verborgen, dass sie nicht nur dem Leben in der frommen Anstalt zugewandt war, sondern es durchaus auch liebte sich dem Spaß des Lebens zuzuwenden. Ihre Seminarleiterin hatte wohl einmal zu ihr gesagt: »Armes Schlüterchen, hin und hergerissen zwischen zwei Welten!« Doch so »arm« kam sie sich gar nicht vor. Da gab es wohl zwei Welten, die aber für sie keinen Gegensatz darstellten, immerhin wollte sie keine Diakonissin werden. Sie fühlte sich in Bethanien als eine Auszubildende und bemühte sich so viel wie möglich für ihren angestrebten Beruf zu erlernen. Man kann sich vorzustellen, dass sie nach den körperlichen und geistigen Anstrengungen in ihrer Ausbildung einen Ausgleich suchte. Es war nicht ihre Absicht sich hinter Büchern zu verstecken. Die Musik, der Tanz, das war das junge Leben in ihr, zu dem die Ausbildung zu einem Beruf hinzutrat, was ihr bisher gefehlt hatte.

Der »Zwinger«, ein repräsentatives Gebäude in der Breslauer Innenstadt war Eigentum und Treffpunkt der vornehmen Breslauer Gesellschaft. Dort trafen sich die studentischen Verbindungen, die vier Kösener Corps, zu festlichen Anlässen. Es waren dies die Borussia, Markomannia, Silesia und die Lusatia. Die geladenen Damen durften nur mit den Herren aus der einladenden Verbindung tanzen. Wollte ein Herr aus einer anderen Verbindung mit einer der Damen tanzen, so musste er sich bei dem 1. Chargierten vorstellen und um Erlaubnis bitten, ob er mit Fräulein X, der Begriff »Fräulein« für unverheiratete Frauen war damals noch durchgängig üblich, tanzen dürfe. Breslau war eine Studentenstadt, die bunten Mützen und Bänder der verschiedenen Verbindungen sah man überall. Eingeweihte erkannten an den Mützen und dem Band sofort die Zugehörigkeit zu einer Burschenschaft, Sänger- oder Turnerschaft. Die Studenten der vier Kösener Corps hatten besondere Vorschriften im Verhalten auf der Straße. Sie durften z.B. nichts tragen, weder Päckchen noch Pakete. In der Straßenbahn durften sie nur auf dem Hinterperron des 1. Wagens stehen. Es gab da noch mehr Vorschriften, die aber nur galten, wenn sie in »Couleur« waren, d.h. ihre Verbindungszeichen trugen.

Das alles ist ein Bericht wie aus einer untergegangenen Welt, aber er gehört schon hierher, da man sonst nur schwer das Leben der jungen Leute im großbürgerlichen Milieu verstehen kann, wenn überhaupt!

Mitte der zwanziger Jahre waren politische Strömungen im Deutschen Reich durchaus erkennbar, bisher geltende soziale Strukturen veränderten sich, die NSDAP stand »Gewehr bei Fuß« um Machtstrukturen zu übernehmen, mit Gewalt oder durch Wahlen, das blieb dem Moment überlassen. Für alle Verbände, Vereinigungen waren diese Jahre die letzten ihres Bestehens, nur wenige Mitglieder erkannten, dass das Ende der persönlichen Freiheit nahte. Vielleicht muss man auch so den überschäumenden Auslebenswillen verstehen, jeder lebte dem Moment, keiner erkannte genau, was kam.

1926 wird ein unbekannter mit dem Namen »Joseph Goebbels« als »Gauleiter« nach Berlin-Brandenburg geschickt, wo er zum führenden Propagandaleiter der NSDAP aufsteigt.

Als ich die Erlaubnis meiner Eltern bekam, in Jena, wo mein Bruder studierte, ein Stiftungsfest mitzumachen, war es dort wie bei uns in Breslau. Etikette bei den Studenten, wo man hinschaute.

Und doch gab es ein »freies« Leben, das aber weitgehend verborgen blieb. Die Trinkgelage in den Häusern der Verbindungen und die »Ausflüge« waren sicher so geartet, dass sie dem Alter der jungen Männer entsprachen. Mein Bruder klärte mich da einmal auf, etwas unsanft, aber es war wohl nötig. Mitten in der Nacht gab es einen Fackelzug, zu dem wir von einem Ausflug in die Umgebung von Jena hinzukamen. Es gab dort ein feierliches Zeremoniell der studentischen Verbindungen. Selbst mir, die ich völlig unpolitisch war, blieb nicht verborgen, dass die studentischen Verbindungen eher konservativ, als der neuen Demokratie zugewandt waren. Deutsch-National war man in diesen Kreisen. Ja, es waren schon herrliche Zeiten für mich, zu Hause wohnend, finanziell abgesichert, einen Berufsanfang, den ich mir gewünscht hatte und immer wieder gesellschaftliche Höhepunkte mit Tänzern aus den Verbindungen der Silesia Breslau und der Thuringia Jena, tanzen und einwenig flirten mit jungen Männern, die in ihrem späteren Leben an entscheidenden Eckpunkten der Wirtschaft, der Justiz oder der Kirche standen - jedenfalls bis 1933. So war auch der Enkel des Grafen Zeppelin in Breslau bei einer Veranstaltung des Kösener SC mein »entflammter« Tanzherr für einen Abend. Vaters Aufsicht gab es nicht mehr, er hatte mich bei den Festen in die Selbstständigkeit entlassen, oder hatte er resigniert? Er wusste, dass seine Tochter ein festes Ziel hatte, wozu ein Mann - jedenfalls im Augenblick - nicht gehörte. kleinen Flirts bei den Festen hatten ihr Ende unter der Haustür - spätestens - oder es gab noch einen offiziellen Besuch zu Hause. Die Spielregeln waren streng konservativ, für mich jedenfalls gab es da keine Nebenwege, wenn auch junge Männer so waren, wie sie immer gewesen sind und auch noch heute sind: Ein Versuch kann nie schaden.

Juli 1926, Charlotte wurde 20. Wieder hatten ihre Eltern eine große Überraschung für sie bereit. Es gab - für damalige Verhältnisse - ein großartiges Geschenk: eine versenkbare Singer-Nähmaschine. Das war einfach eine Sensation. Die Maschine hatte sie bis zum Jahr 1975. Und wenn man überlegt, wie oft und was alles sie auf dieser Maschine nur für ihre Kinder in den Jahren der Not genäht hat, wie viele wunderbare Faschingskostüme dort entstanden waren, wie viele schöne Kleider sie sich, später zusammen mit einer Nähfrau, geschneidert hatte. Die Maschine war nicht etwa elektrisch, sondern wurde mit einem Fußantrieb betrieben. Wir Kinder standen häufig bei unserer Mutter, wenn sie nähte, und versuchten manchmal die Fäden in die Nadel einzuziehen, was natürlich nicht gelang. Auch die Teddys bekamen natürlich Hosen und Jacken, Schuhe und Mützen.

Was nahe gelegen hätte, ein Fahrrad für die Wege nach Bethanien für Charlotte zu kaufen, war in Breslau in den Kreisen ihrer Eltern einfach kein Gesprächsthema. »Man« fuhr eben nicht Fahrrad. So hat sie nach ihrer Angabe nie auf einem Fahrrad gesessen. Der Versuch ihres Bruders, ihr das Fahrradfahren beizubringen, schlug fehl. Charlotte hatte schon in ihren Aufzeichnungen auf diesen Versuch hingewiesen. Auch später in Bremen lernte sie nicht das Fahrrad fahren. Aus ihrer Sicht war es für sie unmöglich auf ein Fahrrad zu steigen, das war eine Grundsatzfrage in ihrer Lebenseinstellung und dabei blieb es, auch wenn sie später sah, dass »man« gleich woher man stammte, oder wo man wohnte, in Bremen das Fahrrad nutze. Ihr Bruder bekam ein Fahrrad als Gerichtsreferendar in Hirschberg, das war weit weg von Breslau und er war eben ein junger Mann. Es hatte in der Schlüter-Familie auch keinen Wunsch zum Autofahren gegeben. Der Vater hatte einen Dienstwagen mit Chauffeur, warum sollte sich jemand aus der Familie selbst an ein Steuer setzen? Hinzu kam, dass alles, was irgendwie nach Technik aussah, der Familie fern war. Zur Technik gab es kein Verhältnis, das sollte sich erst ändern, als ihr Theo in ihrem Leben auftauchte, der »Radiotechniker«.

Zu der Zeit in Bethanien schreibt sie weiter:
Die Jahre in Bethanien waren mit die schönste Zeit in meinem Leben. Ich konnte, obwohl doch noch die Lernende, schon viel den mir anvertrauten Kindern in dem Kindergarten und dem Hort geben. An Bethanien grenzte eine große Arbeiterkolonie an, aus der viele Kinder zu uns kamen. Es waren arme Kinder, die aus oft sehr traurigen Verhältnissen kamen. Bei den Hausbesuchen lernte ich die ganze Armseligkeit der Familien aus eigener Anschauung kennen. Es rührte mich am Herz und ich wollte so viel helfen, wie möglich. Zur Weihnachtszeit im ersten Jahr habe ich z.B. bis in die Nacht Schürzen mit bunten Paspeln für die großen Mädchen im Hort genäht. Meine neue Nähmaschine kam mir da sehr gelegen. Sonntagmittag stand ich in einer Volksküche und teilte Essen aus an die ganz Armen von der Straße. Jeder bekam ein freundliches Wort, egal ob jung oder alt. Abends lehrte ich an Mütterabenden den Müttern und manchmal auch den Vätern das rechte Verhalten im Umgang mit Kindern. Wir veranstalteten Bastelabende für die Kinder. Ich merkte schon bald, dass ein Jahr Fortbildung mich in die Lage versetzte Schwerpunkte für meine Arbeit zu erkennen, manchmal kam ich aber an meine Grenzen und dann waren die Diakonissen da, die bei uns lernenden den Eifer bremsten. Es ist wohl so, dass jeder, der irgendwo etwas Neues beginnt, nach kurzer Zeit glaubt, er könne schon fast alles, dabei fehlt doch immer die Erfahrung, die andere vor uns schon gemacht haben. Während der Seminarzeit wurden wir in kleine Gruppen zur praktischen Arbeit in Kinderkrippen, Kindergarten und Hort eingeteilt. Wir wurden auf andere Stadtbezirke »losgelassen«. Über diese Tätigkeit mussten wir Berichte schreiben, die auch durchgesehen wurden. Um eine besondere Ausbildungsmethode für Kinder kennenzulernen, kam ich für mehrere Wochen in einen privaten Montessori Kindergarten. Das war ein ganz anderes Arbeiten. Ich hatte mich Abende lang mit Literatur über den Sinn der Montessori-Kinderbetreuung beschäftigt, was mir dann besonders zugutekam.

Montessori - wer war das? Was ist das?
Gerade ist 100 Jahre Montessori-Pädagogik in den verschiedensten Presseorganen behandelt worden. Am 6. Januar 1907 eröffnete Maria Montessori ihr erstes »Casa die bambini« im römischen Arbeiterviertel San Lorenzo. Maria Montessori war eine italienische Ärztin, Philosophin und Reformpädagogin. Sie entwickelte pädagogische Ideen, die heute längst zu festen Bestandteilen der modernen Pädagogik geworden sind. Das Schlüsselwort zu ihrer Tätigkeit: »Hilf mir, es selbst zu tun« gilt noch heute für die ca. 40.000 Montessorischulen weltweit. Kein Leistungsdruck auf die Kinder, keine Zensuren, keine Schulstunden im 45 Minutentakt.

Die natürliche Freude am Lernen soll in den Kindern gefördert werden. Z.B. Schwierige, abstrakte Zusammenhänge wie Mathematik kindgerecht zu gestalten und sinnlich »begreifbar« zu machen ohne Angst vor Strafen.

Zugleich bedeutet Freiheit nicht die Abwesenheit von Regeln. Montessori-Pädagogik ist nicht gleichzusetzen mit antiautoritärer Erziehung aus den 70er Jahren. Wie auch andere Ideen zu der Kindererziehung war die »Methode Montessori« nie unumstritten. Kritiker gab es immer. Im Dritten Reich waren die Schulen verboten. Charlottes Tätigkeit in dem Montessori-Kindergarten in Breslau, Lothringerstr. 4 war so erfolgreich, dass die Seminarleiterin Frau Dr. H., den Vorschlag machte, Charlotte solle auf das Montessori-Seminar in Graz gehen, um ihre hervorragende Arbeit zu vertiefen. Wie zu erwarten, kam ein eindeutiges »Nein« vom Vater an die inzwischen zwanzig Jahre alte Tochter. Wäre das Seminarzentrum in Breslau gewesen, hätte er sicher keine Einwendungen gehabt. Sie war zwar »ausgeflogen« aber ihr Vater wehrte sich weiterhin dagegen, dass seine Tochter in die Ferne ausflog. An dieser Stelle gibt es in ihrem Tagebuch keine Eintragung darüber, dass sie diesen Plan vorher mit der Großel besprochen hatte. Vielleicht ahnte sie, dass dieses Thema mit »ihrer liebsten Großel« nur schwer zu besprechen war. Mit dem Thema freiheitliche Kindererziehung wäre die alte Frau sicher überfordert gewesen. So bleibt es bei Eintragung, das. es natürlich Tränen gegen hatte.

Und wie ging es weiter?
Meine erste staatliche Prüfung bestand ich mit »sehr gut«. Meine große schriftliche Prüfungsarbeit: »Wie können wir Arbeiterkindern helfen« wurde gedruckt. Das Provinzialschulkollegium war von der Arbeit so beeindruckt gewesen, dass ich ein Jahr meiner Praktikantinnenzeit geschenkt bekam. Bis zum Jugendleiterinnenseminar hatte ich nun statt drei Jahren nur noch zwei Jahre zu absolvieren. Mein Vater war tief beeindruckt. Ahnte er vielleicht, dass er mit seinem ständigen »nein« seine doch so sehr geliebte Tochter zu tiefst kränkte? Bald wurde mir es zur Gewissheit, dass ich einen ganz anderen beruflichen Weg hätte gehen können, mit seinem Segen und ihm zur Freude. Meine Freundinnen unterstützten mich zur Opposition gegen Vaters Entscheidungen, aber mir fehlte damals die Kraft Streit und Ärger in die Familie zu tragen. So ging ich den eingeschlagenen Weg weiter in der Hoffnung, dass ich mich doch noch irgendwie in meinem Beruf entfalten könnte. Es gab Anzeichen, dass es noch Veränderungen geben würde. Aber dieses Ahnen behielt ich vorerst für mich. Ich muss hier einmal darauf hinweisen, dass es neben der Arbeit am Menschen auch schöne Gemeinschaftserlebnisse gab. So wie die Einführungen zum 1. Advent. Lieder singend zogen wir am frühen Morgen mit Posaunenbläserinnen vorweg durch die Anstalt. Überall entzündeten wir Kerzen zur Feier des 1. Advents. Auch die Einsegnungsfeiern für die neuen Schwestern in Bethanien waren besonders eindrucksvoll. Besonders, wenn diese in die Auslandsstationen, z.B. nach China, gingen. Nach langer, harter Ausbildung wurden einige dazu auserwählt im fernen Ausland tätig zu werden. Anheimelnd, fast familiär waren die Gottesdienste in dem kleinen Kirchlein. Die drei Anstaltspastoren waren uns persönlich bekannt, gaben sie doch Unterricht in Religionspädagogik, Jugendliteratur und Bibelkunde. Zu Pestalozzis 200. Todestag, 1927, gab es eine ganz besondere Veranstaltung, die weit über die Grenzen der Stadt hinaus gewürdigt wurde. Ich war dazu ausersehen, die Festrede zu halten. Leider gab es weder Fernsehen noch eine Radioübertragung. Hatte ich ein Herzklopfen! Aber ich hatte mich so gut vorbereitet, dass ich nur Stichworte aus meinem Manuskript benötigte. An das Schlusswort erinnere ich mich genau:

»Was in Stein gemeißelt auf unserem Grabstein steht, soll in den Herzen aller Erzieher glühen: alles für andere, für sich nichts!

Ein großer Beifall überwältigte mich!

Sollte es hier schon bei Charlotte Überlegungen gegeben haben, selbst eine Diakonisse zu werden? Andeutungen anderer Art gibt es noch an anderen Stellen ihrer Aufzeichnungen. Wäre dieser Weg das Entkommen von dem Vater mit seine ständigen »nein« bei Wegekreuzungen, die es für sie gab, gewesen? Kaum ist das anzunehmen, seine Tochter als Diakonisse? Wohl undenkbar. Denn er sah sehr wohl, dass sie das gesellschaftliche Leben liebte, sie lebte »zwei Leben« ohne sich entscheiden zu können. Sie lebte mitten in den »goldenen zwanziger Jahren«, die mit Revuen, Kabarett, Filmen, Operetten den steigenden Arbeitslosenzahlen und der politischen Orientierungslosigkeit trotzte. Wusste sie von der »ersten Kinderrepublik« in Seekamp bei Kiel? Einem Feriendorf, in dem eine neue Kindererziehung mit dem Umgang der Spielregeln der Demokratie gefördert werden sollte. Es war die sozialistische Kinderfreunde Bewegung, die für die Rechte der Arbeiterkinder auf ein menschenwürdiges Leben und für die Gleichberechtigung der Kinder in der sozialistischen Bewegung eintrat. Ja, sie war mittendrin in den Umwälzungen der gesellschaftlichen Strukturen, die geradewegs in den Nationalsozialismus führten. Über dieses »mittendrin« zu schreiben hatte sie große Hemmungen. Um die Freilegung (fast) aller Gedanken zu ihrem Leben ringt sie mit sich, mit 75 Jahren, als sie beginnt ihr Leben aufzuzeichnen. Sie wusste wohl, dass Spötter sich über sie lustig machen würden, Ungebildete würden neidisch sein, Neugierige würden unzufrieden sein, die Hochnäsigen und Neureichen würden die Nase rümpfen, die wirtschaftlich erfolgreichen ihre Aufzeichnungen gelangweilt aus den Händen legen, wenn sie überhaupt gelesen würden.

Sie glaubte zu wissen, dass mit einer nötigen Förderung sicher einer ihrer Söhne hätte den Zugang zur Musik gefunden. Doch das Klavier stand verstimmt auf dem Dachboden, die Bücher staubten in Kartons, Zeit für Gespräche gab es nicht und ihr Theo hatte andere Dinge im Kopf. Aber die Literatur in allen ihren Facetten und der Wissensdurst nach der - damaligen - weiten Welt mit der Umsetzung von Ideen, der Leidenschaft zum Schreiben, das war vererbt. Mit der Leitung der Schulbibliothek der »Oberschule am Barkhof«, die Mitarbeit an der Schulzeitung »Der Dreiklang« - waren da in ihrem zweiten Sohn Parallelen zu ihrem Leben zu erkennen? Deswegen war sie später über den Vorschlag, ihre Lebenserinnerungen aufzuschreiben, sofort begeistert gewesen. Für sie waren ihre Aufzeichnungen mit der Beschreibung ihres Lebens, ein Extrakt über ihre wichtigsten Lebensjahre, die besonders in Erinnerung geblieben waren. Es war der Versuch ihr »Außen und Innen« nachträglich in Einklang zu bringen. Es ist ihr Wundern über einen Lebenslauf, der so viele »ja und nein«, so viele »Wenn und Aber« in sich barg. Man wird keine falschen Vermutungen haben, wenn man zum Ende ihres Lebens den Schluss zieht, dass sie ohne ihre religiöse Grundeinstellung kaum ihr Leben hätte so meistern können, wie sie es getan hat, wenn auch ganz im Verborgenen.

Vorerst wird ihr 21. Geburtstag zu einem großen Tag. Sie bekommt von den Eltern eine Continental-Schreibmaschine geschenkt. Das war »fürstlich« und war ein unvergleichliches Geschenk zu der damaligen Zeit. Charlotte hatte in ihrer Ausbildung viel schriftliche Ausarbeitungen anzufertigen, da gab es die Themen wie: Rechte und Pflichten des Bürgers, der Alkoholismus, Säuglingsfürsorge, das Wirken von Pestalozzi, Geschichte der Erziehung und andere Themen. Dazu kamen Berichte von Versammlungen, Reden und schriftliche Aufsätze in der internen Zeitung von Bethanien. Der Vater hatte ihr wohl »über die Schulter gesehen« und erkannt, welche große Leistung sie mit Eifer vollbrachte. Die Schreibmaschine war von ihm ein indirektes Eingeständnis, dass er das Wollen seiner Tochter unterschätzt hatte. Lange war nicht mehr davon die Rede »du heiratest ja doch«. Es fällt auf, das sie in diesem Zusammenhang von »den Eltern« spricht. Schon lange hatte sie in ihren Niederschriften nicht mehr von ihrer Mutter gesprochen. Kinderzeit, Hungerjahre und Tanzstunde waren die »Mutter-Themen«. Die Großel, sonst Zuhörerin bei fast allen Sorgen oder Ängsten, konnte wohl wie die Mutter mit den sie jetzt interessieren Themen nichts anfangen. Ihre Freundin Ursel, die befreundeten Diakonissen und natürlich ihr Vater waren die für sie wichtigen Ansprechpartner, wobei der Vater wohl weniger der Ratgeber als der sie Beschirmende auftrat.

Aber wie sah es in Charlotte selbst aus? Wie wurde sie ganz persönlich mit dem Thema »Diakonisse« fertig?

Taucht nicht beim Lesen dieser Zeilen (gemeint sind ihre Aufzeichnungen) die Frage auf, warum ich, die ich doch so begeistert vom Leben im Diakonissenhaus war, nicht den Wunsch hatte, selbst so ein hübsches, weißes Häubchen zu tragen? Nein. Keineswegs! Ich sah auch die Schattenseiten dieses Berufes. Ich war ja mit einigen Diakonissen befreundet und erfuhr so manches, was mir nicht gefiel, was nicht meinen Idealen entsprach. Natürlich fehlte es nicht an versteckten Angeboten. War mir doch klar, dass ein Teil des Nachwuchses für die Diakonissen aus den Seminarteilnehmern rekrutiert wurde. Ein wichtiges Zeichen ergab sich für mich nach der ersten Prüfung, als ich anfing, mich nach einer Stellung umzuschauen. Mir wurde gesagt, ich sei viel zu modern in meinen Ansichten und vor allem in der Kleidung. Niemals könnte ich, ohne Schwester zu sein, einen Kindergarten oder einen Hort des Diakonissenhauses leiten. Befreundete Schwestern hatten mir schon angedeutet, dass die Anfängerrinnen in der Regel weit in die Provinz geschickt würden. Also, ein Verlangen irgendwo in einem gottverlassenen Nest einen kleinen Kindergarten zu leiten besaß ich wirklich nicht. Vom Leben in der Großstadt wollte ich nicht ablassen. Aber noch war nicht alles gelaufen. Es geschah nämlich noch etwas Unerwartetes was in mir ein kleines Triumphgefühl entstehen ließ. Mein Ziel war die Aufnahme in das Städtische Jugendleiterseminar zu erreichen, bis dahin musste ich noch zwei Praktikantinnenjahre absolvieren. Aber eingedenk, dass man mir bereits einen zeitlichen Nachlass eingeräumt hatte, wurde mir jetzt das Angebot gemacht diese zwei Jahre in Bethanien zu arbeiten, und zwar im Kindergarten und im Hort. Es sollte eine amtliche Arbeit aber »ehrenhalber« sein. Das wurde fast als selbstverständlich angesehen, also ohne Gehalt. Wie hieß das?« Mein Lohn ist, dass ich darf!« Das war die Devise. Ohne darüber nachzudenken, welche Konsequenzen das haben könnte, willigte ich sofort ein. Mir war an der Arbeit gelegen und Bethanien war mir schon so vertraut, die täglichen Wege dorthin im Sommer wie im Winter gehörten einfach zu meiner Tätigkeit dazu. Zu Hause hatte ich gar nicht erst gefragt. Meine Eltern fanden meine Entscheidung einfach herrlich. Vater rückte ein reichliches Taschengeld heraus, mehr als ich je in Bethanien bekommen hätte. Er war glücklich, dass ich zu Hause wohnen blieb, er hatte mich weiter um sich. Hatte er auch Sorgen gehabt, das Mutter eventuell mit der Großel allein geblieben wäre? Wäre die Wohnung vielleicht zu groß geworden? Sie wollten einmal umziehen, aber wann oder warum, darüber gab es keine Gespräche. Das Personal von früher wurde in dem Umfang nicht mehr benötigt. Mein Bruder war aus dem Haus und kam nur noch hin und wieder nach Hause. Also blieb ich in meinem Nest zu Hause und probte weiterhin den »Abflug.«

Der Sonnenschein über mir hielt nicht lange vor. Ich war von der Arbeit in dem Kindergarten nicht immer begeistert. Mit der Jugendleiterin, Schwester Erika, stand ich mich nicht so gut. Sie war etwas älter als ich und war furchtbar fromm - oder tat nur so. Ich war ihr mit meiner modernen Kleidung ein Dorn im Auge. Es war ja tatsächlich so, dass erstmalig im Kindergarten eine »Nichtdiakonisse« tätig war. Also, keine Tracht, kein Häubchen. Mich störte es nicht. Von allen meinen Mitschülerinnen war ich die Einzige, der das Angebot gemacht worden war. Gab es da Neid? Ich rückte also als Praktikantin in den Kindergarten ein und tat freudig meine Pflicht. Die Kinder hatte ich schnell im Zug und hatte auch guten Kontakt zu ihnen. So konnte ich den hospitierenden Seminaristinnen ein gutes Beispiel für die Umsetzung der erlernten Theorie in die Praxis geben. Wir hatten jeden Tag ca. 50-60 Kinder zu betreuen, die in Gruppen aufgeteilt waren. Jeder hatte seine Gruppe, an meiner Gruppe wurde gelernt, Schwester Erika wachte über alles. Eines Tages saßen die Kinder ruhig bei Tisch und das Mittagsgebet wurde gesprochen. Da fing plötzlich ein kleiner Junge aus meiner Gruppe an zu sprechen. Ich beugte mich zu ihm runter und gab ihm einen kleinen Klaps mit der Hand auf den Mund. Er fing natürlich sofort an zu schreien, der Skandal war da. Hatte da jemand auf diesen Moment gewartet? Schwester Erika war sofort da und erteilte mir vor allen Kindern und Seminaristinnen einen Verweis. Kein pädagogisch eingebundener Verweis, sondern, wie würde man heute sagen? - einen Rüffel.

Der Erfolg: Mich packte eine rasende Wut, und ich verließ augenblicklich den Kindergarten, um nie wieder dorthin zurückzukehren. Natürlich war meine Reaktion unbeherrscht. Sowohl Schwester Erika als auch ich hatten nicht im Sinne der Nächstenliebe gehandelt. Dass die Reaktion so scharf war, hatte wohl ursächlich darin gelegen, dass wir beide zueinander kein richtiges zwischenmenschliches Gefühl gefunden hatten. Rückwirkend gesehen musste es irgendwann zu einer derartigen »Explosion« kommen. Doch es gibt auch reinigende Gewitter, die mit einer Aussprache enden. Zu Hause machte ich meiner Wut Luft. Mein Vater verlangte - von seiner volljährigen Tochter - ich solle am nächsten Tag beim Pastor Zedler, dem Leiter der Anstalt, einen Entschuldigungsbesuch machen. Nun gut, ich lenkte ein. Vater hatte recht, wie immer. Der Besuch verlief sachlich und ruhig. Im Grund bekam ich mit meiner erzieherischen Handlung recht, nur das spontane Weglaufen wurde für unglücklich gehalten. Der Schwester konnte und wollte Pastor Z. keine Verfehlung nachweise. Sie war immerhin die Leiterin des Kindergartens und eine »Respektperson«, d.h., sie hatte immer recht. Er erkannte, dass es zwischen uns beiden nie zu einer guten Zusammenarbeit gekommen wäre. Nun, bleiben und weitermachen wie bisher, konnte ich nicht. So trennten wir uns, mit einem lachenden und einem weinenden Auge - aber nicht lange!

Einträge in ihrem Poesiealbum zeigen, wie Charlotte tatsächlich von den befreundeten Diakonissen gesehen wurde:

Im Denken besonnen und klar,
im Reden offen und wahr,
im Wollen nur edel und recht,
im Handel fest und gerecht,
Ohne Hochmut und Qualen im Glück,
den Kopf recht hoch im Missgeschick.
Gott segne Ihnen beides,
Liebes und Leides.

Dies wünscht Ihnen für Ihren ferneren Lebensweg Schwester Luise
Breslau, Bethanien Kinderhort, den 20. September 1927.

Eine andere, ihr zugewandte Diakonisse schreibt:

Ich bin durch die Welt gegangen,
und die Welt ist schön und groß,
und doch zieht mein Verlangen,
mich weit von der Erde los.
Ich habe die Menschen gesehen,
und sie suchen spät und früh,
sie schaffen, sie kommen und gehen,
und ihr Leben ist Arbeit und Müh.
Sie suchen was sie nicht finden,
in Liebe und Ehre und Glück.
Und sie kommen belastet mit Sünden,
und unbefriedigt zurück.
Es ist eine Ruhe vorhanden
Für das arme, müde Herz.
Sagt es laut in allen Landen:
Hier ist gestillt der Schmerz,
es ist eine Ruhe gefunden
für alle fern und nah:
In des Gottes ....
Am Kreuze auf Golgatha.

Zum Gedenken Ihre Schw. Martha, Bethanien 1927

In den Poesiesprüchen deuten schon zarte Hinweise an, dass Charlotte wohl nicht immer die sanfte, liebe Kollegin war. Nicht, dass ein Sternzeichen für den Menschen maßgebend in der Beurteilung sein soll, aber »Explosionen« sind den Sternzeichen-Löwen vorgegeben. Dieses gekränkt sein, das nicht verstehen, was ihr ureigenster Wunsch sein könnte, ja diese Temperamentausbrüche wird sie in ihrem späteren Leben immer wieder haben. Manches Mal fühlte sie sich in Fesseln liegend, unerträglich für sie und ohne Hoffnung, aus diesen herauszukommen. Da blieb wohl nur die »Explosion« um auf ihre verletzte Seele hinzuweisen. Ihr Vater verstand sie sehr wohl und versuchte immer wieder, ohne seine Einstellung zu ihr wesentlich zu verändern, sie mit Zureden, Geschenken und Verwöhnungen im Tagesablauf wieder zu besänftigen. Der große Befreiungsschlag, sich selbstständig irgendwo ihr Leben sich aufbauen zu lassen, der blieb aus. Der Vater sah das wohl, aber er wollte nicht eingreifen.

Was hatte ich? Mein sozialpädagogisches Staatsexamen. Ich hatte in die verschiedensten kinderpädagogischen Anstalten hinein geschaut mit praktischen Erkenntnissen in Bethanien, bei Dr. König, in einem Montessori-Kindergarten und in einer städtischen Krippe.

Was fehlte mir? Die zwei Praktikantenjahre in einem Kindergarten? Dann musste ich eben jetzt versuche irgendwo eine Praktikantenanstellung zu erhalten. Ich hatte sehr gute Zeugnisse mit denen es möglich sein müsste eine Anstellung zu erhalten. Mein Vater dachte immer noch in und um Breslau. Ich war inzwischen dazu bereit, eventuell auch nach »irgendwo« zugehen. Jetzt wollte ich weg. Mein Vater würde mich finanziell sicher nicht »trocken« sitzen lassen. Es müsste nur ein überzeugendes Angebot sein.

Erst einmal kam von ihrer Pensionsfreundin Milly Hoofe aus Hamburg eine Einladung, sie zu besuchen. Charlotte war noch nie so weit alleine gereist. Die Eltern stimmten der Reise ohne irgendwelche Bedenken zu. Für ihren Vater, dem viel gereisten Mann war Hamburg kaum bekannt, aber er wusste, dass die Stadt »da oben« im Norden von Deutschland etwas Besonderes war. Norddeutsche, dass waren ruhige, verantwortungsbewusste Menschen, fast schon »Engländer«. Machte man mit denen Geschäfte, dann galt noch der Handschlag. Mutter Schlüter war sofort, wie immer wenn es ums Reisen ging, am Globus und fuhr mit dem Finger die Strecke ab. Berlin, Hannover, wie weit das war.

Vater brachte mich zum Bahnhof, er hatte die Fahrkarten gekauft, mir ein großzügiges Taschengeld zugesteckt und mir eingeschärft, dass ich meine Freundin unbedingt nach Breslau einladen müsste. Was gab es unterwegs alles zu sehen. Fast die ganze Fahrt drückte ich mir die Nase an der Scheibe platt. Ich saß natürlich am Fenster. Ob die anderen Mitreisenden merkten, wie aufgeregt ich war? Im Hamburger Hauptbahnhof wurde ich von Milly erwartet. Dann ging es mit einem Auto weiter nach Altona - Othmarschen. Sie wohnte in der Scheffelstr. 6, einem sehr schönen zweigeschossigen Einfamilienhaus aus Klinkersteinen, mit weißen Sprossenfenstern, typisch vornehm zurückhaltend, eben norddeutsch. Bei uns in Breslau gab es solche Häuser nicht. Ich wurde von den Eltern herzlich (man kann sagen norddeutsch-kühl) aufgenommen und streng gemustert. Erst als der große Schäferhund sich zu meinen Füßen legte, hieß der Hausherr mich noch einmal - und diesmal wirklich herzlich, willkommen. Was wurde mir alles geboten, wie schnell verflogen die Tage. Wir besichtigten die Hamburger Innenstadt, machten eine Hafenrundfahrt und viele Ausflüge in die Umgebung. Es war das erste Mal, dass ich Norddeutschland mit seinem flachen Land und den kleinen Dörfern kennenlernte. Nie hätte ich daran gedacht, dass diese Landschaft einmal mein Schicksal werden würde. Millys Vater konnte Plattdeutsch sprechen, wir haben uns gekugelt vor Lachen. Der Hafen, das weiß ich noch, mit seinen riesigen Schiffen, hatte einen enormen Eindruck auf mich gemacht. Und dann die Untergrundbahn, die gab es nur noch in Berlin. Da war ich also in einer »richtigen« Großstadt gelandet, weltbekannt mit Handelsplätzen überall, besonders in Amerika. Von hier fuhren noch immer viele Menschen - auch aus Schlesien - nach Amerika, dem »gelobten Land« - um ein neues, besseres Leben zu beginnen. An einem Hafenkai standen wir und machten unsere Späße, wie es wäre, wenn wir einfach auch nach Amerika führen, was wir da wohl hätten machen wollen? Kinderfrauen bei reichen Amerikanern? Einen Amerikaner heiraten? Über den Spaß kamen wir nicht hinaus, vorstellen konnten wir uns ein Leben in den USA sowieso nicht. So kam ich voll von Erlebnissen nach Hause zurück und musste erzählen und erzählen. Was wollten die Eltern alles wissen. Und als ich sagte, dass ich Milly zu uns eingeladen hatte, war die Freude groß. Ein halbes Jahr später kam Milly zu uns. Breslau war ja nicht gerade eine kleine Stadt, eine der größten Städte in Deutschland, aber doch so anders als Hamburg. Der Höhepunkt war eine dreitägige Reise ins Eulengebirge bei schönstem Wetter. Meine Eltern nutzen diesen Besuch um - mal wieder - zu reisen, was sie gerne taten. Wo waren wir nicht schon überall gewesen. Für die damalige Zeit hatten wir schon viel von Deutschland gesehen. Die Ostseeküste von Danzig bis Stettin und Usedom und Rügen, Berlin und Halle und Magdeburg in allen Richtungen, vor allem das Riesengebirge im Sommer und im Winter. Wir waren in Jena und in Weimar gewesen, im Harz, aber nicht in Bayern, da zog es uns nicht hin. Den Menschen in Bayern ging es wohl ähnlich, nur umgekehrt. Später in Bremen, da kannten die Menschen nur Bayern und Juist, und natürlich Amerika. Ich fand das lustig, dass sie nichts vom Osten Deutschlands kannten. Mit ihren Geschäften waren die, die Handel betrieben, nach Übersee ausgerichtet, zu den ehemaligen Deutschen Kolonien, aber nach Osten? Dresden? Leipzig? Breslau oder gar Königsberg? Das waren völlig unbekannte Gegenden - im Winter eisig kalt in den Sommern zu heiß mit Dialekten wie sächsisch oder schlesisch, konnte man das überhaupt verstehen? Später in Bremen wunderten sich unsere Freunde, dass ich Hochdeutsch sprach mit ein paar eingestreuten schlesischen Brocken. Ja, reisen muss man, das bildet und baut Grenzen ab, sagte schon meine Großmutter. Dann waren die schönen Tage vorbei, wir versprachen uns einmal wieder zu besuchen, aber daraus wurde nichts. So hatte der Alltag uns wieder fest im Griff.

1928 Freiheit wovon?

Und so ging es wieder auf die Suche nach einer Aufgabe. Aber die Nuss musste erst geknackt werden. Ich begann Zeitschriften auf Stellenangebote zu durchsuchen. Da gab es die »Daheim« und die »Gartenlaube«, die für Stellenangebote für Kindererziehung aller Art bekannt waren. Meine Freundin Ursel, die weiterhin in Bethanien war, half mir kräftig mit. Zu Hause sagte ich nichts davon, dass ich auch »in der Ferne« suchte. Ich tue mich um, sagte ich zu meinem Vater, der ja nichts dagegen hatte, dass ich wieder ganztags zu Hause war, mit Gehaltsanspruch, wie er scherzend manchmal bemerkte. Und dann fand ich das mir sensationell erscheinende Angebot. Es wurde eine Praktikantin für eine Sommersaison in einem Kindererholungsheim in Ahlbeck an der Ostsee gesucht. Ahlbeck auf Usedom war mir ein Begriff, waren wir doch des Öfteren in den Ferien in Zinnowitz oder Swinemünde gewesen. Klug geworden durch das ewige Nein sagen meines Vaters, bewarb ich mich heimlich. Und, was soll ich sagen, ich bekam sofort eine Zusage. Meine Zeugnisse hatten eingeschlagen, man freute sich auf mich und erklärte mir ausführlich, welche Erwartungen an mich bestanden. Na, das waren für mich alles bekannte Umstände. Die Kinder, Jungen und Mädchen würden etwas älter sein als die, die ich bisher betreut hatte, aber darin sah ich kein Problem. Ich setzte mich gegen meine Eltern durch, erstaunlicherweise, mein Vater stimmte sehr schnell zu. »Usedom, da kann man ja mal gucken kommen und die Luft ist dort gesund«, meinte er, ohne Resignation. Ich hatte es allein geschafft, das war für ihn ausschlaggebend. Seine Tochter war endlich selbstständig geworden! Natürlich bekam ich von dem Kinderheim auch ein Gehalt und die Reisen zur Insel wurden mir bezahlt. Wie ich später erfuhr, war ich aus 62 Bewerberinnen ausgewählt worden. Ich schwebte im Himmel - mal wieder! Doch alles hat einen Haken und welchen?

Charlotte hatte nicht etwa das Tanzen in der Ballsaison aufgegeben. Sie hatte es ja schon gesagt, christliche Kinderpflege und Vergnügen waren für sie kein Widerspruch. Sie selbst bezeichnete das Jahr 1928 als ihr »Schicksalsjahr«. Und, wenn es um ihr »Schicksal« ging, hat sie um Rat bei ihrer so geliebten Großel gesucht.

Nicht mehr als früher zu Hause, nein sie ging jetzt ihre Großel besuchen, um mit ihr »Lebensdinge« zu besprechen. Sie hatte ein verständnisvolles Herz für ihre Fragen, weniger zu den Berufsfragen, als zu den menschlichen Fragen in Sache »Liebe«. Denn bei den Festen in der Ballsaison waren ihr jetzt gegenüber früheren Festen ernsthafte Heiratskandidaten begegnet. Das war also ihr Haken. Auf der einen Seite ihre weiter ernsthaft verfolgte berufliche Zukunft, auf der anderen Seite »die Männer«. Ihr Vater hatte es aufgegeben auf sie aufzupassen. Immerhin wurde sie 1928 22 Jahre alt. Ein Alter, das für eine Ehe zu damaliger Zeit und in ihren gesellschaftlichen Kreisen als

Abschied von Ahlbeck, stehend Bildmitte Charlotte

bedenklich im Alter gewertet werden konnte. Bedenklich auch in dem Sinne, dass es wohl einen wichtigen Hintergrund geben müsste, da »man« doch wesentlich früher heiratetet als heute. Noch war das elterliche Ziel ihre Tochter mit einer guten hausfraulichen Ausbildung, einer guten Allgemeinbildung und dem nötigen gesellschaftlichen Schliff auszubilden, um dann die Verheiratung mit einem angesehenen und akzeptierten Mann zu betreiben.

Sie schreibt in ihrem Tagebuch: »Dass die Eltern inzwischen gar nichts mehr begriffen, und ihr Bruder, wenn er aus Hirschberg zu Besuch war, sie im brüderlichen Sinne, heftig verspottete.« Ja, sie selbst verstand sich »zwischen den Stühlen sitzend«. Sie war hin und her gerissen, fehlte ihr doch zum beruflichen Beginn nur noch die aus ihrer Sicht unbedeutende Praktikantinnenzeit. Diese kleine Hürde musste geschafft werden, dann könnte sie ihren heiß erwünschten Beruf beginnen, um sich dann nach einem Mann umzusehen. Doch sie übersah dabei eine Tatsache, oder verdrängte mit Absicht ihr Wissen, dass es wohl kaum einen Mann geben würde, der ihr in einer Ehe den Beruf lassen würde. Noch war die Zeit nicht reif dafür, Beruf und privates Eheglück, eventuell mit Kindern, miteinander zu verbinden. Und hier wird ihre Großel mit ihrer Lebenserfahrung in den Gesprächen eingewirkt haben, wird sie nachdenklich gemacht haben. Vielleicht wird sie ihr die Gründung einer eigenen Familie, das Glück eigene Kinder zu haben, geschildert haben. In einer eigenen Familie könne sie ihre ganze Erfahrung um die Kindererziehung einbringen. Ihre Kinder könnten es besser haben als viele andere Kinder, die »nur so« in die Welt kamen und deren Mütter keinerlei Erfahrung in der Kindererziehung mit in die Ehe brachten. Andere gesellschaftliche Strukturen entwickelten sich, Veränderungen lagen in der Luft, die Familie würde in der näheren Zukunft der sichere Hort gegen äußere Einflüsse werden müssen. Die Mutter würde, wenn dann Kinder vorhanden sind, und davon war auszugehen, der Schutzschirm für sie sein. Der Mann würde voll gefordert werden, um einen Arbeitsplatz zu erringen.

> Bereits Anfang 1929 wurden mehr als 3 Mio. Arbeitslose gezählt. Der »Schwarze Freitag« am 25.10.1928 an der New Yorker Börse markierte den Beginn einer Weltwirtschaftskrise, die den ganzen Arbeitsmarkt im Deutschen Reich in den Abgrund reißen wird, und der Nährboden dafür wird, das die Nationalsozialisten an die Macht kommen.

Charlotte entschied sich: Sie wollte ihr zugesagtes Praktikum in Ahlbeck antreten. Ein Mann, wenn er denn in ihr Leben treten würde, müsste ihren Berufswunsch akzeptieren, wenigsten vorerst. So waren die Würfel gefallen. Sie war sich selbst wieder sicher. Für den Sommer 1928 rief Ahlbeck, und wer rief sie in der Ballsaison Frühjahr 1928?

Weiter schreibt sie:
Nun war das Jahr 1928 gekommen. Mein Schicksalsjahr. Abgesehen von den beruflichen Veränderungen das Jahr der Heiratskandidaten! Es war eigentlich alles mit- und nebeneinander und durcheinander. Es waren Lieben auf den ersten, zweiten und dritten Blick. Es waren Flirts, Liebeleien, Verliebtheit und nicht Wissen wohin. Das Unverständnis zu Hause, der Spott meines Bruders, das Verständnis meiner lieben Großel, die sagte: »Liebe Lottel, es kommt alles so, wie der liebe Gott es will!« Ja und so kam es.

Da gab es einen jungen Mitarbeiter meines Vaters: Dr. jur. Fritz R.. Syndikus. Er sah blendend aus und war der Schwarm etlicher »höherer Töchter«. Wir trafen uns ab und zu mit ihm im überdachten Sommergarten von Kempinski. Das Kempinski war in der Gastronomie seiner Zeit voraus und die Urzelle für alle folgenden Kempinski-Hotels. Also, Dr. R. kam vom Pferderennen, meine Eltern und ich saßen bei Kempinski beim Krebse essen. Es war im Mai und die ersten Oderkrebse waren eine bekannte Delikatesse, die mein Vater unbedingt probieren musste. Dr. R. war ein charmanter Plauderer, ich war total hingerissen. Meinen Eltern war nicht verborgen geblieben, dass ich für diesen Mann schwärmte. Es gab eine Aussprache mit meinen Eltern, jetzt war auch meine Mutter dabei, und Vater sagte mir, und das weiß ich noch genau: »Das ist kein Mann für dich, du bist für ihn zu solide, er wird dir auf die Dauer nicht treu sein!« Da war es wieder das: Vater – basta! Ich ließ mich – mal wieder – einschüchtern. Vaters nein, egal, wir trafen uns eine Zeit lang noch zu Spaziergängen oder er lud mich irgendwo zum Essen ein. Als ich mich dann ein Jahr später mit meinem Theo verlobte, kam zur Verlobungsfeier ein riesengroßer, anonymer Strauß dunkel roter Rosen. Ich ahnte wohl, von wem er geschickt worden war, stellte den Strauß still in mein Zimmer und weinte einem Traum nach.

Wer könnte nicht nachvollziehen, was da in der jungen Frau vor sich gegangen war? Sie war sich ihrer Ohnmacht, ihrer häuslichen Fesseln bewusst ohne dagegen etwas unternehmen zu können. Nie hat sie wieder von Dr. R. etwas gehört. Nie hat ihr Vater, der immerhin sein Vorgesetzter gewesen war, etwas zu seiner Familie oder seinen Lebensumständen gesagt. Erst in ihren späteren Jahren hat sie einmal so nachgedacht, was wäre gewesen wenn. Ob ihr Vater recht behalten hätte? Ob sie direkt in ihr Unglück gelaufen wäre? Wie wäre ihr Lebensweg verlaufen, im kommenden Krieg, mit dem Ende ihrer geliebten Heimat Schlesien?

Neben dieser »Affäre« spielte noch eine andere. Meine Eltern hatten eine Einladung zu einem Ball des Deutschen Kolonialbundes und gleichzeitig war ein Kostümfest in der Loge meines Vaters, »Hermann zur Beständigkeit«. Ich sollte wählen, wo ich hingehen wollte. Ich wählte das Kostümfest. Meine Mutter und ich schneiderten ein kesses Kostüm »Herz-Dame«. Bei der Ankunft in dem Logenhaus stieg ich erwartungsvoll die breite Marmortreppe zu dem Festsaal hinauf, als mir - unter vielen Gästen - ein eleganter Herr im Smoking mit einer weißen Chrysantheme im Knopfloch entgegen kam. Wir sahen uns an. Es war ein Blitz, der mir sagte: »Der Herr muss mit mir tanzen!« Und was soll ich sagen, er kam, stellte sich meinen Eltern vor, und ab da tanzten wir den ganzen Abend miteinander. Es war der Dr.rer. Pol. Heinisch, Leiter der Reklameabteilung bei Siemens in Breslau. Er stammte aus Mährisch-Ostrau, Böhmen. Früh um 5 Uhr verabschiedeten wir uns, meine Eltern warteten ungeduldig, mein Vater voll von Unruhe? Nicht eine Sekunde hatte ich daran gedacht, was mein Vater wohl jetzt wieder sagen würde. Seine Tochter tanzte eine ganze Nacht mit nur einem Mann! Wir verabschiedeten uns am Fuß der großen Freitreppe und da kam, auch im Smoking mit einer weißen Chrysantheme im Knopfloch, ein Herr auf Dr. Heinisch zu. Sie begrüßten sich freundschaftlich, denn sie kannten sich von der Fa. Siemens in Breslau her. Er stellte sich vor: Theodor Neimke, erst seit zwei Tagen in Breslau. Er käme von Siemens Berlin und sei jetzt in dem technischen Büro der Fa. Siemens in Breslau tätig. Und, man kann es glauben oder nicht, es durchzuckte mich in diesem Moment ein Blitz der Erkenntnis: »Das wird mein Mann!« Und das geschah am frühen Morgen um 5.00 Uhr nach einer durchtanzten Nacht auf der Freitreppe des Logenhauses meines Vaters in Breslau. War das der Wink vom »lieben Gott« wie mir meine Großel prophezeit hatte?

Nun waren die »zwei Stühle« da. Da Ahlbeck, dort die Liebe und damit es nicht so einfach war, gleich mit drei eleganten Herren: Dr. Rückert, Dr. Heinisch und Theo Neimke. Ob da noch jemand durchfand? Mein Vater schüttelte den Kopf, mein Mutter war wirklich böse mit mir.

Das war ihr absolut unverständlich, dass eine junge Frau sich nicht entscheiden konnte zwischen drei Männern, zumal zu einem ihr Vater schon eine deutliche Warnung ausgesprochen hatte. Ob er in seiner Firma, in der Dr. Rückert Syndikus war, Informationen eingeholt hatte, ist nicht nachweisbar. In jungen Jahren, etwa zur Tanzstundenzeit, hätten sie ja noch Verständnis für eine solche Situation gezeigt, aber jetzt, bei einer jungen Frau in bestem Heiratsalter? Das war fast schon ein Skandal. Sie dachten an ihren Sohn Erich, der eine geschiedene Frau mit Kind geheiratet hatte, und das war erst ein Skandal gewesen, und jetzt auch noch ihre Tochter. Da war sie sich mit ihrem Mann einig, die Situation musste so bald wie möglich bereinigt werden. Aber wie? Und das bei einer Tochter, die ihnen so lieb und teuer war, um deren Trotzkopf sie wussten. Und die Stellung in Ahlbeck begann erst Ende Juli 1928. Wie bisher, immer löste sich die verfahrene Situation bei Charlotte fast von selbst, jedenfalls was die Zahl der Bewerber betraf.

Meine Situation war verwickelt. Die Freundschaft zwischen Dr. Heinisch und Theo Neimke vertiefte sich. Wahrscheinlich war ich der Grund, denn ich stand zwischen den beiden. Oft war es so: Am Vormittag zum Wochenende hatte ich mich mit Theo zu einem Spaziergang im Südpark verabredet. Am Nachmittag traf ich mich mit Dr. Heinisch. im Scheitniger Park zum Spaziergang. Beide Parkanlagen lagen wirklich weit auseinander. So bestand keine Gefahr einer Begegnung. Beide Parkanlagen waren von uns aus bequem mit der Straßenbahn für mich zu erreichen, denn ein »nach Hause bringen« kam nicht infrage. Und am Abend zu jedem möglichen Tag? Na, der dritte Kandidat, Dr. Rückert. Und der ließ es sich nicht nehmen irgendetwas elegantes anzustellen. Wir gingen in die besten Restaurants in Breslau oder zu Veranstaltungen, die es in den »wilden zwanziger Jahren« wahrhaftig genug gab. Auch mir war klar, so geht das nicht weiter, wenn gleich ich darüber triumphierte, so begehrt zu sein, und allen dreien abgerungen hatte für meinen Beruf frei zu bleiben. Zuerst blieb Dr. Rückert »auf der Strecke«. Mein Vater mochte ihn nicht, ich hatte keine Wahl. Der nächste Kandidat, Dr. Heinisch., machte bei uns zu Hause einen Besuch. Mein Vater war ein Menschenkenner und ein Meister im Prüfen und Ausfragen. Wen kann das verwundern, wenn man daran denkt, dass er ein Meister darin war Aufträge jeder Art von Politikern oder Wirtschaftsleuten für seine Firma hereinzuholen und das auch noch in verschiedenen Ländern mit den unterschiedlichen Sprachen und Mentalitäten. Er fragte also Dr. Heinisch aus. Als der vorschriftsmäßige Besuch absolviert war, sagte mein Vater klipp und klar zu mir: »Der wird nicht geheiratet, der lügt!« Dieser »unglückselige Lügner« hatte sich um fünf Jahre jünger gemacht, statt 30 war er tatsächlich 35. Das hatte auch mich getroffen, wenn gleich ich mit den 5 »zusätzlichen« Jahren hätte gut leben können. Ich habe nicht herausbekommen, warum er das gemacht hatte, wäre meine Wahl auf ihn getroffen, so wäre das doch sowieso herausgekommen, und der Beginn einer Ehe mit einer Lüge? Also, Dr. Heinisch fiel aus. Als mein Bruder in den Tagen einmal nach Hause kam, lachte er mich an, von meiner Mutter hatte er wohl schon gehört, was passiert war, und sagte: »Also, mit dem Chinesen (so nannte er ihn) ist es auch nichts? Na du arme, wen wird Vater wohl irgendwann dann wohl anerkennen?« Ich muss hier aber hinzufügen, dass die Freundschaft zu Dr. Heinisch von langer Dauer war. Er kam später auch nach Dresden und hatte eine Breslauer Fabrikantentochter geheiratet. Später siedelte er nach Wien. Er bekam einen Ruf als Maler und lebte ein großzügiges Leben. Im 2. Weltkrieg, als wir in Bremen so sehr von Bombenangriffen heimgesucht wurden, machten er und seine Frau uns das Angebot, unsere Kinder für die Dauer des Krieges zu ihnen nach Wien zu schicken, doch ich wollte trotz aller Gefahren auf meine Kinder nicht verzichten. Viel später nach dem Krieg sahen wir uns wieder. Es war, als wären wir nie getrennt gewesen, es war wie »gestern« inzwischen ist er lange tot.

Und nun kommt Theo Neimke in ihrem Tagebuch an die Reihe. Unumwunden schreibt sie, dass es ihr schwer gefallen war mit den richtigen Worten, den nun folgenden Abschnitt so aufzuschreiben, wie sie damals alles erlebt hatte. Vieles ging ihr durcheinander, bei allem »Triumph«, wie sie geschrieben hatte, vieles war in Vergessenheit geraten, und all die »Wenn und Aber«, die es damals gab, gingen ihr erneut durch den Kopf. Ihr Theo war tot und sie schrieb für sich und ihre Kinder. Unruhige Jahre lagen hinter ihr. War die heiße Liebe geblieben, als Band zwischen ihnen in den vielen Notzeiten aber auch schönen Jahre ihres Lebens? Ja, es gab eine Pause des Schreibens, von der sie gesagt hatte, sie brauche Zeit zum überlegen. Was gab es zu überlegen? Was sie von dem mit ihrem Theo beginnenden Lebensabschnitt aufschreiben könne? Die vielen hinterlassenen Unterlagen bieten ein Pussel, welches neben ihren Aufzeichnungen ein Bild dieser Jahre bietet und nicht immer will bei einer genauen Betrachtung das Tagebuch mit diesem Pussel zusammenpassen. Hinzu kommt, dass irgendwann auch ihre Kinder begannen die Eltern in ihrem Zusammenleben zu erkennen. Erkennen aus der Sicht heranwachsender Jugendlicher aus ihrer Lebenssituation heraus, die geprägt war von Notzeiten aber auch dem sich entwickelnden »Wirtschaftswunder«.

Und weiter zu den entscheidenden Monaten 1928:

Nachdem ich Theo Neimke kennengelernt hatte, nachdem wir uns oft trafen, telefonierten, verabredeten und ich lange Briefe schrieb, nachdem er bei uns seinen Antrittsbesuch gemacht hatte, und er von meinen Eltern »für gut« befunden wurde, nachdem die anderen abgehängt waren, lag nun nichts mehr der weiteren Entwicklung im Weg. Das Schicksal, wie von der Großel angekündigt, nahm seinen Lauf.

Unzählige von erhaltenen Briefen aus dieser Zeit belegen, wie glücklich Charlotte war und wie aufmerksam ihr Verehrer sich um sie bemühte. Der Postbote kam damals noch zweimal am Tag in die Häuser, und da die beiden sich fast täglich schrieben, gab es manchmal auch mehr als einen Brief. Nur eine kleine Auswahl der vielen Briefe genügt, um zu zeigen, wie verliebt die beiden waren, aber auch welche Zweifel sie über die lange Verlobungszeit geplagt haben. Gegenseitig mussten sie sich häufig Trost und Mut zu sprechen, da die räumliche Trennung wohl manchmal nur schwer zu ertragen war. Dass auch die Familien nicht unberührt von den Stimmungsschwankungen blieben, kann man aus den verschiedensten Briefen heraus lesen.

Breslau, den 2.IV.1928:
Sehr geehrter Herr Neimke!
Als ich am Freitag nach Hause kam, fand ich Ihren Brief vor. Vielen Dank dafür. Nun möchte ich Ihnen noch sagen, dass ich sehr gerne zum Ball des ATV mitkommen würde. Es handelt sich nur um die Zeit, an der ich an einer Veranstaltung teilnehmen muss. Nur abends 7 Uhr kann ich leider außer Sonnabend und Sonntag nie abkommen. Da Sie ja voraussichtlich zu Ostern schon etwas vorhaben, würde sich wohl der Sonntag noch am besten dazu eignen, mit meinen Eltern einmal darüber zu sprechen. Bis dahin also, falls wir uns vorher nicht noch einmal sehen sollten, beste Grüße auch im Namen meiner Eltern. Charlotte Schlüter.

Verlobung auf dem Ottofelsen

Breslau, den 23.IV.1928
Sehr geehrter Herr Neimke,
Nun ist der heutige gefürchtete Tag auch vorüber. Der Spaziergang ist mit einigen kleinen Hindernissen glücklich überstanden. Jetzt ist Feierabend, der noch besonders dadurch verschönt wird, dass von irgendwoher Musik herübertönt - ganz stimmungsvoll. Ob Sie wohl jetzt wieder von den sich drehenden Grammofonplatten gemartert werden? Hoffentlich nicht, denn dann täten Sie mir leid. Zwar ist es schon reichlich spät, doch ich möchte Ihnen noch mitteilen, dass der pädagogische Leseabend erst nächste Woche anfängt. Da hat man also wieder einmal Glück gehabt. Sind Sie am Sonntag noch gut nach Haus gekommen? Also, auf Wiedersehen am Mittwoch um 7.00 Uhr, ich werde mir Mühe geben, pünktlich zu kommen. Bis dahin viele Grüße auch von meinen Eltern. Charlotte Schlüter

Was war passiert? Wieso hat Vater Schlüter »ja« gesagt? Einfach so? Was hat ihm seine bekannt gefürchtete Menschenkenntnis gesagt? Charlotte schreibt nichts darüber. Keinen Wutausbruch, kein Umschmeicheln des Vaters, keine Gespräche darüber, wo kommt ihr Theo her, welches Ziel hat er, verdient er genug um eine Familie zu unterhalten, wo werden sie leben? Es ist müßig über die Fragen zu spekulieren. Ihr Theo hatte einen sehr guten Eindruck hinterlassen, mehr ist nicht bekannt. Sicher ist, Vater Schlüter hätte nicht »die Segel gestrichen«, wenn es irgend einen triftigen Grund gegeben hätte. Die geliebte Tochter war ihm entwachsen, selbstständig geworden auf ihrem Berufsweg, selbstständig würde sie demnächst nach Ahlbeck gehen, mit oder ohne einer Liebe in Breslau.

Wer war ihr Theo?
Er wurde 1900 in Frankfurt/Main geboren, war also 28 Jahre alt und hatte mit Charlotte an dem gleichen Tag, den 31.07., Geburtstag. Seine Jugendzeit verlebte er mit zwei Schwestern in Forst/Lausitz, wo sein Vater Direktor des Elektrizitätswerkes war. Seine Mutter stammte aus Köln, sein Vater war in Prag geboren, war aber Reichsdeutscher. Nach der Teilnahme am Ersten Weltkrieg begann er ein Studium der Elektrotechnik in Dresden und erhielt als Dipl. Ing. der Elektrotechnik in Berlin bei der Firma Siemes & Halske seine erste Anstellung. In der Studentenzeit trat er dem ATV Alsatia Dresden bei und wurde als ein fröhlicher Verbindungsbruder bekannt, der »nichts anbrennen lies«. So hat er sich auch »geschlagen« als ein tapferer Kämpfer auf dem Fechtboden. (im Jahr 2017 bestand die Gelegenheit einige Hinterlassenschaften aus dieser Studentenzeit dem im Entstehen begriffenen Archiv der Verbindung »alsatia Dresden« in Halle/Saale zu überlassen).Eine Versetzung zur Weiterbildung in die Niederlassung von Siemens & Halske nach Breslau folgte. 1929 wechselte er zum Sachsenwerk, Licht- und Kraft-Aktiengesellschaft in Dresden, dem damals drittgrößten elektrotechnischen Unternehmen in Deutschland. »Ein Mann wollte nach oben« so könnte man seinen Lebensweg bis hier her beschreiben, vielleicht hat das Vater Schlüter aus der eigenen Berufskarriere her beeindruckt, und er erkannte, da war jemand, der wollte sich eine Existenz aufbauen und eine Familie gründen.

Und weiter schreibt sie:
Zu Pfingsten bekam ich eine Einladung zu einem Pensionstag in Wernigerode. Die Einladung kam von Frau Tamm und natürlich war ich gespannt, wer von meinen »Mitleidern« kommen würde und was wir uns alles zu erzählen hätten. Ich sagte sofort zu und bestellte mir ein Zimmer bei Frau Ostendorf, die ich noch aus der Pensionatszeit kannte. Zugleich hatte mir Theo gesteckt, dass seine Schwester Elfriede Pfingsten heiraten würde. Er wäre also in Forst zu der Hochzeit und ein kleiner Zwischenaufenthalt in Forst wäre doch sehr schön. Aber das wollte ich doch nicht, zumal ich die gesamte Familie überhaupt nicht kannte. Er erkundigte sich noch - eher beiläufig, mit welchem Zug ich denn fahren würde. Es war ein D-Zug von Breslau über Halle-Leipzig-Hannover-Bremen-Bremerhaven. Niemals hätte ich damals jemanden geglaubt, der mir gesagt hätte, dass Bremen einmal meine zweite Heimat werden würde! Als der Zug im Bahnhof Forst einlief und ich aus dem Fenster sah, um zu mindestens einen Blick auf den Bahnhof zu werfen, da stieg ein junger, eleganter Herr, ganz in Hellgrau mit Spazierstock in den Zug ein. Es war nicht zu fassen, es war Theo Neimke! Er fuhr eine Station bis Cottbus einfach mit. Und, einmal

überrumpelt, fragte er, ob er mich nicht in Wernigerode einige Tage besuchen könnte. Der Herr Neimke war verwegen und hatte wohl alles auf eine Karte gesetzt. Aber wem würde da nicht das Herz höher schlagen! Bedenken, Form und Etikette waren wie weggefegt. Ich sagte einfach »ja« und mein ja klang wohl sehr glücklich. Nachdem er wieder ausgestiegen war, wurde mir erst die ganze Tragweite meines Entschlusses klar, aber auch zugleich, dass jetzt meine Freiheit begonnen hatte. Niemand konnte sich mir mehr in den Weg stellen. Bei dem Pensionstag umringten sich alle mit solcher Freude, dass wir uns noch einmal wieder sehen würden. Doch ich war kaum richtig dabei. Was meine Pensionsschwestern so alles in der Zwischenzeit erlebt hatten - natürlich mit Männern - rauschte an mir vorbei. Theo, Theo war mein einziger Gedanke. Ich bestellte in einem kleinen Hotel ein Zimmer für Herrn Neimke und ging am verabredeten Tag zum Zug aus Forst. Natürlich war ich aufgeregt, ob er wirklich käme? Der Zug hielt, und wer stieg aus? Mein Liebster - waren das selige Tage! Mit der Harz-Querbahn und der Brockenbahn, die es damals noch gab, fuhren wir zur »Steinernen Renne« und wanderten von da zum Ottofelsen. Nachmittags um 3.30 Uhr fragte Theo auf dem Ottofelsen mich die Frage aller Fragen: »Willst du meine Frau werden!« Ich sagte einfach »ja«. Es war der 2. Juni 1928.

Charlotte hat die Wiedervereinigung der beiden Teile Deutschlands nicht mehr erlebt. Die Brockenbahn war ab Drei-Annen-Hohe nicht mehr in Betrieb und die Steinerne Renne lag im Sperrgebiet der Sowjets bzw. der DDR. Ein Besuch von Braunlage aus zusammen mit meiner Frau, nach der Wiedervereinigung in die neu eingerichtete Gaststätte »Zur Steinernen Renne«, war verbunden mit der Suche nach dem Otto-Felsen. Das Hotel und Ausflugslokal »schwebt« neben dem großartigen Wasserfall und ist wieder ein Wanderzielpunkt von allen Seiten aus geworden. Es gibt ein Foto von Charlotte und Theo auf dem Ottofelsen. War jemand dabei oder hatte Theo mit einem Selbstauslöser das Foto gemacht? Hatte er einen anderen Wanderer um das Foto geben? Keiner weiß das. Und wie war das überhaupt? Charlotte hatte bei einer alten Bekannten übernachten wollen, jedenfalls war das ihre Absicht gewesen. Gab es da noch andere Überlegungen? Wohl kaum. Zu damaliger Zeit hätte kein Hotelier ein unverheiratetes Paar bei sich in einem Zimmer wohnen lassen. Das war ja auch verboten. Aber was ist schon verboten? Mein Vater war wohl ein »Draufgänger« und Charlotte liebesblind. So bleibt alles offen, und der Fantasie bleibt unendlich viel Raum.

Und weiter:
Als ich in Breslau einige Tage später abends aus dem Zug stieg, Theo war bis Halle mitgefahren, um dort nach Forst umzusteigen, holten mich meine Eltern am Bahnhof ab. Natürlich gab es Fragen über Fragen, aber nur zum Pensionstag und den Teilnehmern. Meine erste Antwort war: »Überraschung für euch, ich habe mich verlobt!« Meinen Eltern blieb die Spucke weg. Aber es gab keinen Protest oder andere Einwendungen. Es schien so, als hätten sie geahnt, dass die kleine Reise noch einen anderen Grund gehabt hatte. Ja, ich war frei, ich hatte mich entschieden und es gab keinerlei Wenn und Aber durch meine Eltern, was mich wiederum verwirrte. Theo Neimke war der Jüngste der Heiratskandidaten gewesen, und der, der bei der damaligen schlechten Wirtschaftslage die wenigsten Berufschancen hatte. Zu seiner Anstellung bei Siemens & Halske gab es damals einen Spottvers, den ich nie mehr vergessen habe:

Wer nie bei Siemens war,
bei AEG und Borsig,
der kennt des Lebens Elend nicht,
der hat es stets noch vor sich.

Die wirtschaftliche und politische Lage im Land war unsicher. Das Verbot der NSDAP in Berlin war gerade wieder aufgehoben worden. Zum Zeichen »wir sind wieder da« wurde die erste Massenkundgebung in dem Berliner Sportpalast organisiert, mit dem Redner Joseph Goebbels. Am 1.11.28 wurden in der Eisen- und Stahlindustrie Nordwestdeutschlands 213.000 Arbeiter ausgesperrt, nachdem die Gewerkschaft eine Lohnerhöhung von 15 Reichspfennig je Std. gefordert hatte. Im Reichstag waren 11 Parteien vertreten, davon nach heutigen Vorstellungen 4 Splitterparteien. Die »Bremen« und die »Europa« liefen als Luxusliner vom Stapel. Die Wirtschaft expandierte zwar, aber die Reparationszahlungen aus dem Young-Plan drückten. Der Zahlungsplan gab den rechtsreaktionären Kräften im Reich Grund für heftige Attacken gegen die Regierung. Das war die Lage, in der Charlotte und Theo begannen ihr gemeinsames Leben zu planen.

Es war so: In der Deutschen Wirtschaft sah es so schlecht aus, dass ein junger Ingenieur so gut wie keine Aussicht hatte, soviel zu verdienen, dass er heiraten konnte. Ergo lag eine lange Wartezeit vor uns und somit gab es keinen Grund für mich, beruflich alles aufzugeben auch hatte ich mir bei meinen Verehrern die Weiterarbeit in Zukunft ausbedungen. Vorweg möchte ich erwähnen, dass mein heimlicher Verlobter und späterer Ehemann niemals auch nur einen Funken Interesse an meinem Streben und Wirken hatte. Er sah sich und sein persönliches Wohlergehen von Anfang an durch meine Ideen und meine Tätigkeit benachteiligt. Von seiner Familie wurde er darin bestärkt. Die beiden Schwestern hatten keinen Beruf erlernt und waren nur darauf aus, einen Mann zu bekommen. Für alles andere war kein Verständnis vorhanden. So war ich als berufstätige Frau ein Neuling, ein Fremdkörper in der Neimke-Familie und das habe ich oft genug zu spüren bekommen.

Nur, wie hat das zusammengepasst? Ihre Liebe zu einem technisch orientierten Mann, der für ihr Wirken, für ihre Liebe zur Musik zu dem ganzen musischen Umfeld ihres Elternhauses kein Interesse zeigte, sich auch nicht bemühte irgendein Verständnis aufzubringen, war sie »blind?« Hatte er gemeint, ihr »Berufswahn« würde sich in der Ehe schon legen, sie würde sich dann auf Kinder, die sie beide wünschten, konzentrieren. Und die Musik? Dafür gab es ja inzwischen das Radio und den Plattenspieler mit Schallplatte. Beides eine technische Revolution, da konnte doch kein Klavier mit halten.

Ihre ersten Briefe klingen bei aller Liebe noch sehr distanziert, der Einwand zu den Grammofonplatten, in einem ihrer Briefe, die ihn martern könnten, reicht aus, um einen Hinweis auf die tatsächlichen Unterschiede zwischen den beiden zu bekommen. Oder der Hinweis in einem anderen Brief vom 11.V.1928, dass sie zu ihrem Theo nach Berlin einen ihrer Artikel aus der Zeitschrift »Christliche Kinderpflege« geschickt hatte. Sie war glücklich, dass ihr Artikel abgedruckt worden war: »Können Sie sich denken, dass ich mich darüber gefreut habe?« Es gab darauf keine Reaktion von Theo. Mit diesem Thema konnte er nichts anfangen. In seinem Elternhaus hatte die Mutter als katholische

Rheinländerin »die Hosen angehabt«. Praktisch und Deutsch-National war die Familie, in einer kleinen Industriestadt, wo »man« sich kannte, und Theos Vater wie ein König als Direktor des ersten Elektrizitätswerkes in Ostdeutschland durch die Stadt schritt. Keine Fabrik, die nicht von ihm »Ferndampf« bezog. So wurden die einzelnen Dampfmaschinen in den Fabriken abgelöst und das Ende der Abgaswolken aus den vielen Fabrikschornsteinen setzte ein. Viel später, als der Großvater mit seinen Enkelkindern durch Forst ging, öffneten sich ihm die Fabriktore, wo immer er wollte, und er zeigte den Kindern die gewaltigen Maschinen, mit denen die »Forster Tuche«, weltbekannt, gefertigt wurden. Die Kleinen durch die Stadt fahrenden Eisenbahnen hielten an, und der Lokführer grüßte den Großvater, oder sie ließen ihre Dampfpfeife laut schreien, die Kinder hielten sich dann die Ohren zu. Wer hatte wohl einen Opa, der der Herr über Dampfmaschinen und Lokomotiven war?

Aus den Briefen geht hervor, dass Ihr Theo sehr wohl erkannt hatte, wie kritisch sich die Wirtschaftslage entwickelte und er hatte schon angefangen Spanisch zu lernen, da er sich zu einer Siemens-Filiale in Argentinien bewerben wollte. Doch sein Chef entschied anders. Er schickte ihn nach Breslau. Dort warteten interessante Aufgaben bei dem Ausbau der Technischen Hochschule – und das Schicksal nahm seinen Lauf!

Zurück zu ihren Briefen:
Die ersten Briefe unterschrieb sie mit »besten Grüßen, Charlotte Schlüter«. Wenig später schreibt sie schon »viele Grüße Lotte Schlüter«. Ja und dann kommt der Brief vom 29.V.1928 aus Wernigerode:

Mein lieber Theo,
(...) im Übrigen geht es mir hier viel zu gut. Du glaubst gar nicht, wie schön es hier ist. Wie das öfters der Fall ist, gab es zuerst eine kleine Enttäuschung. Von Frl. Ostendorf, wo ich wohnen wollte, ist der Bruder gestorben, und sie ist auf und davon nach Königsberg. Da stand ich also vor der Tür und klopfte vergebens. Kurz und gut begab ich mich in das Pensionat, doch da kam ich vom Regen in die Traufe, alle waren ausgeflogen. Was nun? Der Entschluss fiel sehr schnell, ich mietete ein Zimmer in einer sehr netten Fremdenpension, Schülerstr. 4 in Wernigerode. Man ist hier, wie ich noch von früher weiß, sehr gut aufgehoben. Wie ist es Dir inzwischen ergangen? Du schwebst augenblicklich wohl mitten im Festgewühl (gemeint war die Hochzeit der Schwester) und ich sitze hier in der Einsamkeit. Einen herrlichen Morgenspaziergang habe ich schon hinter mir in Begleitung der »Mümmelmann«. Also doch nicht ganz allein. Dann war ich bei Frl. Thamm. Sie hat mich gleich für heute früh zu einem Spaziergang aufgefordert und morgen abends zu Abendbrot. Jetzt mache ich Schluss.

Es grüßt Dich herzlich Deine Lotte.

Bis zum »Du« waren sie schon gekommen, doch den »Ottofelsen« hatte sie noch nicht gesehen. Das denkwürdige Ereignis der »heimlichen Verlobung« war erst am 2. Juni 1928. Der nächste Brief, der die »Wende« in der gegenseitigen Liebe aufzeigt, ist ein Brief vom 5.VI.1928 aus Breslau. Die gemeinsamen Tage in Wernigerode waren vorbei:

Breslau, den 5.VI.1928:

Mein lieber, lieber Theo,
eben habe ich die Kindlein im Hort alle zur Ruhe gebracht und habe nun Zeit und Muße, um mit Dir ein klein wenig zu plaudern. Wie ist denn Deine Reise verlaufen? Bist Du gut in Dresden gelandet? Bei mir ging die Fahrt ganz glatt, von Leipzig an waren die Wagen nach Breslau fast leer. In Dresden habe ich die schönsten, besten Grüße von Dir bestellt. Dann ging es weiter in die Nacht hinaus und um ¾ 1 Uhr hieß es endlich«: Breslau Grenzbahnhof!« Meine Eltern waren an der Bahn. Vater war gerade erst mit dem Auto aus Schweidnitz zurück. Das Telegramm ist schon um ½ 7 Uhr da gewesen. Habe noch einmal recht herzlichen Dank, dass Du Dich meiner erbarmt hast. (......) Ja und dann kam zu Haus das Geständnis vom Ottofelsen! Meine Eltern waren ganz und gar überrascht, aber gefreut haben sie sich mächtig. Sie sahen auch, wie glücklich ich war. Bist Du es auch, mein liebster Theo? Was sagten denn Deine Eltern zu ihrem Herrn Sohn? Das musst Du mir mal ganz genau schreiben oder auch erzählen, hörst Du! Hoffentlich vergehen die 8 Tage, bis wir uns wiedersehen, recht schnell, jetzt sind es nur noch 7 Tage. Die Einladung schicke ich Dir jetzt mit, vielleicht kommt Deine Zusage doch noch zur rechten Zeit. Ich denke auch, dass wir die Union streichen, sonst sind wir den nächsten Tag nicht mehr ganz auf der Höhe. Für heute nun Schluss. Lass es Dir recht, recht gut gehen, recht schönes Wetter wünsche ich Dir.

Mit vielen, vielen herzlichen Grüßen bin ich Deine Lotte.

Ja, verliebt war sie, die Charlotte. In ihren Briefen verströmt sie eine – fast naive – Herzlichkeit. Wenn man bedenkt, dass sie vor nicht allzu langer Zeit noch geschickt drei Heiratskandidaten auseinandergehalten hatte, um in alle drei zugleich verliebt zu sein. Von zwei vierblätterigen Kleeblättern, zugleich gefunden, schickt sie eines sofort nach Forst, damit es ihrem Theo Glück bringen möge, was sie ihm vom ganzen Herzen wünscht. Sie bedankt sich überschwänglich für die schönen Bilder (sicher vom Ottofelsen), die sie nun stolz herumzeigen kann, und bittet ihn die Platten (Negativplatten der Kamera) mit nach Breslau zu bringen, um weitere Abzüge zu machen. Jeder sollte von ihrem Glück wissen. Und sie sehnt seinen nächsten Besuch herbei und droht ihm an, das sie ihm, ist er erst einmal in Breslau »die Fesseln an legen will«. Sie will ihn ganz für sich alleine haben, und schränkt doch ein, dass sie die Fesseln so leicht und so angenehm machen will, wie möglich. »Vor einer Woche war unser bisher glücklichster Tag«, schreibt sie.

Und dann schildert sie ihre Arbeit in dem Kinderheim:

Allmählich bin ich wieder im alten Tritt drin. Die Kinder machen mir viel Freude. Wenn wirklich einmal eine Stunde zum Verzweifeln kommt, so ist das doch verschwindend gegen die vielen beglückenden Tage, die die Arbeit mit sich bringen. Der Erzieherberuf ist doch bestimmt einer der schönsten, wenn nicht gar der idealste und schönste, denn es ist die Arbeit am lebendigen Menschenleben!(...)

Mit allen guten Wünschen für die kommenden Tage bin ich immer Deine Lotte.

Und die Gemeinsamkeiten? Er, der Technik verschrieben, Radios bauend mit ganzer Leidenschaft, mit einer Examensarbeit an der TU Dresden, die für ihn den Einsatz aller seiner geistigen Kräfte gefordert hat, Verständnis für Maschinen gleich welcher Art, dem fröhlichen Leben zugewandt. Immerhin war Theos Mutter eine waschechte Kölnerin aus der wohlhabenden Familie

Ziskoven. Der Karneval war dort im Leben die fest verankerte »fünfte Jahreszeit«. Noch nach Jahrzehnten hatte der rheinische Karneval eine geradezu magische Anziehungskraft für Theo. Dramatische Auseinandersetzungen gab es mit Charlotte, wenn die Karnevalszeit kam und Theo irgendwie geschäftlich nach Düsseldorf »musste«. War da verletzte Eitelkeit oder eine urgründige Eifersucht im Spiel, wenn es zu verletzenden Szenen kam? Ein Fernseher kam später nur ins Haus, weil Theo Karnevalssitzungen sehen wollte, dafür wurde Geld ausgegeben. Es fehlte Charlotte immer die geistige Auseinandersetzung mit Theo, ihre Ideale waren nicht die Ideale ihres Mannes. Späte Einsicht von ihr mit der Resignation der Unterlegenen. Irgendwann war ihr die Kraft, ihr Leben eigenständig zu gestalten durch Ihre angeschlagene Gesundheit, und die Dominanz ihres Mannes verloren gegangen.

Aber noch wurde sie nicht zwischen den »Nichtigkeiten und den Freuden des Lebens« hin und hergerissen.

1928/1930 Ahlbeck und neue Aufgaben

Der Koffer kommt wieder zu ehren. Theo hin und her, der Vertrag war geschlossen und nichts wünschte sie sich im Moment mehr - neben Theo natürlich - als die berufliche Erfüllung: Die Arbeit in einem Kinderhort. In ihrem Tagebuch gibt es keine Eintragung, die auf einen Abschiedsschmerz von Theo hinweist. Noch war die Verlobung nicht offiziell verkündet. Sie schreibt nur, dass Theo sich »freute« als sie zurückkam und er sie wieder hatte. Gab es da keinen Versuch in der langen Zeit sie einmal zu besuchen? Nichts ist davon in ihren Briefen oder ihrem Tagebuch zu finden. Viele Briefe hatte sie geschrieben. Alle sind sie erhalten geblieben und sie weisen auf eine für Charlotte glückliche Zeit hin.

Aber erst einmal fröhlich nach Ahlbeck an den Ostseestrand. Vater brachte mich hin - er konnte es nicht lassen! Mit dem D-Zug fuhren wir bis Stettin, dann mit dem Schiff nach Ahlbeck. Ich durfte doch nicht allein »in die Welt«, Vater blieb drei Tage im Hotel und erkundete die »Friedensburg« wie das Kinder und Erholungsheim hieß. Hätte er etwas zu beanstanden gehabt, oder hätte er einen »Wurm« in der Sache entdeckt, er hätte mich auf der Stelle mit nach Hause genommen. War ich immer noch »behütet?«

Wir, meine Frau und ich, konnten es im Jahr 2003 nicht lassen nachzuforschen, wo denn die Friedensburg in Ahlbeck gewesen war. Eigentlich stellten wir uns das ganz einfach vor. Da gab es ein Bild mit einer Anschrift: Prinzenstraße 15. Also, wir machten uns auf die Suche. Eine Prinzenstr. gab es natürlich nicht mehr. Wir fragten verschiedene ältere Leute. Keiner wusste Bescheid. Bei der Einwohnerbehörde sollten wir fragen. Auch dort gab es keine Auskunft. Jahrzehnte waren vergangen, der Krieg und die nachfolgende DDR hatten auch hier ihre unübersehbaren Spuren hinter lassen. Menschen, die vor dem Krieg hier gewohnt hatten, gab es kaum noch. Man erinnerte sich an das entsetzliche Bombardement auf Swinemünde zu Kriegsende und die Tausende von Leichen, die an den Strand gespült wurden und auf dem Golm beigesetzt waren. Swinemünde war überfüllt gewesen von Flüchtlingen aus Pommern und Ostpreußen, als die Angriffe einsetzten. Da gab es für uns niemanden mehr, der etwas aus der Vorkriegszeit sagen konnte. Was blieb uns? Mit dem Foto Haus für Haus abgehen und Ähnlichkeiten suchen. Charlotte hatte in einem Brief geschrieben, dass das Heim »am Ende des Ortes dicht am Strand gelegen hatte und dass Heringsdorf der nächste Ort gewesen sei«. Ja, wir fanden die »Ruine« aber nur mit dem Blick eines Architekten, der die Fantasie hatte, ein für die ehemalige DDR typisch ramponiertes Gebäude als das gesuchte Haus zu erkennen. Die Turmbauten waren weg, die Simse und Balkone abgeschlagen, Anbauten im Erdgeschoss zerstörten die ganze Erscheinung zur Seeseite. Und leer war das Haus obendrein. Nur schwer war vorstellbar, welches fröhliche Leben hier geherrscht hatte. Wir hatten einen der Plätze gefunden, in denen Charlotte mit ihre schönste Zeit als Kindererzieherin verbracht hatte.

Zu ihrem Alltag in dem Kinderheim soll Charlotte aus ihrem Tagebuch zitiert werden, da nur sie den Umfang ihrer Tätigkeit wieder geben kann.

Auch scheint es wichtig, dass von allen denjenigen, die heute Kinder erziehen oder auf Klassenfahrten Kinder betreuen erkennen, dass damals, zu meinen Zeiten, ganz andere Erziehungsgrundsätze galten. Kein Kind wurde mit großen Autos herumkutschiert, an den Türen der Schulen oder Heime brauchten keine Schilder angebracht zu werden »Liebe Eltern bis hierher und nicht weiter«. Es wurden keine Psychologen benötigt um Kinder auf die Schulzeit vorzubereiten, es gab keine Diskussionen darum, was das liebe Kind wohl essen möchte und ob überhaupt. Es herrschte Disziplin, wie immer die aussah. Und das Glück der Kinder, die einen Platz in einem Kinderheim oder Kindergarten ergatterten, war grenzenlos.

Unter diesen Umständen schreibt sie weiter:
Ich komme auf den Alltag zurück. Es ist beileibe keine Kleinigkeit, Kinder, fremde Kinder, jeden Alters zu betreuen, zu erziehen, für ihr Wohl zu sorgen und sich um Gerechtigkeit zu bemühen. Es gehörte dazu in hohem Maße Selbstdisziplin, zurückstecken des eigenen Ichs, oft sogar Verzicht auf eigenes Wohlbefinden, Hintenanstellung persönlicher Interessen, die oft schwere Forderung, jedem Kind gerecht zu werden. Aber ich war jung, voller Ideale, voller guter Vorsätze und, wenn man es ernst nimmt, restlos überzeugt von der guten Sache, der man dient.

Das Kindererholungsheim in Ahlbeck hatte abwechselnd 6 Wochen-Kurse für Privatkinder und Kinder der Sozialfürsorge. Es hieß also sich jeweils umstellen von anspruchsvollen, selbstbewussten und verwöhnten Kindern auf solche, die aus schwierigen häuslichen Verhältnissen kamen und denen das Heim wie ein Paradies vorkam. In den »Mitteilungen des Evangelischen Kinderpflegeverbandes für Schlesien« habe ich zum Abschluss meiner Tätigkeit in Ahlbeck einen Bericht unter dem Titel »Kinderheim und Elternhaus« geschrieben.

Der Dienst war streng (!). Pünktlichkeit, Ordnung, Disziplin, Mittagswache während der 2 Std. Ruhe im Haus nach dem Mittagessen, Nachtwache von 22.00 bis 6.00 Uhr morgens, als »Feuerwehr« für jeden Ausnahmefall. 2x nachts durch die Schlafsäle gehen mit: Trösten, gut zu reden, mal sich ans Bett setzen denn Heimweh ist doch schlimm. Am Morgen: Kein Radau in den Waschräumen, nachsehen ob jeder sich wäscht, sich ordentlich anzieht. Betten machen - o je, das war oft arg und nervenzerreißend! Jeden Sonntag hatte eine andere Gruppe abwechselnd Programm für die feierliche Morgengestaltung. Ich hatte, was noch nie da war, mit meinen 13-14 Jahre alten Jungen die »Singende Jugendgruppe« gegründet. Die Schlechtwettertage mussten organisiert werden. Bei schönem Wetter gab es Ausflüge zur Insel Rügen, nach Swinemünde oder nach Ückeritz. Leben am Strand, Überwachung der Kinder, die im Wasser schwimmen wollten. Als gute Schwimmerin musste ich immer draußen den letzten Posten zur Bewachung besetzen. Wir waren 6 Praktikantinnen aus den verschiedensten Gegenden Deutschlands und verstanden uns prächtig. Wir hatten alle das Jugendleiterseminar als nächstes Ziel im Auge. Natürlich mussten auch die Abende gestaltet werden, denn nicht immer hieß es nach dem Essen: ab in die Betten.

Kinderheim Friedensburg, Ahlbeck, Dt.-Österreichischer Verein für Jugendfürsorge, an der Seepromenade

Am Tagesende fühlte ich mich manches Mal völlig verausgabt. Aber dann kamen noch die Vorarbeiten für den nächsten Tag, Absprachen mit den anderen Leiterinnen und letztlich die Aufzeichnungen über den Tagesablauf mit evtl. besonderen Vorkommnissen usw. Ein Brief an Theo war Herzenssache, der kam noch in den Postkasten und dann war Tagesende. So verliefen die Tage, wenn es keine besonderen Vorkommnisse gab.

Und sie schrieb an ihren Theo am 3.VIII. 1928:
Es ist schon hell in meinem Zimmer, sodass ich nicht mehr schlafen kann, denn Jalousien gibt es hier nicht. Desto schöner ist aber auch der Anblick, der sich einem bietet, wenn man an das Fenster tritt. Glutrot ist der Himmel, glutrot ist das Meer, nach dem Strand zu färbt es sich dann in allen Schattierungen zum tiefsten Blau. Kein Wölkchen stört diesen Zauber der aufgehenden Sonne. Und ich sitze wie verzaubert in meinem »Schloss« und kann immer noch nicht denken, dass dieses alles Wirklichkeit ist. Eigentlich, so kommt es mir vor, müsste ich jetzt aufwachen und wäre dann im lieben Breslau. Da dem aber nicht so ist, so finde ich mich ab mit der Wirklichkeit und das ist auch ganz schön. So will ich Dir nun etwas von meiner Arbeit erzählen. Aufgestanden wird um 6 Uhr, Frühstück um 7 Uhr. ½ 8 Uhr werden die Kinder geweckt, es sind 135 an der Zahl

im Alter von 8 - 18 Jahren. So ganz leicht ist das nicht. Ich habe eine Gruppe von 25 Jungen im Alter von 10-14 Jahren, alles Rheinländer. Als wir gestern am Strand waren, haben wir eine schöne »Rheinreise« gemacht. Es sind alles sehr verwöhnte Elternsöhnchen, Gymnasiasten, die ziemlich viele Ansprüche stellen.

Doch nun weiter im Tageslauf: Nach dem Frühstück gehen wir spazieren, jede Erzieherin mit ihrer Gruppe. Oder es geht an den Strand, dann sind wir alle zusammen. Im Wasser waren wir bisher noch nicht, weil es zu kalt ist. Nach dem Mittagessen habe ich 2 Stunden frei und alle 3 Tage Schlafwache. Nach dem Kaffee sind wir dann wieder am Strand oder im Wald, ein Teil der Kinder wird in dieser Zeit mit Höhensonne bestrahlt. Um 6 Uhr ist Abendbrot, dann große Wäscherei, um ½ 8 liegen alle Kinder in der Falle. Das Abendgebet spreche ich alleine in jedem Zimmer. Es ist schon etwas Eigenartiges vor solchen großen Jungen seine innersten Gedanken zu sagen, doch das Gefühl ist schnell überwunden. Dann gehe ich von Bett zu Bett und sagen jedem etwas, worüber er sich freut. Das ist der schönste Augenblick am ganzen Tag. Die Großen sind dann noch wie die ganz Kleinen. Die raue Schale, alle Rüpelei und Ungezogenheiten verfliegen in diesem Augenblick und sie sind richtige Kinder. Gestern passierte mir sogar, dass einer mich bat: »Bitte, bitte Schwester Lotte, ein Stück Schokolade!« Ach so, da muss ich Dir auch sagen, dass ich hier als Schwester herumlaufe mit weißer Haube und weißer Schürze, aber nur, wenn ich mit den Kindern zusammen bin, sonst immer in Zivil. Vielleicht kann ich Dir mal ein Bild schicken.

Und vor allen Dingen, Theo, wie geht es Dir? Gefällt Dir das Leben als Strohwitwer? Denke einmal, wenn Du um sieben aufstehst, dann habe ich schon 2 Stunden gearbeitet. Du träumst um diese Zeit noch vom am vergangenen Tag erlebten, bis Dich der Wecker an Deine Pflichten mahnt. Mein Wecker sind die hellen Wellen, die unaufhörlich ihr Lied ertönen lassen. Wer hat es wohl so gut? Wenn dann die Herbststürme brausen werden, dann bin ich wieder bei Dir und kann Dir viel mehr erzählen, als es mir jetzt möglich ist. Wie ich mich schon darauf freue! Nun will ich für heute schließen. Lass es Dir recht, recht gut gehen, in Gedanken bin ich immer bei Dir.
In treuem Gedenken Deine Lotte

Fast alle ein bis zwei Tage geht Post hin und her. Charlotte schreibt mit Überschwang von den Tagesabläufen und spart auch nicht mit Kritik, so z.B., wenn sie von den »Schreibtagen« der Kinder erzählt. Die geschriebenen Briefe müssen ihr offen vorgelegt werden, und sie muss jeden Brief durchlesen. Für sie eine Qual, an die sie sich nur schwer gewöhnt, aber diese Arbeit ist eine Pflicht in dem Heim für alle Gruppenleiterinnen. Den Kindern, bei dem, was sie ihren Eltern schrieben, in die Seele zu sehen, das war zu viel für sie und ihren Sinn für persönliche Rechte. Ein Gespräch mit der Heimleitung war kurz und bestimmt. So seien die Vorschriften und sie müsse sich daran halten. Häufig hat sie in ihrem Leben auf diese, aus ihrer Sicht unerhörte Bestimmung, hingewiesen, wenn es um ähnlich gelagerte Fälle ging.

Ihre Briefe sind von Hinweisen durchzogen, dass sie doch bald wieder mit ihrem Theo vereint sein wird, und dass das Heim am 25. September für diesen Sommer geschlossen würde und sie ganz glücklich darüber sei, denn ursprünglich sollte sie bis in den November hinein dort bleiben. Sie schreibt aber auch, dass es bei der Heimleitung Überlegungen gegeben hatte, sie vertretungsweise als Heimleiterin bis zum Ende der Saison einzusetzen, da die zuständige Jugendleiterin Ende September fortgeht. Daraus wurde nun nichts. War sie wirklich glücklich darüber, immerhin war Ahlbeck im Vorfeld die »Traumerfüllung« gewesen und dann fast ein ganzes Heim zu leiten, wenn auch für kurze Zeit. War da nicht ihr Ehrgeiz getroffen, oder war es so, dass sie gegenüber ihrem Theo ein schlechtes Gewissen hatte und das Ende der Saison ihr gelegen kam? Kein Wort darüber. Es gibt nur den Hinweis, dass sie von Selbstzweifeln gequält wird, über das, was Theo ihr schreibt. Was das genau war, ist nicht erhalten, nur die Reaktionen auf seine Briefe lassen erraten, dass er nicht immer mit ihr einig ist.

So antwortet sie ihm einmal:
Du schreibst mir, ich sollte zu Dir so sprechen, wie es mir im Augenblick des Schreibens zumute ist. Hast Du denn das Empfinden, dass dieses nicht geschehen ist? Mitunter wurde von mir tüchtig geschummelt, doch größtenteils habe ich wirklich so geschrieben, wie mir ums Herz war. Dass ich Dir nicht immer antworte, liegt daran, dass ich mich nicht vollkommen von irgendeiner Stimmung beherrschen lasse, sondern stets versuche, darüber Herr zu werden. Früher konnte ich das nicht, doch jetzt fällt mir das absolut, besonders im Umgang mit den Kindern nicht schwer, die Gewohnheit macht doch viel aus. Man muss eben beim Umgang mit Kindern stets gleichmäßig freundlich, fröhlich doch natürlich auftreten und darf sich nicht zu irgendetwas hinreißen lassen, sei es in allzu großer Güte oder Strenge. Dadurch hat man eine ganz andere Einstellung zu sich selbst und kritisiert ständig an sich herum, um immer noch mehr von sich selbst loszukommen. Außerdem habe ich bisher nie irgendeinen Menschen gebraucht, der mir aus seelischen Nöten heraus half, sondern bin stets allein damit fertig geworden.

Hier merkt man richtig, wie sie sich irgendwie getadelt fühlt. Schon geht sie in die Offensive. Hatte sie da ganz vergessen, dass sie immer ihre Großel als die Beraterin in allen Lebensfragen genannt hatte? Den Widerspruch muss Theo bemerkt haben, denn in einem späteren Brief geht sie auf diesen Zusammenhang ein und fast entschuldigt sie sich.

Weiter schreibt sie:
Doch will ich mir die Mühe geben, mich von jetzt ab anders einzustellen und darf dir recht geben, dass zwei Menschen, die nun ihren Lebensweg zusammen gehen wollen, sich auch vollkommen kennen müssen. Nun bin ich wieder einmal am Ende.
Viele tausend herzliche Grüße von Deiner Lotte

In diesem Brief, der inhaltlich exemplarisch für fast alle Briefe gesehen werden kann, zeigt sich die innerliche Zerrissenheit von Charlotte. Hier der von ihr geliebte Beruf, vielleicht in der Leidenschaft überbewertet ohne den nötigen Pragmatismus, dort ihr geliebter Theo, der die stetige räumliche Entfernung zu ihr beklagte und sich vielleicht von Charlotte in Dingen der Lebenseinstellung bevormundet sieht. Versteht er überhaupt, was seine Charlotte bewegt? Sind nicht seine Lebensumstände aber auch seine beruflichen Umstände entgegengesetzt zu Charlotte gelagert? Er will sie ohne Frage, aber er wünscht sie sich weniger »störrisch«, weniger berufliche Vorlesungen, mehr hingebungsvolle Liebe. Er ist ein Mann, der gerne feiert, vielfältige Kontakte pflegt, seinem Beruf mit Leidenschaft zugewandt ist, aber weniger tief greifende Studien über die Liebesfähigkeit des Menschen und die Grenzen des Verzichtens aufgezeigt haben möchte. Es wäre wohl die beste

Möglichkeit gewesen, so bald als möglich zu heiraten, aber sie waren ja erst »heimlich verlobt«, weswegen ihr Vater, der Theo gerne mochte, bei jeder Gelegenheit fragte: »Wie geht's Theo, wann seht ihr euch?« Sah er die selbstzweiflerischen Qualen seiner Tochter? Er wurde als ein genauer Menschenkenner beschrieben, was sah er wirklich und hatte er Sorge, dass die Verbindung sich lösen könnte?

Aber dann kam die Sensation! Am 20.IX. 1928, also fünf Tage, bevor sie heimreisen wollte, musste sie sich innerhalb von Minuten entscheiden, ob sie ein ungewöhnliches Angebot annehmen wollte.

Charlotte schreibt:
Fröhlich und guter Dinge kam ich mit den Kindern von einem Spaziergang und musste sofort zu der Heimleiterin kommen. Sie eröffnete mir, dass ich ein Angebot von dem Siemens-Erholungsheim in Heringsdorf hatte und damit noch vier Wochen länger auf Usedom bleiben könnte. Nun versetze Dich bitte in meine Lage: Auf der einen Seite die Freude, nun endlich nach Hause zu kommen, wieder bei Dir und den Eltern zu sein, und ein Leben herrlich und in Freuden zu führen. Auf der anderen Seite Glück und Begeisterung, dass man ausgerechnet nur mich wollte, dazu eine Aussicht auf ideales Arbeiten in einem fast noch nagelneuen Heim mit allen modernen Einrichtungen und unter der Leitung einer aufrechten, vornehmen, klugen und erfahrenen Oberin. Dieses alles musste ich in Minuten erwägen. Mir wurde sofort klar, dass ich das Angebot nicht abschlagen konnte, denn wann wird einem wohl noch einmal ein derart günstiges Angebot gemacht werden. So stellte ich mich noch am selben Tage bei der Schw. Oberin vor und wurde für vier Wochen engagiert. ..... Nun werde ich richtige Schwesterntracht tragen: Blaues Leinenkleid, weiße Schürze und weiße Haube. Am 26. siedele ich über. ..... Lieber Theo, vielleicht kannst Du noch nicht begreifen, warum ich Dir das antue? Nun bin ich bei Siemens gelandet – Deine »Kollegin«. Ich bin einerseits glücklich anderseits ist es mir furchtbar schwergefallen Dir und den Eltern die neue Situation mitzuteilen.

Sie schreibt dann noch Umfangreiches zu ihrer Rechtfertigung, das schlechte Gewissen gegenüber ihrem Theo springt einen aus den Zeilen an. Und sie endet den Brief ungewöhnlich:

Mit allen besten Glückwünschen für Dich, mein geliebter Theo, bin ich immer Deine Lotte.

Nun hatte der Ehrgeiz zugeschlagen. Also war sie letztlich doch enttäuscht, dass Friedenshorst eher geschlossen wurde, als ursprünglich angenommen worden war, und dass es nicht dazu gekommen war, ihr für die 4 Wochen die Leitung anzutragen. Sie hat die Gelegenheit ergriffen und würde auch jede andere Gelegenheit ergriffen haben, die ihr, Theo und den Eltern beweisen würde, dass sie nicht »nur so« einen Beruf ergriffen hatte, sondern dass sie davon überzeugt war, mit Ausdauer »nach oben« zu kommen, wobei sie sicher sich selbst nicht vorstellte, wie das aussehen würde und wie das mit der kommenden Ehe vereinbar sein würde. Unterschwellig war aber sicher auch der Gedanke dabei, dass diese Anstellung helfen würde, ihr weiterhin einen dotierten Arbeitsplatz zu sichern. Auch ihr war aus Gesprächen mit Theo und dem Vater bewusst geworden, dass die gesamte wirtschaftliche Lage in Deutschland auf abschüssiger Bahn war. Und immer bei ihrem Vater um Geld zu bitten, das musste endlich aufhören.

Weitere Briefe von der Ostseeküste gibt es nicht mehr. Die Antwort von Theo bleibt im Raume stehen. Aber es gab kein Zerwürfnis, das ist sicher. Gab es eine Briefpause? Wohl kaum, doch erhalten sind diese Briefe nicht. Sie verspricht ihm tägliche Briefe, aber sie will ihr Ausreißen, wenn sie dann wieder zurück ist, auch verteidigen. Es gibt nur den Hinweis in dem Tagebuch, dass niemand, d.h. Theo und die Eltern einverstanden waren. Sie sollte endlich nach Hause kommen. Wenn sie aber gefahren wäre, so wäre sie tatsächlich 4 Wochen früher gefahren, als ursprünglich vereinbart. Sie wollte die Zeit nutzen, warum sollte sie 4 Wochen früher nach Hause kommen, es warteten keine Aufgaben auf sie. Wozu die ganze Aufregung der Eltern und von Theo? Warum ist er nicht für ein Wochenende nach Ahlbeck gekommen, um mit ihr zu sprechen? Sie war in einem unendlich tiefen Zwiespalt mit sich selbst. Charlotte merkt dann selbst, dass ihr Grenzen gesetzt sind, sie ist nicht mehr allein, da gibt es jemanden, für dessen Zuneigung, Liebe sie verantwortlich ist. Sie resigniert und wird die Verlängerung ihrer Tätigkeit abgesagt haben. Die Episode Ahlbeck war beendet es ging zurück nach Breslau in eine ungewisse Zukunft. Aber gesichert ist nicht, dass Charlotte nicht doch noch für einen Monat in Heringsdorf geblieben ist. Sie schreibt zwar in ihrem Brief vom 20.IX.28 dass sie am 26.09. übersiedeln werde, aber es gibt keinerlei Hinweise, dass sie wirklich in Heringsdorf war. Wie sonst bei ihr üblich, hätte sie, wenn sie in Heringsdorf gewesen wäre, überschwänglich von ihrer Arbeit geschrieben, sie hätte von zu betreuenden Kindern geschrieben, über ihren Tagesablauf. Aber es gibt nichts dergleichen. Es gibt auch kein Zeugnis über eine in Heringsdorf verbrachte Zeit. Sie wäre ca. bis zum 26.10.28 dort geblieben, aber für den 4.11.28 war schon die offizielle Verlobung angesetzt. Man kann mit Sicherheit vermuten, dass ihr Vater ein »Machtwort« gesprochen hatte: »Jetzt wird verlobt, diese Ungewissheit ist nicht mehr hinnehmbar, auch nicht für Theo!« Es ist auch vorstellbar, dass er ihr angedroht hatte sie einfach abzuholen. Aus heutiger Sicht war die ganze Situation völlig verfahren, nur die baldige Verlobung, damals der erste Schritt zur Verheiratung, konnte noch das Beziehungsdreieck Vater Schlüter-Charlotte-Theo lösen, wobei Theo mit der Unterstützung vom Vater Schlüter rechnen konnte.

Es hätte nicht viel gefehlt, und ich wäre da geblieben. Aber – aber! Das zu Hause! Die Eltern, mein guter Theo. Oh nein, dieser Zwiespalt. Nun, so packten wir alle, Leiter, Erzieher und Kinder die Koffer. Die letzte Gruppe, die ich betreute, waren 12-16-jährige Mädchen aus Burg bei Magdeburg, lieb, anhänglich und treu. Wir fuhren zusammen bis Berlin, Stettiner Bahnhof, dann trennten sich unsere Wege. Es flossen Tränenströme, wir umarmten uns und versprachen uns, zu schreiben und uns niemals zu vergessen. Tatsächlich bekam ich über lange Zeit Briefe, sogar von den Eltern. Zu Weihnachten kamen kleine Geschenke, Handarbeiten, Fotos usw.. Und ein schönes »Dankeschön« kam von einem Mädchen, das in Ahlbeck gewesen war: »Ich habe schon manchmal geweint, dass ich von meiner lieben Schwester Lotte keine Post bekomme....... Mir kommen jedes Mal die Tränen in die Augen, wenn ich sie auf einem der Bilder sehe. Liebe Schw. Lotte, ich wollte, ich könnte Sie noch einmal sehen« .... Zum Schluss schickt sie mir Grüße und Küsse – ist das nicht niedlich, sofort habe ich ihr geantwortet.

Eine Eintragung in ihrem Poesiealbum zu der Zeit in Ahlbeck:

> *»Goethe sagte einmal, nichts ermüde so und lasse so unbefriedigt, als der Umgang mit Menschen, die nicht unsere sind. Man regulierte seine Beziehungen sogar mit*

den besten Freunden immer nach dem Grundsatz, dass nur die sich wirklich etwas sagen können und zu geben vermögen, die inmitten aller guten und treuen Beziehungen eine feste Burg persönlicher Einsamkeit erbaut haben« Ihre Grete Wanke 24.9.1928

Oder:

»Der hat sein Leben am besten verbracht, der die meisten Menschen hat froh gemacht.«

Zum treuen Gedenken an Lieselotte Plage 7.9.1928.

Was sagte ihr Zeugnis für Ahlbeck:
Frl. Schlüter hatte in dieser Zeit (vom 29.7. - 25.9.1928) Knaben und Mädchen verschiedenen Alters zu betreuen und unterzog sich dieser Aufgabe mit großer Liebe. Durch ihr pädagogisches Verständnis gelang es ihr die Kinder gut zu beeinflussen. Sie hatte Ordnung und Disziplin in ihrer Gruppe. Frl. Schlüter ist für die soziale Arbeit sehr geeignet.

War das Musik in ihren Ohren?
Die Ankunft in Breslau war ernüchternd. Eine Anerkennung gab es nicht. Man war zwar »sprachlos«, dass der Ausflug in die Berufswelt geglückt war, im geheimen war ihr Vater aber sehr stolz auf sie. Doch er sah auch die Verbindung zu Theo und so waren alle froh, dass »alles wieder gut war«. Ihr lieber Theo freute sich, dass er sie wieder hatte und sie war auch froh, dass sie wieder bei ihm sein konnte. Aber was ist denn gut? Charlotte hatte in Breslau keine neue Aufgabe. Der alte Lebensrhythmus im Elternhaus, Spaziergang mit der Mutter, Briefe an Theo schreiben, Bewerben um eine Praktikantenstelle sollte es so weiter gehen?

Doch sie war nicht verlassen, sie hatte einen Gönner in Bethanien, das war Pastor Zetler, der im Vorstand des Evangelischen Kinderpflegeverbandes für Schlesien tätig war. Ahlbeck war das Ende ihrer praktischen Tätigkeit, der Umgang mit Kindern. Was sie jetzt rief, war administrative Arbeit, verwalten, organisieren, beraten, schreiben und vieles mehr.

Und eben dieser Verband suchte zur Unterstützung seiner Leiterin, Frl. von O. eine Mitarbeiterin. Und diese, so schlug man mir vor, sollte ich werden. Es war eine Halbtagsarbeit von 8.30 Uhr bis 12.30 Uhr. Im Büro in Bethanien. Das Aufgabengebiet war vielfältig. Korrespondenz mit den evangelischen Kinderanstalten Schlesiens, Beratung der Leiterinnen schriftlich und persönlich, Verhandlungen mit den Kirchenvorständen um Bewilligung von Mitteln, Kollektengenehmigungen, Besuch entsprechender Dienststellen. Es bot sich da eine vielseitige und interessante Tätigkeit an. Dazu sollten noch andere Aufgaben kommen, wie mir gesagt wurde. Ich sollte Vorträge an Mütter- und Elternabenden halten, Tagungen organisieren, Redner für Vorträge gewinnen, Fühlungnahme mit der Presse und dem Breslauer Rundfunk. Ich sollte weiter Berichte für die Presse und Fachzeitschriften schreiben und, auf Anforderung des Schlesischen Rundfunks, Radiosendungen gestalten. Daneben würden Reisen in die Provinz anfallen, wenn Einweihungen von neuen Kinder- und Erziehungsheimen anständen mit den nötigen Eröffnungsreden.

Na, das war ja ein ganzes Bündel von Aufgabe und es sah so aus, als könnte da eine Ganztagssituation draus werden, Wochenenden inbegriffen. Ich sagte sofort und mit Stolz »ja«. War ich doch erfüllt davon, dass man mir die Aufgaben zutraute und man an mich gedacht hatte. Theo wurde da gar nicht erst gefragt und meinem Vater hatte ich nur Teile meiner eventuellen Aufgaben genannt. ich schien war wieder einmal »oben angekommen« zu sein, ich wollte die sich mir bietende Gelegenheit in meinem Berufsfeld weiter zu arbeiten, auf jedem Fall ergreifen. Bethanien, wo ich »nie wieder« zurückkehren wollte, hatte mich wieder aufgenommen. Mein Einsatzgebiet war vielversprechend. Nicht mehr Praxis in der Kinderpflege, jetzt kam die Theorie, die Verbreitung meines Wissens kam an die Reihe. Und was war mit dem 2. Jugendleiterexamen? Auch nach Ahlbeck fehlten mir noch Arbeitszeiten aus Kinderheimen.

Jetzt winkte die mir noch unbekannte administrative Arbeit, war sie als höherwertiger für mich anzusehen als die praktische Erziehungsarbeit mit Kindern? Jetzt hatte ich alles, was ich mir wünschen konnte: Einen Mann, den ich liebte und den ich heiraten wollte, eine bezahlte Stellung, in der ich Freiheiten hatte und einen Gönner, der meine berufliche Arbeit begleitete. Und ganz wichtig war: Mein Vater war einverstanden. Mir blieb es nach jeder Veranstaltung, gleich welcher Art und wo diese sich ereignet hatte überlassen, einen Bericht für die verschiedenen Fachblätter zu schreiben. Als Schriftführerin des Reichsverbandes der evangelischen Kindergärtnerinnen, Hortnerinnen und Jugendleiterinnen in Schlesien war das eine umfangreiche Arbeit. Natürlich mussten auch die Tageszeitungen mit Berichten versorgt werden. Alle Berichte mussten auf die jeweiligen Schwerpunkte der einzelnen Zeitschriften und Zeitungen abgestimmt werden. Das war manchmal nicht ganz einfach, denn die Fachredakteure hatten schon damals Vorstellungen davon, wie Berichte über besondere Ereignisse aussehen sollten, wenn sie gebeten wurden, einen Bericht abzudrucken. Alle Veröffentlichungen wurden gesammelt und an die Hauptgeschäftsstelle weiter gegeben. Auch diese, manchmal von mir mit »gemischten Gefühlen« ausgeführte Arbeit, lag bei mir. Wusste ich doch, dass es »wichtige« Personen im Verband gab, die genau hinsahen, wie da veröffentlicht wurde. Aber die Reaktion war immer positiv für mich, wen freut es nicht, wenn er ein Dankeschön bekommt? Langsam, fast unmerklich verschoben sich die Akzente meiner Tätigkeit. Mehr und mehr arbeitete ich selbstständig, hielt Vorträge in Breslau oder in anderen Städten, kam mit vielen Menschen zusammen, die auf intellektueller Ebene etwas zu sagen hatten, organisierte Tagungen, lud passende Gesprächspartner ein und kümmerte mich um den ganzen Ablauf. Meine eigentlich vereinbarte Arbeitszeit überschritt ich meistens, aber mir machte meine Tätigkeit so viel Spaß, die offene oder versteckte Anerkennung beflügelte mich – es waren wirklich ausgefüllte, schöne Zeiten.

Und was sagten Theo und die Familie dazu? Was wohl? Noch gab es da keine »offizielle Verlobung«, keine Zukunftsaussichten für das gemeinsame Leben. Nun, die Verlobung wurde angesetzt, über ein »wie« gibt es keine Anmerkungen in dem Tagebuch. Sicher gab es Auseinandersetzungen mit Theo und den Eltern. Da Charlotte nur ungern negative Ereignisse in ihrem Leben beschreibt, gibt es auch hier eine Schreibpause. Sie ließ sich wieder »schieben«, den Mut zu einer klaren Stellungnahme wird sie nicht aufgebracht haben. Aus heutiger Sicht war sie mit 23 Jahren sehr unselbstständig in ihrer Lebensgestaltung. Was ihr beruflich vorschwebte, war da wesentlich genauer gedacht. Aber: War Theo eine Stütze für ihren Beruf oder ein Hemmschuh? Sie wird sich darüber noch genauer auslassen, wenn es dazu kommt, dass sie in ihrer neuen Stellung nicht nur im Büro sitzt, sondern auf Vortragsreisen gehen muss. Ahlbeck/Heringsdorf waren vergessen, jetzt riefen andere Aufgaben, die sie ebenso reizten, denn sie versprachen Anerkennung, und die benötigte sie mehr denn je. Auffallend an ihr ist, und das wird sich später noch deutlicher zeigen, dass sie unheimlich schnell neue Situationen erkennt und sich auf sie einstellt. Sie dreht sich um und stellt sich einer neuen Aufgabe, wenn sie diese für gut befunden hat. Dann gibt es kein Jammern mehr über Vergangenes, dann ist sie mit ihrer inneren Kraft voll dabei, nur mit dieser Eigenschaft konnte sie den beruflichen und privaten Spagat beherrschen »ein Löwe kämpft oder liegt träge in der Sonne - sagte sie einmal«.

1928 Verlobung und mehr

Die Antwort ist einfach: Am 4.XI.1928 erfolgte die offizielle Verlobung von den beiden, Theodor Neimke und Charlotte Schlüter. Das ganze »Drumherum« beschreibt Charlotte so genau, und mit dem Abstand der Jahrzehnte ziemlich neutral, um nicht zu sagen nüchtern.

Am Tag davor lernte ich meine Schwiegereltern kennen, die direkt aus Forst/Lausitz mit der Bahn kamen. Es hatte vorher keine Einladung nach Forst gegeben. Meine zukünftige Schwägerin war mit eingeladen, und begleitete ihre Eltern. Die ältere Schwester war in Hamburg verheiratet und nahm an der Feier nicht teil. Als mein Vater, Theo und ich auf dem Breslauer Hauptbahnhof die zukünftigen Schwiegereltern erwarteten, war ich so aufgeregt, dass ich vergaß, meiner Schwiegermutter den schönen Strauß gelber Rosen zu überreichen. Das gegenseitige Kennen lernen und »Beschnuppern« verlief kühl und gemessen - von beiden Seiten.

Da trafen zwei Welten aufeinander, die durch die Verlobten zusammen gezwungen wurden. Theos Vater war ein stattlicher Mann, studierter Ingenieur, Verbindungsbruder in einer Verbindung und großartig im Auftritt.

Das Studium Theos war finanziell knapp bemessen worden. Immerhin mussten die zwei Töchter an den richtigen Mann gebracht werden, und dafür wurde Geld ausgegeben, wenn sie auch keinen Beruf erlernt hatten. Hübsch waren sie gewesen, wenn man sie so auf den verschiedenen Bildern betrachtet. Theo hat »um über die Runden zu kommen« häufig in den verschiedensten Stellungen in den Semesterferien gearbeitet. Sein Lebenslauf zeugt davon. Der Vater hatte ihn »kurz« gehalten, und er konnte ein Studentenleben nur führen, wenn er hin und wieder verdiente. Seine Begabung lag in allen Dingen, die die Technik betrafen. Der scherzhafte Begriff »Radiot« (von Radio und Idiot) umschreibt sarkastisch seine Leidenschaft. Später hat seine Firma von dem immer wachen Geist eine Reihe von Patenten übernommen und große Umsätze gemacht, nur Theo hatte immer nur kleine finanzielle Abfindungen von seinen Erfindungen erhalten. Den Mut sich mit seinen Ideen selbstständig zu machen, hatte er nicht, es war auch nicht die allgemeine wirtschaftliche Situation dafür gegeben.

Aus einem Beamtenhaushalt stammend hatte er für eine selbstständige Entfaltung keinerlei Grundlagen mitbekommen. Und nach dem Studium rutschte er mit Millionen anderer in die größte Wirtschaftskrise, die es bis dahin in Deutschland gegeben hatte. Von Entfaltung konnte da wohl nicht die Rede sein. Und als der Aufschwung kam, da brach der Zweite Weltkrieg mit den bekannten Folgen aus. Mit diesen Ängsten musste er sich nach seinem Studium herumschlagen, man kann vielleicht verstehen, dass er von den träumerischen Idealvorstellungen vom Menschen,

Offizielle Verlobung in Breslau 4.Nov.

wie sie seine Charlotte hatte, nicht immer begeistert war. Dachte er, dass er sie in der Ehe ändern könnte? Wusste er denn nicht, dass der Mensch nicht änderbar ist? Man kann sich anpassen und einen Teil von sich aufgeben unter dem Verlust in der eigenen Persönlichkeit. Aber ändern, Charlotte mit ihrem Trotzkopf? Wohl nie!

Doch weiter zu der Verlobung:
Am Verlobungstag fand am Vormittag zu Hause bei uns ein Empfang statt, am Abend dann in der Familie ein feierliches Essen mit Reden und Musik. Ich weiß noch, ich hatte die Tafel schön eingedeckt und mit Mimosen geschmückt. Als Vorspeise gab es Gänseleberpastete, alle anderen Gänge sind mir nicht mehr in Erinnerung. Meine Eltern boten der neuen Verwandtschaft sehr gastfreundlich Hotel, Stadtbesichtigung und Besuch der besten Restaurants an. Großen Eindruck machte unser herrlicher Mercedes mit Chauffeur, dieser stand die Tage zur Verfügung. Ich glaube alle waren froh, als der Abschied am Bahnhof vorüber war.

Da konnte auch keine gegenseitige Liebe entstehen. Die Zeit war zu kurz, und die Charaktere waren zu verschieden. Wenn man das Bild vom 4. Nov. betrachtet und sich allein den Vater Neimke in seiner überheblichen Pose ansieht oder Mutter Neimke, abgewendet von Vater Schlüter, dann erkennt man, dass da keine spontane Zuneigung entstanden war. Mutter Schlüter wirkt fast erdrückt von der Mutter Neimke, die sich breit ausladend in die Bildmitte gesetzt hat. Die jungen Leute sehen natürlich und fröhlich aus. Sie waren es auch sicher. Für die jüngere Schwester von Theo war die Reise nach Breslau etwas Besonderes, war sie doch noch nie aus Forst weggekommen. Ihre Schwester aus Hamburg mit ihrem Mann hatten Theo und Charlotte schon auf deren Hochzeitsreise in Wernigerode am 3.6.1928 kennengelernt. Großzügige Reisen, wie die Schlüters sie kannten, gab es bei der Forster Familie nicht. Aber das »junge Glück« war endlich auch offiziell vereint. Sie hatten schöne Geschenke erhalten und bekamen in den nächsten Wochen aus fast allen Ecken aus Schlesien weitere Geschenke. So gab es schöne geschliffene Weingläser aus der Josephienhütte in Schreiberhau. Eine Glashütte, die zu damaliger Zeit einen Weltruf erlangt hatte.

Theo war endlich am Ziel und mit Recht konnte er hoffen, dass nun die unruhigen Zeiten Vergangenheit waren, denn er konnte und musste sich seiner beruflichen Zukunft intensiv widmen, wollte er in überschaubarer Zeit einen eigenen Hausstand gründen.

Verlobungstage vorbei, die Schwiegereltern nach Forst abgereist, Theo musste wieder nach Berlin zu seiner Anstellung bei der Fa. Siemens & Halske, von den Abschieden am Bahnhof gibt es von Charlotte keine Aufzeichnungen.

Erst am 18.12.1928 schreibt sie aus Breslau:
Na warte, Du bist ein schöner Ausreißer! Aber so sorgst Du wenigstens dafür, dass ich einen kleinen Vorgeschmack von künftigen Zeiten bekomme! ....Viel Glück wünsche ich Dir für Dresden. Dann beginnen wir beide am 2.12.28 unsere neue Tätigkeit. (Theo trat am 1.2.1929 eine neue Stellung bei dem Sachsenwerk in Dresden an) Freust Du Dich schon darauf? .....Sage doch Deinem lieben Muttchen (!), dass ich mich schon sehr auf Forst freue! Wie geht es Deinem lieben Vater? Ist er jetzt zufrieden mit seinem Filius?

Zum Weihnachtsfest 1928 war Charlotte nach Forst eingeladen. Zum ersten Mal feierte sie Weihnachten nicht zu Hause. Jetzt, wo sie »richtig« verlobt sind, wird sie von den Schwiegereltern eingeladen. Ihre Eltern erkennen auch die Notwendigkeit, dass ihre Tochter die häusliche Umgebung von ihrem Theo kennenlernt.

Ganz ausführlich beschreibt sie dieses Treffen in der für sie völlig neuen Umgebung.

Zum Weihnachtsfest war ich in Forst eingeladen. Was für ein Herzklopfen, als der Zug im Bahnhof Forst einlief. Theo war an der Bahn. Das Haus, in dem mein Schwiegervater seine große, weiträumige Dienstwohnung hatte, lag dicht am Bahnhof. Ein schönes, großes und elegantes Mietshaus mit drei Stockwerken. »Aufgang für Herrschaften« konnte ich im Eingang lesen. Eine breite Marmortreppe mit dem Hinweis »Eingang für Dienstboten« zu der rückwärtigen schmalen Treppe! Neben dem Eingang lag die Hausmeisterwohnung. Ich wurde herzlich empfangen, obgleich ich entsetzlich still und schüchtern war und mit den neuen »wildfremden Menschen«, die man plötzlich mit »Du« und »Vater« und »Mutter« anreden musste, nichts anfangen konnte. Auch mit meiner Schwägerin, damals 16 Jahre alt, bekam ich so schnell keinen Kontakt, obgleich ich mit ihr das Zimmer teilte. (Kein eigenes Gästezimmer, das hatte ich wohl erwartet). Doch meine neue Schwägerin war neugierig nach dem Leben in Breslau und das half über die Fremdheit hinweg. Forst war eine Stadt der Tuchfabriken, eine hässliche Industriestadt. Es gab den üblichen Akademikerdünkel und den Kommerzienratsdünkel. Man kaufte in Berlin und Dresden ein. Ich bin während unserer 2-jährigen Verlobungszeit und auch später von Dresden und Bremen aus oft in Forst gewesen, aber ich bin dort nicht warm geworden. Wir waren zueinander artig und höflich, aber auch nicht mehr. Schwiegermutter war rheinisch spontan aber ihr fehlte die herzliche Tiefe. Schwiegervater war herablassend, hatte aber gegenüber seiner Frau wenig zu sagen. Ich denke schon, dass Theo nach seiner Schulzeit gerne das Weite gesucht hat, ob das Berlin, Breslau oder Dresden war. Er war in der Großstadt mit den vielen gesellschaftlichen Möglichkeiten, besonders den studentischen Verbindungen, zu Hause, nicht in der kleinkarierten Provinz.

Das Jahr 1929 brachte dann Veränderungen. Theo hatte eine neue Anstellung bei dem Sachsenwerk in Dresden-Niedersedlitz, einem großen, in ganz Deutschland tätigem Elektrounternehmen. Der Ausflug zu Siemens in Breslau brachte ihm nicht die erhofften Zukunftsaussichten. Für ihn war es die Rückkehr in die geliebte Studienstadt. Hier kannte er sich aus, hier hatte er noch von der Studienzeit her Freunde. Für die beiden Verlobten ohne Aussicht auf eine baldige Heirat hieß es ab jetzt: Treffen einmal in Forst und einmal in Breslau. Das war wenig schön und es blieb für die Zwischenzeit nur der Briefwechsel. Es gab oft Missverständnisse, Meinungsverschiedenheiten. Insgesamt waren das Zeiten der Anforderungen an Geduld und Ausdauer. Das ewige Warten auf den Briefträger, der der »Liebesbote« genannt wurde. Das vierwöchige Wiedersehen stand immer im Zeichen der kurzen Zeit für die beiden ganz allein. Schon kam der Abschied am Sonntagabend. Immer waren die Familien um sie herum mit - sicher gut gemeinten - Unternehmungen. Ein Stündchen nach dem Mittagessen hatten sie für sich, ein kleiner Spaziergang, das war`s jedes Mal. Aber sie haben die zwei Jahre Trennung überstanden.

Was für ein Glück, dass ich einen Beruf hatte, der mich ausfüllte und der auch hohe Anforderungen an mich stellte. Natürlich waren die beruflichen Erlebnisse auch Inhalt meiner Briefe, die in den Passagen, in denen ich begeistert von beruflichen Ereignissen schrieb, kühl und ohne Echo aufgenommen wurden.

Aber wie ist ihre Reaktion auf die vielen Briefe von Theo? Sie bedankt sich immer für die schönen Fotos, die er ihr schickt, auch viel später war er ein leidenschaftlicher Fotograf. Fotos, die er im Zweiten Weltkrieg »schoss«, sind heute historisch bedeutsam. Nur dass sie unter Lebensgefahr entstanden, denn während des Krieges stand die Todesstrafe auf dem Delikt fotografieren von Kriegsfolgen und militärischen Bereichen. In keinem ihrer so vielen Briefe gibt es einen Hinweis, dass ihr Theo versucht hätte, sie in seine technisch-theoretische Arbeit einzuweihen. Wusste sie überhaupt, wie seine Arbeit aussah? Ein Ergebnis kannte sie: Das waren die selbst gebauten Radios, besonders das, mit welchem im Hause der Schlüters am 19.10.1929 das Radiozeitalter begann. Erst viel später weist sie darauf hin, dass sie versuchte technische Literatur zu lesen und die Inhalte zu verstehen. Ihr Vater war stolz auf Theo, denn er selbst war technischen Dingen völlig unzugänglich, liebte aber den Fortschritt wie Telefon, Beleuchtung mit Strom, Autos. Bei allen Betrachtungen darüber, ob und wie die beiden sich innerlich näherten, bleibt die Frage offen, ob da nicht zwei aneinander »vorbei« gelebt hatten, verbunden durch eine tiefe Liebe zueinander, die sich natürlich bei dem »Mann« Theo anders äußerte als bei der »Frau« Charlotte.

In einem Brief vom 1.2.1929 schreibt sie:
Mein lieber Theo,
Also, heute vor einem Jahr war der denkwürdige Tag Deines Einzugs in Breslau. Du kamst ja nicht gerade hochbeglückt hierher, doch – Ende gut, alles gut? Wenn ich mir damals hätte träumen lassen, dass ich so kurz vor der größten Entscheidung meines Lebens stehe, ich hätte wohl nicht ruhig meine Tage dahin gelebt, vielleicht hätte ich sogar die mir anvertrauten Kinder darüber vergessen, das wäre damals ungeheuerlich gewesen. Einige Zeit später hast Du mich aber dann doch vollkommen aus dem Gleichgewicht gebracht, das weist Du selbst nur zu genau! Alles, was mir bis dahin selbstverständlich erschien, gerade zu dieser Zeit hätte ich ja an alles andere eher als an Verloben und Heiraten gedacht, fing an zu wanken und beim näheren Hinsehen war ja alles nur von außen angenommen. Ich glaube, dass jeder einmal in seinem Leben so eine Revolution, ganz gleich in welcher Richtung, durchmachen muss, um sich endgültig über sein Lebensziel klar zu sein. So kann ich wohl sagen, dass ich durch Dich ein ganz anderer Mensch geworden bin. Mein größter und heißester Wunsch ist es nun, dass ich Dich, mein lieber Theo, so recht von Herzen glücklich machen könnte! Du hast mir einmal gesagt, ich wäre zu jung, um wahrhaft tief und echt lieben zu können! Das hat damals sehr, sehr weh getan. Glaubst Du, dass Liebe vom Alter und – Erfahrungen – abhängig ist? Ich konnte nur den Unterschied finden, dass die Jugend...... nein, nur nicht sich die Zügel schießen lassen! Also, die Geschichte ist schon erledigt, ich weiß überhaupt nicht, wie ich auf solche Gedanken kam. Sieh nur einfach darüber hinweg, mache Dir Dein Herz nicht etwa schwer damit, es ist alles nur halb so schlimm......(.....)
So nimm denn die herzlichsten Grüße von Deiner Lotte.

Wie immer die Antworten ihres geliebten Theos ausgefallen sind, ihre Selbstzweifel und Stimmungen schlagen sich in den folgenden Briefen immer wieder nieder. Es geht im Augenblick nicht um ihren Beruf oder das Elternhaus, nein, sie ist mit sich und ihrem Verhältnis zu Theo beschäftigt. Kompliziert und vielleicht für einen liebenden Mann schwer verständlich. Ihre Briefe sind schön, liebevoll und voller Sehnsucht, aber auch zweiflerisch, wankelmütig, und hinter dem ganzen Äußeren strahlen trotzdem Zuneigung und die Freude zueinander aus.

So schreibt sie am 3.2.1928:
.... Zu Hause ist es sicher sehr, sehr schön, und ich kann mit gut denken, dass Du glücklich bist, einmal wirklich zu Hause zu sein und nicht bei Freunden. Deine Schwester hat Dir wohl erzählt, von Muttchen unterstützt, was Du alles für »glänzende Partien« hättest machen können, und das musst Du alles über Dich ergehen lassen, was denkst Du Dir dabei? Aber ich will nicht weiter in Dich dringen, so ungefähr kann ich mir schon ein Bild davon machen. So geht es den Verlobten

scheinbar immer, also Dir nicht allein. Wie ich mich schon freue auf unser nächstes Zusammensein, davon kannst Du Dir keinen Begriff machen. So, genug, ganz leise möchte ich Dir ins Ohr flüstern, was für eine Sehnsucht ich nach Dir habe. Wenn doch die Stunden so schnell fliegen würden, die Tage und Wochen wie meine Gedanken. Wenn Du zu uns kommst, dann mache Dich auf lauter Klagelieder gefasst, die Großmutter und Muttel Dir vorlamentieren werden. Dann bekommst Du nichts wie meine Schandtaten zu hören. Ich sehe immer mehr ein, dass ich trotz aller Lebenserfahrungen, ein sehr unvollkommener Mensch sein muss, den Du heiraten willst. Sieht so Dein Ideal aus? Aber nicht mehr, ein Ideal ist eben etwas, was nicht zu verwirklichen geht, eine Utopie. Doch soll es unser Streben sein diesen Begriff, wenn ich einmal so sagen soll, so nahe zu kommen, als möglich. Selbsterkenntnis (!) ist dann wohl der erste Weg zur Besserung. Also, unglücklich bin ich gar nicht darüber, mein Selbstbewusstsein leidet auch nicht darunter. Sind wir nicht alle unvollkommen und muss nicht jeder an sich arbeiten? Nur tut es der eine mit festem Vorsatz und Willen, während der andere (und der macht sich das Leben ohne Zweifel leichter) eben in den Tag hinein lebt, ohne sich Rechenschaft in einer stillen Stunde über sein Tun und Handeln und Regungen seines Inneren abzulegen.

Die ganze Geschichte ist Dir sicher langweilig. Während ich hier schreibe und an Dich denke, nimmst Du Abschied von Deinem Forst und freust Dich sicher schon auf Dresden, auf Deine Arbeit?.....

Deine Frage, wieso Erich sich den Urlaub leisten kann? Weil er es bei seinem Corpsbruder sehr gut hat, und außerdem wird er nicht bezahlt und hat infolgedessen keine Veranlassung mehr zu tun, als unbedingt nötig. Meine Ansicht ist da eine andere. Auch verstehe ich Anni nicht, dass sie ihn so von der Arbeit abhalten kann. Sie weiß doch genau, worum es jetzt geht. Da muss sie ihn im Gegenteil zur Arbeit anspornen. Gerade heute hat er seine Doktorarbeit bekommen, die jetzt 16x gedruckt werden muss. Wenn Deine erst so weit sein wird, hast Du noch den festen Vorsatz?....

Dir meinem lieben Theo einen herzinnigen Kuss von Deiner Lotte

Nun ging es einmal (wieder) nicht um ihre Arbeit, sondern um ihre Selbstzweifel, ihre Unsicherheit gegenüber dem »Rest der Welt« was die Liebe angeht. Sticheleien gegenüber der Familie, dem Tratsch ihrer Schwägerin L. und dem Ansporn zur Arbeit, wobei die Frage nach einer Doktorarbeit erstmalig und letztmalig auftaucht. Wie jemand, der gerade um einen auskömmlichen Arbeitsplatz ringt und an einen neuen Ort umzieht, Gedanken an eine Doktorarbeit haben kann, ist wohl etwas wirklichkeitsfremd. Theo ringt darum, bei allem fröhlichen Leben in der studentischen Verbindung, einen Arbeitsplatz zu erhalten, in dem es ihm möglich sein wird, eine Familie zu ernähren. Ohne ausreichendes Auskommen, keine Heirat, so sagte es Vater Schlüter, nachdem er »nach Ahlbeck« auf die offizielle Verlobung bestand, und er hat wohl gewusst, warum er jetzt die Verlobung verlangte.

Aber ihr Sonnenschein in ihrem Berufsleben wurde - mal wieder - getrübt. Sie schreibt am 23.1.1929, dass ihre derzeitige Stellung gefährdet sei:

Da habe ich geglaubt in einem »warmen Nest« zu sitzen, bis wir unser Ziel erreicht haben. Dieses scheint aber nicht so zu werden, denn Frl. von O. beabsichtigt, ihre Arbeit in Schlesien aufzugeben. Bis April ist mir die Stellung sicher, aber was wird dann, wenn sie nicht mehr da ist? Für mich ist sicher: Zu Hause bleibe ich auf keinen Fall, wozu habe ich etwas gelernt! Ich bitte Dich diese Angelegenheit als Geheimnis zu behandeln, denn bisher weiß noch niemand hier davon. Dabei war ich gerade in der letzten Zeit so glücklich in der Arbeit, weil ich viel Erfolg sah. Vorläufig steht der 26. /27.I. vor der Tür und was könnte es Schöneres geben, als mit Dir zusammen zu sein. Du müsstest manchmal einen kleinen Blick in mein Herz tun können, schreiben kann ich Dir nicht, wie es darin aussieht! Aber ahnen wirst Du es doch? Die ersten Trennungswochen hätten wir nun überstanden, ob die Tage immer so schnell verfliegen werden? Oder ist es nur Selbsttäuschung, wenn man davon spricht, dass die »Zeit im Fluge« entschwindet? Eben kommt die Großel zu mir und bringt mir einen heißen Grog, sie meint, ich brauchte den, na dann trinke ich mir eben einen Schwips an.

Mein geliebter Theo, eine recht gute Nacht wünsche ich Dir und nimm einen innigen Kuss von Deiner Lotte.

Zu Hause entsteht zu allem Überfluss noch Unruhe. Ihre Schlüter-Großmutter stirbt mit 84 Jahren in Wittenberg, ihre Mutter hat Schwächeanfälle mit Besinnungslosigkeit und der Großel geht es auch nicht gut.

Wir sind z.Z. ein »Lazarett« und ich die Pflegerin, schreibt sie. Dabei muss ich gleich zu unserer Ortsgruppenversammlung des ev. Kirchenverbandes, weil Schwester Käthe kommt. Soll ich mich zur Vorsitzenden wählen lassen oder soll ich absagen. Gefragt worden bin ich, Deine Antwort kenne ich schon: »Die können keine Dümmere finden«, nun, dann ist es manchmal ganz angenehm dümmer als andere zu sein!

Für heute viele herzliche Grüße von Deiner Lotte

Inzwischen ist Charlotte dabei sich in ihre neuen Aufgaben einzuarbeiten. Sie hat kaum Aufsicht und kann sich ganz selbstständig ihre Zeit einteilen. Sie freut sich darüber, dass es ganz angenehm sei nicht mehr wegen jeder Kleinigkeit zu ihrem Vater gehen zu müssen mit der Bitte: »Gib mir bitte Geld«. Es waren wohl keine Reichtümer, die sie verdiente, aber sie fühlt sich »frei« darin, dass sie selbst ausreichend Geld verdient und dieses auch ausgeben kann. Sie beginnt ihre ersten Zeitungsartikel in dem Blatt »Christliche Kinderpflege« zu schreiben mit Berichten aus ihrer Landesgruppe Schlesien oder von Tagungen des Schlesischen Provinzialverbandes. Sie tritt als Schriftführerin auf und ist durch diese Tätigkeit längst nicht immer nur im Rahmen ihrer zeitlichen Vereinbarung tätig. Mit Eifer ist sie dabei und bekommt von ihrer Gönnerin, Schwester Käthe Vierhaus, viel Lob und Anerkennung. Und sie beginnt Buchbesprechungen zu schreiben, dafür muss sie jedoch zu Hause viel lesen und sie beklagt, dass ihre geliebte Musik zu kurz kommt. Die Briefe an Theo, die sie gerne schreibt, folgen immer sofort, wenn von Theo ein Brief ankommt. Schöne Fotos erhält sie aus Dresden, und sie beginnt ein Fotoalbum einzurichten, in dem sie vermerkt welche Fotos von dieser schönen Stadt noch fehlen. Theo wird ein »Auftragsfotograf«, er ist leidenschaftlich dabei, denn hier erkennt er mit Charlotte eine Gemeinsamkeit, und sie schreibt ihm immer, dass alle Fotos in der Familie herumgereicht und bewundert werden.

Aber in einem Brief vom 17.II.1929 geht sie mit ihrem Theo ins Gericht:

.... »Warum hat denn Dein Vater den vermeintlichen Interpunktionsfehler nicht rot angestrichen?

Außerdem wäre ich Dir äußerst dankbar, wenn Du mir demnächst einige Stunden in Interpunktionslehre erteilen würdest. Vielleicht gestattest Du auch, dass ich die für die Druckerei verantwortlichen Persönlichkeiten des Laubaner Tageblattes dazu einlade. Wenn Erich und ich zusammen Briefe schreiben, dann gucken wir uns nicht gegenseitig in die Briefe, Vater schielt auch nicht zu uns hin, und jeder schreibt seine Post und die geht so ab. Wir stören uns gegenseitig auch nicht, Erichs Bemerkungen sind harmloser Art und haben absolut nichts mit meiner »ungezügelten Selbstständigkeit« zu tun!

Und nimm einen innigen Kuss von Deiner Lotte

Das war deutlich und man kann wohl die Verärgerung verstehen, wenn auch Theo nicht die richtige Adresse für den Ärger war. Aber so war er, Theos Vater, rechthaberisch und nicht von Großzügigkeit geplagt. Das Kleinstadtleben hatte ihn über Jahrzehnte geprägt. Studiert hatte er Elektrotechnik an der TU in Braunschweig. Er war Mitglied im ATB Braunschweig, den er am 23.1.1888 als Ableger des Akademischen Turnvereins mit begründet hatte. In Forst gab es eine ständige Verbindungsgruppe, in der er als »Alter Herr« bis zu seiner Flucht 1945 aktiv war. Hätte Theo ihm bei seiner Ankunft in Bremen nicht verboten das NSDAP-Parteiabzeichen zu tragen, so wäre er mit dem Ding auch nach Kriegsende noch herumgelaufen. Ja, immer kam er erst, und dann der Rest der Welt. Wie hätte er Charlotte verstehen können? Sie war so wenig selbstsicher, hatte das »Auftreten« nicht gelernt, war ehrgeizig aber konnte sich nicht überzeugend darstellen. Sie war klein und zierlich, man nahm sie nicht wahr, das war ihre permanente Kränkung. Und dann ein Beruf mit geistiger Ausstrahlung, das war auch zum Ende der zwanziger Jahre für eine Frau noch sehr ungewöhnlich, eher provokativ.

> »Frauen schneiden sich die Zöpfe ab« so mokierte sich die Presse. Die Berliner Illustrierte kommentierte unter der Überschrift:
> »Nun aber genug« die neuen Modeerscheinungen:
> *»War zuerst ein launisches Spiel der Frauenmode war, wird allmählich zur peinlichen Verirrung. Zuerst wirkte es wie ein anmutiger Scherz, dass zarte, zierliche Frauen sich das lange Frauenhaar abschnitten und mit Pagenfrisuren erschienen, dass sie die Röcke kürzten und die schlanken Beine bis zur stärksten Rundung der Beine sehen ließen. .... Doch allmählich wird der Wandel im Aussehen der Frau als Zeichen der Emanzipation gewertet. Immer mehr Frauen werden berufstätig. 1925 stellen sie 36% der erwerbstätigen Bevölkerung, wenn ihnen auch der Aufstieg in gehobene Positionen erschwert wurde.«*

Je höher die soziale Stellung war, desto weniger wurde ein Beruf angestrebt. Es gab ja auch kein finanzielles Erfordernis. Die Frau gehörte in das Haus, hatte Kinder groß zu ziehen und war dem Ehemann treu ergeben! Und im Übrigen war sie das »kulturelle« Aushängeschild mit soliden

Kenntnissen in kulturellen Bereichen. Charlotte konnte perfekt Klavier spielen, war belesen und wusste »über die Welt« bescheid. Doch was hatte ihr das später genützt? Die Welt, in die sie kam, wusste nichts vom Klavierspielen, Gesprächen über Kunst und Kultur. Wie war das Umfeld, in dem sie sich bis zu einer Heirat bewähren musste? Es war völlig anders, als es heute von jungen Leuten, die meinen zueinander zu gehören, gelebt wird. Charlotte und Theo waren eingepresst in das damals übliche »gesellschaftliche Korsett«. Theo wohnte jetzt in Dresden, hatte gemietete Räumlichkeiten, zu denen Charlotte gar nicht oder nur zu bestimmten Zeiten zutritt gehabt hätte. Verlobt sein hieß nicht zusammen sein, über Nacht überhaupt nicht. Da passten schon die Vermieter auf, auch machten sie sich strafbar, immerhin gab es einen »Kuppeleiparagrafen« im StGB. Nächstliegend wäre gewesen, wenn sie sich irgendwo in Dresden getroffen hätten, von Breslau aus waren das wenige Stunden Bahnfahrt. Sie wären ihren Familien »entkommen«, hätten für sich Zeit gehabt und wären in ihrer Liebe über die geistige Theorie hinweggekommen. Aber das war unmöglich denn die Entfernung war dann doch noch so groß, dass ein Tagesausflug wohl nicht möglich war.

So schreibt Charlotte, und der Briefinhalt vom 12.IV.1929 ist da sehr inhaltsreich, eher tragisch:
...In unseren Herzen soll doch nur die herrliche Frühlingssonne lachen, und Wolken, Regen und Schnee sollten verbannt sein in unendliche Weiten. Und wenn wirklich mal so ein Wölkchen am Horizont sichtbar wird, dann gleich dagegen zu Felde ziehen, unser Wille ist doch stark und besiegt alles, was nicht ins Herz hinein gehört. Nicht mehr traurig sein mein liebster Theo....

Am 13.IV.1929 schreibt sie, nun wieder über ihre Tätigkeit und mit Aussichten, die sicher Theo wieder nicht sonderlich gefallen haben:

... Heute habe ich nun endlich aus Lauban Bescheid bekommen, und lege Dir den Zeitungsausschnitt bei. Doch möchte ich Dich bitten, ihn mir wieder zurückzuschicken. Nun bin ich aufgefordert worden, einen Artikel zu schreiben über: »Die Notwendigkeit evangelischer Horte« und zwar für das Kirchliche Wochenblatt und die Schlesische Frauenhilfe. Der einliegende Artikel soll auch in Oberschlesien erscheinen, damit, wie mir gesagt wurde, »ich schon etwas bekannt wäre, ehe ich nach O/S fahre«. So geht es einem nun! Heute habe ich Vorstandssitzung da sind ungefähr 10-12 Pastoren und genau so viele Vorstandsdamen anwesend....

Was musste Theo da wieder heraushören? Ab nach Oberschlesien zu Vorträgen mit Themen, mit denen er nun gar nichts anfangen konnte. Hörte er den Idealismus von Charlotte heraus? Hatte er jemals daran gedacht, dass ihre Tätigkeit zusammen mit seiner Tätigkeit den guten finanziellen Grundstock für die Ehe gegeben hätte? Nein, die Zeit war für derartige Überlegungen des Zusammenlebens noch nicht reif. Er lehnte eine Arbeit für seine zukünftige Frau kategorisch ab. Das hätte Charlotte auch aus den vielen Gesprächen mit Theo wissen müssen.

Wenn ich jetzt - so wie heute am 18.Juli 1982 - die Briefe von damals lese, denke ich: So viel Glück hat man damals besessen, so viel Idealismus, so viele Hoffnungen auf die Zukunft trotz schlechter wirtschaftlicher Aussichten.

Im Sachsenwerk Dresden-Niedersedlitz, Theos Büro

Zugleich macht sie Fortschritte im Bereich der Öffentlichkeitsarbeit. So rezensiert sie Bücher, die im Eigenverlag Bethanien herausgegeben wurden. Sie schreibt Vorworte in den Broschüren, die dann bei den verschiedensten Veranstaltungen verkauft werden.

Die Rezension eines Buches soll hier stellvertretend genannt werden, scheint es so, als wäre das Thema für die heutige Zeit geschrieben worden.

»Kinder sind Segen, aber wer sie hat, muss sie pflegen« ein Büchlein für Eltern. Zusammengestellt und herausgegeben vom Diakonissenhaus Bethlehem in Karlsruhe. Preis 1.20 RM.

»Ohne Zweifel ist dies ein Buch, dem man wünscht, dass es in die Hände recht vieler Eltern und Erzieher gelangen möchte. Abwechslungsreich und spannend ist hier in kurzen Streiflichtern das gesamte Gebiet der Erziehung theoretisch und praktisch behandelt. In allen Fällen ist ein Ratgeber geschaffen worden, dem man sich anvertrauen kann. Bedeutende Erzieher, Luther, Bodelschwingh u.a. kommen zu Worte. Daneben gibt es Geschichten und Rätsel, Gedichte und Spiele für unsere Kleinen. Eine Besprechung von Bilderbüchern zeigt uns die neuesten Schöpfungen auf diesem Gebiet. Entzückende kleine Scherenschnitte tragen zur Verschönerung des Werkes

bei. Allen, denen etwas daran liegt, ihre Kinder in echt christlichem Geist zu erziehen, sei dieses Büchlein warm empfohlen.«
Charlotte Schlüter
Entnommen aus ihrer Erziehungslehre

Ja Glück hatte sie schon gehabt, besonders weil sie verwöhnt in einem behüteten Elternhaus leben konnte. Aber ihre tiefen und innigen Ideen vom Leben, besonders mit ihrem Theo, finden keine Antwort. Zur großen wirtschaftlichen Not kam zusätzlich noch eine große Wohnungsnot. Sie mussten in ihrer aussichtslosen Lage auch noch damit rechnen, dass ihre Heiratspläne dadurch erschwert wurden, dass es keine - bezahlbaren - Wohnungen gab. Hinzu kam, dass die wirtschaftlichen Aussichten sich rapide verschlechterten, in der Firma bei Theo wurde Kurzarbeit angekündigt. Das bedeutete zu damaliger Zeit auch Lohnverzicht auf die nicht geleistete Zeit. Theo erwägt für die freie Zeit nach Hause zu fahren und Charlotte unterstützt ihn darin. Sie beklagt die allgemein größer werdende Not, aber letztlich könne es für sie beide nur besser werden, und sie wollten den Kopf nicht hängen lassen. So kann Theo auch die freie Zeit nutzen, um sich um das Wohnungsprojekt wieder zu kümmern. Lange, lange vor 1930 hatten sie in Dresden suchen müssen. Und wenn sie sich trafen, dann eben zu den jeweils vereinbarten Besuchen in Breslau und Forst, schön unter Kontrolle der Eltern, die erkannt haben müssten, zu mindestens Vater Schlüter, dass beide nicht glücklich sein konnten, trotz der einerseits anrührenden Briefe von Charlotte, anderseits ihre immer wieder aufflammenden beruflichen Ehrgeize, die ihren Theo auch zum Zweifler machen konnten.

Beinahe täglich schreiben sie sich, aus den Briefen kann man nicht immer Fröhlichkeit herauslesen. Charlotte versucht ihren Theo immer wieder »aufzubauen«, sie spricht vom Durchhalten, und davon, dass es manchmal unmöglich erscheint so ein Dasein, wie sie es führen, länger durchzuhalten. Aber sie sagt sich und ihrem Theo, wenn man sich sagt »ich will« dann ginge es auch. Übung mache den Meister, und zum Schluss gelinge es einem dann auch. Und einmal werde die Stunde kommen, wo die schweren Zeiten überwunden sein werden. Sie schreibt ihm, ob er sich überhaupt vorstellen könnte, wie sie ihn aus tiefster Seele liebe, er müsste das schon glauben, denn es gäbe keine Worte dafür. »Und wenn es mir gelingen sollte, dir auch innerlich das zu geben, was Du von mir erwartest, dann wäre ich überhaupt ganz unsagbar glücklich«. Und dann weist sie immer auf den nächsten Besuch hin, wenn es dann so viel zu erzählen gebe - wenn nicht die elterliche, sicher nicht böse gemeinte, Bewachung gäbe.

Ende 1929 gab es dann noch ein Ereignis, dass so, wie es verlaufen war, nicht unglücklicher hätte sein können.

Am 12. Dezember 1929 hielt ich zur Einweihung, der Kleinkinderschule in Bunzlau die Begrüßungsansprache. Am Abend war vorgesehen, dass ich einen Lichtbildervortrag im evangelischen Gemeindehaus halten sollte. Die Veranstaltungen waren auf allen Litfaßsäulen in der Stadt mit meinem Namen angeschlagen. Was war ich stolz. Und nun kommt`s! Zu diesem Ereignis hatte ich Theo eingeladen. Ich wollte ihm doch einmal zeigen, wie es so stand mit meiner »Kunst«. Ich war ganz aufgeregt und hatte Lampenfieber, war »er« doch unter dem Festpublikum.

Also, am Vormittag die Begrüßungsrede:
»Im Auftrag des evangelischen Kinderpflegeverbandes für die Provinz Schlesien überbringe ich zu dem heutigen Weih- und Festtag die aller herzlichsten Glück- und Segenswünsche. Glücklich die Gemeinde, die einen Kindergarten, eine Kleinkinderschule ihr Eigen nennen kann. Es sind Stätten des Frohsinns, der Pflege und Erziehung für unsere Kleinen, aber auch eine große, verantwortungsvolle Aufgabe für diejenigen, die in dieser Arbeit stehen. Hier wird die Saat gesät in den Boden, der noch für alles Schöne empfänglichen Seelen, hier wird der Grund gelegt zu allem späteren Sein. Der rechte Kindergarten kann somit zum Segen werden für die Familie, die Gemeinde, die Kirche und für unser Volk. Und so wünschen wir zum heutigen Tage, dass auch dieses Haus eine solche Segensstätte werden möge!«

Am Abend dann der Vortrag mit Musikbegleitung des Kantors der Kirche. Es klappte alles gut. Am Schluss der Dank des Pastors, und dann hinaus um Theo zu suchen, gespannt auf sein Urteil. Ja und? Es geschah nichts, ein lahmes »jaaa ganz gut«. Und dann: »Ein Kuss wäre ihm jetzt lieber.« Es war unsagbar, ich war so grenzenlos enttäuscht. Ich schluchzte während der ganzen Fahrt nach Breslau vor mich hin. Für mich war jetzt »alles aus« - sollte ich doch Schw. Oberin werden, wie mein Bruder mir geraten hatte? Doch die Gerechtigkeit muss auch in meinen Aufzeichnungen walten. Ein paar Tage später kam aus Dresden, wo Theo ja schon wohnte, ein winzig kleines Päckchen. Es enthielt mit einem Sehnsuchts-Entschuldigungsbrief ein erzgebirgisches Weichnachtsengelchen. Dieses Engelchen wurde der Grundstein zu einer großen Weihnachtsengelsammlung. So war nun wieder alles gut, die Gemüter beruhigten sich, wir verlebten in Breslau ein schönes Familienweihnachtsfest. Es wurde sogar - man höre und staune - vom Heiraten gesprochen, vom Wohnen und der Aussteuer, vom Verdienen und Berufschancen. Ich war wieder so richtig glücklich, meine Oberin-Pläne, und das Jugendleiterseminar wurden plötzlich gegenstandslos. Das Wort »Heiraten« und dann auch noch von meinem Vater hatte mich elektrisiert. Höhepunkt dieser Tage war ein Tanzturnier in der Sternloge (Fichte zum flammenden Stern), bei dem Theo und ich bei einem Tango den 2. Preis errangen. Ich war selig. An diesem Abend trug ich ein hellbeiges Chiffonkleid mit rosa Unterkleid, silbernen Schuhen und eine lange zarte Perlenkette. Es war einfach toll. Theo war ein großartiger Tänzer, und das war es ja, was mich so begeisterte.

Es gab da auch sehr glückliche, gemeinsame Stunden. Nur zwischen den Zeilen ist hin und wieder zu lesen, dass Charlotte im neuen Jahr in Dresden war - auf Wohnungssuche. Wie bei anderen Gelegenheiten hat sie in ihren Briefen als auch in ihrem Tagebuch Dinge, die sie nicht sagen wollte, einfach ausgeblendet. Sie schwärmt von einem Besuch in Dresden:

Schön war es gewesen - in Dresden. Jetzt habe ich einmal selbst gesehen, wie schön diese Stadt ist. Theo hat mich herumgeführt, um mir die schönen Gebäude, Kirchen, Parks, die Einkaufsstraßen zu zeigen, die er für mich immer fotografiert hatte, oder wo er Postkarten gekauft hatte, um sie mir zu schicken. Wir machten bei herrlichem Wetter eine Dampferfahrt auf der Elbe und fuhren hinauf auf den »Weißen Hirsch«, um von dort die herrliche Aussicht auf die Stadt zu genießen. Er tat alles, um mir zu zeigen, wie schön es werden würde, wenn wir erst einmal hier wohnen würden. Die elegante Prager Straße hatte in ihrer Eleganz große Ähnlichkeit mit der

Der neue Plattenspieler. Erich, das Brautpaar, die Eltern

Schweidnitzer Straße in Breslau. Die beiden Städte waren fast gleich groß. Geprägt von den großartigen Barockbauten, näher an Prag oder Wien orientiert als nach Berlin mit seinem strengen Klassizismus. Überhaupt hatten die beiden Städte eine große Ähnlichkeit in der Großzügigkeit der Gebäude in den Innenstädten. Ich war mir sicher, dass ich mich in Dresden sofort wohlfühlen würde, wenn ich auch keinen Menschen kannte.

Aber Theo hatte seine Verbindung, in der er sehr gerne gesehen wurde, und wo er Freunde hatte. Wir würden nicht alleine sein, und in der Wintersaison an die schönen Feste der Verbindungen in Breslau anknüpfen können. Er zeigte mir die großen Gebäude des »Sachsenwerks« in Niedersedlitz, wo er seine Anstellung hatte. Natürlich waren wir in Gedanken immer auf der Wohnungssuche und sahen uns Straßen an, die so aussahen wie die Wohnstraßen in Breslau. Wenn möglich würden wir gerne in der Bahnhofsnähe in einer schönen Wohnstraße wohnen. Theo könnte dann immer mit der Bahn direkt nach Niedersedlitz fahren. Ich würde ihn nachmittags vom Bahnhof abholen und so könnten wir die täglichen Ereignisse besprechen. In Blasewitz mit seinen schönen Mietshäusern hätten wir auch gerne gewohnt, aber von dort war die Fahrmöglichkeit nach Niedersedlitz schlecht. Ach, waren das schöne Träume, aber wie weit waren wir davon noch entfernt. Trotzdem, Träumen von schönen Stunden ist etwas Herrliches und wir waren glücklich dabei. Dresden hat einen berühmten Zoo, in dem wir später gerne spazieren gingen - mit unseren Kindern. In diesen gemeinsamen Stunden vergaß ich alles, auch meine Tätigkeit in Bethanien. Alles kam mir so unwichtig vor, wichtig war nur, dass ich mit Theo alleine zusammen war. Erst dann merkten wir, wie anstrengend die gegenseitigen Besuche in Forst und Breslau waren, immer mit den Familien zusammen. Kaum alleine. Theo war wie ausgewechselt, wenn ich mal in Dresden war »auf Wohnungssuche«. Seine Zweifel, die manchmal aus seinen Briefen sprachen, waren verflogen, die Sorgen mit der Zukunft seines Arbeitsplatzes waren vergessen, wir waren beide wie auf einer Insel, zu tiefst glücklich. Die Stunden der Tage verrannen nur so, und wir mussten uns richtig anstrengen, um auch den Grund meines Besuches, die Wohnungssuche, zu nutzen. Doch wir sahen bald, dass es schwierig werden würde, eine Wohnung zu finden, die richtig lag, bezahlbar war, und groß genug wäre. Wir hatten keine großen Ansprüche, obgleich wir beide von zu Hause aus verwöhnt waren. Doch Theo wusste ja, dass die großzügige Wohnung seiner Eltern eine Dienstwohnung war, so wie die Wohnung meiner Eltern durch die Bergwerksgesellschaft meines Vaters mitgetragen wurde. Diesen Vorteil würden wir nicht haben, und wir würden nur von einem Gehalt leben müssen. Meine Tätigkeit würde dann vorbei sein - das war ein Schmerz für mich, aber der war mir noch nicht richtig bewusst, lebte ich doch in Dresden in glückseligen Stunden.

Also konnten die beiden doch den »Umklammerungen« der Familien hin und wieder entfliehen. Das letzte Glück für Theo, dass Charlotte für zwei Tage in Dresden blieb, war beiden mit Sicherheit verwehrt. Nur mit diesen »Wohnungssuchbesuchen« ist es nur zu erklären, dass sie die manchmal wochenlange Trennung ausgehalten haben. Sie waren auf »Wohnungssuche« - ganz legal. Für Charlottes Vater war die »Wohnungssuche« auf der einen Seite ein hoffnungsvolles Zeichen, dass der Ernst des Wollens, nämlich der Heirat, stark war, auf der anderen Seite gehörte die »Reiserei« seiner Tochter zu einem Bereich, den er kaum noch übersehen konnte. Beruflich? Privat? Egal, wenn die bloß heiraten würden!

Charlotte schreibt am 18.II.1929:
...Nun muss ich noch einmal auf Deinen Sonntagsbrief zurückkommen, in dem Du schreibst, dass Du Dich, wenn Du öfters zu uns kommen würdest, immer erst anmelden würdest, denn (und das ist der springende Punkt) »man kann ja nie wissen.« Nun möchte ich Dich einmal fragen, was Du nie wissen kannst? Bist Du da wieder einmal zum Zweifler geworden, und soll ich Dir dafür die Ohren lang ziehen? Das werde ich nächsten Sonntag besorgen. Schreibe mir bitte, was Du Dir dabei gedacht hast, vielleicht habe ich es auch falsch aufgefasst, was brieflich ja mal schnell geschehen kann. Wie werde ich froh sein, wenn unsere Trennungszeit vorbei ist und ich Dir gleich im ersten Augenblick eine Mauer gegen solche Gedanken aufbauen kann. Überhaupt dürften die dann gar nicht mehr wiederkommen. Gibt es da kein Radikalmittel dagegen? Wenn Du eines weißt, dann sage es mir, dass ich es bei Dir mit Erfolg anwenden kann. Gebe ich Dir denn Anlass dazu, dann sage es mir doch. Vielleicht tue ich es völlig unbewusst und das würde mir leid tun, wenn ich Dir irgendwie das Herz schwer gemacht hätte. Gib Deinem Herzen einen Stoß und entferne alles, was nicht hineingehört.

Nach einem Besuch in Forst schreibt sie am 25.II.1929:
Mein lieber, guter Theo!
Noch schnell, ehe ich zur Versammlung gehe, möchte ich Dir sagen, dass ich gut und von Vatel wohlbehütet (!) zu Hause gelandet bin. Luischen und ich mussten noch lange warten, bis der Zug kam, doch dann ging es umso schneller nach Breslau. Vatel fragte mich, wie viele Küsse wir uns gegeben hätten. Ich antwortete prompt mit ganz ernstem Gesicht: 700, ob das wohl stimmt? Was Vater alles so wissen wollte! Erich war noch nicht da, so musste ich dann noch einmal ein »Verhör« über mich ergehen lassen. Ja, nun liegen wieder lange, lange Wochen vor uns, in denen man sich allein durchschlagen muss. Doch die Erinnerung an so schöne Stunden, die wir nun wieder zusammen verlebt haben, helfen wohl über die Trennung weg. Heute früh war ich noch gar nicht mit meinen Gedanken bei der Arbeit und ertappte mich immer wieder dabei, wie ich zum Fenster hinaus sah und an gestern und vorgestern dachte. Und wie bist Du gelandet? Du hattest ja gleich Gesellschaft, wohl bis Cottbus? Aber eben sehe ich auf die Uhr, es ist ½ 4 Uhr und es ist höchste Zeit zum Aufbruch nach Hause. Der nächste Brief wird länger und ausführlicher.

So lass Dich denn heute herzlich umarmen und nimm 1000 Küsse von Deiner Lotte

Am 26.II. schickt sie schon den nächsten Brief und dann fast täglich bis zum Jahresende. Besonders vermerkt sie, wenn einmal ein größerer (!) Zeitabstand zwischen den Briefen liegt, es sind dann höchstens drei Tage. Den hundertsten Brief von Theo begrüßt sie besonders herzlich. Inzwischen liest sie im »Universum«, eine technisch orientierte Zeitschrift, Artikel, die Theos Arbeitsgebiet betreffen, und verweist darauf, dass diese verständlich und interessant geschrieben seien. »Sie möchte »ein ganz klein wenig in seine Fußstapfen treten«. Oder sie bemerkt, dass sie sich längere Zeit nicht mehr über ihre Tätigkeit ausgelassen habe, da sie das Gefühl hatte, dass Briefe mit derartigem Inhalt von seiner Familie nicht mit dem nötigen Ernst gelesen würden. Also lasen die Schwiegereltern ihre Briefe an Theo. Warum, darüber haben sie sich nicht ausgelassen. Am 8.10.1929 kommt sie für Theo wieder einmal mit einer neuen Möglichkeit in ihrer beruflichen Zukunft. Sie wurde als Leiterin für den Schlesischen Verband der Kindergärtnerinnen, Hortnerinnen und Jugendleiterinnen vorgeschlagen. Ganz konkret verweist sie darauf, dass sie nur annehmen würde, wenn sie mindestens für ein Jahr diese Leitung ausüben könnte.

Sie fragt: »Mein liebster Theo, wird es Dir im nächsten Jahr möglich sein, eine Lebensstellung zu erobern?«

Das hieß doch konkret, ob er die Aussicht hätte so viel zu verdienen, dass sie heiraten könnten. Sie nimmt seine Antwort vorweg, in dem sie darauf hinweist, das seine Forderung, sie solle sich auf den Hausfrauenberuf vorbereiten, zeitlich auf ein ¼ Jahr vor der Eheschließung völlig ausreichen würde. Immerhin hat sie hauswirtschaftliche Kurse zur Genüge besucht. Das war sehr deutlich formuliert – Sie war nicht begeistert, da war wieder die sicher unterbewusste Kränkung Theo würdigte nicht ihre bisherige Tätigkeit in der Hauswirtschaft und Kindererziehung. Was wusste er wirklich von ihrer Arbeit? Erkannte er nicht, welches pädagogische Potenzial seine Charlotte für eine Kindererziehung und für die Haushaltsführung in die zukünftige Ehe einbringen würde?

Insgesamt geht es in allen Briefen bis zum 16.12.1929 immer um die gleichen Themen: Tiefe gegenseitige Liebe, glückliche Stunden, wenn sie beieinander waren, Ausflüge in ihre beruflichen

Arbeiten mit Vorträgen, Zeitungsartikeln und Erzählungen von den Sitzungen in den Verbänden. Besonders hebt sie immer wieder hervor, dass die Trennung doch nicht mehr so lange dauern könne, und sie macht ihm immer wieder Mut, wenn er zweifelt. Woran? Daran, dass sie ihn noch will? Daran, dass sie ihm treu sei? Daran, dass ihre beruflichen Ambitionen einmal ihre geplantes gemeinsames Leben verdrängen könnten?

Charlotte schreibt Theo am 15.12.1929:
Mein innig geliebter Theo,
Du hast nur einen so kurzen Sonntagsgruß bekommen, aber der Sonnabend war wirklich ein verhexter Tag von Anfang an. Desto herzlicher möchte ich Dir aber jetzt für die heutige Überraschung danken und für die lieben Worte dazu. Die Englein haben mir die schönsten Grüße gebracht und Dir und mir erzählt, wie es in Deinem Herzlein aussieht. Aber sicherlich geht es Dir nicht alleine so. Auch in mir wird die Sehnsucht nach Dir jeden Tag größer und mächtiger, und fast ist es so, als hätte ich Dich nie zu vor so geliebt. Wie das kommt? Ich weiß es nicht, aber es macht mich trotz allem so unendlich glücklich. Glücklich und traurig zugleich - du weißt warum! Doch will ich versuchen, ob Dein süßer Morgengruß ein klein wenig alles andere ersetzen kann. Heute geht es Vater ja wesentlich besser, er will sogar wieder in den Dienst gehen. Ich habe heute Abend eine Weihnachtsfeier im Presseverband, die ist immer sehr nett. Hoffentlich ist Schw. Käthe auch da, denn ihretwegen lasse ich mich dort blicken. Ja weißt Du, die Arbeitslosigkeit ist ganz schrecklich, auch hier bei uns. Ob nicht doch mal wieder eine Wendung zum Guten eintritt? Aber nach allem, was man hört und liest, ist damit vorläufig nicht zu rechnen. Wir haben uns für unsere schönsten Jahre eine recht schlimme Zeit ausgesucht!

Jetzt mein liebster Theo, ein herzinniges Küsslein und viele 1000 Grüße von Deiner Lotte.

Das war ein seelischer Aufschrei - etwa ein Jahr vor der Hochzeit. Kann man sich in Charlotte hineinversetzen? Wohl kaum. Beide wollen nur noch zusammen sein, im Anblick der bis dahin größten Wirtschaftskatastrophe in einem politischen Umfeld, in dem die Weichen für kommende entsetzliche Jahre gestellt wurden. War sie in das »falschen Jahrhundert« geboren worden? Das Schicksal nahm seinen Lauf!

Eindeutig hat Charlottes Vater um das Ende 1929 einmal seiner Tochter seinen Standpunkt dazu erklärt, wann er der Meinung sei, dass sie und Theo heiraten könnten. Er bestand darauf, dass sie eine sichere finanzielle Lebensgrundlage haben müssten. Wenn auch bei der Heirat, wie damals üblich, der Vater sie komplett einrichten würde, so blieben doch die laufenden Lebenskosten. Ob er dabei seine eigenen Ansprüche an das Leben sah, oder ob er schon »Abstriche« wegen der wirtschaftlichen Schwierigkeiten machte, ist unbekannt. Sicher ist, er wollte in jetzt absehbarer Zeit, dass die beiden heirateten. Er war es leid immer wieder mit den ehrgeizigen Berufsplänen seiner Tochter konfrontiert zu werden, lieber wäre es ihm gewesen, wenn er von Aufstiegstendenzen bei Theo gehört hätte.

Mir lag immer ein Ausspruch von meinem Vater in den Ohren: »Unter 500 RM hört die Liebe auf!« Es war sein Grundsatz, auch wenn man berücksichtigt, dass der Betrag nicht etwa mit einem DM-Betrag von heute zu vergleichen war. Bei bescheidenen Ansprüchen konnte man damals davon leben. Mein

Bruder war unser Fürsprecher, er sagte immer: »Vater, lass sie doch heiraten, was soll die aussichtslose Warterei!« Erich hatte als Gerichtsassessor auch nicht gerade »das goldene Kalb« erwischt. Aber wir waren damals jung, anders als die heutige Jugend, bescheiden und ohne irgendwelchen Größenwahn oder Anspruchsdenken. Wir waren ja etwas, wir stellten etwas dar, wir konnten etwas. Aber wir ahnten nicht, welchen Zeiten wir entgegen gingen, und wie die »Brüningsche Notverordnung« vom 1.12.1930 zur Sicherung von Wirtschaft und Finanzen uns den Gürtel enger schnallen ließen.

Am 25. Oktober 1929 war der »Schwarze Freitag«. An der New Yorker Börse brachen die durch eine künstliche Spekulation hochgetriebenen Kurse um fast 90% zusammen. Der Börsenkrach an der Wall Street hatte starke Auswirkungen auf das Deutsche Bankenwesen, das durch Großkredite aus den USA mit der amerikanischen Finanzwelt verbunden war. Die Schlangen der Menschen vor den Banken wuchsen an, nur Geld bekamen sie nicht. Die Zahl der Arbeitslosen wurde immer größer.

Zu Hause waren die sich entwickelnden schweren wirtschaftlichen Entwicklungen nicht erkennbar. Auch bei den Schwiegereltern nicht. Mein Bruder hatte inzwischen seine Doktorarbeiten geschrieben mit dem Thema: »Das Recht des Grundstückseigentümers am Luftraum«. Damals wegen der sich rasant entwickelnden Fliegerei mit Luftschiffen und Flugzeugen ein hochaktuelles Thema. Der junge Dr. wurde in meinem Elternhaus groß gefeiert. Hätte es nicht auch einmal einen Grund gegeben, meine Tätigkeit zu feiern? Nein, die Selbstaufgabe in der Erziehung von Kindern, das Kümmern um verwahrloste und hungernde Arbeiterkinder, das war kein Thema zum Feiern. Schon gar nicht, da es keine »Akademischen Grade« bei der Ausbildung gab. Ich musste ja nicht tätig sein, ich hätte ja heiraten können, gut situierte Bewerber hatte es ja gegeben. Hatte der Vater vergessen, dass er es war, der alle Bewerber vergrault hatte? Ich sah sehr wohl die Ungleichheit zu meinem Bruder, zu dem ich – zeitlebens – ein inniges Verhältnis gehabt hatte. Und mein Bruder sah ebenso, wie seine geliebte Schwester litt. Doch die Macht des Elternhauses wäre damals nur mit einem völligen Bruch zu überwinden gewesen, und dazu hatte ich nicht die Kraft, ich wollte es auch nicht.

Doch es gab für Charlotte noch einen kurzen Ausflug. Auf Empfehlung durch die Leitung in Bethanien machte sie ein mehrwöchiges Praktikum in Pilgramshain bei Dr. König. Wieder musste der große Koffer gepackt werden. Ihr Vater hatte nichts gegen diesen Abstecher, lag das Schloss Pilgramshain, jetzt ein heilpädagogisches Heim für schwer behinderte Kinder, im Riesengebirgsvorland gelegen, also nicht weit von Breslau entfernt. Das Schloss war 1838 errichtet worden, ein zeitlos klassizistisches Gebäude und schon in der sechsten Generation im Familienbesitz. Der letzte Eigentümer hatte dann das Schloss dem Rittmeister a.D. Hans von Jeetze überlassen. Im Sommer 1945 wurde es von durchziehenden Russen angezündet und brannte vollständig nieder.

Dort lernte sie Dr. König persönlich kennen. Es war für sie ein besonderes Erlebnis, zu sehen, nach welchen Methoden dort gearbeitet wurde. Dr. König war eine einmalige besondere Persönlichkeit, die sie nie vergessen konnte. Voll Bewunderung war Charlotte für einen Mann von so viel menschlicher Güte und Hingebung für den Nächsten. Sein Buch, in dem sein Lebensweg beschrieben ist, »im Zeichen der Menschlichkeit« hat sie wie einen Schatz gehütet.

Doch wer war Dr. König, was konnte sie dort lernen?

Karl König lebte von 1902-1966 unter dem Motto: »Nur die Hilfe von Mensch zu Mensch, die Begegnung von Ich mit Ich schafft jene Heilpädagogik, die der Bedrohung des innersten Menschseins heilend entgegentritt«.

Dr. König war in die anthroposophische Gesellschaft 1925 eingetreten, gerade als der Gründer Rudolf Steiner in Dornach verstarb. Er arbeitete als Arzt an der Klinik in Arlesheim. In dem »Sonnenhof« dem heilpädagogischen Institut lernte er kranke Kinder und die neuen Methoden kennen, mit denen man versuchte, das Menschliche in ihnen zu entwickeln. Dr. König war von dem Anblick der schwer behinderten Kinder so erschüttert, dass in ihm der Entschluss reifte, sein Leben diesen Kindern zu widmen. Bei einem Besuch in Tannenberg am Eulengebirge lernt er das Ehepaar Dorothea und Joachim von Jeetze kennen, die ihm ihr Schloss Pilgramshain für die Heilpädagogik zur Verfügung stellen wollten. Pilgramshain wird bald zu einem Kulturzentrum, wo sich die Pioniere der Anthroposophie treffen. Aufgrund der Rassegesetze im 3. Reich, König ist Jude, muss er Deutschland noch vor dem 2. Weltkrieg verlassen. Pilgramshain wird von der Gestapo 1941 geschlossen und enteignet. Dr. König entkommt nach Österreich. Nach dem Anschluss an das Deutsche Reich flieht er nach Schottland. Dort baut er den Herrensitz Camphill in der Nähe von Aberdeen für die zuströmenden Kinder »feindliche Ausländer« aus. 1966 starb er. In ganz Westeuropa den USA und Südafrika hinterließ er 27 heilpädagogische Zentren.

Charlotte bekommt durch die behinderten Kinder eine ganz andere Sichtweise zu den ihr bisher anvertrauten Kindern. Diese waren im Allgemeinen gesund, stammten aber aus ärmlichen Verhältnissen, zerrütteten oder verwahrlosten Ehen. In den kurzen Wochen erkannte sie, dass ihre Tätigkeit noch auf der »Sonnenseite« des Lebens erfolgte. Problembelastet kehrte sie nach Breslau in ihr Bethanien zurück, um in ihrem Dienst fortzufahren.

Es ergab sich noch eine weitere Gelegenheit mit Dr. König in Kontakt zu kommen. Im Okt. 1930 besuchte Charlotte im Remter des Dominikanerklosters in Breslau einen anthroposophischen Kursus, gehalten von Dr. König über: »Geisteswissenschaftliche Menschenkunde«. Sie fertigte über dieses Seminar einen Bericht an, der für die Diakonie Bethanien gedacht war. Dort wurde dieser Bericht mit großer Begeisterung aufgenommen. Sie erwähnt auch, dass sie anlässlich dieses Kursus mit Dr. König Gespräche hatte. Ob da wieder einmal ein »Abwerben« im Gespräch war? Über Einzelheiten der Gespräche gibt es jedoch keine Hinweise. Der Bericht ist noch heute nachzulesen in dem Heft über »Erziehungslehre« von Charlotte. Es war also im Jahr 1930 in Breslau »immer etwas los«. Es schien so, als wenn sie »von Mund zu Mund« gereicht wurde, und sie war gerne dabei, wenn es um die Darstellung ihres Wissens ging.

So wurde sie aufgefordert mit Schwester Auguste Mohrmann, der Leiterin der gesamten christlichen Kinderpflege mit dem Sitz in Berlin, eine Dienstreise nach Oppeln O/S zu unternehmen. Sie sagte zu und fuhr einfach mit, irgendwelche Einwendungen von Theo oder den Eltern nahm sie nicht an, zumal es gerade in einer Zeit lag, in der sie sich mit ihrem Theo nicht sehen konnte. Sie hatte die ganze Reise organisiert und sie war begeistert. Noch zu ihrer Hochzeit bekam sie einen Glückwunsch und ein ganz liebevolles Dankeschön für ihre Arbeit in dem Verband der christlichen Kinderpflege. »Wie schulden ihnen vielen Dank«, schrieb Schwester Mohrmann. Den ihr angebotenen Verbandsvorsitz hatte sie letztlich dann nicht angetreten, die Zweifel um ihren Theo und der mögliche Unwille des Vaters hatten sie wieder eingeholt.

Eine andere Ausfahrt führte sie zu Schwester Eva von Thielen-Winkler. Schon früher hatte sie im Zusammenhang mit den »Sternchen« auf diese große Persönlichkeit hingewiesen. Schwester Eva lebte in Obernigk, in ihrer »Heimat für Heimatlose«. In kleine Gruppen eingeteilt lebten dort Findelkinder in hübschen Zimmern, die alle Blumennamen hatte. Es waren glückliche Kinder, die dort eine unbeschwerte Jugend genießen konnten. Mit einer Widmung versehen schenkte Schwester Eva Charlotte ihr das Buch »Soli Deo Gloria« zur bleibenden Erinnerung. Für Charlotte ein Wegweiser zu ihren Ideen in der Kindererziehung.

Charlotte schreibt nach ihrer Rückkehr:
»Aber ich kam zu Hause nicht an damit. Wohlwollendes Gehabe, aber im Grunde Nichtverstehen und Kopfschütteln. Immer mit dem Hintergrund die Frage: Denkt die gar nicht an Kochen und Haushalt, an die Ehe, an ihre Ausstattung? Eltern, Verlobter und Schwiegereltern waren in diesem Punkt einer Meinung. Nur mein Bruder, der Spötter, erfasste wohl als Einziger die Situation und sagte ganz ernsthaft zu mir: »Du musst Schw. Oberin werden, Du hast das Zeug dazu!« Für wahr, war das eine ehrliche Sprache. Das konnte nur mein Bruder sagen mit dem Ergebnis, dass meine schon vorhandenen Zweifel über die Zukunft noch größer wurden. Doch meine Liebe zu Theo war größer.«

Die Anfragen an sie, Zeitungsartikel zu schreiben, mehrten sich. Zugleich wurden ihre Niederschriften von den jeweiligen Sitzungen der Kirchenverbände in den Mitteilungsblättern der Kirchen veröffentlicht:

»Evangelischer Familienkalender »Sonnenstrahlen«, herausgegeben von der Berliner Stadtmission und von der ev.-luth. Diakonissenanstalt Bethanien in Breslau.

Die »Christliche Kinderpflege«, ein Organ der Reichskonferenz für evangelische Kinderpflege.

Die »Mitteilungen« des Evangelischen Kinderpflege-Verbandes für Schlesien e.V. mit: »Spielzeug und Beschäftigungsmittel« II/29. »Einiges über Schmutz und Schund« 10. /29, »Mittelbeschaffung durch Wohlfahrtswerbung« 11/29, Bericht über den Landesverband Anhalt, Tagung vom 1/29 usw.

Der »Hausfrauenbund Breslau«, Berufsorganisation.

Das Laubaner Tagesblatt I/29 »was ist eine Hortnerin?«

Eigenverlag Bethanien Breslau: »Kinder sind Segen«.

Oder Berichte zu Vorträgen, die sie selbst angehört hatte:

»Sinneserziehung im Kinderclub«. Ein Vortrag der
Breslauer Montessori-Gesellschaft.
»Wie steht es um die geistige Entwicklung des Kindes?«
Charlotte Bühler, Kinderpsychologin aus Wien.

»Sozialethische Probleme und Aufgaben der Inneren
Mission mit besonderer Berücksichtigung der ländlichen
Siedlungsfragen.«

Pastor Heuser, Breslau vor der Hauptversammlung des Schlesischen Provinzialvereins für Innere Mission. u.a.

Und Vorträge von ihr in Breslau:

Geheime Miterzieher.
Wo bleiben unsere aufsichtslosen Schulkinder.
Weihnachten, seine Vorbereitung und Ausgestaltung.
Die familienmäßige Erziehung im Kindergarten und Hort u.a.

Sie setzt sich mit den Ideen zur Kindererziehung von Janusz Korczak, dem polnischen Kinderarzt auseinander, der später mit den 200 ihm anvertrauten Kindern am 5. August 1942 nach Auschwitz abtransportiert wurde. In Ihrem Nachlass fand ich das Buch »Wie man ein Kind lieben soll«, 1972 herausgekommen. Eines der kleinen Zeichen, dass sie immer noch in ihrem alten Beruf der Kindererziehung forschte. Sie sammelte Zeitungsausschnitte zu Korczak, z.B. die Rede des Bundespräsidenten Gustav Heinemann anlässlich der Verleihung des Friedenspreises in der Paulskirche. Oder die Rede zur Eröffnung des Janusz-Korczak-Hauses in Bremen im September 1982. Dem Haus, welches zu ihrer Freude von ihrem Sohn als Architekt mit polnischen Fachleuten aus Danzig neu ausgebaut worden war.

Und dann die besondere Herausforderung:
Charlotte bekam vom Breslauer Rundfunk die Anfrage, ob sie bereit wäre in einer Sendereihe »Stunde der Frau« des Hausfrauenbundes Breslau Radiosendungen mitzugestalten. Die Verbindung zum Radio war von ihrer Vorgesetzten Fr. v. O. entwickelt worden. Sie hielt selbst dann und wann Vorträge, und sie meinte: »das könnte Charlotte auch!« Man hatte sie bei Vorträgen gehört, und war wegen ihres so überzeugenden und leidenschaftlichen Engagement für die Kindererziehung aufmerksam geworden. Das Radio war inzwischen auf dem Vormarsch, Vater Schlüter hatte ja von Theo eines geschenkt bekommen, und er war es, der plötzlich voller Stolz auf seine Tochter war, keine Sendung ließ er sich entgehen, wenn auch der Inhalt für ihn sicher »Bömische Dörfer« waren. Er nutzte jede Gelegenheit, um von den Radiovorträgen seiner Tochter zu sprechen.

... großen Eindruck hat mir seine tiefe Freude über meine Rundfunkvorträge gemacht, er sagte zu mir, ich weiß es heute noch:

»Wer einst viel zu verkünden hat, schweigt viel in sich hinein.
Wer einst als Blitz zu zünden hat, muss lange Wolke sein.«

Na, ja, aus heutiger Sicht bin ich »Wolke« geblieben. Das schreibe ich, nach Jahrzehnten des Nachdenkens darüber, was wäre geworden wenn.........

Doch »mal ebenso« im Radio zu sprechen, das war zu einfach gedacht. Ich sollte »live«, also in direkter Übertragung vor dem Mikrofon sprechen. Wie sollte ich das üben? Wie die Abrechnung zeigt, sollte ich 10 min. vor der Sendung im Funkhaus sein. Vorab schickte ich das Manuskript ein, dass anstandslos akzeptiert wurde. Es wurde eine Mikrofonprobe angesetzt, bei der man mir sagte, meine Stimme sei bestens und geeignet für »Direktsendungen«.

Am Freitag, den 7. Februar 1930, erschallte meine Stimme erstmalig im Deutschen Rundfunk. Ich befand mich in einem großen, fast leeren Raum. Ein Tisch in der Mitte für das Manuskript, ein Stuhl, über dem Tisch hängend das Mikrofon, schräg gegenüber eine große, weiße Uhr, an der anderen Seite das Fenster zur Regie. Es wurde geklopft und ich begann. Es war unwahrscheinlich! Als alles vorbei war, bekam ich im Sekretariat mein Honorar von RM 35. Die erste Quittung habe ich heute noch. Dann ging ich hinaus, noch ganz benommen. Und da stand meine liebe Mutter mit einem großen Blumenstrauß. Ich bekam viel Glückwunschpost, den weitesten Weg hatte ein Glückwunsch aus Schwäbisch-Hall gehabt. Es war einfach wundervoll. Aber keinerlei Echo von meinen Schwiegereltern - und meinem Verlobten! Da war es wieder, dieses entsetzliche Gefühl des Übergangenwerdens. Ich bin bis zum Lebensende meiner Schwiegereltern dieses Gefühl nicht los geworden. Meine Arbeit wurde einfach »totgeschwiegen«, und mein Theo war immer dabei.

Aber es gab viele Bewunderer. Ihre Schwägerin Anni schreibt ihr aus Cunnersdorf sofort nach der Sendung.

Meine liebe Lotte,
Es ist 16.20 Uhr, eben haben wir Dich gehört! Ich gratuliere! Du hast sehr gut gesprochen, auch sehr deutlich. Ich möchte mich sehr gern einmal mit Dir über Manches unterhalten. Hast Du Angst gehabt? Ich hatte sogar vorher Herzklopfen. Ich nehme an, Du bist jetzt strahlend. Wie geht es Euch allen? Jetzt höre ich so wenig. Großmuttel richte doch bitte meinen Dank für den Brief aus. Ich schreibe ihr bald. Für Erich ist die Zeit in Berlin recht schwer. Ich wünschte, wir wären ein, zwei Monaten weiter. Ma (Annis Mutter in Cunnersdorf) lässt Dir auch sagen, dass Du so gut gesprochen hast. Gisela (ihre Tochter aus 1. Ehe) hat auch zugehört. Ich wünsche Dir weiterhin viel Erfolg und grüße auch Theo von mir.

Das damals ganz neu im Süden von Breslau errichtete Sendehaus existiert noch heute. Charlotte hatte es auf einer Reise nach Schlesien 1976 wieder gefunden.

Ganz schwer ist es mir ums Herz gewesen, als ich vor dem Sendehaus stand und an die einmalige, schöne Zeit der Sendung meiner Vorträge dachte. Damals, im Jahr 1930, ging ich ja dort regelmäßig aus und ein. Noch heute bewahre ich alle Sendeunterlagen zusammen mit der Zeitschrift »schlesische Funkstunde auf« in der die Sendungen angekündigt waren.

So stand sie mit diesen Sendungen wohl im Höhepunkt ihrer Tätigkeit. Jetzt wurde ihr Respekt entgegen gebracht, auch Bewunderung, dass sie so frei in den Sendungen sprechen konnte. Sie gab Interviews der Breslauer Presse, sprach darüber, wie sie über die Zukunft der Kindererziehung dachte, und wurde von Mitarbeitern des Funkhauses eingeladen. Wie sie das alles ihrem Theo

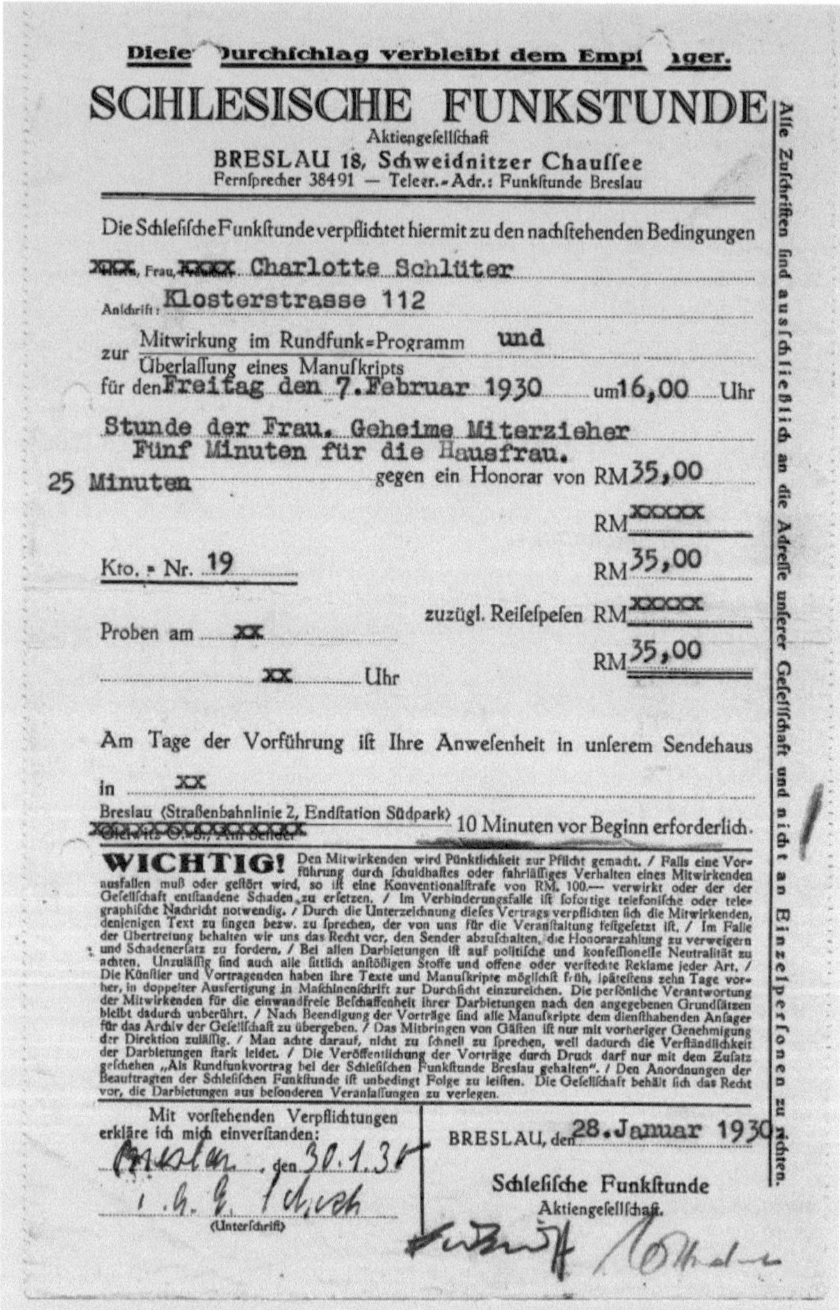

Diese[r] [D]urchschlag verbleibt dem Empf[ä]nger.

SCHLESISCHE FUNKSTUNDE

Aktiengesellschaft

BRESLAU 18, Schweidnitzer Chaussee

Fernsprecher 38491 — Telegr.-Adr.: Funkstunde Breslau

Die Schlesische Funkstunde verpflichtet hiermit zu den nachstehenden Bedingungen

XXX, Frau, XXXX Charlotte Schlüter

Anschrift: Klosterstrasse 112

zur Mitwirkung im Rundfunk-Programm und Überlassung eines Manuskripts

für den Freitag den 7. Februar 1930 um 16,00 Uhr

Stunde der Frau. Geheime Miterzieher
Fünf Minuten für die Hausfrau.

25 Minuten gegen ein Honorar von RM 35,00

RM XXXXX

Kto.-Nr. 19 RM 35,00

zuzügl. Reisespesen RM XXXXX

Proben am XX

RM 35,00

XX Uhr

Am Tage der Vorführung ist Ihre Anwesenheit in unserem Sendehaus

in XX

Breslau (Straßenbahnlinie 2, Endstation Südpark)
~~Gleiwitz O.-S., Am Sender~~ 10 Minuten vor Beginn erforderlich.

WICHTIG! Den Mitwirkenden wird Pünktlichkeit zur Pflicht gemacht. / Falls eine Vorführung durch schuldhaftes oder fahrlässiges Verhalten eines Mitwirkenden ausfallen muß oder gestört wird, so ist eine Konventionalstrafe von RM. 100.— verwirkt oder der der Gesellschaft entstandene Schaden zu ersetzen. / Im Verhinderungsfalle ist sofortige telefonische oder telegraphische Nachricht notwendig. / Durch die Unterzeichnung dieses Vertrags verpflichten sich die Mitwirkenden, denjenigen Text zu singen bezw. zu sprechen, der von uns für die Veranstaltung festgesetzt ist. / Im Falle der Übertretung behalten wir uns das Recht vor, den Sender abzuschalten, die Honorarzahlung zu verweigern und Schadenersatz zu fordern. / Bei allen Darbietungen ist auf politische und konfessionelle Neutralität zu achten. Unzulässig sind auch alle sittlich anstößigen Stoffe und offene oder versteckte Reklame jeder Art. / Die Künstler und Vortragenden haben ihre Texte und Manuskripte möglichst früh, spätestens zehn Tage vorher, in doppelter Ausfertigung in Maschinenschrift zur Durchsicht einzureichen. Die persönliche Verantwortung der Mitwirkenden für die einwandfreie Beschaffenheit ihrer Darbietungen nach den angegebenen Grundsätzen bleibt dadurch unberührt. / Nach Beendigung der Vorträge sind alle Manuskripte dem diensthabenden Ansager für das Archiv der Gesellschaft zu übergeben. / Das Mitbringen von Gästen ist nur mit vorheriger Genehmigung der Direktion zulässig. / Man achte darauf, nicht zu schnell zu sprechen, weil dadurch die Verständlichkeit der Darbietungen stark leidet. / Die Veröffentlichung der Vorträge durch Druck darf nur mit dem Zusatz geschehen „Als Rundfunkvortrag bei der Schlesischen Funkstunde Breslau gehalten". / Den Anordnungen der Beauftragten der Schlesischen Funkstunde ist unbedingt Folge zu leisten. Die Gesellschaft behält sich das Recht vor, die Darbietungen aus besonderen Veranlassungen zu verlegen.

Mit vorstehenden Verpflichtungen erkläre ich mich einverstanden:

Breslau, den 30.1.30

i. A. [illegible]

(Unterschrift)

BRESLAU, den 28. Januar 1930

Schlesische Funkstunde
Aktiengesellschaft.

[illegible signatures]

Alle Zuschriften sind ausschließlich an die Adresse unserer Gesellschaft und nicht an Einzelpersonen zu richten.

vermittelte, ist unbekannt, aber spekulieren darf man schon in der Richtung, dass da bei ihrem Theo keine Freude aufkam. Die Resonanz kam aus vielen Ecken. Frühere Freundinnen, längst verheiratet und in die Küche und zu Kindern »verbannt« schreiben ihr bewundernd. Persönlichkeiten aus den offiziellen Kirchenkreisen schreiben ihr und dankten ihr für ihr Engagement. Was für ein beruflicher Weg schien sich da für sie anzubahnen. Ein kleines »Ja« von ihr, und der Weg in eine ganz andere Lebensrichtung wäre vorgezeichnet gewesen. Welche Zweifel mögen in ihr aufgekommen sein, es half wohl nur noch ein »entweder oder«. Entweder auf Theo zu verzichten und dem Beruf zu folgen oder auf den Beruf zu verzichten und Theo zu folgen. Es gab keine Alternative, keinen Weg dazwischen. Das wusste sie nur zu genau. Bis 14 Tage vor ihrer Heirat ist sie in ihrer beruflichen Position geblieben, und nahm dann traurig aber gefasst von ihrem Berufsleben Abschied. Ein Blumensteindruck wurde ihr von ihrem Gönner und Chef, Pastor Zedler, dem Leiter von Bethanien in Breslau übergeben mit den besten Segenswünschen für ihren weiteren Lebensweg.

In ihrem Poesiealbum sind Widmungen zu finden, die nicht irgendwie geschrieben sind. Sie weisen darauf hin, dass die Verfasserrinnen um das Geheimnis von Charlotte wussten: Ihre innere Zerrissenheit und das Wissen in den unumkehrbaren Weg, den sie eingeschlagen hat.

Von einer ihren Freundinnen:

> *»Die interessantesten Zeiten des Menschendaseins sind nicht die, in welchen man sich der Illusion hingibt, sein Leben selbst führen zu können, nach links oder rechts abzuweichen, zu bewahren oder aufzugeben; sondern die, in denen man den Flügelschlag des Schicksals deutlich über seinem Kopf rauschen hört. Und trotz aller möglichen Unruhe und Ahnung sind die letzteren Zeiten auch, so paradox es klingen mag, die normalen.«*

Mit herzlichen Wünschen für Ihre Zukunft schrieb Ihnen dieses
Ihre Hanna I.

Ein anderer Eintrag lautet:

> *»Das macht das Herz ganz still,*
> *dass Du, Herr, alles weißt,*
> *was ich gesollt und nicht getan,*
> *und was ich Gutes will.*
> *Um alle Dunkelheit,*
> *in der der nächste Schritt,*
> *noch liegt, um den ich zögern könnte*
> *weißt Du Bescheid.*
> *Herr, seit ich das erkannt,*
> *scheint heller mir der Weg*
> *durch meiner Tage Freud und Pflicht,*
> *ich segne Deine Hand.«*
> Breslau, Bethanien im September 1930, Ruth B.

Ich habe es nicht bereut, weder Schwester Oberin noch Jugendleiterin geworden zu sein, hatte ich doch eine führende, verantwortungsreiche Position gehabt, die außerhalb dieser Ziele lag, und mir interessante Möglichkeiten boten, im Leben etwas zu erreichen. Und weiter mit Goethe aus »Dichtung und Wahrheit: »Wahrhaft Liebende betrachten alles, was sie bisher empfunden, nur als Vorbereitung zu ihrem gegenseitigen Glück, nur als Basis, worauf sich erst ihr Lebensgebäude erheben soll.

Am 27.XII.1930 werden Theodor Neimke und Charlotte Schlüter in Breslau in der Salvator Kirche heiraten. Wenn es damals möglich gewesen wäre, so hätte sie sicher ihren Mädchennamen an den neuen Namen angehängt. Doch die Zeit war hierfür noch nicht reif, und so ging es ihr wie vielen anderen Frauen, durch die Eheschließung wurde sie ein »Nobody« und sie hätte sich, wenn sie es gewollt hätte, mit dem neuen Namen in ihren alten Berufskreisen neu durchsetzen müssen. Doch die Fortsetzung ihres Berufes wollte sie gerade nicht, jedenfalls nicht auf absehbare Zeit. Ihr hatte zwar immer eine »Selbstständigkeit in der Ehe« vorgeschwebt, doch je näher die Heirat kam, desto weniger wollte sie darauf bestehen. Bei ihrem Theo wäre sie da auf Unverständnis gestoßen, das hatte sich mehr und mehr gezeigt.

Doch noch ist es nicht so weit. Noch steht das Lebensgebäude nicht. Wer nun den »Startschuss« gegeben hat, bleibt ungeklärt. Ohne Wohnung keine Heirat, so Vater Schlüter, immerhin hatte er sich zu dem Gedanken durchringen müssen, dass er für eine Wohnung in Dresden vorerst aufkommen müsste. Aber er wollte nicht mehr mit ansehen, wie seine Tochter sich innerlich zerreißt, hier ihr Beruf dort Theo, der vorerst nicht die gesamten Kosten für die gemeinsame Lebensführung würde aufbringen können. Die Zeiten waren noch lange nicht so, dass es selbstverständlich gewesen wäre, dass beide einen Beruf hätten ausüben können.

Heiratete die Frau, dann gab sie ihre Tätigkeit auf, ganz gleich, was sie tat. Bei Charlottes Tätigkeit im evangelisch-christlichen Bereich wäre eine weitere Tätigkeit in Dresden vielleicht mit guter Fürsprache ihrer Vorgesetzten möglich gewesen. »Bethanien ist überall«. Doch für Theo wäre eine solche Möglichkeit jenseits jeder Diskussion gewesen. Er wollte eine Frau für sich alleine. Er wollte mit ihr eine Familie gründen, seine Charlotte sollte sich ihm ganz widmen. Sie wusste das, und deswegen war sie innerlich so zerrissen gewesen. Aber ihr war klar, sowie es eine Möglichkeit zur Heirat geben würde, war es mit ihrer beruflichen Tätigkeit vorbei. Da war sie konsequent. Sie hatte nicht im entferntesten daran gedacht, irgendwie in Dresden

an ihre Breslauer Tätigkeit anzuknüpfen, jedenfalls in dieser eindeutigen Vorstellung für ihr weiteres Leben war sie die Ehe eingegangen. Es muss eine Aussprache zwischen ihrem Vater und Theo gegeben haben. »Unter Männern« wurden finanzielle Fragen geregelt. Und Vater Schlüter erklärte sich bereit für eine gewisse Zeit die Kosten für eine Wohnung in Dresden zu übernehmen, zusätzlich zu der gesamten Wohnungseinrichtung. Aus Forst kam nichts, das hat aber auch Theo bedrückt. Hatten seine Eltern doch auch auf eine baldige Heirat gedrängt, und waren seinen Eltern die schwierigen wirtschaftlichen Verhältnisse in der Industrie und in Deutschland insgesamt ebenfalls bekannt. Aber noch warten? Worauf? Wer wusste, wie es in Deutschland weitergehen würde. Der wirtschaftliche Aufschwung? Wer sollte den durchsetzen?

Auf der Fahrt zur Kirche

Das Brautpaar

Hochzeitsgesellschaft

Die NSDAP war am 14. September 1930 nach Wahlen zu der zweitstärksten Partei erstarkt. Die Anzahl der Stimmen hatten sich verneunfacht, und die Welt zerbrach sich den Kopf, wie das passieren konnte.

Die Welt am Sonntag vom 6. Oktober 1930 liefert eine Analyse der Reichstagwahlen und kommt u.a. zu Ergebnis:

»Die wohlgesonnene ausländische Presse nannte zur Begründung die riesige Arbeitslosigkeit mit 3 Millionen Arbeitslosen. Tatsächlich hatte nur ein verschwindend geringer Teil dieser Arbeitslosen Hitler gewählt. Die größere Zahl hätte die KPD gewählt, die ihre Mandate von 55 auf 77 steigern konnte«. Und weiter: »Das ist das erschütternd Trostlose an dem Wahlergebnis vom 14. September, dass die Welt sehen muss, wie viele Millionen politische Analphabeten es noch in Deutschland gibt.«

Die - bescheidenen - Grundlagen für ein Leben mit ihrem Theo waren fürs Erste gelegt, nun mussten sie noch eine Wohnung in Dresden finden. Wenn auch aus heutiger Sicht nicht vorstellbar, so gab es tatsächliche eine große Wohnungsknappheit, besonders in guten Lagen und zu akzeptablen Preisen.

Eine Wohnung in Dresden zu finden war ein Problem. Doch hatten wir nach vielen vergeblichen Mühen Glück. Die Wirtin von Theo - die später sehr geliebte Nenntante Hackbarth, hatte ein befreundetes Ehepaar in der Nähe, das nach »draußen« zog. Die Bedingungen waren folgende: Das Esszimmer musste von uns übernommen werden, und die alte Frau Schulze. Für meine Kinder war sie später die »Tante Schulze«. Sie hatte die geräumige 4-Zimmer-Wohnung in der Uhlandstr. 31 gemietet. Das Problem bestand darin, dass sie die Wohnung nicht bezahlen konnte. Sie machte mit uns einen Vertrag, in dem Stand, dass ihr ein Zimmer kostenlos zur Verfügung stand, dafür machte sie für mich die Hausarbeit. Na ja, mein Vater zahlte!

Wenn eine Frau heiratete, dann gab sie ihre Tätigkeit auf, ganz gleich, was sie tat. Bei Charlottes Tätigkeit im evangelisch-christlichen Bereich wäre eine weitere Tätigkeit in Dresden vielleicht mit Fürsprache ihrer Vorgesetzten möglich gewesen. Bethanien ist überall«. Doch für Theo wäre eine solche Möglichkeit jenseits jeder Diskussion gewesen. Er wollte seine Frau für sich alleine, um mit ihr eine Familie zu gründen.

Sie wusste das, und deswegen war sie innerlich so zerrissen Aber ihr war klar, sowie es eine Möglichkeit zur Heirat geben würde, war es mit ihrer beruflichen Tätigkeit vorbei. Da war sie konsequent. Sie hatte nicht im entferntesten daran gedacht, irgendwie in Dresden an ihre Breslauer Tätigkeit anzuknüpfen. Sie war jedenfalls mit dieser eindeutigen Vorstellung für ihr weiteres Leben in die Ehe gegangen. Es muss eine Aussprache zwischen ihrem Vater und Theo gegeben haben. »Unter Männern« wurden finanzielle Fragen geregelt, und Vater Schlüter erklärte sich bereit für eine gewisse Zeit die Kosten für eine Wohnung in Dresden zu übernehmen. Aus Forst kam nichts, dass hatte aber auch Theo bedrückt. Hatten seine Eltern doch auf eine baldige Heirat gedrängt. Seinen Eltern waren ebenso die schwierigen wirtschaftlichen Verhältnisse in der Industrie und in Deutschland insgesamt ebenfalls bekannt.

Es war eine schöne Wohnung im 1. Stock. Der Hauptbahnhof war in der Nähe, das war für Theo ganz wichtig, da er jeden Tag um 7.00 Uhr mit dem Vorortzug nach Niedersedlitz zum Sachsenwerk fahren musste.

Also, die Wohnung war fest, nun kam die Einrichtung mit allem Inventar. Mit meiner Mutter fuhr ich nach Dresden, um alles zu regeln. Wir hatten ein schönes, großes Herrenzimmer aus kaukasischem Nussbaum gekauft, schlicht in der Form, wie das 1930 – beeinflusst vom Bauhaus Dessau – damals schick war.

Ein Teil dieser Einrichtung gelangte noch in »Omas Puppenstube« und Charlotte blieb so noch die Illusion an die Zeiten von früher. Sich von seiner Einrichtung nicht zu trennen, ist immer wieder in selbst eingerichteten Räumen von Altenheimen zu sehen.

Das Esszimmer unseres Vorgängers in Eiche, na ja, eben übernommen. Das Schlafzimmer in Rüster mit eingelegten Cebranostreifen, in der einfachen Eleganz der 30er Jahre. Den großen Kleiderschrank gibt es noch heute. Die Küche war eine weiße »Eschebach-Küche«, auch im schlichten Stil der damaligen Zeit. Das Bad, na ja, wie Bäder ebenso waren mit einer getrennten Toilette. Wir konnten daran nichts ändern. Zur Wohnung gehörten noch ein Küchenbalkon und ein großer Balkon zur Straße. Der Korridor war 7m lang und vier Meter hoch, so hoch, wie die Wohnräume auch hoch waren. In jedem Raum stand ein riesiger Kachelofen, den die liebe Frau Schulze in der kalten Zeit in behaglicher Wärme hielt. Mit meiner Mutter war ich 8 Tage zum Einrichten in Dresden. Was musste da noch alles angeschafft werden. Ich erkannte meine Mutter kaum wieder. Sie war in ihrem »Element«. Zielstrebig ging sie an die Komplettierung der Wohnung heran, dirigierte Einkäufe, ließ Boten schicken, achtete auf die Anlieferung. Nie hätte ich gedacht, dass sie so umsichtig tätig werden konnte, hatte ich sie doch immer dem Haushalt eher abgewandt gesehen, die »Großel« hatte ja den ganzen Haushalt immer im Griff gehabt. Aus Breslau kamen alle die Dinge, die ich schon als »Aussteuer« besaß. Z.B. die wunderbaren Damasttischtücher mit 24 Servietten, alle mit meinem Monogramm »CS« eingestickt, oder das 12-teilige Besteck aus Silber, auch mit meinem Monogramm versehen und heute noch erhalten. Immer, wenn ich eine Tafel eindecke, bei der die schönen Silberteile verwendet werden, habe ich daran gedacht, dass alle Teile ein Stück von mir sind. Vater war großzügig – wie immer – wenn es um mein persönliches Wohl ging. Meine Mutter vergaß nichts, ich sollte es mit Theo schön und behaglich haben, auch wenn von Anfang an klar war, das konnte nur ein Übergang sein, denn wir wollten ja Kinder haben, die ihr eigenes Reich haben sollten. Ich war zufrieden und fühlte mich gegenüber meinem Bruder so richtig »gleichberechtigt«. Auf lange Sicht gesehen hatte mein Vater seine beiden Kinder finanziell gleich behandelt, wenn auch auf verschiedene Art. Zu Hause würde es demnächst leer werden, pflegte mein Vater hin und wieder zu sagen. Wir waren inzwischen umgezogen, in die Gallestr. 21, nicht viel weiter aus der Stadt heraus. Die Wohnung war moderner und besser zu bewirtschaften. Insgesamt waren wir alle vor den Wochen der Hochzeit glücklich gestimmt. Für Vater musste ich immer wieder Klavier spielen, musste er doch demnächst darauf verzichten. Das Klavier blieb in Breslau, ebenso meine Bibliothek aus immerhin 253 Bänden. Später sollte sie dann einmal zu uns kommen. Tatsächlich landeten nur wenige Bücher später bei mir – Theo war kein Bücherleser, er war Techniker, er war dem Radio und dem Plattenspieler zugeneigt. Als der riesige Zeppelin seine

Weltreise antrat, saßen wir abwechseln Tag und Nacht mit Kopfhörern an einem kleinen Detektor und waren überwältigt von diesem großartigen Ereignis der Weltreise, flog er doch direkt über unseren Köpfen in Breslau über uns hinweg. Einmal war er sogar auf dem Breslauer Flughafen Gandau gelandet und konnte besichtigt werden. Dort machte ich meine ersten Fotos. Die auf allen Gebieten anrollende Technikwelle machte auch vor uns nicht halt. Am 19. Okt. 1930 baute Theo bei uns in Breslau einen Plattenspieler mit riesigem Schalltrichter auf. Die ganze Familie saß drum herum. Vater war begeistert. Theo verkörperte für ihn die »neue, technische Zeit«. Was galt da schon ein Klavier und mein Können? Theo, der Fotomeister, schenkte mir schon vor unserer Ehe einen sehr guten Fotoapparat. Ich lernte bei ihm fotografieren und schickte die Bilder immer zu ihm nach Dresden. Und ich bekam auch hin und wieder ein Lob für schöne Bilder, da hatten wir etwas Gemeinsames entdeckt, das wog schwerer als sein Unverständnis für meine musikalischen Leidenschaften und die Liebe zur Literatur. Freude über Gemeinsamkeiten und der Untergang meiner ganz persönlichen Lebensfreuden lagen dicht beieinander. Noch war nicht klar, wo das Übergewicht liegen würde. Wie sagt man? »Liebe macht blind!« Ich vertraute auf die Zukunft, die hoffnungsvoll vor uns lag, wenn es auch viele Signale gab, dass der wirtschaftliche Tiefpunkt in Deutschland bald überwunden sein würde, zu welchem Preis, das ahnten wir nicht. Über Politik wurde in meinem Elternhaus nicht gesprochen, in Bethanien auch nicht, mit Theo auch nicht. Politisch war ich »blind« und ohne jegliche innere Voraussetzung um mich für Politik zu interessieren. Die Folgen, das zum Teil unbeschreibliche Elend von Kindern, die in Haushalten lebten, deren Eltern arbeitslos waren, die kannte ich wohl. Hatten wir in Bethanien doch immer mit ganzen Kräften versucht, diese Folgen für viele Kinder zu mildern.

Den Umzug der Eltern in eine neue Wohnung hat Charlotte nirgends erwähnt. Es gibt lediglich geringe Hinweise zu dem Umzug. Ein Foto zeigt die Eltern Schlüter auf einem Balkon im Erdgeschoss eines Hauses. In der Malteser Str. 9 hatten sie im 2. OG gewohnt. Das Erdgeschoss ist auch ein Hinweis darauf, dass sie die Wohnung für ihre alten Jahre gemietet hatten, um von den Treppen her bequemer zu leben. Das Foto ist auf den 11.Okt. 1931 datiert. Es gibt eine an sie gerichtete Postkarte mit dem Poststempel vom 7.2.1930 mit der Postanschrift Gallestr. 21, und dann ein Hinweis in ihren Aufzeichnungen, dass die Eltern sich ein neues Esszimmer gekauft hatten und den großen Tisch für 24 Personen mit allen anderen Möbeln der Heilsarmee in Breslau geschenkt hatten. Der jetzt neue Tisch konnte auf jeder Seite 2x ausgezogen werden. Ein altes Foto zeigt das neue Esszimmer mit der großen, reich geschnitzten Anrichte, den beiden Schrankaufsätzen mit dem Spiegel dazwischen. Die »Großel« kam nach wie vor jeden Tag auch in die neue Wohnung in der Gallestr. 21, wobei der Weg zur Gallestr. nur gering weiter war, als zur Malteser Straße. Vater Schlüter sah schon das Ende seiner Berufszeit mit 62 Jahren in greifbarer Nähe, und so lag es nahe, eine moderne, kleinere Wohnung zu mieten. Sorge machte sich Charlotte und natürlich ihr Vater um die Gesundheit der Mutter, die »weniger« und »zerbrechlich« wurde. Auch das mag ein Grund gewesen sein, dass die Schlüter-Eltern sich eine kleinere Wohnung gesucht haben. Hauseigentum, wie z.B. in Bremen, gab es nur als Villen für reiche Fabrikanten, Grundbesitzer und den Adel. Es wurde stiller, die Jahre der vielen Feste, der Trubel mit den Kindern war vorbei. Der Logenkreis war, wie Charlotte einmal erzählte, der wesentliche Freundeskreis. Geschäftliche Besuchte fanden nicht mehr statt, jetzt

50. Geburtstag von Mutter Schlüter 1930
Auf dem Bild zu sehen: Im Vordergrund Theo N. und Charlotte, Anneliese Schlüter links, Großel Agnes Hoffmann, Mutter Schlüter, u.a.

ging man, wie es modern wurde, in Restaurants, die mit ihrer Eleganz mit denen in der Hauptstadt mithalten konnten.

Breslau konnte da allerhand bieten, und Vater Schlüter, als ein Feinschmecker und Freund eleganter Esskultur, wusste schon, wo er Geschäftsfreunde oder die Familie hinführen konnte. Das Charlotte nichts über die Wohnung aufgeschrieben hat kann ein Hinweis dazu sein, dass sie mit ihren eigenen Problemen im Beruf und mit ihrem Theo reichlich zu tun hatte, immerhin rückte die Hochzeit mit Theo immer näher. Das Klavier blieb in Breslau, ein Teil von ihr, wie sie später einmal sagte, ging ihr mit der Heirat verloren, aber warum, darüber hat sie nie gesprochen. Der 50. Geburtstag von Charlottes Mutter am 18.V.1930 wurde großartig schon in der neuen Wohnung gefeiert. Das Foto zeigt ihre Großmutter Agnes Hoffmann (»die Großel«), Erich mit seiner Frau Anni, Charlotte und Theodor, das Ehepaar Max Wunderlich, der Vetter aus Oberschlesien und das Ehepaar Schramm. Das war noch die »heile Welt« der Familie. Max Schramm hatte sich dann 1945 auf der Flucht aus Breslau das Leben genommen. Auf einem Foto sind sie zu sehen in ihren schicken Kleidern und den dunklen Anzügen, schon ohne »Stehkragen«. Es wurde gefeiert, mit

Reden auf die Jubilarin und den vielen Wünschen, dass Charlottes Mutter bis ins hohe Alter gesund bleiben möge. Versteckte Anspielungen, wann denn nun Charlotte und Theo heiraten würden, gab es ganz nebenbei. Charlottes Bruder war ein Meister im Verteilen von Andeutungen, was Charlotte immer ärgerte, obgleich sie mit ihrem Bruder unzertrennlich verbunden war. Es kamen noch Jahre, in denen sie sich gegenseitig gebraucht hatten, zum gegenseitigen Trost und in der Stärkung des Willens zum Leben unter den widrigsten Umständen.

Das nächste große Ereignis war dann die Hochzeit von Charlotte und Theo. Hier soll Charlotte selbst aus ihren Aufzeichnungen sprechen. Was muss in ihr vorgegangen sein? Am Ziel ihrer Träume bei gleichzeitigem Abschied von den Berufsträumen. Ihr »erstes Leben« war beendet, sie hatte es so gewollt. Den Mann ihrer Liebe gewinnen und Abschied nehmen von ihrem geliebten Beruf, dem Elternhaus mit ihrer Heimatstadt.

Am 3. Weihnachtsfeiertag, den 27.12.1930, fand die Hochzeit statt. Schon zum Heiligen Abend kamen die ersten Gäste. Ich habe nach dem Fest meine liebe Mutter restlos bewundert, wie sie alles, was mit der Hochzeit zusammenhing, geschafft hat. Wir hatten viele Gäste, die ich hier nicht alle nennen möchte, obgleich die meisten heute schon Tod sind. Einige Bilder von der Hochzeitsgesellschaft zeigen unsere Gäste. Am Polterabend trug ich ein hellblaues Crepe de chine - Kleid. Was war ich aufgeregt, es war alles so schön und alle waren lustig. Ich habe überhaupt keine Erinnerung mehr, wie sich der Polterabend gestaltet hatte, was haben wir gegessen? Gab es eine Tischordnung? Der Polterabend fand bei uns zu Hause statt, mein Vater hatte Personal engagiert, die Großel organisierte und meine Mutter dirigierte. Wurden Reden gehalten? Ich weiß es nicht mehr. Mein Vater hatte es sich sicher nicht nehmen lassen eine launige Rede auf das Brautpaar zu halten. Habe ich alleine oder mit meiner Mutter am Klavier gespielt – für mich ein letztes Mal in Breslau? Auch das weiß ich nicht mehr. Ich glaube schon, dass mein Vater darauf gedrängt hatte, war ihm doch sicher klar, dass hier ein Abschied stattfand, auch für die von ihm so geliebten Klavierabende.

Am nächsten Tag, den 27. Dez., einem eisigen, klaren Wintertag fuhren wir am Vormittag zum Standesamt. Unser eleganter Mercedes stand mit Kroker, unserem Chauffeur, vor der Tür. Ich war ganz in Dunkelblau gekleidet, Theo hatte einen »Cut« an, den er extra für die Trauungszeremonie im Standesamt in Forst hatte schneidern lassen. Erst später gestand er mir, dass die Rechnung offengeblieben war. Wenn das mein Vater gewusst hätte! An Einzelheiten der Zeremonie im Standesamt erinnerte ich mich nicht mehr. Die Heiratsurkunde ist von dem »Preußischen Standesamt Breslau VII Deutsch Lissa« ausgestellt. Zu Hause gab es für die Hausgäste eine Stärkung. Die Gäste, die nicht aus Breslau kamen, hatte mein Vater in dem »Union-Hotel« untergebracht, wo wir schon viele Feste gefeiert hatten. Dann kam die Friseurin, und ich verschwand, um mich anzukleiden. Ich trug ein weißes, langes Chiffonkleid mit einer drei Meter langen Schleppe und einem Schleier . Theo trug einen nagelneuen Frack. Alle anderen Herren trugen ebenfalls einen Frack, die Damen waren entsprechend festlich gekleidet. Nachdem alle Autos vorgefahren waren, setzte sich der Zug langsam zur St. Salvatorkirche in Bewegung. Wir wurden von dem Kirchenrat Pastor, prim. Müller getraut, der mich schon konfirmiert hatte und ein Corpsbruder meines Bruders war. Er war auch mit seiner Frau bei uns zu Gast. Er soll eine sehr persönliche

Trau-Andacht gehalten haben. die Hochzeitsfeier fand dann in den Festräumen der Loge zum goldenen Zepter in der Antonienstraße statt. Die ganze Feier ist »so an mir vorbeigegangen«. Nichts weiß ich mehr von dem, sicher herrlichen, Festmenü, den Reden. Ich erinnere mich nur daran, dass viel getanzt wurde. Um 23.00 Uhr fuhr unser Wagen vor und entführte uns. Wir fuhren nach Hause um uns umzuziehen, denn um 24.00 Uhr fuhr uns unser treuer Kroker zum Hauptbahnhof. Wir fuhren von dort mit dem Nachtschnellzug nach Bad Flinsberg. Ich weinte herzzerbrechend, als mein geliebtes Breslau mit meinem so erfüllten bisherigen Leben in der Dunkelheit für immer entschwand.

Mein Vater hatte an alles gedacht, und bezahlt, und auch Theo heimlich Geld zugesteckt, damit wir die kurzen Tage so richtig genießen konnten. Die Tage in Bad Flinsberg waren kurz. Theo musste am 2.1.1931 wieder in Dresden sein. Silvester erlebten wir bei einem herrlichen Ball im Kurhaus von Bad Flinsberg.

> Bad Flinsberg, Wintersportort im Isergebirge, Schnellzugstation zwischen Breslau und Görlitz, zwischen 500 und 1100m hoch gelegen, von seinen Gästen »das schlesische Engadin« benannt, schneereich im Winter von November bis Ende März, Skizentrum mit verschiedenen Anlagen für Ski, Bob, Rodel und Eislauf, Skisprungschanzen, erstklassige Unterkünfte vom Kurhaus bis zu einfachen Unterkünften. Nach einer Eintragung auf einem Hotelprospekt von Bad Flinsberg haben die beiden in dem Fremdenheim und Pension Prinzeitel Friedrich gewohnt, einer neuzeitlichen, eleganten Pension, die Vater Schlüter bereits kannte. Die Pension lag an der Waldstraße und wurde in dem Prospekt mit der Nr. 53 geführt. Diese Angabe nur, falls einmal jemand die Spur von Charlotte verfolgen möchte. 1945 wurde der Ort ohne Kampfhandlungen von den Russen übernommen. Kurz nach der Kapitulation im Mai 1945 wurden von den nachrückenden Polen alle Einwohner, die noch verblieben waren, aufgefordert, innerhalb kürzester Zeit sich am Bahnhof zu sammeln, um in den Westen abtransportiert zu werden. 1976 konnte Charlotte Bad Flinsberg (heute: Swieradow Zdroj)wieder besuchen.

Wir kamen mit unserem Bus Bad Flinsberg immer näher, fast meinte ich den Weg von Greiffenberg her noch zu kennen, doch das war natürliche eine Täuschung, es waren immerhin 46 Jahre vergangen. Und dann der erste Blick: die früher großartige Kurhausanlage und die dagegen klein wirkenden ehemaligen Pensionshäuser. Wir machten eine kurze Rast und ich nutzte die Zeit alleine, um alte, früher vertraute Wege zu suchen, war ich doch schon mit meinen Eltern in Bad Flinsberg gewesen. Wo war die Schönheit des Ortes geblieben? Es war traurig, gleich, wo hin ich blickte, sah ich Verfall, so als wäre der Ort zum Abbruch freigegeben. Das war sicher eine Täuschung, doch Polen als die neuen Bewohner, woher auch immer sie gekommen waren, hatten sicher andere Sorgen, als Pensionen zu eröffnen. Was hatten sie denn, gemessen an dem Wohlstand im westlichen Deutschland? Wäre es besser gewesen nicht nach Schlesien zu fahren und alles so in Erinnerung zu behalten, wie ich das Land erlebt hatte? Eine Frage, die in der Reisegruppe immer wieder gestellt wurde. Doch die meisten von denen, die einmal in Schlesien gelebt hatten, waren der Meinung, man muss das Heute gesehen haben, nur so könne man Abschied nehmen und vielleicht darauf hoffen, dass die uns nachfolgenden Generationen ein wieder aufblühendes Land erleben werden. Und reden müsste man über die verlorene Heimat, doch wer hört zu? Und wer in meiner späteren Heimat Bremen konnte mit der Landschaft Schlesiens überhaupt etwas anfangen? Politiker aus allen Parteien beschworen die »Wiedergewinnung der alten Heimat« als unumstößliches Ziel jeder deutschen Regierung, doch tatsächlich waren alle Gebiete jenseits der Oder und Neisse schon längst abgeschrieben.

Heute besteht inzwischen wieder die Möglichkeit im Kurhotel zu wohnen. Das Hotel ist neuzeitlich elegant eingerichtet. In Tageszeitungen wird für Reisen nach »Bad Flinsberg« geworben.

Die paar Tage der Hochzeitsreise müssen sehr glücklich gewesen sein. Theo hatte wohl alles versucht Charlotte über den Trennungsschmerz hinweg zu helfen. Später sprach sie kaum über diese Tage, die Zeit war in ihr eingeschlossen, die Tage hatten ihrem Theo und ihr gehört, sonst niemanden. Und, so wie wir sie kannten, hatte sie schon ihr neues Ziel im Auge: Das neue Leben in Dresden. Als sie in Dresden in der Uhlandstr. ankamen, war um die Wohnungstür eine herrliche Blumengirlande gewunden. Unbekannt bleibt, von wem sie stammte.

Jetzt begann das neue Leben, auf das wir uns seit zwei Jahren so gefreut hatten und immer wieder der Inhalt unserer Briefe gewesen war. Der Briefe, die fast täglich zwischen Breslau und den Berufsstationen von Theo hin und her gegangen waren. Was haben wir uns gegenseitig Hoffnungen gemacht, mit Liebe überschüttet, mit Zweifeln verletzt. Es waren für uns entbehrungsreiche Zeiten gewesen, und wir wollten jetzt, in unserem neuen Leben, immer daran denken, dass wir nur durch unsere unerschütterliche Liebe zueinander unser gemeinsames Ziel erreicht hatten. Nun gehörten wir nur uns, da war keiner mehr, der Zweifel säen konnte und wir brauchten an uns selbst nicht mehr zu zweifeln, wir wollten es uns in unserer neuen Welt gut gehen lassen, zueinander gehören in guten wie in schlechten Zeiten. Ja, das war unser fester Wille gewesen.

1931/1937 Der Traum erfüllt sich – Dresden

Dresden im Dezember! Nicht mehr Weihnachten und noch nicht Jahresende. Die schönste Stadt kann um diese Jahreszeit kaum einladend sein. Es war klirrend kalt, die Frau Schulze hatte die Öfen eingeheizt, aber Theo musste am nächsten Tag nach der Rückkehr von der Hochzeitsreise seine neue Stellung bei dem Sachsenwerk antreten. Die äußeren Umstände für den Start in das neue Leben können wohl nicht zur Begeisterung bei beiden geführt haben. Theo hatte sicher schon sein neues Büro im Kopf, Charlotte dachte vielleicht daran, wie sie die Tage bis zu der Rückkehr von Theo verbringen würde. Sie kannte niemanden, keine Musik, keines ihrer vielen Bücher, selbst der Kanarienvogel, das Hänschen, war in Breslau geblieben. Ein neues Leben mit einem engen finanziellen Etat für alle häuslichen Ausgaben stand ihnen bevor. Ein Telefon hatten sie sicher nicht, dieser Luxus war im Kostenplan nicht vorgesehen. Sie hatte ihre Liebe zu Theo im Herzen - sonst nichts! Hat das gereicht? War sie glücklich in den ersten Monaten in Dresden? Wie hatte Theo sich das gedacht? Da gab es aus seiner Verbindung alte Freunde, mit denen sie engeren Kontakt aufnahmen. Sie arrangierten ein Fastnachtsfest in ihrer Wohnung, sie wurden hier und dort eingeladen, besonders bei seinem Verbindungsbruder Schmidt in Loschwitz. Viele Fotos zeigen immer Charlotte und Theo glücklich beieinander. Da man ja nicht immer Feste feiern kann oder sich einladen lassen kann gab es auch ruhige Tage und Wochenenden mit Zeiten der Besinnung und den Träumen auf gute Zeiten, die noch kommen sollten. Es gibt ein einziges Foto von Charlotte, das sie beim Zubereiten eines Essens in der Küche zeigt, mit Kittel.

Aus ihren Aufzeichnungen ist ablesbar, welchen Stimmungsschwankungen sie unterworfen war. Kann das verwundern? Sicher nicht. Jeder anderen jungen Frau in ihrer Lage wäre es gleicher maßen gegangen, Sie startete einen absoluten Neuanfang in ihrem Leben, selbst gewollt, lange hätte sie sich vorbereiten können.

Und wie sieht sie ihren Neuanfang?
Jetzt begann das Leben, welches wir uns in unserer Fantasie, in unseren Gesprächen und in unzähligen Briefen herbeigesehnt hatten. Wir hatten gehofft, wir waren verzweifelt, wir taten uns Schmerzen an. Unsere nächsten Lieben hatten uns manchmal nicht mehr verstanden, uns hatte nur eines verbunden: Wir wollten heiraten.

Mein Mann musste um 6.30 Uhr aufstehen. Alles ging schnell, schnell. Das Frühstück schenkte er sich und rannte nach alter Junggesellenmanier im letzten Augenblick zum Bahnhof, der ca. 15 Minuten Gehzeit entfernt von unserer Wohnung lag. Ab jetzt stand ich die ganzen 7 Jahre, die wir in Dresden waren, um 16.30 Uhr in der Halle des Hauptbahnhofes und holte meinen guten Mann ab.

Uhlandstr. 31 »Charlotteneck«, Dresden

Sie schreibt hier nicht »mein Theo«, »Mann« klingt irgendwie distanziert, will sie damit ausdrücken, dass die Zeit der Liebelei vorbei war, und der Ernst des Lebens sie gepackt hatte? Charlotte beherrschte die Feinheiten der deutschen Sprache, mit denen es möglich ist nur mit einer anderen Wortwahl, Akzente in der Ausdrucksweise zu setzen. Die Durchsicht der unzähligen Briefe aus der Verlobungszeit weist immer wieder darauf hin, dass sie sich meisterhaft ausdrücken konnte und mit ihrer Wortwahl hintergründige Gedanken aufdecken konnte.

Erst war ich alleine, dann mit einem, dann mit zwei Kindern. Auf diesen Zeitpunkt konzentrierte sich mein Hausfrauendasein. Mein Tagesablauf war immer gleich, ich frühstückte, wenn Theo gegangen war und dann teilte ich mir den Tag ein. Was gab es da wohl für mich einzuteilen? Die ersten zwei Ehejahre hatte ich so gut wie nichts zu tun. Frl. Schulze, die das 4. Zimmer mit Beschlag belegte, war emsig, fleißig und gewissenhaft und erledigte alle Hausarbeiten wie das vereinbart war. Nahm ich mal ein Staubtuch zur Hand, dann war sie beleidigt und sagte zu mir im breitestem Sächsisch: »Ich mache es ihnen wohl nicht gut genug?« Sie erledigte auch die Wäsche, besorgte in der kalten Zeit die Öfen. Das waren natürlich Arbeiten, die ich nur ungern erledigt hätte, aber meine viele Zeit hätte es zugelassen, dass ich die kleineren Arbeiten selbst gemacht hätte. So blieb bei mir nur das bisschen Einkauf für uns beide und da musste ich schon eine Reihe von fremden Ausdrücken lernen. Beim Fleischer, beim Gemüsehändler, beim Kolonialwarenladen - alles hieß anders als bei uns zu Hause. Die Mohrrüben hießen Wurzeln, die Oberrüben hießen Kohlrabi, das Weißkraut hieß Wirsing usw. 1000 Dinge des täglichen Lebens hatten fremde Benennungen. Manchmal musste ich laut lachen, sprachen die Leute doch einen so scheußlichen Dialekt, viele wenigstens. Häufig verstand ich die Leute nicht sofort, aber alle waren liebenswürdig und gutwillig mir die richtigen Bezeichnungen beizubringen.

Zum Ausgleich für diese Mühsal schlenderte ich durch die so schöne Stadt. Noch heute, nach so vielen Jahren kann ich noch nicht müde werden, an das herrliche, an Kunstschätzen so reiche, in der wunderbaren Landschaft liegende »Elbflorenz« Dresden zu denken und davon zu schwärmen. Die tragischen Kriegs- und Nachkriegsjahre hatten verhindert, dass ich den Untergang der Stadt weder erlebt noch je die Folgen des Krieges gesehen hatte. Ich lebte später in Erinnerungen, so wie mir das mit meinem geliebten Breslau auch geschah.

An den Vormittagen ging ich forschend durch die fremden Straßen. Weit zur Prager Straße war es nicht. Die Eleganz der Geschäfte, die Kaffees, besonders die Konditorei Kreutzkamm am Altmarkt machten mir großen Eindruck und erinnerten mich stark an die Innenstadt von Breslau mit der Schweidnitzer Straße. Ich war begeistert von dem Schloss, dem Zwinger, den Kirchen, besonders von der Frauenkirche, dem großen Garten mit dem königlichen Palais, dem Zoo. Alles lag so dicht bei uns, obgleich Dresden eine sehr große Stadt war, von der Einwohnerzahl her fast so groß wie Breslau. Aber Dresden war die Hauptstadt eines Königreichs - bis 1919 - gewesen, während Breslau immer eine Provinzhauptstadt war. Beide Städte hatten bekannte Universitäten, doch wo Könige residiert hatten, wurde anders gelebt, und der König hatte erst vor 11 Jahren abgedankt. Die Fahrt auf den »Weißen Hirschen« mit dem Besuch des Kaffee`s Luisenhof war immer ein Erlebnis. Die Linie 11, seinerzeit die modernste Straßenbahn Europas in schnittiger Stromlinienverkleidung und einer Glaskanzel für den Fahrer fuhr hinauf zu diesem eleganten Stadtteil, der damals noch ein richtiger Kurort war. Viele schöne Ausflugslokale gab es dort, elegante Villen und Kurkliniken. Eine Stand- und Schwebeseilbahn führte vom Elbufer hinauf, die wir gerne fuhren, wenn wir Geld hatten. Sonst gingen wir zu Fuß die verborgenen Fußwege durch dic verwunschenen Parks und Gärten hinunter an die Elbe. Wir sahen den Elbdampfern zu wie sie unter dem »Blauen Wunder«, einer weltbekannten eisernen Brücke, ihre Schornsteine umlegten, genau wie in Breslau unter den vielen Brücken über die Oder in der Innenstadt. Ach, da war immer gleich wieder die Erinnerung an mein sorgloses Leben in Breslau. Sie kam einfach so, ohne dass ich dagegen etwas hätte tun können. Lag es daran, dass ich zu viel Zeit hatte? Ich besuchte die Museen und suchte die Standpunkte von denen aus Theo seine schönen Fotografien gemacht hatte, die er mir immer aus Dresden geschickt hatte. Der »Canaletto-Blick« auf Dresdens Innenstadt von dem gegenüberliegenden Elbufer aus hatte es mir besonders angetan. Der Besuch der Semperoper war uns aus den verschiedensten Gründen versagt, vorrangig war das wohl ein Geldproblem. 16.30 Uhr stand ich jeden Arbeitstag in der Halle des Hauptbahnhofes und nahm meinen Theo in Empfang. Wir schlenderten unter der Bahn hindurch die Strehlener Straße entlang auch mit kleinen Umwegen, da Theo mir viel aus seiner neuen Firma zu erzählen hatte. Ich hatte ja nichts mehr zu berichten, denn was ereignete sich bei mir schon? Nun hatte er

»seine« Frau, wie er sich das immer gewünscht hatte. Das Hausmütterchen? Wir rührten nicht an dem Thema, jedenfalls vorerst nicht. Meine Eltern besuchten uns manchmal, dann gab es von meinem Vater die großzügigsten Einladungen in die besten Restaurants oder Cafés. Manchmal kam mir das wie »Wiedergutmachungsessen« vor, aber das behielt ich für mich. Muttel veränderte sich. Sie wurde stiller und schien »kleiner« zu werden. Vater war immer rührend um sie besorgt. Noch immer war er der Herr der Firma, doch aus diesem Bereich erzählte er nur wenig. Er hatte nur noch ein Interesse: Wann kommt der Nachwuchs? Ja mit dem Nachwuchs war es noch nicht so weit. Charlotte schreibt hierüber nichts. Sie schweigt sich, wie häufig bei besonderen Themen, einfach aus. Ein sich bald nach der Hochzeit einstellender Nachwuchs hätte für sie viele Probleme gelöst. Ob es um die Kosten ging, die ein Kind verursachten? Ob die beiden erst noch eine längere Zeit für sich selbst benötigten? Ob es um die völlig unsichere wirtschaftliche Lage im Reich ging?

> Die Regierung sieht in einer Notverordnung zur Sicherung von Wirtschaft und Finanzen u.a. eine Kürzung aller Löhne, Gehälter und Renten vor. Die Arbeitslosenunterstützung wird von 26 auf 20 Wochen gekürzt. Durch eine gezielte Indiskretion werden Inhalte von Sofortmaßnahmen bekannt, die die NSDAP für den Fall einer politischen Machtergreifung einsetzen würde (Boxheimer Dokument). »Die würden es schaffen, das Wirtschaftschaos zu beseitigen« - welch` ein verhängnisvoller Irrtum, an den viele Bürger glaubten.

Charlotte … schreiben, schreiben

Fasching

Wenn wir dann unser bescheidenes Essen hinter uns hatten, spazierten wir im Sommer hinauf zur Bismarckhöhe. Am Ende unserer Uhlandstr. begannen schon Hügel und Berge ohne wesentliche Bebauung. An der Reichsstraße lag der Schanzenpark in unserer unmittelbaren Nähe. Die Wege führten bergan mit Kornfeldern, und wenn man oben war, gab es hübsche Ausflugslokale. Da setzten wir uns dann hin, labten uns an einem Glas Milch für 10 Reichspfennig oder an einem »kleinen Hellen« ebenfalls für 10 Pfennige. Und wir waren glücklich! Wenn wir dann heim gingen, und es schon dunkelte, dann lag unter uns die leuchtende Stadt mit ihren unendlich vielen blitzenden Lichtscheinen der vielen Beleuchtungen. Ja, Dresden lag damals schon in einem wunderschönen abendlichen Lichterglanz. Für mich waren natürlich das Frühjahr und die Sommermonate die schönste Zeit, die ich auch alleine gut überstehen konnte. Wir machten auch Fahrten in die Oberlausitz, Theo wollte mir alle Orte zeigen, in denen er in seiner Studentenzeit gewesen war. Was er da so im einzelnen getrieben hatte, wollte ich nicht unbedingt wissen, es waren eben Studentenzeiten gewesen, mein Bruder Erich hatte mich zur Genüge über das Studentenleben aufgeklärt. In einem Fotoalbum hat Theo Ausschnitte von Festen, Ausflügen und Kneipenbummeln gesammelt, besonders von den hübschen Mädchen, aber das war damals und berührte mich überhaupt nicht.

Und wie war das so als meine Frau und ich, dann schon nach der politischen Wende, uns in Dresden umsehen konnten?
Mit der Linie 11 zum Weißen Hirsch ist keine Fahrt mit irgendeiner Straßenbahn irgendwo hin. Heute fährt die Bahn mit modernen Wagen auf neuen Gleisen. Fährt man heute vom Postplatz hinauf zum Weißen Hirsch, gibt es keine ausgefahrenen Schienen mehr, keine grauen oder verfallenen Häuser oder hohe Zäune mit Wachen in russischen Uniformen. Als wäre die Landschaft mit allem, was diese zu bieten hatte einschließlich ihrer Menschen in eine andere Zeit katapultiert worden. An der Bergseite reihen sich die Geschäfte mit unzähligen Auslagen, frisch sind die Farben der Häuser, Pfunds Milchladen, von Touristen umlagert, die Schlösser Albrechtsburg und Schloss Eckberg strahlen in neuen Farben, schön gestaltete Zuwegungen machen den Weg von der Bautzener Straße her zum genussvollen Spaziergang. Über die Plattleite an der Sternwarte vorbei führt der Weg zum Luisenhof. Von der Terrasse hat man einen überwältigenden Blick über das Elbtal bis hin zur Innenstadt von Dresden. Schließt man die Augen, dann sitzen Charlotte und Theo bei einem Glas Milch für 10 Pfennige dort oben, während der Besucher heute Kaffee Latte und Torte mit Schlagsahne bestellt.

Jahrzehnte waren vergangen, die DDR war untergegangen und mit ihr die sich schleichend ausbreitende Zerstörung aller historischen Werte, hier auf dem Weißen Hirsch und anderswo. Einmalig in der erzählerischen Dichte schildert Uwe Tellkamp in seinem Roman »Der Turm« den ganzen sinnlosen Verfall der Werte, die den Menschen lieb und teuer gewesen waren.

Charlotte hatte diesen Verfall ihrer zweiten Heimat niemals gesehen. Sie kannte nur Dresden aus der Zeit ihrer jungen Ehe, verliebt, besitzlos und mit Theo vereint.

Wie war es überhaupt, das Eingewöhnen?
Ich war jetzt tagsüber immer allein, konnte mit niemandem sprechen, kannte niemanden, und war es doch so gewöhnt, mit Menschen, oft mit vielen Menschen, zusammen zu sein. Ach ja, das war nicht so einfach. Ich schrieb viele Briefe, ich beobachtete die Menschen um mich herum. Nachdem ich mich schnell an die so lautfremde Ausdrucksform der Sprache gewöhnt hatte, war das erste Fremdsein überwunden. Ich musste auch sehr lernen, mit Geld umzugehen. Oft dachte ich an meinen Vater, wie er immer gesagt hatte: »Unter 500 RM hört die Liebe auf!« Wir brauchten zwar nicht zu klagen, bezahlten er uns doch die Miete. Und für die ersten Jahre hatte ich Garderobe genug. Aber das »so mal eben extra« das musste völlig wegfallen.

Die »Brüningsche Notverordnung« der Regierung traf dazu alle Angestellten. Theo bekam jeden Monat die vorsorgliche Kündigung und zugleich weniger Gehalt. Es war eine wenig schöne Lage, die uns beide mit großer Sorge erfüllte. So kam ich auf den, wie Theo behauptete »völlig absurden Gedanken« mit meinem beruflichen Wissen Geld zu verdienen. Das war eine Revolution, dieser Gedanke war die Grundlage für unseren ersten Ehekrach. Nie mehr habe ich danach Ähnliches versucht!

Aus heutiger Sicht wäre die Idee sogar wünschenswert gewesen, Theo hätte erfreut sein sollen, dass seine Lotte sich so konkret Gedanken darüber machte, wie sie den finanziellen Schwierigkeiten entgehen könnten. Es war für damalige Verhältnisse, besonders für Theo, der aus einer streng konservativen Familie kam, unmöglich, dass die Ehefrau Geld verdiente. Was wäre das für eine Blamage vor seinen Kommilitonenfreunden, vor Eltern und Schwiegereltern gewesen? Keine Kinder, aber Geld verdienen! Der Standesdünkel war (noch) ungebrochen, obgleich sie in wirtschaftlichen Notzeiten lebten und jeder arbeitende Mensch von dieser Not betroffen war. Der Wiedereinstieg in ihren Beruf blieb ihr jetzt und für immer verwehrt. Hatte sie damit gerechnet? Waren da doch noch heimliche Wünsche gewesen, an ihre alte Arbeit irgendwann wieder anzuknüpfen? Nein, Theo war es lieber, sie ging den Tag über spazieren, für billige Einkäufe irgendwohin in andere Stadtteile laufend als zusammen zu überlegen, wie sie auf einen besseren Lebensstandard kommen könnten. Der Mann war der Haushaltungsvorstand, er zählte der Frau das »Haushaltsgeld« in die Hand, sie hatte »Dankeschön« zu sagen. So war es noch Jahrzehnte später zwischen den Beiden.

Doch jede Zeit hat auch ihre schönen Seiten und Charlotte versank nicht etwa in Trauer oder Resignation, so schildert sie ebenso unbefangen die schönen Tage ihrer jungen Ehe in Dresden:

Es gab für uns auch schöne Tage mit besonders schönen Festen, das Leben hatte für uns auch sonnige, glanzvolle Stunden. Der erste große Ball, den wir in Dresden mitmachten, war das ATB-Winterfest im Hotel Bristol am 15.2.1931. Theo ging im Frack, ich in einem weißen Chiffonkleid mit einer Silberbrokatjacke und Silberschuhen. Natürlich wurden wir neugierig gemustert. Wir tanzten, tanzten, es war wonnig. Wir fielen auf, waren wir doch ein ansehnliches Paar und wir lernten einige junge Ehepaare kennen, mit denen wir in Zukunft des Öfteren zusammen waren. Jetzt begann erst das richtige Einleben. Theo konnte bei Festen eine frohe Stimmung erzeugen, da brach sich der rheinische Frohsinn seiner Mutter die Bahn. Bei den verschiedenen Festen entstand an dem Tisch, an dem wir saßen zuerst die überschwängliche Feststimmung, die häufig bis in die Nacht reichte und zum Gelingen eines Festes beiträgt. Theo wurde als guter Gesellschafter bekannt. Einige Bundesbrüder, die aus der Studienzeit noch in Dresden waren, kamen uns oft besuchen. Einer von ihnen war »Küken«, das war sein Biername aus der Verbindung. Er war unverheiratet, inzwischen Regierungsbaumeister und hatte später als Sohn eines Geheimrats eine große berufliche Karriere vor sich. Wir waren oft nach Loschwitz in die herrliche Villa seiner Großeltern eingeladen. Im Sommer haben wir von der großen Terrasse hinunter geschaut auf die Elbe, wo die Ausflugsdampfer mit Musik zur tschechischen Grenze durch die herrliche Sächsische Schweiz fuhren. Die Großmutter von Theos Freund war eine elegante, alte Dame und interessierte sich sehr für meine ehemalige Tätigkeit in Bethanien. Naja, da war ich glücklich gewesen, jemanden gefunden zu haben, der bewundernd mein Engagement im sozialen Bereich sah. Natürlich hatte sie sich für meine Radiovorträge besonders interessiert. Sie ließ durchblicken, dass sie da so ihre Beziehungen hätte, aber da musste ich leider allen Versuchen widerstehen, immerhin: Theo hörte mit!

Zu meinem ersten Geburtstag in unserer Ehe schenkte mir mein lieber Mann einen Strauß roter Rosen, darin versteckt war eine Fahrkarte ins Riesengebirge. Meine Eltern waren zu dieser Zeit bei meinem Bruder und Anni in Cunnersdorf zu Besuch. Wie groß war meine Freude! Es war das erste Wiedersehen nach der Hochzeit mit meinen Eltern. Die Fahrt ging an einem

Wochenende von Dresden über Hirschberg nach Cunnersdorf. Mein Gott, was hatten wir uns zu erzählen. Wir verlebten herrliche Stunden miteinander. Wie immer ließ es sich mein Vater nicht nehmen uns alle, wann immer es ging, einzuladen. Theo und ich machten bei schönstem Wetter eine Bergwanderung von Krummhübel über die Hampelbaude zum kleinen Teich. Vater gab uns natürlich eine »Wegzehrung« mit. So langte es in der kleinen Teichmannbaude zu mehr, als einem Glas Milch. Später sind wir diese Wege mit unseren Kindern noch öfters gegangen. »Wo wart ihr gewesen?« Wurde ich später in Bremen immer wieder gefragt. Ich hätte genauso gut Sibirien sagen können, wer in Bremen kannte sich im deutschen Osten aus? Hätte ich Juist oder Mittenwald gesagt, na, ja das kannte man.

An einem anderen Wochenende fuhren wir nach Forst zu Theos Eltern. Weit war es auch nach dort nicht, wir wurden fröhlich empfangen und wir verlebten gemütliche Stunden. Erst jetzt lernten wir uns besser kennen. Der »rheinische Frohsinn« meiner Schwiegermutter hatte auch seine guten Seiten, und wir lachten manches Mal herzlich. Ein Spaziergang führte uns auf die Roseninsel, die schönste und größte Rosenschau hier im Osten. Der großartige Rosengarten ist nach dem Kriege liebevoll wieder eingerichtet worden. Von den Freunden meiner Schwiegereltern, die eingeladen waren, wurde ich genau gemustert. Am Abend gingen wir dann mit Schwiegervater zum Umtrunk in die »Pfefferkuchendiele«, ein gemütliches Bierlokal, wo er seinen Stammtisch hatte. Alle Stammtischbrüder waren Freunde aus seiner akademischen Verbindung. Am 23.01.1888 hat er mit anderen Kommilitonen in Braunschweig, seinem Studienort, einen Ableger des Akademischen Turnvereins, den ATB, gegründet, von dem er wiederum in Forst/Lausitz, nachdem er dort sesshaft geworden war, einen Stammtisch mit dorthin versprengten Verbindungsbrüdern gründete. Schwiegervater war nach der Durchführung der technischen Bauleitung des ersten Elektrizitätswerkes im Osten der Direktor bis zu seiner vorzeitigen Pensionierung gewesen. Angeblich hatte er einer russischen Wirtschaftsdelegation mit dem großen Kraftwerk »Industriegeheimnisse« verraten, so sah es jedenfalls die herrschende Stadtverwaltung und er wurde pensioniert.

Wir wurden also in den wenigen Stunden »herumgereicht« und »begutachtet«. Na ja, das ist wohl immer der Fall, wenn zwei Menschen aus den verschiedensten Städten oder Landstrichen zusammenkommen. Und wie waren dann die später hin und wieder erfolgten Besuche in Forst? Wir machten Urlaub dort und verbrachten schöne Tage im Familienkreis. Ich wurde immer aufmerksam aufgenommen, doch es fehlte die menschliche Wärme, »der Funke sprang nicht über«. Theo störte das nicht sehr, waren wir doch immer nur kurz zu Besuch, und er ging davon aus, dass man die wenigen Stunden schon miteinander verbringen konnte, ohne dass man sich »um den Hals fiel«. Er war da ganz pragmatisch zumal wir uns mit seiner Schwester gut verstanden.

Das erste Jahr in Dresden verging schnell. Es gab so viele neue Eindrücke. Charlotte war umgeben von vielen neuen Menschen, vom Gemüsehändler bis zu Theos Freunden. Mit Theo zusammen oder allein bei den täglichen Arbeiten rund um den Haushalt. Zu ihren alten Freundinnen in Breslau riss der Kontakt ab, auch diese waren irgendwie in andere Lebenskreise eingebunden, die sie in Anspruch nahmen. Nach wie vor war Theo der Motor dafür, dass sie mit anderen Menschen zusammenkamen, wobei der Winter mit den Festen und gegenseitigen Einladungen der geselligere Teil des Jahres war. Der Zufall wollte es, dass sie aus ihrer Pensionszeit in Wernigerode ihre damalige »dicke« Freundin Hanna in Dresden wieder traf. Sie war jetzt verheiratet mit einem netten Mann und hatte ein Kind. Sie wohnten leider sehr weit von Theo und Lotte weg, und das erschwerte die gegenseitigen Begegnungen, aber sie trafen sich öfters. Nun hatte sie jemanden, mit dem sie über »alles« reden konnte. Diese Stunden waren für Charlotte so wichtig, was nur erklärlich ist. Manchmal trafen sie sich auch in der Stadt, ein Tässchen Kaffee bei Kreutzkamm leisteten sie sich schon.

Zu den sonstigen Alltagen schreibt sie:
In der Erinnerung überfällt mich jetzt eine große Leere. Ich hatte mich in mein Hausfrauendasein so eingelebt. Es verlief alles wie am Schnürchen, es gab keine besonderen Ereignisse in den Tagesabläufen. Wenn ich hin und wieder daran dachte, dass ich jetzt zu dieser Zeit im Jugendleiterinnenseminar gewesen wäre und hätte lernen müssen, was das Zeug hält, dann überfiel mich manchmal eine große Sehnsucht. Dann waren die Treffen mit Hanna eine große Hilfe für mich und mein Seelenleben. Immer, wenn wir uns trafen, dann wurden diese Treffen vorher mit Postkarten abgeklärt. Hanna hatte kein Telefon und wir auch nicht. Mit Theo konnte ich nicht über meinen alten Beruf sprechen, er hatte nichts verstanden und wollte auch nicht verstehen, dass ich immer wieder von »früher« anfange. Das war vorbei und kam nicht wieder. Gern wäre ich in Dresden in den einen oder anderen angekündigten Vortrag über Kindererziehung gegangen,, aber da hätte ich alleine gehen müssen. Was nützt es einem, wenn man interessiert zugehört hätte, aber niemand da war, mit dem man darüber hätte sprechen können? Und: »Eine Frau ging am Abend nicht alleine aus!«

Also schlenderte ich weiter durch die Straßen und Parks, wobei die Prager Straße den Hauptanziehungspunkt bildete. Sie war die schönste Hauptstraße Europas. Diese Geschäfte, diese Auslagen, diese Pracht der angebotenen Waren, diese Kaffees: Hutmacher, Rumpelmeyer, Zuntz selige Witwe und wie sie alle hießen. Den schönsten Platz stellte der Altmarkt dar mit dem Kaffee Kreutzkamm als Höhepunkt. Ich konnte nicht umhin - trotz schmaler Kasse - hin und wieder am Vormittag dort eine Tasse Kaffee zu trinken. War das schön! Da saß die vornehme Damenwelt zum kleinen Plauderstündchen. Was gab es da zu beobachten, es war bezaubernd.

Auf dem Rückweg ging es dann zum »Fressgässchen«, eine schmale Gasse, die nur Lebensmittelgeschäfte hatte, aber was für welche! Später kamen meine Kinder aus dem Staunen nicht heraus, als sie ein Geschäft sahen, in dem es nur Käse - sonst nichts anderes - gab. In einem anderen Geschäft gab es aus einem Automaten belegte Brötchen. Man steckte ein Geldstück ein, wählte ein Brötchen aus, und bekam dieses auf Tastendruck auf einem Teller ausgegeben. Wo gab es so etwas zur damaligen Zeit auch noch? Heute ist die Innenstadt verschwunden, vernichtet für alle Zeiten.

Mit großspurigen Plattenbauten, zugigen Aufmarschplätzen für die Arbeiter und Bauern dieses neuen Staates wurde gebaut. Gezielt war die Stadt durch die Kriegsgegner vernichtet worden, gezielt wurde die königlich - bürgerlich geprägte Innenstadt nicht wieder aufgebaut. Das politische System sollte manifestiert werden, nicht daran denkend, dass Systeme nicht für die Ewigkeit existieren und zu einer späteren Zeit vielleicht der Mensch wieder im Mittelpunkt jeglicher Stadtgestaltung stehen würde. Schneller als gedachte setzte sich der Bürgerwille durch: Eine neue, alte

Stadt sollte geschaffen werden, in der der Zwinger, die Semperoper, die Hofkirche, die Frauenkirche, das Coselpalais, das Schloss und andere Bauten mit ihren einmaligen Schätzen wieder als Maßstab gelten sollten für die weitere Entwicklung der Stadt zum neuen »Elbflorenz«.

Die Dichter haben das alte Dresden besungen, ihrer sind es viele gewesen. Die sich nicht haben statt sehen können an der Schönheit dieser Stadt.

Wie sagte doch Rudolf Alexander Schröder über Dresden?

> *..... »Und den Strom und sein lachendes Leben im Morgen und Abendlicht, mag`s größere Städte geben, eine schönere weiß ich nicht!«*

Und Gerhard Hauptmann im Februar 1945:

> *»Wer das Weinen verlernt hat, der lernt es wieder beim Untergang Dresdens«.*

Wenn Charlotte noch erlebt hätte, wie Dresden aus seinen Ruinen, wenigsten zu großen Teilen, wieder auferstehen würde. Wenn sie erlebt hätte, dass ihr Sohn zu den ersten Gründungsmitgliedern der Vereinigung für den Wiederaufbau der Frauenkirche gehört hat und sein Name in der Unterkirche als Spender und Förderer verewigt wurde, eine Tasse Tee bei Kreutzkamm wurde zu dem »muss« bei jedem Besuch in Dresden. Und dann nach der Wiedervereinigung die ständige Tätigkeit als Dozent bei der IHK Dresden mit der Projektierung ihres Neubaues. Sie hätte »nur« 83 Jahre alt werden müssen!

Jetzt war es gewiss: Wir bekommen Nachwuchs! Im Juli 1932 überrasche ich meinen lieben Theo mit dieser Nachricht auf einem der vielen Heimwege vom Bahnhof. Wir hatten den Nachwuchs gewollt, so war er nur noch über den Zeitpunkt überrascht. Er war ebenso überglücklich wie ich. Jetzt würden wir eine richtige Familie werden. »Familienvater« nannte ich ihn, und er sagte: »noch nicht, an den Begriff muss ich mich erst gewöhnen, dafür habe ich doch noch etwas Zeit!« Nun brach eine neue Zeit an. Jetzt begann die Zeit, in der wir glücklich zusammen die neue Zukunft planten, wenngleich politisch und wirtschaftlich das Land in größter Gefahr war. Es gab nur noch ein Thema unser Nachwuchs. Mädchen oder Junge? Das war damals noch nicht vorherzusehen. Gab es einen Wunsch? Natürlich für Theo ein Junge, eine neue Generation in der Familie, Schwiegervater könnte seine Ahnentafel beginnend 1765 um eine weitere, die sechste, Generation ergänzen, wenn es ein Junge würde. Damals wurde eine Generationenfolge nur durch den »männlichen Stamm« einer Familie fortgesetzt. Ein Mädchen? Was dann? Die Namen? Schon über einen Namen konnten wir uns Abende unterhalten. Damals konnte man noch nicht auf den Tag genau eine Geburt vorher sehen. Wir schrieben Briefe an unsere Eltern, Geschwister und Freunde. Wir werden Eltern, freut euch mit uns! Was war mein Vater glücklich, dass er es erleben durfte Großvater zu werden. Anni, seine Schwiegertochter hatte ein Kind in die Ehe gebracht, Gisela, das war ja auch ein Enkelkind, aber kein »richtiges«. Natürlich gab es da unzählige, sicher gut gemeinte, Ratschläge für das Leben in den nächsten Monaten. Und dann der Name und wo denn getauft werden würde. Es galt als selbstverständlich, dass nach dem Krankenhausaufenthalt sofort die Taufe des neuen Erdenbürgers erfolgte. Das Gerede von der Selbstbestimmung des Kindes, ob es wohl getauft werden wolle, gab es damals noch nicht. Wir lebten damals wie heute in einem christlichen Kulturkreis, zu dem die Taufe als Grundlage für den christlichen Glauben unverrückbar dazu gehört. Es würde das Jahr 1933 werden, damals, das wussten wir noch nicht, ein Schicksalsjahr für Deutschland, für uns Menschen in diesem Staat.

> Die Zahl der Arbeitslosen betrug Ende 1932 mehr als 6 Millionen. Hitler wird vom Braunschweigischen Staatsministerium zum Regierungsrat ernannt und wurde damit deutscher Staatsbürger, eine der Grundlagen für den hemmungslosen Weg der Nationalsozialisten an die Macht. Aber es werden auch Verordnungen erlassen, die die Auflösung aller militärischen Organisationen der NSDAP vorsahen. In Lausanne beschließen die Siegermächte das Ende der Reparationszahlungen, damit entfällt für die Reichsregierung die Aufnahme von weiteren Krediten, deren Zinszahlungen die Wirtschaft unerträglich belastet hatten. Am 27.02.33 wird das Reichstagsgebäude in Brand gesteckt.

Am 27.02.33 wird um 11.00 Uhr ein Kindlein geboren, 3300 Gramm schwer und 52cm groß. Es ist ein gesunder Junge und wird noch in dem Krankenhaus auf den Namen Max, Erich, Ekkehard getauft. Max und Erich sind die beiden Onkel, Max der Mann von Theos Schwester Luise und Erich der Bruder von Charlotte.

Viele Jahre später, als die Briefe in den Unterlagen von Charlotte gefunden wurden, machte sich meine Tante Luise die Mühe, den Brief des Vaters abzuschreiben, da der Inhalt nur schwer, oder gar nicht lesbar war.

Und der Vater schrieb ihr:
Liebe Lottel!
Also, mein liebes Kind, ist es nun doch geschehen, dass ich noch Großvater werden durfte und ich Dir von Mutter und mir Deinem kleinen Sprössling als Großvater meinen Segen geben kann. Es sei von ganzen Herzen geschehen! Alles erdenkbar Gute wünsche ich Dir, dem kleinen Ekkehard und seinem glücklichen Vater. Möge es Euch beschieden sein, das Söhnchen gesund und möglichst sorgenfrei zu dem Sohne zu erziehen, der später dazu berufen sein soll, Euer Stolz und Eure Hoffnung zu sein. Das walte Gott! Mein liebes Lottchen! Ich sehe Dich im Geiste mit glückstrahlenden Augen in Deinem Bette liegen und in Deiner unmittelbaren Nähe das nach Theos Beschreibung recht ansehnliche Jungchen, welches vorläufig noch von lieben Schwesternhänden betreut wird. Von Tag zu Tag wirst Du Dich hoffentlich wieder kräftiger fühlen, und wenn Du dann gestärkt ohne Zwischenfälle, die Gott verhüten möge, für Dein Kindchen selbst sorgen wirst, hast Du einen dankbaren Lebenszweck. So manche Gedanken werden dir in diesen Tagen durch den Kopf gehen, die Dir Lebensinhalt bedeuten.

Für heute einmal genug für mich. Mitteilungen über die Kleinigkeiten des täglichen Lebens im nächsten Brief, sie erscheinen mit heute zu profan. Nur eins will ich zu Deiner Beruhigung noch hinzufügen. Ich fühle mich gesundheitlich wieder wohler und baue wieder auf. Das Geld sende ich heute an Theo.

Einen herzlichen Gruß und Dir einen ganz herzlichen Kuss von Deinem Vater.

Nur eher beiläufig wird in diesem Brief von ihrem Vater erwähnt, dass er gesundheitliche Probleme hatte, weswegen die Eltern nicht zur Geburt und Taufe des kleinen Enkels haben kommen können. Beide Briefe sind mit großer Liebe geschrieben, wenn auch nicht voll von Lebensüberschwang, wie das vielleicht heute geschehen wäre. Mit dem Geld war ein ansehnlicher Betrag gemeint, den ihr Vater zur Geburt geschickt hatte, mit dem Wissen, das in den schlechten wirtschaftlichen Zeiten, die damals herrschten, er ein großes Geschenk gemacht hatte. Wie wichtig Charlotte die Briefe waren, beweist die Tatsache, dass sie die Briefe ein Leben lang aufbewahrt hatte.

Charlotte führt ab jetzt ein Kindertagebuch:
Am 27.Februar 1933 wurde unser Ekkehard geboren, ein Kind dieser liebenswerten, und uns inzwischen zur Heimat gewordenen Stadt. Nach 8 Tagen Krankenhausaufenthalt, wo auch die Taufe erfolgte, komme ich nach Hause. Ekkehard bekam über sein Steckkissen, die es damals noch gab, einen Schleier aus echten Brüsseler Spitzen gebreitet. Dieser Schleier war ein Geschenk meines Vaters an seine Schwester Martha gewesen, sie hat ihn dann mir geschenkt. Manchmal denke ich, dass dieser kostbare Schleier einen Zauber über unseren lieben Sohn und sein erfolgreiches Leben ausgeübt hat.

Zur Taufe im Krankenhaus hatten sich eingefunden: Meine Schwiegermutter, Onkel Max als der Taufpate und meine Schwägerin Luise. Meine Eltern konnten leider nicht kommen, meinem Vater ging es nicht so gut und Mutter wollte ihn nicht alleine lassen.

Nun hatte mein Leben einen neuen Inhalt, eine große Aufgabe, ein neues Glück! Wir waren jetzt eine glückliche Familie und unser Bübchen, wie wir Ekkehard nannten, war unser Sonnenschein, er gedieh prächtig.

Tagebucheintragung vom 4.3.1933: Bübchen hat 50 Gramm zugenommen, er trinkt eifrig, schreit viel und steckt zum ersten Mal die Fingerchen in den Mund.

Am 27.2.1933, am Tag des Reichstagsbrandes waren Reichstagsneuwahlen, an Bübchens Bettchen stand die Wahlurne im Krankenhaus, in die ich meinen Stimmzettel hineinwarf. Es war die Wahl, in der die Bürger Hitler und seine NSDAP zur späteren Macht verholfen hatten.

Der andere Patenonkel von Ekkehard, mein Bruder Erich, schrieb in seinem Glückwunschbrief: »So ist Ekkehard auf den Weg gegeben eine Mischung aus Humor und bitterem Ernst« - es war auch gleichzeitig Fastnacht.

Am 16.4.1933, dem Ostersonntag stirbt überraschend mein Vater. Theo fährt am Mittwoch, den 19.4.1933 nach Breslau zur Beerdigung, während ich bei meinem Bübchen in Dresden bleiben muss. Ich hatte gerade einmal einen Tag Zeit über meinen Vater und unser manchmal widersprüchliches Miteinander nachzudenken.

Neues Leben war geboren worden, mein Vater hatte seinen so sehr gewünschten Enkel noch erlebt, ich hatte keine Zeit zur Trauer, mein Leben war von meinem Bübchen und Theo eingefangen, das Leben war karg, Theos Gehalt fiel noch immer und jetzt entfiel auch noch der Mietzuschuss von meinem Vater. Ob jemand heute nachempfinden kann, in welcher Situation wir waren? So war unser Kind, das Bübchen, unsere seelische Stütze, unser ganzes Leben. Für ihn hofften wir, dass die Zeiten irgendwie einmal besser werden würden!

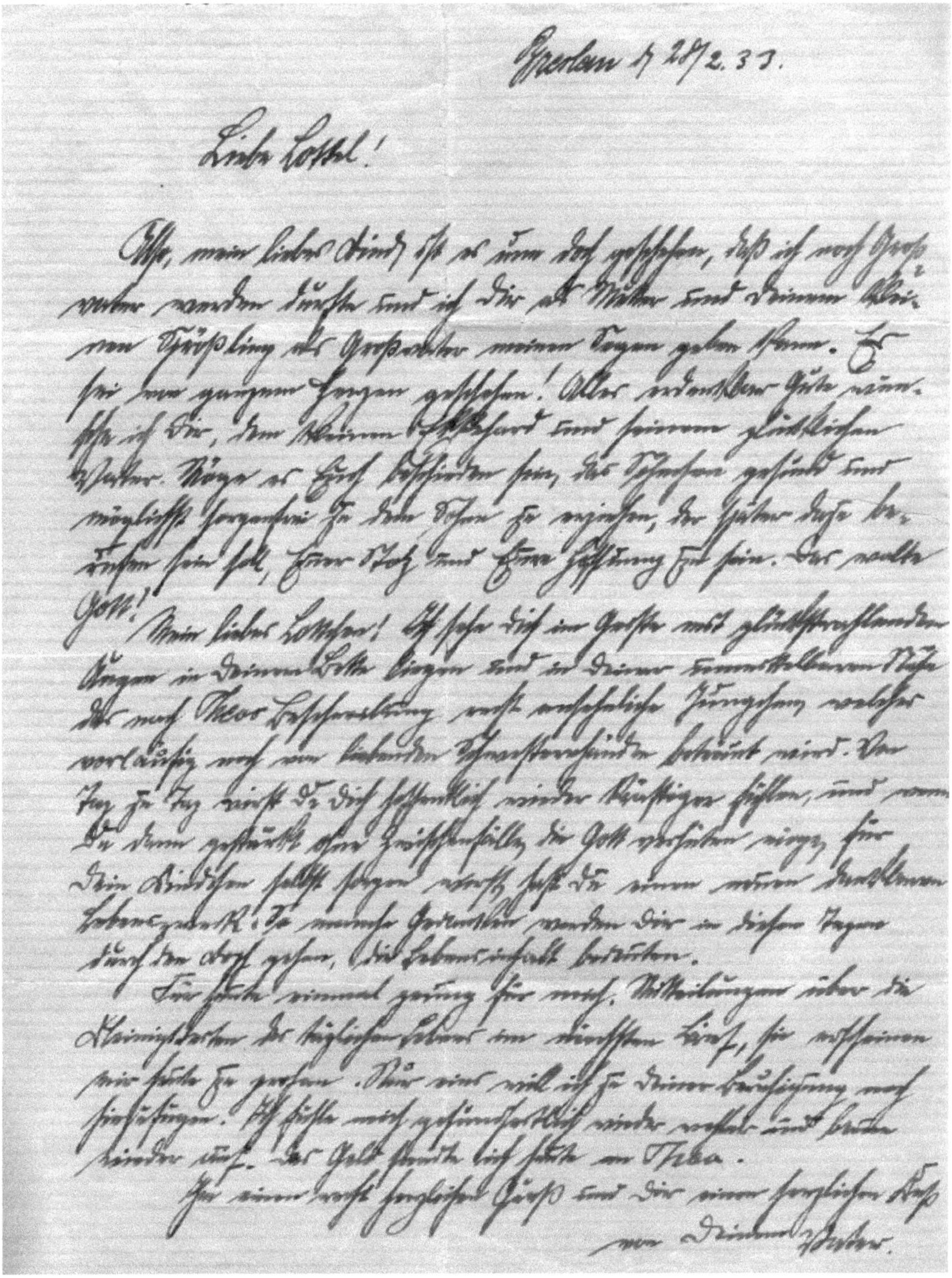

Breslau d. 28/2.33.

Liebe Lottel!

Also, mein liebes Kind, ist es nun doch geschehen, daß ich noch Großvater werden durfte und ich Dir als Mutter und Deinem kleinen Sprößling als Großvater meinen Segen geben kann. Es sei von ganzem Herzen geschehen! Alles [illegible] Gute wünsche ich Dir, dem kleinen [illegible] und seinem glücklichen Vater. Möge es Euch beschieden sein, das Söhnchen gesund und möglichst sorgenfrei zu dem Manne zu erziehen, der später dazu berufen sein soll, Euer Stolz und Eure Hoffnung zu sein. Das walte Gott!

Mein liebes Lottchen! Ich sehe dich im Geiste mit glückstrahlenden Augen in Deinem Bette liegen und in Deiner unmittelbaren Nähe das nach Theos Beschreibung recht ansehnliche Jüngchen, welches vorläufig noch von liebenden Schwesternhänden betreut wird. Von Tag zu Tag wirst Du dich hoffentlich wieder kräftiger fühlen, und wenn Du dann gestärkt ohne Zwischenfälle, die Gott verhüten möge, für Dein Kindchen selbst sorgen wirst, siehst Du einen neuen [illegible] Lebenszweck. So manche Gedanken werden Dir in diesen Tagen durch den Kopf gehen, die Lebensinhalt bedeuten.

Du hast heute einmal genug für mich. Mitteilungen über die Kleinigkeiten des täglichen Lebens im nächsten Brief, sie erscheinen mir heute zu gering. Nur eins will ich zu Deiner Beruhigung noch hinzufügen: Ich fühle mich gesundheitlich wieder wohl und bade wieder usw. Das Geld sende ich heute an Theo.

Euch einen recht herzlichen Gruß und Dir einen herzlichen Kuß

von Deinem Vater.

Der Brief im Original

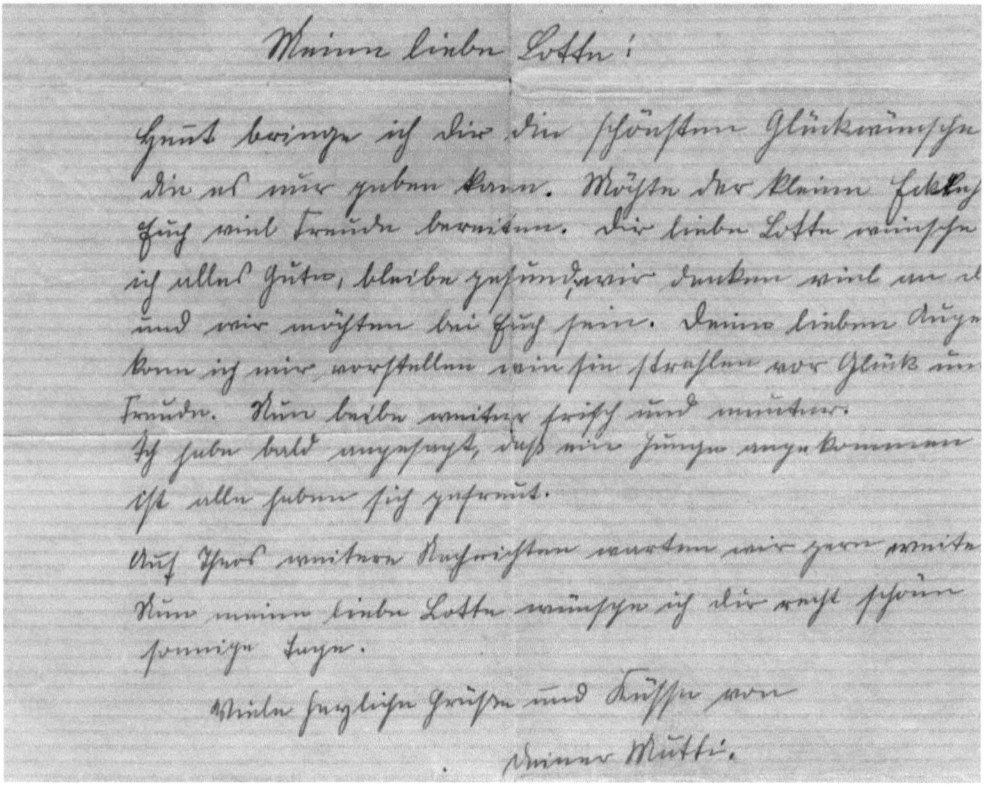

Meine liebe Lotte!

Heute bringe ich dir die schönsten Glückwünsche die es nur geben kann. Möchte der kleine Ekkehard Euch viel Freude bereiten. Dir liebe Lotte wünsche ich alles Gute, bleibe gesund. Wir denken viel an dich und wir möchten bei Euch sein. Deine lieben Augen kann ich mir vorstellen wie sie strahlen vor Glück und Freude. Nur bleibe weiter frisch und munter.
Ich habe bald angesagt, daß ein Junge angekommen ist alle haben sich gefreut.
Auf Ihre weiteren Nachrichten warten wir gern weiter.
Nun meine liebe Lotte wünsche ich dir recht schöne sonnige Tage.

Viele herzliche Grüße und Küsse von
Deiner Mutti.

Brief von Charlottes Mutter zu Ekkehards Geburt

Täglich macht Charlotte ihre kurzen täglichen Aufzeichnungen fast über alle Jahre hinweg, bis sie nach Bremen abreisen werden. Sie notiert das Gewicht, besondere Regungen oder Zeichen wie z.B. am 7.3., dass die blauen Augen braun werden und er Vati sehr ähnlich sieht. Alle Entwicklungsschritte vom Säugling bis hin zum beginnenden Eigendenken ihres Sohnes sind verzeichnet. Auch sein Verhalten bei den verschiedensten Besuchen bei Freunden und Verwandten, bei den kleinen Reisen, die sie unternehmen, sind vermerkt.

Am 3.06.33 kommen ihre Schwiegereltern aus Forst zu besuch. Sie kommen für einen Tag, um sich ihr Enkelkind anzusehen. Charlotte ist glücklich ihnen ein gesundes und »krähendes« Kind vorzuführen. Sie erntet Lob, und ist glücklich darüber, immerhin war die Skepsis gegen sie zu Anfang ihrer Ehe deutlich aus den Gesprächen heraus zu hören. Aber diese Skepsis verfliegt langsam, und ihr kleiner Sohn fängt an die Verbindung zwischen ihr und Theos Eltern herzustellen. Sie werden nach Forst eingeladen!

Deutlich merkt man die geschulte Kindergärtnerin in ihren Anmerkungen zu Entwicklungsstufen, wie sie in der damaligen für sie gültigen Literatur findet und mit ihrem Söhnchen vergleicht. Sie beobachtet genau, besonders wenn es sich um verhaltenstypische Kindesregungen handelt. So wie z.B. zum 22.11.33. An diesem Tage waren sie bei Manfred und Marianne M. eingeladen, natürlich mit ihrem »Bübchen«.

Charlotte schreibt zu diesem Besuch:
Wir sind bei Manfred und Marianne M. zu Besuch. Der Kleine sagt nichts, total nichts! Er ist vollkommen von der neuen Umgebung und den neuen Menschen eingeschüchtert. Es ist sogar so schlimm, dass er weint und ängstlich wird, sowie Manfred sich ihm nur von fern nähert. Nun, auch das wird mit der Zeit überwunden werden. Das muss von alleine kommen.

Und in ihrem Kindertagebuch steht am 5.02.35:
Es ist zu bedauern, dass unser Bübchen keine Kinder zum Spielen hat. Immer nur mit Erwachsenen ist auch nicht das rechte.

Ihr ist durchaus klar, dass ihr Söhnchen besonders auf sie fixiert ist. Der Vater erscheint erst am Abend und am Wochenende, wie das damals für fast alle Väter galt. Kein Vater gab die Flasche oder wickelte das Kind. Die Väter fanden immer ein »versorgtes Kind« vor. Breichen kochen und alle sonstigen nötigen Versorgungen für das kleine Lebewesen waren Sache der Mutter. Kindergärten für Kleinkinder oder auch später für größere Kinder gab es kaum. Und die Kindergärten, die es gab, waren für sie unbezahlbar und lagen weit abseits ihrer Wohnung. Ihr kleiner Sohn war immer bei seiner Mutter, den ganzen Tag. War es da verwunderlich, dass er zu Fremden Berührungsängste hatte? Aber Charlotte wusste aus ihren pädagogischen Studien um dieses Problem und darum, dass Ängste des Kindes sich am besten verflüchtigten, wenn man von ihnen kein besonderes Aufheben machte. So hatte sie, für jede Gelegenheit, ob Nähe zum Vater, zu Fremden oder zu Verwandten ihre besonderen pädagogischen Taktiken, die sie mit viel Geduld bei ihrem »Bübchen« zur Anwendung brachte. Ihrem Theo wurde langsam auch klar, dass seine Frau ein großes Wissen um die Kindererziehung mit in die Ehe gebracht hatte, ein Wissen, auf das er sich verlassen konnte, vielleicht auch nur zu gerne verlies!

Ihr Bruder, und Anni kommen am 17.Juli zu Besuch und bestaunen den Kleinen. Die beiden haben - noch - kein gemeinsames Kind. Das Gespräch dreht sich mehr um Charlottes Mutter und um die unabänderliche Tatsache, dass sie zusehends verfällt. Die geistigen Kräfte verlassen sie.

Was sagt ihr Tagebuch alles über das kleine Leben! Was es da so alles zu essen gibt. Nichts aus dem Supermarkt, nichts aus der Apotheke. Nein jedes Essen wird von Charlotte gekocht, und Ekkehard isst mit unterschiedlichem Eifer seine Mahlzeiten. Da gibt es: Apfelbrei mit Zwieback mit Aprikosen, Mondamin mit Zitronen, Mohrrübenbrei, Gries mit Erdbeersaft, Kohlrabi mit Reis und Tomatensaft, auch Blumenkohl.

Im September sind sie zu Besuch in Forst. Dort kann sie in der Küche ihrer Schwiegermutter alles das bereiten, was ihr Söhnchen zum Essen benötigt. Theos Mutter ist fast verliebt in den kleinen Jungen. Charlotte freut sich darüber sehr. Am 24.09.33 nehmen sie Abschied. Die gemeinsamen Tage in Forst hatten Charlotte und Theo sehr genossen. Sie waren, gemessen an ihrer schmalen Haushaltskasse in Dresden, so richtig verwöhnt worden! Die Großzügigkeit hatte so gar nicht zu der sonst von den Schwiegereltern geübten finanziellen Zurückhaltung gepasst.

Es sind sorglose Tage, bis auf die engen finanziellen Verhältnisse, die Charlotte und Theo verbringen. Da die Frau Schulze sich nach wie vor um die Wohnung kümmert, hat sie auch schnell ihre Liebe zu Ekkehard gefunden und sie passt gerne auch am frühen Abend einmal auf ihn auf. So können die beiden auch mal einen Abendspaziergang alleine machen, oder sich mit Freunden kurz treffen. An den Wochenenden sind sie viel im Großen Garten und vor allem im Zoo, zu dem es von der Wohnung aus ja nicht weit war. In Theos Firma, dem Sachsenwerk bestanden große Pläne, für den Fall, dass es wirtschaftlich wieder besser gehen sollte, aber davon war im Augenblick nichts zu merken. Der Reichstagsbrand stellte die »Ruhe vor dem Sturm« her und doch war man allgemein der Meinung, dass die NSDAP mit ihrer »braunen Gefahr« den Höhepunkt der Aktivitäten bereits überschritten hätte. Kaum jemand, der nicht die inneren Verhältnisse der Partei kannte, mochte so recht glauben, welche grundlegenden Veränderungen in allen Lebensbereichen erfolgen würden.

Voller Optimismus blickt z.B. die liberale »Frankfurter Zeitung« in die Zukunft. Sie schreibt:

> »Auf allen Gebieten, in der Wirtschaft, in der Innenpolitik, in der Außenpolitik, und vor allem auch in der geistigen Gesamtlage der Nation lassen sich zum ersten Mal gleichzeitig deutliche Symptome einer beginnenden Konsolidierung beobachten.«

Und doch kommt es anders.

> Bücher werden verbrannt, die SA und SS besetzten die Gewerkschaftshäuser, die SPD wird verboten, die NSDAP wird per Gesetz zur einzigen Partei in Deutschland ausgerufen. Bei den Reichstagswahlen erhält die Staatspartei, die NSDAP, 92.1% der Stimmen! Vereine, auch alle Freimaurerlogen werden verboten und müssen sich auflösen. Dieses zu erleben war dem Vater Schlüter erspart geblieben.

Die Eintragung zu seinem Tod ist in Charlottes Tagebuch dramatisch kurz:

> *Vati fährt am 19.04.33 zu Opas Beerdigung nach Breslau, Mutti muss beim Bübchen bleiben.*

Mehr nicht. Hat sie ihren Grundsatz, wie sie es manchmal bei ganz intimen Fragen gemacht hat, jegliche Mitteilung einer Gefühlsregung schriftlich nicht niederzulegen, wieder einmal angewandt? Was hat ihr der plötzliche Tod ihres geliebten Vaters bedeutet? Auch später hat sie kaum darüber gesprochen, wie denn das Verhältnis sich in den wenigen Jahren zu ihrem Vater nach der Heirat entwickelt hatte. Nach der Hochzeit war sie aus ihrem Breslauer Leben herausgetreten, bewusst und konsequent. Der Vater hatte keine Macht mehr über sie. Ein neues Lebensziel, die Gründung einer eigenen Familie, stand für sie im Vordergrund, der Vater hatte abgedankt. Nur einmal, in späteren Jahren, hat sie von der Trauerfeier in Breslau erzählt:

Er sei in der Wohnung in einem schwarz ausgeschlagenen Zimmer aufgebahrt gewesen. Seine Freunde aus dem Logenkreis nahmen nach dem bei ihnen üblichen Ritual in der Wohnung Abschied von ihm. Fremde, wie z.B. die Kollegen aus der Firma oder Verwandte, waren von dieser Feier ausgeschlossen. Schon war es nicht mehr angebracht, dass sich Freimaurer in der Öffentlichkeit trafen, und es war nicht mehr möglich, dass die Freimauer sich von ihrem Logenbruder Schlüter in der Salvatorkirche, in der die Trauerfeier stattfand, verabschieden konnten. Die Intonierung des »Kettenliedes« und die Schließung der Hände der um den Sarg stehenden Brüder hätten für jeden einzelnen Logenbruder zu persönlichen Schwierigkeiten führen können. Vater Schlüter wurde auf dem Salvatorfriedhof bei seinen beiden Kindern beigesetzt. Charlottes Bruder Erich hatte die gesamte Organisation übernommen und sich besonders um seine Mutter gekümmert. Theo hatte später berichtet, dass es eine sehr große Beteiligung an der Trauerfeier gegeben habe. Der gesamte Firmenvorstand der von Kulmnitzschen Bergwerke, die Freunde aus verschiedenen studentischen Korporationen seines Sohnes Erich, seine Freimaurerfreunde, andere Bekannte aus den verschiedensten Organisationen und natürlich alle Verwandten waren erschienen. Es sollen eine Reihe von Abschiedsreden gehalten worden seien.

Diesen Tag zu erleben, war Charlotte versagt geblieben. Um ihre Mutter hätte sie Tränen geweint, bekannte sie einmal später. Ihre Mutter war in den Jahren zerbrechlich geworden, mit dem folgenden Alleinsein kam sie kaum zurecht. So war sie an diesem Tag allein mit ihrem kleinen Sohn in Dresden. Wird sie mit ihm im Arm um ihren Vater geweint haben? Oder hat sie ihren Kleinen im Schoß gewiegt und ihm ein glückliches Leben gewünscht? Bis ihr Theo aus Breslau zurückkam, konnte sie sich mit sich selbst und dem Leben ihres Vaters auseinandersetzen. Wie, darüber hat sie immer geschwiegen.

Weiter ging das Leben im schönen Dresden. Die Geleise waren eingefahren, Theo und ihr Sohn sorgen dafür, dass sie ausreichend Beschäftigung hatte, nach wie vor machten sie mit ihm, der prächtig gedieh, lange Spaziergänge, wobei die Prager Straße nach wie vor nicht ausgespart blieb.

Dann blieb ich stehen vor den eleganten Auslagen der Geschäfte, wie z.B. vor den Auslagen des »Hofjuweliers Schauffer«. Von dort stammt die schöne Silberschale die Schmidts uns zur Hochzeit geschenkt hatten und heute in Ekkehards Besitz ist. Ein paar Schritte weiter war ein Prachtladen mit Porzellan und edlem Kristall. Von dort stammen 5 meiner schönsten »Römer«, ein Hochzeitsgeschenk von einem väterlichen Freund von Theo, Manfred M., bei dem wir oft zum Kartenspiel eingeladen waren. Noch immer war ich von der Stadt begeistert, besonders, als ich mich langsam eingewöhnt hatte. Später habe ich noch viele deutsche Städte in Deutschland gesehen, aber Dresden galt mir neben Nürnberg als die schönste Stadt. Viel später, als wir in Wien und in Prag gewesen waren erkannte ich, dass es noch andere großartige Städte gab, und auch Bremen hatte seine Reize, aber davon später mehr.

Ein vorerst nicht verstandenes Ereignis erschütterte unsere kleine Familienidylle: Theo trat in die SA ein.

Politik war für uns und in unserem Freundeskreis kein Thema. Natürlich sehnten wir uns alle den Wirtschaftsaufschwung herbei, jeder wollte endlich von den kargen Gehältern weg, wir wollten leben, so wie unsere Eltern gelebt hatten. Über den Preis für den bald folgenden »Umschwung« machten wir uns keine Gedanken. Und dazu gehörte Theos Eintritt in die SA. Er machte mir klar, dass er allein unter den gegebenen politischen Umständen an seinem Arbeitsplatz keine Veränderung erreichten würde. »Man« muss der Firmengefolgschaft angehören, noch besser der SA. Nur über die »Gleichheit« mit anderen konnte ein Weg nach »oben« erfolgen. Er wollte seine Zeit in der Firma nicht mehr »irgendwie« verbringen. Er wollte sich mit seinem Wissen berufliche Erfolge erarbeiten und als Grundlage diente dazu, dass man sich engagierte - im Gleichschritt mit den anderen. Jetzt war er öfters über die Wochenenden weg, zu Übungen, wie er erklärte. Was da geübt wurde, darüber verlor er kein Wort, und ich fragte auch nicht danach. War das ein Fehler? Er sagte nur zu mir: »Du hast ja jetzt liebe Gesellschaft, da kannst du mich ja ab und zu einmal entbehren!«

Was war das? War ich ihm zu sehr mit unserem »Bübchen« beschäftigt? Dachte er mit Wehmut an die »Männerabende« seiner Studentenzeit und der Junggesellenzeit in Dresden zurück? Brauchte er andere Themen unter Männern? Heute denke ich manchmal darüber nach, ob damals ein ganz kleiner erster Schritt entstand, dass wir uns nicht immer verstanden, ja wir liebten uns nach wie vor, aber die Gemeinsamkeit reduzierte sich auf unseren kleinen Jungen. Noch vor dem Umzug nach Bremen war Theo aus der Organisation wieder ausgetreten, der »Gleichschritt« passte wohl nicht in sein Leben, er hatte die regelmäßige Anwesenheit bei den verschiedensten Anlässen vermissen lassen und überhaupt war seine innere Einstellung zu der Organisation nicht eben positiv gewesen. So war ihm der Austritt nahegelegt worden. Ich war glücklich darüber, da er so an unseren Wochenenden mehr Zeit für mich und unser Kind hatte. Und Theo glaubte, dass der Austritt keine nachteiligen Folgen für seinen Arbeitsplatz haben werde. Es hatte da zwischen uns keine Gespräche gegeben, Politik war eben kein Thema. Die kurze Zeitspanne war am Kriegsende vergessen, doch Karteikarten vergessen nichts und die Mitgliedschaft war für die damalige »Entnazifizierung« ein Problem für Theo, doch davon vielleicht später.

SA - was war das?

Am 3.08.1921 wird auf Anordnung von Hitler in München die SA - Sturmabteilung - gegründet. Im ersten Verordnungsblatt der Truppe wird diese mit ihrer Funktion als » nicht nur ein Instrument zum Schutz der NSDAP, sondern in erster Linie als die Vorschule für den »kommenden Freiheitskampf nach innen« bezeichnet. Die SA war bewaffnet und auf den Kampf gegen Andersdenkende ausgerichtet. Mit dem Röhm-Putsch und der Ermordung des SA-Führers Röhm durch die Hitler-Schergen am 30.06.1934 wird die SA zur politischen Bedeutungslosigkeit herabgestuft.

Als Ekkehard 1 ½ Jahre alt war, fuhren wir zum Urlaub nach Tiefenbach im Allgäu. Was für eine weite Reise! Die Großeltern aus Forst kamen zur Betreuung vom Bübchen nach Dresden. Sie wohnten bei uns und so konnten wir sorglos und fröhlich davon fahren. Es war unser erster, richtiger Urlaub. Die Alpen waren für uns neu und ein überwältigendes Erlebnis. Später sind wir, auch im Winter oft in Tiefenbach gewesen und haben die ganze herrliche Landschaft lieben gelernt. Natürlich waren wir da mit unseren Kindern unterwegs gewesen.

Diese erste gemeinsame Urlaubsreise war für uns besonders eindrucksvoll. Wir waren wieder, nur wir beide, den ganzen Tag zusammen. Ein Erlebnis jagte das andere. In Erinnerung ist mir noch ganz genau, wie wir auf der Rückfahrt mit dem Nachtschnellzug von München nach Dresden brausten und wir hatten keinen Pfennig mehr in der Tasche. Das war etwas, aber wir lachten darüber. Zu Hause wurden wir glückstrahlend von unserem Söhnchen empfangen »Pappi, Mammi wieder da?« Die Eltern aus Forst hatten die Zeit auch gut genutzt, waren sie doch kaum jemals aus Forst weggekommen und konnten die Tage nutzen um einmal eine richtige, elegante Großstadt in Ruhe erleben. Ihre Begeisterung kannte keine Grenzen. Ich hatte mir immer vorgestellt, wie sie dann in ihr kleines Provinzkaff Forst wieder zurückkamen zum Stammtisch und Kränzchen. Dabei konnte ich mir ein inneres Lächeln nicht verkneifen. Ob sie langsam ahnten, warum sich ihre Schwiegertochter aus dem eleganten Breslau in dieser großartigen Stadt wohlfühlte? Nun lief unser Leben wieder in den gewohnten Bahnen, aber muss eigentlich immer etwas geschehen, muss immer etwas »los« sein in unserem Dasein? Es muss Zeiten der Ruhe, Zeiten des Gleichmaßes, Zeiten des Sich-Selbst-Findens geben.

Am 16. Dezember 1934 erscheint in dem Dresdner Anzeige ein Artikel: »Lass deinem Kind helfen.« Und wer hatte diesen Artikel veröffentlich? Charlotte N.. Es ging darum, dass Eltern ihre Kinder im häuslichen Bereich mithelfen lassen sollten, mit kleinen oder großen Aufgaben.

Sie schreibt, auszugsweise:
Ich möchte hier keine langatmigen Theorien entwickeln, sondern ganz kurz von meinem Söhnchen Ekkehard, 1 1/4 Jahre alt erzählen: »Bübchen hilft mit beim Aufräumen der Zimmer, er trägt herumliegende Gegenstände an Ort und Stelle, er holt das Staubtuch und wischt über Stühle und niedrige Einrichtungen. (....) Dieses Verhalten war natürlich nicht von Anfang an da. Es hat Geduld und Zugeständnisse an meine hausfrauliche Genauigkeit gekostet. Und dann zum Schluss: »Denn dadurch, dass wir unser Kind zu frühzeitiger Selbstständigkeit erziehen, helfen wir ja nicht nur ihm, sondern auch uns. Wir erziehen uns frühzeitige und freudige Helfer. - Ob sie es auch einmal versuchen?

Da war Charlotte wieder in ihrem Element. Bei einer Veranstaltung, bei der es um Kindererziehung ging, hatte sie Gelegenheit einen Redakteur des »Dresdner Anzeigers« kenne zu lernen, der sie ermutigte für die Zeitung zu schreiben. Es gab den einen Artikel, mehr nicht. Über Gründe, warum sie nicht mehr geschrieben hat, gibt es keinen Hinweis. Wieder einmal schließt sie ein großes Fragezeichen in sich ein. Sie hatte für Theo die Ehefrau und Mutter ihres Kindes zu sein, sonst nichts!

Zu Weihnachten 1934 trifft sich die ganze Familie in Forst. Max S. und Luise aus Sorau/Niederschlesien sind auch da. Ihr Söhnchen ist der Mittelpunkt des ganzen Familientreffens um den Weihnachtsbaum, schon unterwegs im Zug hat er alle Fahrgäste für sich eingenommen. Oma und Opa aus Forst sind glücklich über den Kleinen, bei ihrer Tochter in Sorau ist noch kein Nachwuchs angesagt. In Dresden gibt es dann noch einen zweiten Weihnachtsbaum mit Geschenken darunter.

Ihr Kindertagebuch schließt für 1934 mit der Hoffnung: »Möge auch das kommende Jahr ein schönes und gutes Jahr werden für unser Kind.«

Wir warteten auf bessere Zeiten, das Kind war unser großes Glück. Trotzdem dachte ich, manchmal auf meinen Spaziergängen mit meinem Söhnchen, mit heißer Sehnsucht an die Zeit des Überflusses, der Feste im Elternhaus, zurück. Alles hatte sich gewandelt, alles hatte sich geändert. Wie ein Sturm, der über das Land fegt, und die Landschaft verändert, so hatten sich für mich alle Lebensumstände verändert. Doch ich hatte es so gewollt, niemanden gab es, den ich dafür verantwortlich machen konnte.

Die liebe Großel war mit 76 Jahren gestorben, ich war gerade verheiratet gewesen und war zu ihrer Beerdigung nach Breslau gefahren. Theo konnte keinen Urlaubstag bekommen, so fuhr ich allein. Abgenabelt von Breslau kam ich mir vor, dabei war doch erst eine kurze Zeit vergangen, dass ich von zu Hause fort war. Der Vater war nicht mehr unter uns. Meine liebe Mutter wurde mit dem Alleinsein nicht fertig und das war für Erich, der sich um sie sorgte, ein großer Kummer. Er konnte sich von Hirschberg aus nicht ständig um sie kümmern zumal ihre Kräfte mehr nach ließen.

Was hatte Charlotte einmal gesagt: »Eine Mutter kann fünf Kinder großziehen, aber fünf Kinder können keiner Mutter einen ruhigen Lebensabend geben!«

Mein Bruder wollte seine Mutter in seiner Nähe haben. Er dachte daran, dass sie so ungefähr wie unsere Großel zu meinen Eltern bei ihnen hätte leben können, und mieteten ihr eine kleine Wohnung in Hirschberg. Aber auch das Leben dort konnte sie nicht mehr allein bewältigen. So blieb Erich, nachdem wir ein ausführliches Gespräch geführt hatten, nichts anderes übrig, als sie in dem St. Benno Stift in Arnsberg, in der Nähe von Hirschberg, unterzubringen. Dort war sie in guter Hut bei freundlichen Schwestern. Mein Wissen aus der Tätigkeit in Bethanien, von dem ich dort gesprochen hatte, führte dazu, dass man ihr ein besonderes Verständnis entgegen brachte.

Später, schon im 2. Weltkrieg, kam sie einmal nach Bremen zu uns für einen längeren Besuch. Einmal fuhr ich mit meinen beiden Kindern zu ihr ins Riesengebirge. Ihre Kräfte erlahmten, eine geistige Verwirrung nahm zu, sodass Postkarten von den Schwestern geschrieben wurden und sie machte als Unterschrift nur noch einen »Krakel«. Eine letzte Postkarte von ihr habe ich aufbewahrt. Vielleicht führt für eines meiner Kinder der Weg einmal in das Riesengebirge und dorthin, wo ihre Großmutter und ihr Onkel gelebt hatten. Vielleicht!

Im Kriegsjahr 1943 ist sie gestorben und wurde in Arnsdorf auf dem dortigen Friedhof begraben. Wegen der Luftangriffe auf Bremen konnte ich nicht zu der Beerdigung fahren und gerade war mein dritter Sohn geboren. Er war 4 Monate alt. Eine so weite Reise mit einem Baby war unmöglich. Für Theo war es in dieser Zeit nicht vorstellbar, dass ich allein gereist wäre. Luftangriffe auf Züge und Bahnhöfe waren schon zur Selbstverständlichkeit geworden. So ist meine liebe Mutter, wie auch mein Vater, ohne Abschied von mir gegangen. Sie war 63 Jahr alt geworden. Nichts weiß ich von ihren letzten Tagen und daran muss ich heute im Alter immer öfters denken. Wie wird es mir einmal ergehen? Werden meine Kinder einmal bei mir sein können, wenn die letzte Stunde für mich anbricht?

Nun habe ich schon weit vorgegriffen, doch noch ist Dresden das Zentrum meines Lebens. Die Verbindung nach Breslau war abgerissen. Erst nach dem verlorenen Krieg mit seinen furchtbaren Folgen sollte ich wieder nach Breslau kommen.

Im April 1935 besuchen Charlotte und Theo die Schwiegereltern in Forst. Und jetzt gibt es eine Neuerung: Theo schreibt ganze Passagen in dem Kindertagebuch und erklärt begeistert, wie sein Sohn mit dem ersten, von ihm geschenkten Holzauto umgeht. Sie suchen Ostereier und natürlich ist das Söhnchen wieder der Mittelpunkt der Familie. Ihr Schwiegervater hat den Stammhalter der Familie so richtig entdeckt. Aus Sorau sind auch Max und Luise da. Bei Luise kündigt sich Nachwuchs für den Juli an.

Und bei Charlotte? Merkwürdig, sie schreibt nichts darüber, dass auch sie für den Juli 1935 ein Kind erwartet. Es gibt auch keinen Hinweis darüber, dass sie evtl. ihrem Söhnchen versucht zu erklären, dass er demnächst ein Brüderchen haben wird. In ihrem Kindertagebuch befasst sie sich mehr und mehr mit dem sich entwickelnden Empfinden ihres »Bübchens«. Es geht um »Mitgefühl«, um das Empfinden von »Zusammenhängen« um den »Schönheitssinn« und um religiöse Fragen oder dem »guten Benehmen«. Die Scheu vor fremden Kindern ist vergangen, er spielt stundenlang im »Großen Garten« auf dem Spielplatz mit anderen Kindern. Der Bann ist gebrochen, so wie er keine Angst mehr vor Fremden hat.

Am 1.07.35 steht in ihrem Kindertagebuch:
Mutti packt den Koffer für die Klinik. Ekkehard sieht zu und fragt, warum sie einen Koffer packt und fragt, wozu die vielen Jäckchen seien. Ich antworte ihm: »Fürs Baby!« Da schaut er fassungslos ins noch leere Bettchen. Was wird er wohl für Augen machen?

Am 14.07.35 bringt Theo Charlotte um 6.30 Uhr ins Krankenhaus und Ekkehard steht auf dem Balkon und ruft: »Mutti geht auf den Bahnhof und holt das Brüderlein!«

Am 14. Juli 1935 wurde unser Sohn Lothar geboren. Es war ein Sonntag, ein sonniger, heißer Hochsommertag. Ich war fröhlich und guter Dinge, als es »so weit« war. War ich doch bei Ekkehards Geburt nach 9 Tagen wieder zu Hause gewesen. Was also sollte sich schon ereignen. Schon meine Mutter hatte gesagt:

»Kinder kriegen ist keine Krankheit«. Sie musste es ja gewusst haben, hatte sie doch 4 Kindern das Leben geschenkt. Lothar bekam sein erstes Kinderbuch von Oma geschenkt. Flick und Flock, eine Hundegeschichte, ich glaube das Büchlein gibt es noch heute.

Doch mit des Geschickes Mächten.....! Ich kam 2x hart am Tode vorbei. Theo wurde in das Krankenhaus gerufen und man eröffnet ihm, dass ich eine Lungenembolie gehabt habe. Und nun betet er zusammen mit Ekkehard, beide mit gefalteten Hände, jeden Abend, und sie sprachen: »Liebe Engelein, lasst Mutti wieder gesund werden.« Ab jetzt wird das Kindertagebuch für die nächsten Wochen von Theo geschrieben. Erst ab dem 1.08.35 habe ich wieder das Kinderbuch geschrieben, jetzt mit Eintragungen auch für meinen zweiten Sohn. Er konnte wegen meiner schweren Krankheit nicht im Krankenhaus getauft werden und für eine lange Zeit konnten wir, schon wegen des Umzugs nach Bremen, nicht an eine Taufe denken. Und dann kam der 2. Weltkrieg!

Als Charlotte Jahre später nach Bremen kam, besuchte sie auch Worpswede, die Wirkungsstätte von Paula Becker Modersohn, von der sie aus der Kunstgeschichte über Dresden gelesen hatte, dass sie in Dresden einen Teil ihre Jugend verbrachte und später in Bremen gelebt hatte. Das Schicksal von Paula war ihr erspart geblieben, Paula starb nach der Geburt ihres Kindes 1907 an einer Embolie ausgehend von Schmerzen in einem Bein.

Unser kleiner gedieh prächtig. Ein liebes Kind, mit weißblonden Locken, helle Augen in einem rosigen Gesichtchen. Wie liebte Ekkehard sein Brüderchen. Nach 8 Wochen Krankenhausaufenthalt kam ich an zwei Stöcken humpelnd nach Hause. Mein Sohn Lothar war die ganze Zeit bei mir im Krankenhaus geblieben. Schwach und elend wie ich war musste ich erst wieder gehen lernen. Nicht auszudenken, wie es geworden wäre, wenn es nicht unsere liebe Frau Schulze gegeben hätte, die alle Einkäufe und überhaupt den Haushalt übernahm.

So langsam erholte ich mich, und allmählich kam die Lebensfreude wieder, allerdings mit der großen Einschränkung, die für eine junge Frau von 28 Jahren bedrückend war: Mein Leben lang würden mir meine Beine zu schaffen machen! Sollte ich nun klagen oder weinen oder mit Bitternis erfüllt sein? Dazu hatte ich bei zwei Kindern keine Zeit. Die Beschäftigung mit meiner Familie nahm mich voll in Anspruch. Mit starkem Willen ging ich gegen die Ängste an, die auf mir lasteten. Wie geht alles weiter? Die wirtschaftliche Lage besserte sich, Theo bekam nicht mehr die monatliche Kündigung, sein Gehalt hatte sich verbessert, aber unsere Wohnung wurde für uns mit den Kindern eng. Schön wäre es gewesen, wenn die Frau Schulze ausziehen würde, aber daran war nicht zu denken. Der eiserne Wunsch »bald wird alles besser werden« half mir sehr und dann natürlich meine kleinen, munteren Kinder.

Und Theo? Wie stellte sich mein lieber Mann zu dem Schicksalsschlag, der mich so unvermittelt getroffen hatte? Oft war es mir, und ist es auch heute noch, unverständlich, dass er sich nie dazu äußerte, mich nie tröstete, sondern alles einfach überging. Nie ist mir klar geworden: War das Schweigen das Bequemste, oder war es für ihn das Schwerste? Sah er doch, wie ich mich quälte, wie es mir zu schaffen machte, dass ich auf Dauer mit dem schweren Leiden an den Beinen leben musste. Die dauernden Schmerzen, die Arztbesuche, die tägliche Pflege der Wunden. Ich war nicht mehr der lebenslustige und immer arglose Mensch von früher. Wir liebten uns, ja, vieles war wie mechanisch, überkommen aus der Zeit vor meinem Krankenhausaufenthalt. Meine gute, alte Bibel der Großeltern, sie lag noch immer greifbar bei mir und wurde, wenn Theo weg war und die Kinder mir kurz Ruhe gaben, meine Seelentröstung. Mir fehlte damals und auch später das Gespräch mit ihm, aber Theo war praktisch orientiert aufgewachsen, er war ein Theoretiker, der auch sonst nicht seine Gefühle gezeigt hatte, manchmal ganz verborgen, eher verlegen. Es fehlte zu keiner Minute seine Sorge um seine Familie, aber die Worte zu mir, die für mich entscheidend gewesen wären, die haben ihm gefehlt.

Aber das Leben ging weiter. Die Kinder waren munter, gesund, lustig und lebhaft. Unser Leben gestaltete sich wieder abwechslungsreich mit Besuchen und kleinen Reisen.

Ich war stolz auf meine vielen Erziehungserfahrungen, die ich jetzt bei meinen eigenen Kindern anwenden konnte. Um mit meinem Vater zu sprechen: »Es hat sich also doch gelohnt«. Man hofft doch immer, dass sich all die aufgewendete Mühe auch lohnt, man strebt doch danach, für die viele Arbeit einmal die Früchte zu ernten. Man möchte Erfolge sehen als Lohn für alles, was man da so leistet. Bei jedem Vergleich mit den Mitmenschen möchte man natürlich gut abschneiden, das Streben nach dem täglichen Glück darf nicht zu einer Selbstzufriedenheit führen oder gar zu einer Unzufriedenheit.

Wenn ich nun heute, wo ich diese Zeilen schreibe, im Alter mein Leben betrachte, so kommt mir die Einsicht: Nicht alles verlief (nicht) sowie gewollt. Vieles nahm einen ganz anderen Weg, Erkenntnisse über einen anders verlaufenen Weg kamen erst lange hinterher, wenn die Weichenstellung schon lange erfolgt war. Es gab auch Zeiten der Gleichgültigkeit, des Nur-so-hin-lebens. Es kamen die Enttäuschungen, das Verzagen, auch das Versagen.

Ein Lebensbericht kann sich nicht nur zusammensetzen aus fortlaufenden Ereignisberichten. Die Zeiten der Stille, des In-sich Gehens sind ebenso wichtig wie die Stunden, da man sich auseinandersetzt mit der eigenen Einstellung zu seinen Mitmenschen. Und da war manches in meinem Leben lahm, enttäuschend und entmutigend. Mein Idealismus, der Glaube an das Gute, der wurde oft auf eine harte Probe gestellt. Noch bin ich bei meinem Leben in Dresden, ein Sturm hatte mich gerüttelt, aber ich war wieder aufgestanden, meine innere Kraft hatte gesiegt, die Kinder, und auch Theo auf seine Art, hatten mir geholfen. Viel gäbe es noch zu erzählen, vieles ist nebensächlich. Herausragend war für mich in diesem Jahr der Besuch einer Christmette in der Frauenkirche. Ganz oben aus der freitragenden, hohen Kuppel ertönte im Gottesdienst eine einzige Knabenstimme im hellen Gesang: »Vom Himmel hoch da komm ich her«. Es war überwältigend.

Charlotte führte ihr Kindertagebuch wieder weiter, jetzt für zwei Kinder, wobei ihr zweiter Sohn nicht mehr so in jeder Einzelheit seiner Entwicklung geschildert wird. Sie beschreibt, wie sie mit den Kindern, natürlich besonders mit dem Älteren, Weihnachtsarbeiten für die Oma in Hirschberg und Oma und Opa in Forst basteln.

E. ist schon ganz erwartungsvoll auf Weihnachten und fragt, ob der liebe Gott das Christkindlein in einem Paket auf die Erde schickt, oder ob es auf Flügeln zur Erde kommt und Windeln hat wie sein kleiner Bruder. Ihn bewegt, ob Maria auch auf die Erde kommt zusammen mit dem Christkindlein. Als ich erklärte, dass der Weihnachtsmann alle Geschenke in dem Wohnzimmer aufbaut, fragt er, wie denn die Bauklötze aussehen, die der Weihnachtsmann zum Bauen nimmt.

Und was gab es an Geschenken – damals 1935?
Für Ekkehard: ein Kino mit Märchenbildern, einen Tank (das war wohl ein Panzer), zwei Holzbaukästen, ein Kegelspiel, vier Bilderbücher, ein Drehkreisel, Tiere und Bäume zum Spielen (das sollte wohl ein Zoo werden). Auch Anziehsachen gab es, aber die spielten nur eine untergeordnete Rolle: ein Rodelanzug mit roter Mütze und Schal, ein Pullover, ein Höschen mit richtigen Hosenträgern, ein Paar Schuhe, zwei Schlafanzüge, zwei paar Strümpfe, ein Leibchen, zwei

paar Unterhöschen, Taschentücher und Bettschuhe. Und dann natürlich ein Weihnachtsteller mit Süßigkeiten.

Für Lothar: zwei Überziehjäckchen, ein Mützchen, zwei Jäckchen, ein Paar Bettschuhe, ein Strickanzug, eine Glocke und ein Weihnachtsteller mit Süßigkeiten.

Charlotte war es wohl wichtig einmal aufzuzählen, was damals ein fast dreijähriges und ½ jähriges Kind so geschenkt bekamen, wobei die nötigen Anziehsachen nicht etwa »nebenher« gekauft wurden. Zu den heutigen Geschenken sind da kaum zu verstehende Unterschiede zu erkennen. Und die Kinder waren glücklich und zufrieden!

So endet das Kindertagebuch 1936 für die beiden Jungen mit den allerbesten Wünschen für das neue Jahr in der Hoffnung, dass es für beide Kinder ein Jahr ohne Krankheiten sein möge.

Schon frühzeitig erkannten wir das technische Interesse und den kühlen Verstand unseres großen Söhnchens. Es wurde Halt gemacht an jeder Straßenbaumaschine, an jeder Baustelle, wo sich etwas drehte, wo ein Motor brummte. Im Zwinger, im Mathematisch-Physikalischen Salon waren unzählige Instrumente und Uhren jeglicher Art. Es tickten die Uhren, und unser Großer war hingerissen. Auch Lothar riss die Augen auf, doch war er noch zu klein um Einzelheiten zu erkennen. Und dann kam im neuen Jahr die Fastnachtszeit. Ja, da waren Jubel, Trubel und Heiterkeit. Am Rosenmontag gab es ab Mittag einen Kinder-Fastnachtsumzug, an dem ich mit Ekkehard teilnahm. Ich hatte ihm ein Kostüm genäht, auf das er sehr stolz war. Es war eben eine richtige Dresdner Fastnacht, wie ich sie aus Breslau nicht gekannt hatte. Die ausgelassene Stimmung hatten die Sachsen wohl den Schlesiern voraus. Es gab auch Gründe für das ausgelassene Treiben: Unser Leben gestaltete sich sorgloser. Mit eisernem Willen war ich gesundheitlich wieder so weit, dass ich viel laufen konnte, den Kinderwagen schieben konnte und Treppen mühelos steigen konnte. Dabei war ich erst vor einem ½ Jahr aus dem Krankenhaus entlassen worden, mit dabei Tage, die wohl nie enden wollten und nur der Wille durchzuhalten dafür sorgte, dass ich die Hoffnung nicht aufgab. Ein Briefwechsel mit meiner alten Gönnerin, Schw. Käthe Vierhaus trug wesentlich dazu bei, dass mein Mut nicht verloren ging.

Seit dem Reichstagsbrand und der »Machtübernahme« waren fast zwei Jahre verstrichen. Heute wird dieses Tages in den Zeitungen mit nachträglichen Verwünschungen und Unverständnis für das Ergebnis der Wahlen gedacht. Aber damals? Wir hatten keinen Vorausblick in die Zukunft. Wir erlebten nur ganz persönlich das Aufatmen über die wirtschaftlichen Besserungen, keine Angst mehr zu haben vor der nächsten Gehaltskürzung, vor der Kündigung des Arbeitsplatzes. Auf die wenigen Menschen, die die drohenden Wolken über uns sahen, die die gleichgeschalteten Pressestimmen richtig lasen, ja auf die wurde nicht gehört. Die »Nürnberger Gesetze«, die die Judenverfolgung einleiteten, traten in Kraft. Wir lasen sie wohl aber brachten sie nicht mit uns in Verbindung und glaubten nicht im entferntesten, dass die Gesetze auf das persönliche Leben vieler Menschen tragischen Einfluss haben würden.

Während wir in Breslau vielfältige Kontakte mit unseren jüdischen Mitbürgern hatten, ohne das besonders herauszukehren, hatten wir in Dresden keinerlei Kontakte zu Juden. Logen gab es nicht mehr, die studentischen Verbindungen waren »gleichgeschaltet« und bis zu der »Reichspogromnacht« wussten wir überhaupt nicht, wer in Dresden zu wichtigen jüdischen Persönlichkeiten gehörte. Das sächsische Königshaus mit dem ganzen Verwaltungsapparat war, bis 1919 bestehend, von Toleranz gegenüber Glaubensfragen geprägt gewesen.

Inzwischen taten sich für Theo neue berufliche Möglichkeiten auf. Er hatte sich verdient gemacht um neuartige elektrische Schaltungen bei Kranen und im Schiffsbau. Im Laufe der Jahre wurden es fünf Patente, ich hatte davon schon an anderer Stelle berichtet. Man war auf den jungen Ingenieur in dem großen Werk aufmerksam geworden. Er wurde über verschiedene Zeitabschnitte in andere Büros des Sachsenwerks geschickt, um Erfahrungen zu sammeln. Mit »Sack und Pack« und Kindern ging es jedoch eines Tages nach Görlitz.

Aber erst ging es für acht Wochen vertretungsweise in das Büro des Sachsenwerkes nach Görlitz. Wir verlebten herrliche Wochen in einem schönen Ausflugslokal, wo uns das Sachsenwerk in mehreren Zimmern eingemietet hatte. Das Haus stand direkt unter der »Landeskrone«. Wir erlebten ein freies Landleben, für die Kinder eine Quelle des Glücks, für mich eine Erholung und für Theo neue und wichtige Einblicke in eine Bürofiliale. Ich lernte mit meinen Kindern das Landleben so richtig kennen. Wir sahen fast täglich die Schmiede und ihre Werkstatt, wir waren auf den umliegenden Bauernhöfen wie zu Hause. Es war idyllisch und es war auch für Theo und mich eine herrliche Zeit um unsere gegenseitigen Beziehungen neu zu ordnen. Hier, im Abseits der Großstadt, lebten wir gemeinsam intensiver, glücklicher. Wir waren eine glückliche Familie, es gab auf den vielen Spaziergängen an den Abenden Gespräche über die weitere Zukunft. Manches Luftschloss wurde da schon gebaut. Aus Hirschberg und Forst, auch aus Breslau besuchten uns Freunde und Verwandte. In Dresden zurück schien plötzlich alles leichter und das Leben harmonischer.

Am 15. März 1936 wird Theo von seiner Firma in das Hamburger Büro geschickt. Er nimmt seinen großen Sohn mit, der in Hamburg bei Theos dort verheirateter Schwester wohnen kann. Sie hatte selbst zwei Kinder, Gunthild und Gudrun, die etwas älter waren. Die Bahnfahrt wird für Ekkehard zu einem Erlebnis, er kommt aus den Fragen nicht heraus. »Wozu sind die roten Knöpfe da«, fragt er. Es sind die Feuermelder im Zug, die ihn mehr interessieren als der Abschied von seiner Mutter auf dem Bahnsteig. Aus der Hamburger Zeit selbst gibt es keine Aufzeichnungen, nur, dass Charlotte ihr Söhnchen sehr vermisst, aber die Ruhe mit nur einem Kind auch genießt. Sie nutzt die Zeit, um Korrespondenz mit alten Freundinnen und mit der ihr nach wie vor ergebenen Schwester Käthe Vierhaus in Bethanien zu führen. Für Ekkehard ist es ein großes Erlebnis im Speisewagen des Zuges zu sitzen. Die erhaltene Rechnung der »MITROPA« vom 15.3.36 weist auf den Platz Nr. 25 hin mit dem »Anfang des Essens« um 12.30 Uhr. Es gab ein Frühstück, ein Apfelmost und ein Bier, Gesamtkosten RM 3.58. Der Beginn der Essenszeit wurde mit einem Gongschlag durch einen Kellner bekannt gegeben.

Wann immer es ging, versuchte Theo mich zu entlasten und nahm den »lebhaften Schlingel« auch mit auf Reisen. Ja, sie liebten sich die beiden und da war wohl untergründig der Sinn für die Technik, die sie verband. Beim Erklären von technischen Zusammenhängen konnte er sehr kindgerecht darstellen, worum es jeweils ging, und so Ekkehards nie endende Wissbegier zufriedenstellen. Kann man da verstehen, dass, Jahrzehnte später, die Enttäuschung bei Theo groß war, als sein Sohn sich für eine kaufmännische Berufslaufbahn entschied? Er hatte es nicht mehr erleben dürfen, dass sein Sohn in einem bedeutenden amerikanischen Konzern zum Vorstandsmitglied berufen wurde.

Ich hatte so während seiner Reisen etwas Zeit mich dem Kindertagebuch zu widmen. Häufig hatte ich nicht die Kraft gefunden, wie früher, täglich zu schreiben. Doch die Beobachtung der beiden Jungen, wie sie sich entwickelten, welche Unterschiede sie in ihrer Lebensgestaltung nahmen, war für meine Idee von der Kindererziehung sehr wichtig. Schnell hatte ich gemerkt, dass da zwei ganz unterschiedliche Charaktere heranwuchsen, die auch unterschiedlich behandelt werden wollten.

Charlotte ist über längere Zeiträume davon abgekommen in ihrem Kindertagebuch die täglichen Kleinigkeiten der Ernährung oder der Gesundheit zu beschreiben. Vielmehr teilt sie ihre Beobachtungen mit, wobei die Sicht des geschulten Auges deutlich herauszulesen ist. So gibt es schon, bei aller Liebe zu den Kindern, Unterschiede zu Theo in der Kindererziehung. Theo konnte auch strenger sein, sie schreibt manchmal auch von »einem Klaps auf den Po« von Theo. Es fällt auf, dass sie nie eine Erziehungsmaßnahme von Theo in Zweifel gezogen hat. Ihr war klar, und das hatte mit ihrer Berufserfahrung zu tun, das - zu damaliger Zeit - die meisten Männer »Wochenendmänner« waren und dann auch noch von der Wochenarbeit ausruhen wollten. Ein lebhaftes und quirliges Kind konnte da schon als »nicht artig« eingestuft werden. Ihr gelang es immer den Ausgleich herzustellen, und in ihrem Kindertagebuch auch über Maßnahmen zu schreiben, die sie aus Erziehungs-Grundsätzen ableitete. Charlotte hat jeden Abend und jeden Morgen mit den Kindern ein Gebet gesprochen. Wenn der Begriff »bescheren« auftauchte, dann kam von E. die Frage: »Was beschert denn der liebe Gott? Was ist bescheren? Wohnt Jesus im Himmel beim Weihnachtsmann? Bei einem Tischgebet fragt L.:

»Wo ist Jesus denn zu Gast, ich sehe ihn doch nicht?« »Warum wohnt Jesus in meinem Herzilein«?

Aus ihrem Kindertagebuch die Gebete eines Tages:
Das Morgengebetlein:

Wie fröhlich bin ich aufgewacht, wie sanft hab` ich geschlafen die Nacht. Hab Dank du Vater im Himmel, dass du hast wollen bei mir sein. Behüte mich auch diesen Tag, dass mir kein Leid geschehen mag.

Mittagsgebetlein:

Alle guten Gaben, die wir vor uns haben, sind o Gott von dir, nimm unseren Dank dafür.

Das Abendgebetlein:

Lieber Gott, ich danke dir, dass du mich heute geführt und beschützt hast, beschütze mich auch diese Nacht, dass mir kein Leid geschehen mag. Amen.

Ihr Sohn. hatte Sinn für Musik. Jeden Morgen will er Klavier spielen, welches doch noch in Dresden gelandet war. Seine Kindertrommel und die Klingeln von zwei Weckern sind häufig in Betrieb, und aus jedem größeren Stück Papier wird eine Trompete gebastelt. Am meisten interessiert ihn die aus dem Radio gehörte Marschmusik der Hitler-Jugend, die es täglich zu hören gab. Nachdem ich E. ungefähr erklärt hatte, was man unter der »Hitler-Jugend« versteht, fragte er mich eines Tages beim Abendbrot: »Mutti, wenn ich Hitler-Junge bin, dann marschiere ich auch mit einer Trommel bei euch vorbei, und du siehst vom Balkon herunter!« Manchmal mussten Theo und ich mit Ekkehard nach dem Abendbrot mit Topfdeckeln, Gabeln Kaffeeuntersetzern »Kapelle« spielen. Am 7.7.36 bekommt er ein neues Bettchen und Lothar bekommt das Bett von Ekkehard. In den ersten Wochen bin ich nicht glücklich von der räumlichen Trennung, denn E. schläft jetzt nicht mehr im Schlafzimmer bei uns. Ich höre nachts nicht mehr seine friedlichen Atemzüge. War das der erste Schritt zum »großen Jungen?« Wie sieht ein Mensch von innen aus, fragt er, und es gibt Tage, da ist er lieb und verträglich zu seinem Brüderchen.

Charlotte erkennt aber auch, dass es zwischen Theorie und Praxis in der Kindererziehung große Unterschiede geben kann. »Kinder sind ein Geschenk Gottes« und jedes Kind ist anders. Sie beklagt sich, dass Ekkehard schlechteste Tischmanieren habe.

Mit ihm zu essen, ist ein Stück Schwerarbeit und unendliche Geduld ist notwendig. An einem Teller Gemüse isst er eine 3/4 Stunde. Er ist zu faul zum Kauen, und versucht beim Essen einzuschlafen, solange bis bei seiner Mutter die Geduld am Ende ist und sie ihn füttert. Aber seinem Vater reißt schon mal der Geduldsfaden und es gibt den berühmten »Klaps auf den Po«.

Und Lothar! Sie schreibt in ihrem Kindertagebuch:

Lothar kann jetzt immer besser alleine laufen. Er ist ein stilles aber munteres Kind. Er spricht fast noch nichts und spielt stundenlang allein mit Steinchen oder seinen kleinen Tieren. Ekkehard ist oft der Störenfried. Das lebhafte Kind nimmt seinem kleinen Bruder häufig alles fort. Es gibt viele Tränen. Ich erkennte große Unterschiede zwischen den Kindern. Wenn L. etwas baut und es gelingt ihm nicht, dann schleudert er alles vom Tisch. Aber nach einigen Minuten geht er unverdrossen wieder ans Werk und versucht aufs Neue, bis es ihm gelingt. Wenn E. etwas tut und es gelingt ihm nicht, dann schleudert er alles in alle Winde, mault, schreit und verliert sofort die Lust. Hierin liegt ein großer Unterschied im Charakter beider Kinder, der sich in den vielen kommenden Jahren ausprägt und immer wieder in Erscheinung tritt. Auf mich kam die Aufgabe zu, jedes Kind seinem Charakter nach zu behandeln, jedes nach seiner Art dahin zu führen, dass sie jeweils ihrem Alter gemäß sich verhielten. Ich war die Mutter, ich musste ihr Leben prägen, jedenfalls solange, bis die Schule begann, dann würden andere Einflüsse auf die Kinder einwirken, aber bis dahin war noch lange Zeit – glaubte ich jedenfalls, damals!

Noch weiß sie nicht, dass die letzen Wochen in Dresden angebrochen sind. Ihre Mutter aus Hirschberg besucht sie. Sie ist schon sehr hinfällig, aber immerhin war sie alleine gereist. Charlotte geht mit ihrem großen Sohn auf den Dresdner Striezelmarkt und Oma bleibt mit Lothar zu Hause. Na, da gab es wieder einmal Geschrei, Mutti weg, Mutti weg! Doch, wie sicher alle Mütter, hatte sie auch ihre »Versprechungen«, die dann ihren Sohn einlenken lies.

Im Oktober 1936 kommt Theo mit neuen Nachrichten aus seiner Firma: Er ist gefragt worden, ob er ein neu einzurichtendes Büro des Sachsenwerkes in Bremen zum 1.1.37 übernehmen wollte. Die Seestadt wird bisher von Hamburg aus betreut, aber die erfolgreichen Geschäftsverläufe verlangen nach einer ständigen Geschäftsvertretung in Bremen.

Das war die immer erhoffte Zukunft, oder wie Charlotte schrieb:

»Ein Flügelschlag des Schicksals«.

Wir waren uns einig. Das war der ersehnte Aufstieg. Das werden wir schaffen und Theo sagt sofort zu. Dank der Einsicht der Direktion wurden wir erst einmal für 4 Wochen nach Bremen geschickt, um uns an Ort und Stelle umzusehen. Nun was soll ich sagen. Wenn man die Gewissheit hat, dass es besser, dass es aufwärts geht, soll man da lange zögern? 6 Jahre hatte ich nun in Dresden gelebt. Als ich ankam, kannte ich außer meinem Theo niemanden, jetzt war die Stadt mir ans Herz gewachsen, hier waren meine Kinder geboren, hier hatte ich die schwersten Stunden meines Lebens erlebt. Breslau lag als Erinnerung an glückliche Tage weit hinter mir. Könnte es nicht auch mit Dresden so gehen? Eine Erinnerung an ein Leben, das glückliche und weniger glückliche Tage gebracht hatte. Eine Lebensstation. Ja wir waren uns einig, wir gehen nach Bremen. Das Schmieden von Plänen war unsere neue Freizeitbeschäftigung. Bremen, was war das für eine Stadt?

Ich hatte in verschiedenen Büchern nachgeschaut und übereinstimmend wurde über diese alte Hansestadt geschrieben:

1936 hatte Bremen 323331 Einwohner (Dresden 642143, Breslau 625198). Die Stadt lag nicht am Meer, wie viele Bekannte von Charlotte fälschlich meinten. Ganz weit im Norden, keine Berge, keine Wälder, eine sehr alte Stadt mit einem riesigen Hafen und Werften, auf denen die größten Schiffe der Welt gebaut wurden. Flugzeuge wurden dort gebaut, die größten, die es bisher gegeben hatte. Die Menschen sollen sehr zurückhaltend gegenüber »Fremden« sein, sagte man. Aber »reich« sollen sie sein, Pfeffersäcke werden sie genannt. Jeder soll einen »Onkel in Amerika« haben, wegen der vielen geschäftlichen Verbindungen nach Übersee. Kunst und Kultur, na ja, da war nicht viel von bekannt, der Kaufmannssinn, das Geschäft, war für die vielen alteingesessenen Familien der einzige Motor zum Leben. Man sagte, wer einen Bremer zum Freund gewinnen kann, der hätte einen wirklichen Freund.

Am 3.10.36 reisen wir - meine Kinder und ich - mit der Bahn nach Bremen. Theo war schon einige Tage vorher gereist, er musste in Hamburg Station machen, da er dort ein Auto, ich glaube es war ein Opel, übernehmen sollte, damit er in Bremen in der Organisation beweglich sein konnte. Immerhin sollte ein Büro gesucht werden und eine Wohnung. Wir wohnen für vier Wochen in der Graf-Moltkestraße 3, in einem Haus, das später den Krieg unbeschädigt überlebt hat. Die Fahrt von 8 Std. war für mich mit den lebhaften Kindern eine Tortur. Ich war glücklich, als mich Theo auf dem Bahnsteig abholt und die Kinder übernimmt. Zum Glück war es ein durchgehender Zug, nur die Mitreisenden in unserem Abteil wechselten und alle hatten die Freude an meinen lebhaften Kindern, hoffte ich jedenfalls. Selbst die Schaffner, die nach einem geheimnisvollen System immer mal wechselten, hatten ihre Freude an den Kindern. Einer nahm meinen großen Jungen mit in den Speisewagen, wo er ihm Bonbons zusteckte. Bis zu der Lokomotive durfte er aber nicht, da konnte er betteln so viel er wollte. An den Bahnhöfen wollte er immer winken, zum Glück konnte man damals noch die Fenster öffnen, er stellte sich auf einen Klapptisch, ein Fahrgast hielt ihnen fest, während ich mich um den Kleinen kümmerte.

Am 10.11.36 steht in ihrem Kindertagebuch:
Die erste Fahrt in Vatis neuem Auto, etwas mit Hindernissen, aber doch sehr schön! Ekkehard ist wie bezaubert, er darf vorne bei Vati sitzen und ist mäuschenstill, Lothar staunt!

Und weiter:
Theo hatte eine sehr schöne Neubauwohnung, sie war noch nicht fertig, in dem schönsten Stadtteil von Bremen, Schwachhausen, in der Wörtherstr.64 gefunden. Da gab es nur Häuser, die zwei Geschosse hatten mit großen Vorgärten. Höchstens zwei Häuser standen zusammen, zwischendrin standen auch einzelne Häuser, Villen nannten man die, aber aus meiner Sicht aus Breslau oder Dresden waren es ziemlich klein geratene »Villen«. Uns gegenüber war eine freie, große Wiese. Auf unserer Straßenseite standen nur drei Doppelhäuser und dann kamen Kleingärten. Auf der rechten Seite endete die Straße in einem Feldweg, der zu einer großen Allee führte, der Kurfürsten Allee. Sie hatte Fuß- und Radwege und einem Reitweg. Baumalleen waren zwischen den Wegen. Es war alles so großzügig angelegt. Wir waren gleich in die Gegend verliebt. Später merkte ich erst, wie weit es war, um einen Kaufmann, ein Gemüsegeschäft oder einen Bäcker zu finden. Doch die Wege, zusammen mit den Kindern, störten mich nicht. So gab es Gelegenheit mit den Menschen in Kontakt zu kommen und mit einer Mutter von zwei so süßen, kleinen Kindern war es immer wert in ein Gespräch zu kommen. Aber reserviert waren die Bremer und kamen meisten nicht über »allgemeine Floskeln« hinweg, aber zu den Kindern gab es eine sehr herzliche Offenheit und später manche kleine Hilfe für mich und meine Kinder.

Und dann erleben wir den Bremer Freimarkt, am Sonntag, den 25.Oktober 1936. Das war nicht der Dresdner Striezelmark auf dem Altmarkt oder der Jahrmarkt auf der Vogelwiese in Breslau. Später erst erkennen wir, dieser Markt ist »richtig Bremisch«. Es war alles kleiner, dichter und ich merkte, wie ausgelassen die Menschen auch im »steifen« Norden sein konnten. Schnell hatten wir begriffen, dass wir uns an einen anderen Menschenschlag werden gewöhnen müssen und dass wir den Menschen entgegen kommen mussten, da hatten wir, Theo und ich, einen großen Vorteil, wir sprachen beide hochdeutsch.

Bild vom Bremer Freimarkt

Am 13.11.36 geht es zurück nach Dresden. Theo steigt in Hamburg aus und kommt später nach. Es gibt einen herzlichen Abschied von der Familie Jürgensen, die alles getan hatte, damit wir einen guten Einblick in die Stadt Bremen bekamen. Der Abschied fiel schwer, wir hatten die ersten Bremer kennengelernt, liebenswürdig, offen und immer hilfsbereit. Am 1.12.36 reise ich noch einmal allein mit Ekkehard nach Bremen. Lothar bleibt bei der Oma Schlüter, die aus Hirschberg gekommen war. Nun ist unsere neue Wohnung fertig. Sie ist herrlich, Ekkehard sucht die Tapete für das Kinderzimmer aus und beweist einen guten Geschmack. Auf der Rückfahrt unterhält Ekkehard alle Mitreisenden, sie finden ihn »fabelhaft« und glauben nicht, dass er erst 3 ¾ Jahre alt ist.

Erste Kontakte in der Straße waren herzlich aber zurückhaltend. »Aus Dresden kommen sie, wieso sprechen sie dann Hochdeutsch?« Eine Frage, an die ich mich auf absehbare Zeit erst gewöhnen musste.

Am 17.11.36 bekommt Theo seinen Vertrag als Büroleiter für das Büro Bremen des Sachenswerks Dresden-Niedersedlitz. Nun ist der Umzug endgültig, die Freude bei beiden ist groß. Der Arbeitsbeginn ist auf den 3.1.37 festgelegt. Sechs Jahre Dresden werden »Geschichte«. Es gibt Abschiedsbesuche bei allen Freunden und Bekannten. Da waren inzwischen viele Verbindungen entstanden, besonders der Abschied von dem Ehepaar Schmidt in Loschwitz fällt schwer. Für meine

Kinder war der Abschied leicht, keines ging in einen Kindergarten oder schon zur Schule und es gab noch keine Bindungen zu anderen Kindern. Für mich gab es liebe Bindungen an Menschen, die unsere Freunde geworden waren. Nur für Theo war es ein echter Abschied von Dresden, er verließ seine Kollegen in der Firma und besonders, seine Verbindungsfreunde mit ihren Festen, Altherrentreffen. Ja die alte Burschenherrlichkeit, auf die hoffte er in Bremen, vielleicht so, wie sein Vater in Forst einige Verbindungsbrüder hatte um sich versammeln können. Doch noch war es nicht soweit. Ein Band nach Dresden würde bleiben, denn er würde immer wieder in seine Firma zu Besprechungen müssen, er war dort sehr geschätzt, sein technisches Wissen gefragt, aber die Arbeitswelt war für ihn im Stammwerk zu klein geworden.

Zum Greifen nah war jetzt die Erfüllung der Träume, die Charlotte und Theo in den vielen Jahren sich erhofft hatten. Theo hatte eine berufliche Position, die für ihn der große Einstieg in die - fast selbstständige - Bearbeitung seiner beruflichen Ideen bedeutete, Charlotte hatte ihre Familie und die ersehnte wirtschaftliche Sicherheit, es war deutlich bergauf gegangen und sie waren glücklich. Sie hatten etwas, was sie zusammenbrachte - eine gemeinsame Zukunft.

Der Abschied aus Dresden:
Der Möbeltransport war für 3.1.1937 nach Bremen vorgesehen. Vorher aber kam der Abschied von Dresden, das uns ja in sieben Jahren lieb und teuer geworden war, wo wir Freunde und gute Nachbarn gefunden hatten, wo wir uns eingelebt hatten und wo uns so vieles lieb und vertraut geworden war. Es gab Tränen, aber im Grunde war doch die Freude auf eine schöne Zukunft vorherrschend mit der Wissbegier und Neugier auf eine uns völlig unbekannte Gegend, auf einen uns völlig unbekannten Menschenschlag. Zum Glück waren unsere Kinder noch so klein und wir brauchten keinen Wechsel zu einer fremden Schule oder Kindergarten zu befürchten. Sie waren - noch - ganz auf uns fixiert. Die paar Spielkinder aus der Strasse hatten sie schnell vergessen. Wenn ich heute, wo ich die Erinnerungen schreibe darüber nachdenke, wie wir wohl den Krieg in Dresden und die verheerenden Luftangriffe überstanden hätten, so bin ich im tiefsten Herzen dankbar, dass das Schicksal es in Bremen mit uns so gut gemeint hatte. Wenn ich daran denke, dass alle uns lieben Menschen in Dresden ums Leben gekommen sind, dass mein Bruder mit seiner Familie die Vertreibung aus seiner geliebten Heimat Schlesien erleben musste, dagegen war das Leben in Bremen in den Notzeiten des Krieges als eine glückliche Fügung zu sehen, für die ich unendlich dankbar bin.

So lassen wir ein Jahr der Freuden und Sorgen hinter uns. Gott schütze unser weiteres Gedeihen und unsere geliebten Kinder auch in der neuen Heimat«.

1937/1945 Bremen und ein neuer Krieg

Bremen wird für Charlotte ein Anfang, in dem das bisherige Leben wie ein in sich abgeschlossenes Kapitel eines Buches zu sehen ist. Kaum etwas in ihrem Leben bleibt so, wie sie es gewohnt war. Mit der Aussicht, dass jetzt das erhoffte »bessere Leben« beginnen würde, in einer neuen Welt, in der ihre Kinder glücklich aufwachsen würden, einer Welt, in der sie vorerst mit ihrem Theo alleine stand. Wie würde sich ihr Leben soweit von Dresden entwickeln? Breslau und Dresden, das war eine Wurzel, besonders, seit der Vater tot war und die Mutter in Hirschberg lebte. Hinzu kam, dass ihr Theo sich beruflich ein neues Fundament legen musste. Er stand jetzt einem Büro vor, war für Umsätze verantwortlich, die sich natürlich steigern sollten. Büroräume waren gefunden, auch Mitarbeiter waren eingestellt, jetzt galt es die Verbindungen zu der bremischen Wirtschaft herzustellen. Seine ganze Zeit und Kraft musste er jetzt für seinen Beruf aufwenden, der zugleich mit Reisen verbunden war. So lagen alle häuslichen Aufgaben bei Charlotte und, das war wohl vorherzusehen, sie meisterte alle Fragen des Lebens ohne Mühe. Jetzt kamen ihr die verschiedenen Stationen ihres beruflichen Werdeganges zu gute, sie hatte gelernt zu organisieren, mit Menschen umzugehen, auf fremde Menschen zuzugehen. Zwangsläufig entstand nun das klassische Familienbild: Der Mann erwirtschaftete das Einkommen, die Frau »hielt die Familie zusammen«. Sie lebte vorerst auf einer »Insel«. Um sie herum lebten Familien, die dem typischen Bild der Bremer Kaufmannsfamilie entsprachen. Man hatte eine eigene Firma, man wohnte in einem Einfamilienhaus, man gehörte irgendeinem Club an, der die soziale Stellung des Mannes dokumentierte, die Kinder wurden vom Hauspersonal umsorgt und die Familie war alt und verzweigt in Bremen.

Es gab nur wenige Familien in der Straße und es gab nur ein Haus, in dem es eine Mietwohnung im Erdgeschoss, Hochparterre sagten die Bremer, gab. Man begegnete sich in den Kaufläden, wenn der Kaufmann nicht die Bestellungen direkt in die Häuser lieferte. Man grüßte sich artig, Gespräche über die Kinder entstanden, man fragte, woher die »neuen« kamen und wieso sie nicht sächsisch sprachen. Die »Bremer Art« der inneren Zurückgezogenheit war Charlotte fremd. Breslauer und auch Dresdner waren spontan und herzlich, sie waren, jedenfalls oberflächlich gesehen offen und unkompliziert. Der Bremer wollte erobert sein, er bewegte sich streng in seinen »Kreisen«. Für Charlotte war ein langer Weg vorgezeichnet, bis die ersten menschlich echten Begegnungen entstanden.

Die neue Wohnung war herrlich schön und modern! Bei unserem Einzug war das Haus noch nicht ganz fertig. Natürlich gab es viel Arbeit. Bald hatten wir eine »Putzfrau«, wie das in Bremen hieß, eingestellt. Geschäfte in der Nähe gab es nicht. Der Kaufmann schickte einen Lehrjungen mit dem Einkaufsbuch, und gegen Mittag erfolgte die Lieferung. 3 x in der Woche kam der

Gemüsewagen durch die Straße. Dort lernte ich dann die Nachbarinnen kennen. Aber nur ein kurzer Gruß, Gespräche etwa? Oh nein, so etwas gab es in Bremen nicht. Aus einigen Häusern kam auch nur das Personal zum Einkaufen. Sich an einen Einkaufswagen zu stellen galt wohl als nicht sehr »fein«. Ich ging gerne mit den Kindern zum Einkaufen auch in entferntere Läden und so traf ich schon mal Nachbarn, die mich wegen der niedlichen Kinder ansprachen. Meine Jungs, doch noch sehr klein, wurden zu den ersten Bindegliedern ins »bremische«. Nun also lernte ich wieder einmal neue Ausdrücke für die täglichen Dinge. Hatte ich schon in Dresden lernen müssen, so musste ich jetzt noch einmal viele neue Ausdrücke lernen. Manchmal verstand ich nichts. So lebte ich die erste Zeit mit meinen Kindern völlig abgekapselt. Auch Theo hatte es mit dem Einleben nicht ganz leicht. Wir waren in der Fremde, wenn auch im eigenen Land. Unsere persönlichen Bindungen wurden sehr eng, vielleicht waren wir uns nie wieder so nahe wie damals. Nur später die schreckliche Kriegszeit mit den täglichen Bombenangriffen lies uns um unsere drei Kinder zusammenrücken. Der ältere, fand schnell Spielkameraden, hatten wir im Garten doch eine Sandkiste, die wie ein Magnet auf die anderen Kinder wirkte. Bald stellten sich auch die kleinen Freunde bei uns zu Hause ein. Fast fiel ich um vor Lachen, jeder der Knirpse hatte einen Beutel mit Hausschuhen bei sich. Sittsam wurden vor der Haustür die Schuhe gewechselt. Das hatte ich noch nie erlebt. An den Wochenenden, an denen Theo auch zu Hause war, erforschten wir die nähere und weitere Umgebung. Ab jetzt hatten wir ein eigenes Auto. Die erste Fahrt, ich erinnere mich noch genau, führte uns über die Schwachhauser Heerstr., wo der Wagen prompt stehen blieb und nicht mehr vor oder zurück wollte. Aber Theo, der leidenschaftliche Techniker, beugte sich über den Motorraum, drehte und schraubte und schon ging es weiter.

Jahrzehnte später war es, dass ihr zweiter Sohn mit einem Motorroller nach Italien fahren wollte und eine genaue Inspektion des Motors durchführte. Es gab aber Schwierigkeiten, die nicht gelöst werden konnten. Theo, der im Aufbruch zu einer größeren Geschäftsreise stand, kam dazu, krempelte die weißen Hemdsärmel auf und begann zu schrauben. Charlotte stand verzweifelt auf dem Balkon und rief: »Gleich fliegt das Flugzeug ohne dich ab, das Taxi steht schon lange vor der Tür.« Er ließ nicht locker, fand den Fehler, erklärte ihn und sauste mit schmierigen Händen weg. Er sagte noch: »Hände waschen kann ich noch auf dem Flughafen.« Ja, ihr Theo, das war ein Techniker mit Leidenschaft, er war bekannt dafür, dass er niemanden mit einem technischen Problem alleine ließ.

An den Wochenenden machten wir Ausflugsfahrten in die Umgebung von Bremen. Das war ja alles ziemlich platt und weit. Wir mussten uns erst daran gewöhnen, dass es keine Hügel oder Berge gab, keine Wälder. Mit der Umgebung von Dresden mit dem großartigen Elbtal, dem Elbsandsteingebirge gab es keinen Vergleich. Und wo waren die weißen Elbdampfer mit ihren gewaltigen Schaufelrädern und den umklappbaren Schornsteinen? Hier fuhren auf der Weser niedliche kleine Dampfschiffe die Weser hinauf, oder es gab da Hafenrundfahrten zu den allerdings riesigen Werften, auf denen die größten Schiffe gebaut wurden. Die AG Weser oder die Vulkan Werft, sie hatten Weltgeltung und die Bremer waren stolz, dass das schönste und schnellste Passagierschiff den Namen ihrer Stadt in die Welt trug.

Stolz schaut Charlotte zu, ihr Sohn!

Wir merkten, schon nach den ersten Monaten, dass wir immer weniger Vergleiche zwischen damals in Dresden und heute in Bremen machten. Irgendwie wurden wir schneller heimisch, als wie wir es uns gedacht hatten. Durch Theos berufliche Arbeit lernten wir bald neue Menschen kennen, zu denen auch private Verbindungen entstanden. Mit den Kindern fuhr ich ständig in den Bürgerpark. Damals gab es dort noch einen Zoo mit einem richtigen Kamel, Esel, Rehe und andere Tiere, an denen sich die Kinder erfreuten. Na ja, einen Vergleich zu dem Dresdner Zoo konnte man nicht ziehen, aber hier in Bremen sprach man auch nicht von einem Zoo, sondern von einem Wildgehege. Und ein kleines Personenschiff gab es im Bürgerpark, mit dem man langsam auf den Wasserzügen fahren konnte. Für meine Kinder war alles da, was sie so brauchten und so genügte die kleine Welt völlig. Spaziergänge gab es in das an unsere Straße angrenzende Kleingartengelände, dass sich über die Kurfürsten Allee hinweg bis an die Bahnlinie erstreckte. Heute ist noch ein kleiner See, der Geteteich, vorhanden. Wie oft sind wird dort gewesen und haben die Enten gefüttert. Immer im Herbst konnten wir Kastanien von zwei großen Bäumen sammeln, die im Vorgarten eines großartigen Privathauses an der Kurfürsten Allee standen. Es erinnerte mich an die Villen im Breslauer Süden, wo es nur solche Anwesen gab.

Eine junge Frau mit weißer Schürze und Häubchen gestattete uns, wann immer wir wollten, dort Kastanien zu sammeln. Jahrzehnte später wurde aus dem Haus mit den zwei großen Säulen vor dem Eingang ein Logenhaus, in dem mein zweiter Sohn ein und aus ging. Breslau und Bremen, waren die beiden Städte denn wirklich so weit entfernt gewesen? Handel wurde in beiden getrieben, hier mehr zum Westen in die »Neue Welt«, dort mehr in den Osten. Ich wusste, und hoffte es ganz fest, wir werden Bremer, ohne dass wir, Theo und ich, unsere Wurzeln würden vergessen können, aber hier in Bremen öffnete sich unsere Zukunft, hier lag die Heimat für unsere Kinder.

Theo machte gute Geschäfte für seine Firma, er musste viel in Deutschland reisen, natürlich, wenn es ging mit dem Flugzeug nach Berlin oder nach Königsberg und Danzig. Manchmal nahm er mich mit, dann kamen Theos Eltern aus Forst, um bei den Kindern zu sein. Was wussten wir von der Politik, von den drohenden Gefahren für unser gerade so richtig startendes Leben? Glücklich waren wir, ich hatte alle meine Kräfte nach der schweren Zeit nach 1935 wieder gewonnen, wenn gleich ich mich weiter schonen musste. Die Sehnsucht nach dem Reisen in unserem schönen Vaterland war geblieben und wir ließen es uns nicht nehmen nach Dresden, Forst, Sorau oder nach Hirschberg zu meiner Mutter zufahren. Im Auto fuhren wir zu Theos Schwester nach Hamburg, und immer waren unsere beiden Kinder dabei.

Eine Reise fiel besonders aus dem Rahmen. Es ging zu einer Tagung des VDE (Verein Deutscher Elektroingenieure) im Spätsommer 1938 nach Wien. Auf die Kinder passten die Eltern aus Forst auf, die zugleich das Leben in einer Großstadt genossen. In München wohnten wir im »Bayrischen Hof«, dann ging es nach Salzburg mit seinen vielen Sehenswürdigkeiten. Und dann ging es nach Wien, einer Stadt, die so viel Ähnlichkeit mit Breslau hatte, damals. Oft sind wir später noch dort gewesen. Wir wohnten im Hotel »Astoria«, damals erste Adresse und dann gab es ein Programm mit einer Fahrt auf der Donau nach Stift Melk, einen Ball in der Hofburg, Besuch des Praters und der Genuss des »Heurigen«. Aus meinem Bericht wird jeder merken, dass ich noch heute, wo ich diese Reise beschreibe, hingerissen bin, ich hatte angeknüpft an das großartige Leben in meinem Elternhaus. Theo tat alles, damit ich glücklich war und erst jetzt merkte ich, dass ihn die Jahre der Entbehrung in unserer jungen Ehe auch bedrückt hatten und er mir nicht das im Leben bieten konnte, was ich von zu Hause gewohnt gewesen war.

Bremen war für mich das »Tor zur Neuen Welt« geworden, nur auf meine Weise.
Die Rückreise ging zuerst in das Riesengebirge, nach Hirschberg und zu meiner Mutter nach Arnsdorf. Es war ein wehmütiges Wiedersehen, bei dem manche Träne floss. Der Abschied von ihr war tieftraurig, wann würden wir uns wiedersehen? Mal eben so besuchen oder telefonieren, das gab es nicht. Im Frühjahr 1938 war sie für 6 Wochen bei uns in Bremen gewesen und wir hatten fröhliche und ausgelassene Stunden mit ihr und den Kindern gehabt. So weit in den Westen war sie noch niemals gereist und später, so sagte sie, war sie in Gedanken auf ihrem Globus immer wieder nach Bremen gefahren. Mit meinem Vater war sie gereist, ihre Welt war Schlesien gewesen, manchmal waren die Eltern an die Ostsee nach Zoppot, Swinemünde oder Westerplatte gereist, aber das waren die Ausnahmen gewesen. Alle meine Ideen der beruflichen Selbstverwirklichung waren wie weggeschwemmt, ich dachte damals daran, dass die Schwestern von Bethanien mich bedauerten.

Weiter ging es nach Dresden mit Besuchen bei den alten Freunden und Bekannten und wie gerne erzählten wir von »unserem« Bremen, unserer neuen Heimat.

Irgendwie waren wir, rückwirkend gesehen, auf dem besten Weg Norddeutsche zu werden. Kam es dadurch, dass Theo und ich immer weltoffen gewesen waren, neugierig auf Neues? War es die Freiwilligkeit, mit der wir in den hohen Norden von Deutschland gezogen waren? Heute kleben die Menschen an ihren Heimatorten, wenn sie sich beruflich verändern müssen, sie nehmen es auf sich täglich Stunden auf Straßen zu verbringen, oder noch schlimmer, ganze Wochen getrennt zu leben. Ist die Angst vor einer neuen Welt größer geworden? Gibt es eine, vielleicht unterbewusste, Angst vor der Veränderung, entstanden aus der millionenfachen Entwurzelung der Menschen nach dem Krieg? War der Grund für unser Glücklich sein auch der Umstand, dass ich keinen Beruf hatte und wir somit nicht die Qual hatten zu entscheiden, wessen Gelderwerb oder Karriere wichtiger war?

Berlin war das nächste Ziel unserer Reise. Wir fuhren mit dem damals schnellsten Zug der Welt, einem roten Triebwagen der Reichsbahn, der am Ende eine Aussichtskanzel aus Glas hatte. Die Reisezeit war nicht sehr lang, aber allein die Geschwindigkeit war ein besonderes Erlebnis. Neben dem Besuch fast aller Sehenswürdigkeiten in der damaligen Reichshauptstadt dachten wir auch an das Ende der Reise und was wir unseren Kindern wohl mitbringen könnten. Lothar hatte sich ein Ziegenböckchen gewünscht, aber ich bekam nur ein Schäfchen zu kaufen, dem ich zu Hause noch schnell zwei Hörner auf den Kopf nähte. Nun, er war glücklich. Ekkehard bekam Ergänzungsteile zu seinem Stabilbaukasten, er war ein begeisterter »Schrauber«. Dann gab es noch einen letzten Höhepunkt. Wir ließen in der ersten Deutschen Sprechfunkstelle am Potsdamer Platz für fünf Reichsmark unsere Stimmen aufnehmen. Nach der Aufnahme bekamen wir eine kleine Schallplatte, die es noch heute gibt. Später kamen noch die Stimmen der Großeltern aus Forst dazu und ein Bericht von Theo über einen Flug nach Danzig. Zu Hause gab es ein glückliches Wiedersehen. Ein Pflichtjahrmädchen, das ich damals hatte, war für den Haushalt zuständig gewesen, so hatten die Großeltern aus Forst sich ganz den Kindern widmen können. Junge Mädchen mussten, ähnlich dem Wehrdienst der Jungen, nach der Schulausbildung ein »Pflichtjahr« in einem Haushalt absolvieren. Das gehörte zur Nationalsozialistischen Ideologie von der Erziehung und Vorbereitung der Mädchen auf ihre Rolle als zukünftige Mutter. Wir fanden nichts Besonderes dabei, mussten die Jungen doch gleichzeitig einen Wehrdienst leisten.

Wir wussten nicht, dass wir kurz vor dem Ausbruch des 2. Weltkrieges standen. Es war alles so großartig, es ging bergauf, Luftschiffe flogen regelmäßig nach Amerika, die schnellsten Passagierschiffe der Welt, die Bremen und Columbus, fuhren im Liniendienst nach New York, Autobahnen wurden gebaut, wir sahen in Kiel den ersten Deutschen Flugzeugträger vom Stapel laufen, das größte Flugzeug der Welt, die DO X, flog mit Passagieren nach Amerika, es gab die ersten Fernseher, die Olympiade in Berlin war das fantastischste Ereignis. Der »Volkswagen« wurde geboren, jeder, der RM 1.000 aufbringen konnte, sollte ein Auto kaufen können. Das waren die vordergründigen Ergebnisse, die wir Bürger wahrnahmen. Ein »Großdeutsches Reich« entstand. Und der wahre Hintergrund? Die systematische Aufrüstung mit der geplanten Kriegstreiberei! Die Ruinierung der Wirtschaft durch die immensen Rüstungsausgaben! Die Wellen der Verhaftungen der

Die Familie vor der Haustür in Bremen

angeblich »Unangepassten?« Erste Judenverfolgungen, Ausschaltung von unbequemen Mahnern in der Verwaltung, dem Militär und der Wirtschaft!

Großer Gott, wir lebten einen glücklichen Traum, und wer träumt, sieht das Leben durch eine gefärbte Brille.

Unser Dasein war sorglos, auch finanziell, wir reisten, noch waren die Kinder nicht schulpflichtig. Theo hatte auch häufig in der Geschäftszentrale in Dresden zu tun, und so fuhren wir eben los, die Kinder wurden eingepackt, unsere alte Heimat rief uns.

Auf einer unserer Reisen ins Riesengebirge auf der Fahrt durch die wundersame Bergwelt erzählte ich den Kindern während der Fahrt vom Berggeist Rübezahl. Theo fuhr und lachte: »Passt auf, ich rufe jetzt Rübezahl!« Und laut rief er: »Rübezahl, Rübezahl.« Aber oh je, im gleichen Augenblick sauste unser Wagen in den Straßengraben. Das war Rübezahls Antwort, er ließ nicht mit sich spaßen. Für unsere Kinder war das ein bleibendes Erlebnis gewesen, nie wieder wurde bei uns nach Rübezahl gerufen.

Die Lebenserinnerungen von Charlotte sind für die Jahre 1937-1939 eine einzige begeisterte Schilderung darüber, wie glücklich sie war. Ihre beiden kleinen Kinder wuchsen zu kleinen Schelmen heran, an deren Leben, soweit das möglich war, auch der Vater teilnahm. Als Charlottes Mutter

St. Benno Stift in Arnsdorf, Riesengebirge

im März/April für sechs Wochen nach Bremen kam, nahm auf der Rückfahrt nach Hirschberg Theo seinen großen Sohn mit. Der Vater war stolz auf seinen aufgeweckten Sohn und er präsentierte ihn überall, auch in den verschiedenen Büros, wo er zu Geschäftsgesprächen angereist war. Er sorgte dafür, dass die doch schon gebrechliche Mutter ab Cottbus mit dem richtigen Zug nach Hirschberg kam, wo sie von Charlottes Bruder abgeholt wurde. Schnell fuhr er noch für ein paar Tage nach Sorau, um dort Ekkehard bei Max und seiner Schwester Luise zu lassen, während er in Dresden geschäftliche Besprechungen hatte. Am 18. April 1938 holte Charlotte ihren Theo mit Sohn auf dem Bahnhof ab.

Das gab ein Wiedersehen! Wie war ich glücklich die beiden wieder zu haben, und was hatten sie alles zu berichten. Natürlich hatte Theo noch einen Abstecher nach Forst gemacht, wo er seine Eltern besuchte. Überall war Ekkehard dabei gewesen und hatte Onkel und Tante, Oma und Opa mit seinen Fragen gelöchert. Ich bekam Geschenke dafür, dass ich die Tage alleine geblieben war, auch an Lothar hatten sie gedacht. Noch an dem späten Abend musste Ekkehard in das Bettchen des Brüderchens gucken und ihn küssen. Der wurde wach und fing an zu schreien. War er doch im tiefen Schlaf gewesen.

Die beiden Kinder entwickelten sich unterschiedlich, der ältere überschüttete jeden, egal wen, mit Fragen, unser jüngerer war eher zurückhaltend und hing mehr an Mutters Rockzipfel. Er konnte sich stundenlang alleine mit seinen Zootieren, einer Holzeisenbahn oder seinem Baukasten beschäftigen. Manchmal merkte man ihn überhaupt nicht.

In ihrem Kindertagebuch sind für die Jahre nach dem Umzug, nur noch sporadisch Bemerkungen über ihre Kinder zu finden. Sie zählt auf, welche Geschenke die Kinder zu den Geburtstagen und zu Weihnachten erhalten hatten. Es gibt kaum Hinweise über irgendwelche Krankheiten oder Arztbesuche. Bis auf den Scharlach von Ekkehard, damals eine hochgefährliche Krankheit mit Ansteckungsgefahr. Er wurde in der Wohnung isoliert, Charlotte durfte nicht einkaufen, alles brachten die Ladenbesitzer und stellen es auf die Treppe, von wo sie sich ein Bestellbuch geholten hatten. Nach Ende der Krankheit wurde die ganze Wohnung desinfiziert. Das waren wieder entbehrungsreiche Wochen gewesen. Ihre Ausbildung als Kindergärtnerin mit den Kindergruppen im verschiedenen Alter hat sie auch darauf geschult, Kindern anzusehen, welche evtl. Krankheiten »im Anmarsch« waren, und wie man die einfachen Symptome behandelt, bevor ein Gang zum Arzt nötig war. Doch einmal gibt es einen Tagebucheintrag, dass ihr »Großer« Mandelentzündung hatte und 3 Tage im Bett liegen musste. Einen Kinderarzt, Dr. Mertz, gab es in der Kurfürsten Allee, der sich, wenn erforderlich, rührend um die Wehwehchen kümmerte. Es scheint so, als hätte sie für sich einen Übergang gefunden zwischen den kleinen, zuwendungsbedürftigen Kindern und den jetzt schon »größer« werdenden Jungen. Oder war sie mit anderen Aufgaben ausgelastet? Für alle Aufgaben, die es in einem 4-köpfigen Haushalt gibt, war sie zuständig. Theo kam, wenn er nicht auf Reisen war, zu Mittag nach Hause, es wurde anfänglich 2x am Tage gekocht. Erst viel später gab es zum Abend ein »kaltes Essen«, so wie das bei allen Familien war, die sie langsam kennenlernten.

Auffallend ist, dass sie nichts mehr über die von ihr früher so geliebte Musik schreibt. Das Klavier war zwar mit nach Bremen gekommen, aber es hätte gestimmt werden müssen, und dafür wollte Theo kein Geld ausgeben. Das hat sie bei einer Gelegenheit einmal geäußert. Es gab ja Schallplatten und damit Musik so viel sie wollte. Am Klavier sitzen, nach Noten oder auswendig spielen, dem Klang lauschen, vielleicht Zuhörer haben, dafür hatte ihr Mann kein Verständnis. So ging eine schöne Leidenschaft. unter. Sie widmete sich ihren Kindern und, als sie über Tage einmal alleine mit Lothar war, fuhren sie Straßenbahn, gingen auf den Bahnhof um sich die gewaltigen Schnellzugslokomotiven anzusehen.

Noch bevor Ekkehard im April 1939 in die Schule kommt, ergeben sich die ersten Kontakte zu Bremer Familien. Theo tritt einem Kegelclub bei, in dem er auf verschiedene Unternehmer trifft, die ihm manchen Weg in die Bremer Unternehmerwelt aufzeigen. Der Bauunternehmer W., der Konditormeister Sch., der Apotheker K. der Tischlermeister W. u.a. Auch in der Nachbarschaft ergeben sich erste Kontakte über die Kinder. Charlotte findet vorerst schwer persönliche Kontakte in der »Neuen Welt«. Sie hält mit vielen Briefen, aber auch mit Reisen Verbindung zu ihrer und Theos Familie. Auch zu Bethanien in Breslau nimmt sie wieder, wenn auch nur über Briefe, zu der von ihr hoch verehrten Schwester Käthe Vierhaus Kontakt auf. Schwebt ihr, nachdem das Leben in Bremen in ruhige Fahrwasser gelangt war, irgendeine Anknüpfung an ihr altes Thema »Kindererziehung auf christlicher Grundlage« vor? Es gibt nur aus späteren flüchtigen Hinweisen Andeutungen, dass ihr Leben in Bremen sie letztlich »geistig« nicht ausfüllte. Sie brauchte neben dem täglichen Umgang mit ihrer Familie, eine geistige Auslastung, die ihr, jedenfalls in den ersten Jahren in Bremen von entstehenden Bekanntschaften nicht geboten werden konnte. Wenn es das gegeben hätte, so wären in der späteren schulischen Ausbildung ihrer Kinder für sie Aufgaben entstanden. Aber es gab keine »Elternsprecher« keine Diskussionskreise, keine Kindergartenzirkel. Der Staat hatte überall seine Hand drauf, die Nazi-Doktrin war wie eine Krake, es gab nur entweder oder. Sie hätte sich vielleicht irgendwo in die Parteihierarchie im Kinderpflegedienst einbringen können, aber allein der Gedanke daran wäre für Theo überhaupt nicht erwähnenswert gewesen. So blieben für sie die Reisen zu ihrer/Theos Familie nach Harburg, Forst/Sorau und Hirschberg, und zu den alten Freunden in Dresden die Höhepunkte, die sie aus dem üblichen dahin gleitenden Leben heraushoben.

Sicher war, und da gab es keine Zweifel für Theo, dass sie »ins Haus« zu den Kindern und zu ihm gehörte. Sie fügte sich, hatte sie doch inzwischen alles, was eine junge Frau brauchte, um glücklich zu sein, doch ihr Wissen lag brach und manchmal kamen ihr die Gedanken, ob es nicht doch eine Möglichkeit gäbe, ihr Wissen, in Bremen irgendwie und irgendwo neu einzusetzen. Der Kriegsbeginn im Sept. 1939 hat dann alle derartigen Überlegungen weggewischt. Ihr war wohl klar: Sie lebte in einem goldenen und bequemen Käfig.

Im Dezember 1938 schreibt sie:
Am 21. Dezember war viel Schnee gefallen, es war minus 10°C kalt. Die Kinder tummeln sich mit ihren Schlitten im Schnee, auf dem Ententeich in dem Kleingartengebiet ist Eis, auf dem man laufen kann. Zum Weihnachtsfest gibt es wieder einen schönen Tannenbaum mit Kerzen, Lametta und vielen Kringeln. Unter dem Weihnachtsbaum steht meine kleine Engelkapelle aus dem Erzgebirge, die sich irgendwie langsam vergrößert.

Der Große bekommt ein Dreirad, einen Schultornister, Bleisoldaten, ein Maschinengewehr(!), zwei Ergänzungs-Stabilbaukästen, Nachfüllungen für den Kaufmannsladen, Andersens Märchenbuch, einen Schlafanzug, einen Anzug, Strümpfe, eine Soldaten-Kapelle, ein Malbuch und viele Süßigkeiten, die auf einem »Weihnachtsteller« lagen.

Und Lothar bekommt: ein Dreirad, eine Holzstraßenbahn, ein angezogenes Stoffhäschen, einen Tank, zwei Bilderbücher, ein Bild, ein Eisenbahnsteckspiel, ein Lesespiel, eine kleine Holzeisenbahn, zwei Schlafanzüge, ein Anzug, eine Ziehharmonika, einen kleinen Bauernhof und einen Teller mit Süßigkeiten. Wir singen Weihnachtslieder und natürlich gibt es Weihnachtsschallplatten, wovon es eine heute noch gibt: »Kinderjubel am Weihnachtsabend« und »Eine Muh, eine Mäh«.

Wir konnten noch nicht wissen, dass dieses Weihnachten das letzte Friedensfest sein würde. Wir dachten und wollten auch nicht daran denken, dass es Krieg geben könnte. Wir konnten uns auch nicht vorstellen, wie ein Krieg, wenn er dann kommen würde, uns berühren würde. Die Zeitungen waren ja voll von Hinweisen, dass »jetzt eine Entscheidung« fallen müsste. Wofür? Gegen wen? Warum jetzt? Was sollte da entschieden werden? In Österreich waren deutsche Truppen einmarschiert, der Jubel war unendlich, so hörten wir das jedenfalls aus dem Radio, Teile der Tschechoslowakei, das Sudetenland, wurden annektiert. Eine späte Revision des Versailler Vertrages, für uns und die überwiegende Zahl der Menschen in unserem Land ein völlig legaler Vorgang. Deutsche kamen zu Deutschen, noch lieferten Volksgruppen in »widernatürlichen Grenzen« lebend mit dem »Heim ins Reich« - Gedanken keine Gründe für einen Krieg, jedenfalls wir sahen das so.

Doch erst kam noch das Jahr 1939, es gab keinen Krieg, wir lebten weiter glücklich und zufrieden mit unseren Kindern.

Gleich im Januar bekommen die Kinder Keuchhusten, vier Wochen plagen sie sich mit dieser Krankheit und Ekkehard bekommt noch eine Gehirnhautentzündung mit Kopfschmerzen und Erbrechen. Der Arzt, Dr. Mertz, rät zu einer Krankenhauseinweisung, aber dagegen wehre ich mich entschieden. »Meine Kinder bleiben bei mir«, verkünde ich und setze mich durch. Doch die Krankheit nimmt keinen guten Verlauf. Theo ist beruflich in Dresden, ich rufe ihn an, weil es Ekkehard so schlecht geht. Dr. Mertz kommt drei Mal täglich, um nachzuschauen. Wir sind in größter Sorge und sprechen mit ihm, in welches Krankenhaus er evtl. eingeliefert werden müsste. Doch die Trennung muss nicht sein, langsam geht es meinem Sohn besser, wenngleich er noch sehr schwach bleibt. Lothar verhält sich die ganze Zeit vorbildlich und ist sehr besorgt um seinen Bruder. Wir haben so zum Jahresanfang sorgenvolle Zeiten durchlebt. Für Theo war das besonders schlecht, denn gerade jetzt musste er viel unterwegs sein. So blieb die ganze Pflege bei mir und ich war Tag und Nacht mit dem Jungen beschäftig. Welches Glück, dass ich eine umfassende Ausbildung auch für Krankheitsfälle bei Kindern erhalten hatte. So war ich eine große Stütze für Dr. Mertz, den behandelnden Arzt, der besonders in den folgenden Kriegsjahren sich immer für meine Kinder verpflichtet fühlte. In meiner Berufszeit hatte ich so manchen Kinderarzt kennengelernt, doch er hatte eine ganz besondere Art mit Kindern umzugehen.

In dem Buch »Kriegsende in Bremen«, Edition Temmen 1995, gibt es das Kriegstagebuch von Dr. Albrecht Mertz. verstorben am 26.02.53, er hatte in der Kurfürsten Allee 122 gewohnt. Das Tagebuch umfasst die Tage 05.04.45-26.04.45.

Noch ist es nicht soweit, für den Bürger gab es noch keinerlei Anzeichen, dass es tatsächlich Krieg geben würde. Wie auch. Die Presse war gleichgeschaltet, das Radio brachte nur Positivmeldungen und Fernsehen gab es nicht. Im Kreis der Verwandten wurde schon mal darüber gesprochen, ob ein Krieg kommen kann. Und wenn der verloren werden könnte? Niemand konnte sich im entferntesten ausdenken, wie ein solches Ende aussehen könnte. Die einen sahen das Ende des 1. Weltkrieges als Möglichkeit für ein Kriegsende an. Reparationen an die Sieger? Gebietsabtretungen, nun ja, sicher würden Österreich und die Tschechoslowakei wieder freie Staaten werden, aber sonst? Deutschland würde siegen, so war die einhellige Meinung, wozu Gedanken darauf verschwenden, wie eine Niederlage aussehen könnte. Nicht einmal auf das Nächstliegende kam kaum jemand: Das es einen Bombenkrieg im eigenen Land geben könnte. Es wurden zwar Bunker gebaut, aber das wurde eher als ein »Arbeitsbeschaffungsprogramm« gesehen, um Arbeitslose von den Straßen zu bekommen. Sie dachten an die Zukunft ihrer Kinder und sahen eben nicht, dass sich da ein Sturm zusammenbraute. Vielleicht, wenn es irgendwie Kontakte in das Ausland gegeben hätte, aber solche Kontakte hatten sie nicht.

Am Mittwoch, den 12.4.39 war der erste Schultag von Ekkehard. Ein stolzer Tag für den neuen Schüler und die Eltern. Ein Bild vor der Haustür zeigt den Schulanfänger mit seiner Schultüte, seinem Bruder und mit den Eltern. Da gab es keine Feier mit Freunden oder Familienangehörigen. Mit dem Schulbeginn begann ein neuer Lebensabschnitt, dessen Beginn nicht besonders hervor gehoben wurde. Der Weg zu der Schwachhauser Schule war nicht weit, keiner kam auf den Gedanken seine Kinder mit dem Auto (wer hatte denn eines?) zur Schule zu fahren. Am ersten Tag ging die Mutter oder auch der Vater mit, vielleicht gab es einen »Probespaziergang« am Tag vorher. Aber ab dann ging jedes Kind allein oder mit gleichaltrigen Freunden zusammen, manchmal brachte Charlotte ihn und holte ihn von der Schule ab, das waren gleichzeitig schöne Spaziergänge an den gepflegten Häusern vorbei.

Nun war der erste Schultag da. Jetzt beginnt für meinen großen Jungen eine neue Zeit. Ungeduldig hat er schon lange gefragt: »Mutti, wann gehe ich endlich in die Schule?« Es war fast wie selbstverständlich, dass er nach Ostern nicht mehr sorglos auf der Straße oder zu Hause spielen konnte. Eigentlich war es ganz einfach: Ich ging mit ihm, nicht immer, zur Schule, gab ihn dort ab und holte ihn dann wieder ab. Jedenfalls die ersten Wochen. Auf dem Rückweg gab es viel zu erzählen. Ein Freund, Wilfried K. aus der Straße, war auch zur Schule gekommen. In unserem kleinen Bekanntenkreis gab es niemanden, mit dem ich diesen großartigen Tag besprechen konnte. Aber unsere Verwandten aus Harburg mit ihren Kindern waren zu Besuch. Mit ihnen zusammen gab es dann noch einige fröhliche Stunden mit dem Erfahrungsaustausch, da die Kinder etwas älter waren als unser neuer Schüler.

Am Ostersonntag waren wir noch in Bremerhaven gewesen und hatten dank Theos Verbindungen die Möglichkeit, den Passagierdampfer »Bremen« zu besichtigen. Diese Großartigkeit der Räume, die Eleganz, die überall zu sehen war. Eine Reise mit so einem Schiff war für uns gar nicht vorstellbar. Bremen war wirklich das »Tor zur Welt«, von dem wir uns so gar keine Vorstellung machten. Für »richtige« Bremer war das ganz anders. Diese hatte geschäftliche Verbindungen nach Amerika. Der berühmte »Onkel aus Amerika« geisterte durch viele Familien, war doch so mancher junge Mann in der Berufsausbildung in Amerika oder Asien hängen geblieben. Auch Töchter hatte es so weit verschlagen, wenn sie zum Erlernen der englischen Sprache nach »drüben« geschickt wurden oder um ein drohendes Verliebt sein mit einem nicht vermögenden Jüngling verhindert werden sollte.

In unserer Nachbarschaft wohnten die »richtigen« Bremer Kaufmannsfamilien mit Handel in die Welt. Da wurden Wein- und Elektroartikel im- und exportiert, es wurden Fässer aus aller Welt gereinigt, repariert oder hergestellt. Der Bauunternehmer W. baute Hafenspeicher für die sich entwickelnde Überseewirtschaft, ein Tiefbauunternehmen R. erweiterte die Hafenbecken in Bremerhaven für den zunehmenden Schiffsverkehr. Sie hatten Kontakte in die weite Welt, aber sie handelten und beschäftigten sich nicht mit Politik, nur für bremische Angelegenheiten waren sie aufgeschlossen und genossen ihr Ansehen in den verschiedensten Vereinen, zu denen nur sie zugelassen waren. Kaufleute, das waren fast Nachfahren aus der Hansezeit, eben »Hanseaten«. So war es für uns schwer neue Freundschaften zu gewinnen, da wir in dieser wunderschönen Straße nur von »richtigen« Bremern umgeben waren. Und so blieb das auch bis hin zum Kriegsbeginn.

Im Mai gibt es eine Tagebucheintragung, von einer Rückkehr Theos aus Berlin. Er kam mit dem Flugzeug, Charlotte holte ihn mit den Kindern ab. Natürlich hatte er jedem seiner Kinder etwas mitgebracht auch Charlotte bekam eine schicke Handtasche und sie feierten die Rückkehr im Flughafen bei Kuchen und Kaffee. Es waren glückliche Stunden und Theo erzählte von großen Projekten, die er demnächst beginnen wollte. Sonst sprach er wenig über seinen Beruf, da gab es noch die Trennung zwischen Beruf und Haushalt. Von den technischen Sachen verstand Charlotte ja wirklich nichts. Sie ging auch nicht in das Büro, den Wunsch gab es bei ihr gar nicht, das war später immer noch so. So kam es wohl auch dazu, dass sie - auch noch viel später - kaum Vorstellungen hatte, welche beruflichen Sorgen ihr Theo nach dem Krieg gehabt hatte. Da fehlte die gegenseitige Aussprache. Vielleicht war das der Grund dafür, dass es später so viele Missverständnisse zwischen den beiden gab.

Zum 1. Mai sagt ihr großer Sohn sein erstes Gedicht auf, dass er sicher mithilfe seiner Lehrerin »gedichtet« hatte:

Mütterlein ich bring dir Glück,
und noch viele Blumen mit.
Herzlich wünsche ich zur Stund
Gott erhalte dich gesund!

So ganz nebenbei schreibt Charlotte in ihren Erinnerungen:
Warum weiß ich nicht, aber meine alten gesundheitlichen Probleme traten wieder auf. Arztbesuche immer wieder, Schmerzen ohne Ende und dieses Eingeschränkt sein im Haushalt. Ich war verzweifelt, waren die letzten Jahre doch so schön gewesen. Hatten wir doch gerade daran gedacht die Taufe unseres zweiten Sohnes nachzuholen. Wir wollten ins Riesengebirge fahren und mit Oma und Erichs Familie Lothar in der Kirche Wang taufen lassen. Mein Bruder hatte sich schon um einen Pfarrer aus Hirschberg gekümmert. Eine Taufe in meiner geliebten Heimat, davon hatte

ich geträumt und Theo war da mit mir gänzlich einig. Nun mussten wir alles absagen. Ich konnte nicht reisen und mein Sohn blieb ungetauft, weil dann der Krieg ausbrach. Und heute steht die Kirche in Polen und ist nach wie vor ein besonderer Anziehungspunkt für alle Touristen.

Die Kirche Wang, eine Holzstabkirche, sie gibt es noch heute unter dem gleichen Namen. Sie stammt aus Norwegen und war im 12. Jahrhundert am Wang-See gebaut worden. 1840 sollte sie abgerissen werden. Der norwegische Maler und Schriftsteller Johan Dahl, der an der Dresdner Kunsthochschule lehrte, erfuhr von dem drohenden Abriss und wandte sich in einer Eingabe an den preußischen König Friedrich Wilhelm IV., von dem er wusste, dass er ein Kunstmäzen war. Für 426 Goldmark ersteigerte Dahl das Kirchlein, sie wurde zerlegt und im Königlichen Berliner Museum gelagert. Es konnte aber kein rechter Ort für den Wiederaufbau gefunden werden. Auf Bitten der Freifrau von Rheden, die aus Wolfenbüttel stammte, aber ihren Wohnsitz in Brückenberg im Riesengebirge hatte, wurde die Kirche bei Brückenberg für die evangelische Gemeinde wieder aufgebaut, da eine eigene Kirche nicht vorhanden war. Nur in Hahnenklee im Harz gibt es noch eine Stabkirche, die aber auch im Harz entstanden ist.

Im Juli 1939 muss Theo zu der Schichauwerft in Danzig und für ihn stand fest, das Charlotte mitkommen sollte. Aber wie? Die Großeltern aus Forst kamen wieder gerne nach Bremen, eine Stadt, die sie inzwischen schätzen gelernt hatten. Mal wieder reisen, immerhin von Forst an der Neisse nach Bremen, das war schon etwas und sie konnten später am Stammtisch und dem Kränzchen über vieles aus dem »hohen Norden« berichten.

Wieder einmal im Juli 1939 kamen die Großeltern aus Forst nach Bremen, um bei den Kindern einzuhüten. Dieses Mal ging unsere Reise nach Danzig, damals war Danzig eine »freie Stadt«, getrennt vom Deutschen Reich, der Versailler Vertrag hatte es so gewollt. Theos geschäftliche Aktivitäten hatten ihn inzwischen in alle Städte an der Nord- und Ostsee geführt, in denen Schiffbau betrieben wurde. Für die Anreise wählten wir das Schiff, die »Tannenberg«, die 1945 wie die »Gustloff« mit Tausenden von Flüchtlingen in der Ostsee unterging. Das Schiff gehörte zu dem »Seedienst Ostpreußen«. Die Schiffe dieser Linie fuhren von Kiel zu den Deutschen Ostseehäfen, die vom Reich auf dem Landweg nur mit Passkontrollen Polens erreichbar waren. Nicht immer waren die Kontrollen durch den »Korridor« und über die Weichsel nach Danzig und Ostpreußen unproblematisch und so hat sich der Schiffsweg oder das Flugzeug als Reiseweg ohne Kontrollen entwickelt. Viel später, als Berlin wie eine »Insel« in der DDR lag, dachte ich oft daran, dass es die Insellagen von großen deutschen Landschaften schon früher gegeben hatte, wenn es die Politiker gewollt hatten. Aber jetzt, 1939, war die Tannenberg unser schönes, großes, neues Schiff. Wir hatten eine schöne Kabine, die natürlich einfacher gestaltet war, als auf heutigen Fährschiffen. Vorbei ging es dicht an Laboe, Feuerschiff Gjedser, Insel Hiddensee, Rügen mit der Stubbenkammer und Swinemünde. Dort wurden viele Gäste an Bord genommen, denn nun ging es im großen Bogen außerhalb der 3-Meilen-Zone um Polens Küste herum. Schließlich gingen wir in Zoppot von Bord. Mir kamen Erinnerungen an die schöne Reise mit meinen Eltern und meinem Bruder nach Danzig, war das lange her!

Danzig, die Stadt war mir einmalig heimlich vertraut, nur war ich Kind gewesen, als ich mit meinen Eltern durch die Straßen ging. Während Theo auf der Werft zu tun hatte, bummelte ich

Kirche Wang

durch die Straßen der Altstadt. In nichts war zu erkennen, dass die Stadt ein vom Reich selbstständiger Stadtstaat war. Die polnische Post oder Bahn fielen überhaupt nicht auf, Danzig war eben eine deutsche Stadt.

> Danzig, freie Stadt unter dem Schutze des Völkerbundes seit 1920. Der Völkerbund schützt die Verfassung und erklärt 1921 Polen für besonders geeignet, die Verteidigung Danzigs zu übernehmen. Verkehrs- und Schifffahrtsanlagen kommen in polnische Hand oder stehen Polen frei zur Verfügung. Polen übernimmt die auswärtige Vertretung Danzigs. 1923 besteht die Bevölkerung aus 95% Deutschen, 3.5% aus Polen, 1% aus Russen und 0.5% aus Sonstigen.

Es war Sonntag und wir bummelten durch die schöne, alte Stadt, sahen uns in der Marienkirche mit ihrem berühmten Geläut um, gingen in den Artushof und natürlich an den Hafen mit seinem gewaltigen Krantor. Es wogte eine glühende Hitze durch die Straßen und dann landeten wir in dem berühmten »Danziger Lachs« ein wunderschönes, mit kostbaren Kacheln und altem Gestühl ausgestattetes, urgemütliches und bekanntes Lokal mit besonderer Atmosphäre. Es war noch nicht Mittag, aber wir bekamen die bekannten Liköre und Schnäpse zu probieren. Da gab es den Danziger Lachs, Bärenfang, Danziger Goldwasser, Machandel und Pomeranze. Jeder kann sich denken, dass wir nach diesem tollen Frühschoppen an einem heißen Julitag völlig »blau« waren. Wir fuhren mit der Straßenbahn nach Heubude, dem Strandbad vor den Toren der Stadt. Danziger waren reservierte Preußen, und unser ununterbrochenes Lachen in der Straßenbahn war wohl aufgefallen und gab Anlass zu den verschiedensten Spekulationen mit der Vermutung, wir seien »Rheinländer«.

Dort im Strandbad legten wir uns in die Dünen und schliefen tief und fest unseren Rausch aus. Nichts ahnend, dass zwei Monate später hier durch die Schüsse des deutschen Kriegsschiffes »Schleswig-Holstein« auf die Westerplatte, der Zweite Weltkrieg begann.«

Am 1. September 1939 um 10.00 Uhr überträgt der Rundfunk die Rede des »Führers und Reichskanzlers« aus dem Reichstag über den gegen Polen begonnen Krieg. Die Bevölkerung wird aufgefordert, sich luftschutzmäßig zu verhalten, das Abhören ausländischer Radiosender wird unter Zuchthausstrafe verboten.

Am 4. September in der Nacht um 1.30 Uhr gibt es in Bremen den ersten Fliegeralarm. Es werden Flugblätter abgeworfen u.a. mit dem Inhalt: Schwachhausen wollen wir verschonen, darin wollen wir später selber wohnen!

Bombenalarm! Ich erinnerte mich an die Straßenschlachten der Freichöre in Breslau nach dem 1. Weltkrieg. Es hatte im Krieg Fesselballone zur Abwehr von Fliegern gegeben, aber Flieger, die Bomben werfen! Nie hatten wir daran gedacht, dass der Krieg mit dem Abwurf von Bomben in unsere Städte getragen werden würde. Hatte es nicht ständig aus dem Radio getönt, dass kein feindliches Flugzeug je die Reichsgrenzen überfliegen würde? Am Tage der Kriegserklärung an Polen hatten wir, wie Millionen andere Menschen erschreckt und verstört mit unseren kleinen Kindern zusammengesessen. Was würde jetzt kommen? Bremen hatte große Werften, mit Focke Wulf eine Flugzeugindustrie, ob es wahr war, dass keine feindlichen

Flugzeuge Bomben werfen würden? Immerhin hatten sie schon Flugblätter geworfen, also konnten sie doch über die Reichsgrenzen fliegen und auch Bomben abwerfen. Wir waren völlig ratlos. Theo dachte daran für die Zeit des Krieges uns nach Schlesien zu schicken. Dort hätte ich in Hirschberg oder auf dem Landsitz von Erichs Schwiegereltern mit allem erdenklichen Komfort den Krieg abwarten können. Es könne ja nicht lange dauern. Doch ich wollte mich nicht von Theo trennen. Nur die Kinder nach Schlesien zu schicken? Nein, das wollte ich auch nicht. In der Straße begannen Nachbarn, möglichst unauffällig, ihre Möbel auf dem Land bei Bauern einzulagern, und selbst für die hoffentlich kurze Kriegszeit, Unbequemlichkeiten in Kauf zu nehmen.

Vorerst ging aber das Leben ganz normal weiter. Für die Kinder hatte es nach den großen Ferien noch zusätzlich fünf Wochen »Kriegsferien« gegeben. Am 3. Oktober begann die Schule für Ekkehard wieder. Lehrer fehlten, die jungen waren eingezogen zum Militär. Ich hatte große Angst gehabt, dass Theo eingezogen würde, aber er hatte Glück. Da er bereits im 1. Weltkrieg gedient hatte, wurde er vorerst freigestellt. Der Kelch war an uns vorübergegangen.

Eine Eintragung in dem Kindertagebuch vom 10. Oktober lautet:
Der Verdunklung wegen schlafen die Kinder jetzt nicht mehr in der Mittagszeit. Sie gehen dafür um ½ sieben Uhr ins Bett und schlafen fast 12 Stunden durch. Unsere Spaziergänge werden kürzer, irgendwie trauen wir uns nicht mehr so weit vom Haus weg, wir wissen ja nicht, wann der nächste Alarm kommt. Aber zunächst gibt es keinen Alarm mehr, das Leben geht seinen gewohnten Gang weiter, nur das Radio mit den ständigen Siegesmeldungen hören wir dauernd, die Fanfare vor jeder Sendung war mir noch nach Jahren in den Ohren. Wir planen keine Reisen mehr, weder in die Ferne noch in die Nähe und so verbringen wir mit den Kindern die Wochenenden mit Spaziergängen im Bürgerpark, oder wir fahren in den Hasbruch, das Äußerste an Entfernung von zu Hause. Mit meiner Mutter und der Verwandtschaft können wir uns nur noch mit Briefen verständigen, wo wir doch früher häufiger einmal einen Besuch gemacht hatten. Am 1. Dezember bringt unser Schüler sein erstes Zeugnis heim. Ein sehr gutes Zeugnis und er bekommt zur Belohnung eine Taschenuhr. Nun möchte Lothar auch ganz schnell in die Schule, wegen der Belohnung! Wir lachen laut über diese Kombination.

Mit Weihnachten 1939 hören die Eintragungen in ihrem Kindertagebuch auf. Es gibt keine Begründung in einem Schlusssatz oder irgendeiner Bemerkung. Die letzen Eintragungen lauten für den 24.12.1939:

Ich backe mit den Kindern Plätzchen und Kuchen, die Kinder helfen fleißig und freuen sich, wenn ich ihnen zwischen durch ein warmes Plätzchen aus dem Herd zum Naschen schenke. Ihr Großer bekommt zu Weihnachten:

Eine elektrische Trix-Eisenbahn mit Schuppen, einen Bahnsteig und allem Zubehör. Der Kaufladen wird neu aufgefüllt. Es gibt noch: ein Buch, ein Schuco-Fernlenkauto zwei Kalender für 1940, Taschentücher, Schrauben und Muttern für den Stabilbaukasten, ein Kaleidoskop, ein Malbuch, eine Schallplatte mit Kindermärchen und einen Weihnachtsteller mit Süßigkeiten.

Lothar bekommt zu Weihnachten:

Eine große blaue Holzeisenbahn, eine kleine Holzeisenbahn, Beleuchtung für den großen Eisenbahnschuppen, den Theo gebaut hatte, ein Buch, ein Auto zum aufziehen, eine Autobahn, Bleyle Höschen, Regenkepes, zwei Bärchen, ein Äffchen und einen Weihnachtsteller.

Der Weihnachtsteller gehörte über Jahrzehnte zu dem Weihnachtsfest wie der Tannenbaum. In den Kriegsjahren verschwanden Schokoladendinge und dafür gab es dann Bonbons. Auch »falsches« Marzipan aus geriebener Kartoffel und Marzipanaroma gab es. Irgendwie hatte Charlotte es immer geschafft für die Weihnachtsteller süße Sachen zu besorgen. Später gab es einen Kegelbruder von Theo, den Konditormeister, Heischi genannt, von ihm gab es während des Krieges die herrlichsten Süßigkeiten für die Kinder. Er mochte sie gerne und »besorgte« nebenher Lebkuchen, Bonbons und Marzipan. Da er es mit den Lebensmittelkarten manchmal nicht so genau nahm, bekam er zum Kriegsende Schwierigkeiten mit der Gestapo und musste mehrmals ins Gefängnis, doch das erfuhr Charlotte nur ganz am Rande, er sprach nicht darüber und sagte lediglich »er sei ein paar Tage weg gewesen, nun sei er wieder da«. Einmal kam er humpeln von seiner letzen »Reise« wieder. »Er sei gefallen«, hatte er kurz gesagt. Nach dem Kriegsende, erklärte Charlotte in einem Gespräch ihren Kindern, dass er im Gefängnis geschlagen worden sei und er durfte darüber nichts nach seiner Entlassung berichten. Über das, was er dort gesehen hatte, hat er später Aufzeichnungen gemacht, um nicht zu vergessen, wie es im Gefängnis gewesen war und dafür, dass vielleicht die nachfolgende Generation diese Aufzeichnungen zur Warnung vor Ausschreitungen der »Obrigkeit« gegen die Bürger verstehen würden. Mit Kriegsende waren Charlottes Kinder immerhin schon 10 und 12 Jahre alt, hörten manchen Gesprächsfetzen der Erwachsenen, verstanden aber die Zusammenhänge nicht. Sie lebten von den Radionachrichten, und die entsprachen eben der Sprache des totalitären Staates. Charlotte und Theo waren sich da einig, im Einzelfall keine anderslautenden Erklärungen gegenüber den Kindern abgegeben. Sie hätten sich eventuell selbst gefährdet, wenn unkontrolliert irgendwo etwas, z.B. in der Schule, gesagt worden wäre, was nicht der Parteilinie entsprach. Rückwirkend gesehen war es ganz einfach: Durch ihr Schweigen schützten sie ihre Kinder und sich selbst.

Mit dem Ende aller Aufzeichnungen gibt es nur noch Hinweise durch Briefe, die sie, aus welchen Gründen auch immer, mit einem Konzept geschrieben hatte. Die Worte zu der allgemeinen Situation der Familie, oder der wirtschaftlichen Situation sind dort sehr vage gehalten. Zu politischen Fragen oder Kriegsfragen hat sie nichts geschrieben.

Der dann kommende Lebensabschnitt brachte so radikale Veränderungen mit sich, dass sie wohl keine Zeit und Lust mehr zum Schreiben aufbrachte. Sie musste sich mehr denn je um ihre Kinder und den Haushalt kümmern, Theo war in seinem Beruf völlig ausgelastet, die Reisen zu den Werften, nach Hamburg zu dem dortigen Sachsenwerkbüro und nach Dresden zu der Hauptverwaltung benötigten seine gesamte Zeit. Charlotte sorgte sich um die Gesundheit ihrer Mutter, die nicht mehr in Hirschberg alleine wohnen konnte. Jetzt lebte sie im St. Bennostift in Arnsdorf im Riesengebirge und wurde von Schwestern liebevoll umsorgt. Selbst schreiben konnte sie nicht mehr, auch war das Erinnerungsvermögen sehr verloren gegangen. Postkarten von ihr waren immer von einer Schwester geschrieben, und es war jedes Mal ungewiss, ob die Karten auch in Bremen ankamen, denn sie vergaß häufig die Karten in einen Briefkasten zu stecken. Gerne wäre

Charlotte einmal selbst zu ihrer Mutter gefahren, oder sie wäre mit Theo gefahren, falls dieser nach Dresden hätte fahren müssen. Doch der war unabkömmlich in seinem Büro und bei seinen Kunden in Norddeutschland, außerdem gab es eine kriegsbedingte Urlaubssperre. Und alleine fahren? Was wäre dann aus ihren Kindern geworden? Eine Meldung über den Blockwart und schon hätte eine Kinderlandverschickung gedroht, ohne sie. Inzwischen gab es über Theos Kegelklub die ersten Kontakte in Bremen, an denen auch die Frauen teilnahmen. Charlotte war auf der einen Seite glücklich, dass sie nun regelmäßig mit Frauen sprechen konnte, auf der anderen Seite gab es nicht die Gespräche, die sie sich gewünscht hätte. Es waren Frauen von erfolgreichen Firmeninhabern aus dem Baugewerbe, einem Apotheker, einem Kapitän, dem genannten Konditormeister, einem Möbelhersteller u.a. Ihre ganz persönlichen Themen zur Literatur, Musik, Pädagogik verstummten langsam und sie wurde häufig eher Zuhörerin statt Beteiligte. Theo störte das, war er doch aus dem Elternhaus eine »Rheinische Frohnatur«, die in allen Gesellschaften gerne gesehen wurde. Charlotte wurde als zu intellektuell und »distanziert« gesehen. Sie konnte oder wollte sich nicht den, wie sie einmal sagte, dahin plänkelnden Gesprächen anschließen. Ihre großbürgerliche Vergangenheit holte sie häufig ein und das Problem, dass sie die einzige Frau war, die einen Beruf gelernt hatte. Hinzu kam, dass in Bremen der ganze »Osten« unbekannt war, und kaum jemand wusste, wo was war, wie man dort lebte, und welchen Reichtum, wirtschaftlich und kulturell, Schlesien und Sachsen bargen. Erst die Kriegsjahre mit der aufkommenden thematischen Verengung in allen Bereichen auf den Krieg und seine unmittelbaren Einwirkungen schafften Gemeinsamkeiten. So waren ihre Kinder, mit der täglichen Sorge um ihr Leben, ihr ganzer Lebensinhalt, besonders, als dann noch ein drittes Kind, ihr Hartmut, geboren wurde.

Der Krieg kam näher. Im April 1940 durchziehen starke Truppenverbände Bremen, mit einem der Bevölkerung unbekannten Ziel. Charlotte fühlte sich an die Kriegstage in Breslau erinnert, als endlose Züge mit Soldaten durch die Stadt fuhren - Ziel unbekannt. Aber noch ging es von Sieg zu Sieg, die Kinder bekamen Kriegsspielzeug, kämpfende Soldaten mussten es sein. Auch in der Schule von Ekkehard wurde jeder Sieg gefeiert, es gab auch mal schulfrei. Zu Hause gab es von der Fa. Huxmann kein Eis mehr für den Kühlschrank. Die Huxmann Wagen waren bei ihren Kindern beliebt. Bei jedem Transport in ein Haus fielen größere oder kleinere Eisstücke beim Teilen der großen Eisstangen daneben und wurden aufgesammelt. Die Wagen hatten an der Rückseite einen Tritt, auf dem versuchten die Kinder ein Stück mitzufahren um dann rechtzeitig, bevor der Wagen hielt, abzuspringen. Jetzt baute Theo mit einem Freund zusammen einen elektrischen Kühlschrank, einen Aufsatz auf den vorhandenen Eisschrank. Eine Verkleidung hatte das Ding nie erhalten, hatte aber funktioniert, auch ohne Gestaltungspreis.

Am 18. Mai 1940 gab es den ersten Luftangriff auf Bremen, die Grenzen des Reichs waren wohl doch durchlässig und damit wuchs die Angst vor weiteren Angriffen. Charlotte lies die Kinder mit Unterwäsche und Strümpfen schlafen. Sollten die Sirenen heulen, mussten sie in Minuten angezogen sein und ab ging es in den Luftschutzkeller im Hause. Dort gab es Bänke, die Decke war mit Balken abgestützt, Eimer mit Wasser und einer »Feuerpatsche« standen dort, eine Schaufel, eine Axt und ein kleiner Sandhaufen. Ein Verbandskasten vervollständigte die Luftschutzausrüstung. Später kamen noch Gasmasken hinzu. Lange wurde dieser provisorische Luftschutzkeller nicht genutzt, er wäre bei einem Bombeneinschlag zu schwach gewesen. In der Schwachhauser Heerstr. hatte es später einen Volltreffer gegeben, bei dem die ganze Familie getötet wurde. Charlottes Kinder waren natürlich nach dem Angriff dort und sahen heimlich, wie die Familie ausgegraben wurde.

In einem Brief an ihren Bruder schreibt sie u.a.:
.....Mit der Fertigstellung der ersten Bunker in Schwachhausen mussten wir bei jedem Alarm in den Bunker Schumannstr., der war uns durch den Blockwart erst einmal mündlich zugewiesen worden. Wir gingen den Weg ab, es waren mit den Kindern zu Fuß 15 Minuten zu laufen. Nur das Nötigste an Papieren und Handtaschen mit irgendwelchen für nötig erachteten Dingen hätten wir für den Fall eines Alarms mitnehmen können. Die Kinder wollten natürlich ihre Lieblingsspielsachen mit nehmen, doch ich konnte nur ein Stofftier erlauben, da gab es viele Tränen. Vorerst konnten wir noch weiter bei Alarm in unseren Keller im Haus gehen, er wurde - noch - für sicher erachtet.

Der »verschwundene« Bunker:
Die Erinnerung trügt? Heute, nach fast 60 Jahren und dem Fehlen von Zeitzeugen kreisen die Gedanken um den Bunker und wie Charlotte es geschafft hatte ihre Kinder, erst zwei, dann drei, immer rechtzeitig in den Bunker zu bringen. Nächte, später auch Tage verbrachten wir dort zwischen den Betonwänden mit vielen anderen Menschen. Aber wo hatte der Bunker gestanden? In der Erinnerung sind die Wege durch die Orleansstr. und Lortzingstr. geblieben, stockdunkel, ohne Laternen, manchmal im Mondschein, später durch künstliche, in den Augen beißende wabernde Nebelschwaden nur verschwommen erkennbar. Für die Augen, Mund und Nase hatten wir nasse Waschlappen. Für den Fall, dass wir durch den Nebel gehen mussten. Der Kleine im Kinderwagen bekam eine feuchte Windel über das Gesicht gelegt. Charlotte hatte nichts, sie behielt ihre Kinder im Auge. Mitten im Sommer fielen die Blätter braun von den Bäumen nach den Nebelnächten. Was da nebelte, wer wusste das schon, und wenn, wer hätte es ändern können? Vor der Bunkertür drängten sich die Menschen und nahmen keine Rücksicht darauf, dass sie irgendwie versuchen musste, Kinderwagen und an jeder Hand ein Kind durch das Gedränge in den Bunker zu bringen, einen Sitzplatz für uns zu suchen. Ganz eng saßen wir beieinander. Bei den Angriffen war es ganz still, ab und zu weinte ein Kleinkind oder ein Sanitäter musste sich um den Schwächeanfall eines älteren Menschen kümmern. Und dann kam irgendwann das Entwarnungssignal zugleich mit der Angst: Steht unser Haus noch? Durch das Gedränge bei dem Ausgang gingen schon die Gerüchte über das, was wir finden würden. Einige Menschen waren erleichtert, andere reagierten mit Unglauben, ihr Haus sei zerstört, brannte lichterloh, der Weg war versperrt. Endlich draußen und nach kurzem Weg erkannten sie die Wahrheit, sie waren obdachlos, ihre Welt gab es nicht mehr.

Wo konnte ein doch großer Bunker sein? Passanten befragend ging ich durch Schwachhausen, kennen sie einen Bunker? Ja, in der Claußenstraße, Scharnhorststr. oder an der Loignystraße waren die Antworten. Die Erinnerung trügt doch nicht, diese Bunker waren es nicht. Der Eingang zu unserem Bunker hatte einen kurzen Weg durch Gärten, aus der Erinnerung tauchte dieser Weg auf. Langsam, hinter jedes Haus schauend, wenn es die Möglichkeit gab, ging ich durch die

Schumannstr., die Emmastr. und die Georg-Gröningstraße entlang. Nichts. Bis ich einen kleinen, privaten Weg hineinging, von misstrauischen Blicken einiger Anwohner begleitet. Und da stand der Bunker! Ein grauer, riesiger Betonklotz, mit Moos bedeckt und von Bäumen und Büschen umgeben. Vergessen wie aus einer anderen Welt. Und der Bunkerzugang! Es war, als stände ich als Kind wieder davor, Jahrzehnte waren vergangen und die Bilder von dem Gedränge vor den Türen waren wieder gegenwärtig. Die Alarme, das hastige Anziehen, der Griff nach einem Spielzeug, der Lauf durch die dunklen Straßen, neben uns, hinter uns andere Menschen und immer meine Mutter bei uns. Nicht eine Sekunde verlor sie uns auf den Wegen zu dem Bunker aus den Augen. Jahr für Jahr, bis endlich unser kleiner Bunker in der Wörtherstr. fertig war. Ein Stück meiner verlorenen Kindheit hatte ich wieder gefunden, eine Lücke hatte sich gefüllt.

Aus einem Brief nach Hirschberg Juni 1940
Liebe Anni,...am 25. Juni hatten wir hier, ich habe nicht genau gezählt, aber Theo macht sich da Notizen, den 6. Luftangriff auf Bremen. Du kannst Dir keine Vorstellungen machen, welche Ängste ich ausstehe. Es ist nicht etwa so, dass von den Flugzeugen nur die Häfen oder die Industrie bombardiert werden, nein auch die Wohngebiete. Es gibt neben den Gebäudeschäden auch viele Verletzte und auch Tote. Die Bomben werden nicht nur in der Nacht, sondern auch am Tage abgeworfen. Ich traue mich nicht mehr ohne meine Kinder länger wegzugehen, da jeden Augenblick mit einem Alarm gerechnet werden muss. Es gibt den Voralarm, dann hat man noch die Zeit einige Sachen zu raffen und in den Keller zu gehen. In unserem Haus ist jetzt ein Luftschutzkeller eingerichtet worden, aber was heißt das? In einem Raum in der Kellermitte ist die Decke mit Holzbalken abgestützt worden und es sind Bänke aufgestellt worden. Im Treppenhaus stehen Wassereimer mit »Feuerpatschen« so eine Art Feudel an einem Stiel für den Fall, dass es brennen sollte. Theo hat den Kindern gesagt, dass jetzt im Krieg Kinder, die nicht in den Luftschutzkeller gehen mit diesen Patschen, nass natürlich, bestraft werden. Gelacht haben wir dann doch alle. Theo hat mir eingeschärft, dass ich in den nächstbesten Luftschutzkeller gehen sollte, wenn Alarm kommt und ich nicht in der Hausnähe bin, z.B. beim Einkaufen. An den Häusern waren außen Hinweise angebracht worden, wo sich ein Luftschutzbunker befand. Zum Spaziergang mit den Kindern in den Bürgerpark oder in die Kleingärten traue ich mich nicht mehr. Theo hat neulich Folgen von einem Bombentreffer fotografiert, ich bin beinahe vor Schreck zusammengebrochen, als er mir das erzählte. Bei uns wird man mit der Todesstrafe bedroht, wenn man Folgen von Bombenangriffen fotografiert. Schlesien ist Deutschlands Luftschutzkeller, sagt man hier, da die Flugzeuge von England nicht bis zu Euch fliegen könnten. Jetzt, wo Frankreich kapituliert hat und Belgien und Holland besetzt sind hoffen wir, dass es mit den Angriffen weniger wird. Niemand hatte doch bei Kriegsbeginn daran gedacht, dass der Krieg bis in unsere Städte getragen werden wird. Wie soll das noch weitergehen? Ich kann Dir natürlich nicht alles Schreiben, was ich so denke, man weiß nie, ob nicht ein Brief geöffnet wird, und was dann? Wir haben tatsächlich schon überlegt, ob ich mit den Kindern nach Dresden gehe, wo wir doch noch liebe Menschen kennen. Anfangs hatte ich mich gegen den Gedanken gewehrt, aber inzwischen kommt mir die Idee doch nicht so schlecht vor. Theo sieht ja auch, mit welcher Angst ich lebe, keine Nacht richtig schlafen, am Tage immer die Unsicherheit, ob vielleicht Alarm kommt. Ich trenne mich nie von meinen Kindern, die natürlich nicht verstehen, warum wir manchmal so rennen müssen,

um in einen Keller zu kommen. Ach, Anni, warum musste das alles so kommen? Was sagt denn Erich dazu, schreibt er Dir mal von der Front? Hirschberg, Breslau, wie weit ist das von hier, aber manchmal denke ich daran, ob die Menschen dort darüber glücklich sind, dass sie so weit weg wohnen, dass es keine Angriffe aus der Luft geben kann? Theo sagte neulich, die können auch größere Flugzeuge bauen, wir können das ja auch, und dann? Wir mochten nicht weiter denken.

Gesundheitlich geht es mir wieder nicht so gut, ob das alles mit der Aufregung zu tun hat? Die Kinder sind so lieb und Ekkehard scheint schon einiges zu verstehen. Neulich sagte er, er möchte lieber seinen großen Teddy mit in den Keller nehmen, damit er genauso geschützt sei wie er. Ach Anni, möge Gott uns beschützen und egal wie ein Kriegsende aussehen wird, wenn nur ein Ende bald käme.....

Zur Warnung gab es ein Todesurteil:

> »Der Volksgerichtshof in Berlin verurteilt einen Regierungsrat zum Tod, weil er gegenüber einem Bekannten geäußert hatte, Deutschland stehe den Fliegerangriffen der Alliierten machtlos gegenüber, der Führer müsse zurücktreten und um jeden Preis Friede geschlossen werden.«

Alle Gedanken kreisten um den unseligen Krieg, der nicht nur an den Fronten, sondern tief im Inland ausgetragen wurde. In den Zeitungen wurden schwere Luftangriffe, die auf andere Städte geflogen wurden in ihren Ausmaßen kleingeschrieben. Bereits 1940/41 gab es auch in Bremen schwere Schäden mit Umsiedlung der betroffenen Menschen. Ob Schwachhausen verschont blieb, wie es auf den Flugblättern gestanden hatte? In Theos Kegelclub war ein Bauunternehmer, der den Gedanken hatte, einen kleinen aber sicheren Luftschutzbunker auf seinem Grundstück zu bauen. So wie alle, musste die Familie jetzt bei jedem Alarm bis in den Bunker Schumannstr. laufen. Ich fand den Gedanken an einen Bunker in unmittelbarer Nähe zu unserer Wohnung wunderbar, und dachte daran, dass ich mit den Kindern nicht mehr nachts durch die Straßen laufen müsste. Bei einem Alarm hatte ich es einmal nicht mehr bis in den Bunker geschafft. Mit meinen Kindern musste ich in der Orleansstr. in einem Kellerbunker Unterschlupf suchen. Wie lieb die Menschen zu meinen Kindern waren, daran dachte ich später immer wieder, wenn einmal das Thema Luftalarm kam.

Im Januar 1941 wird in Bremen der 42. Luftangriff gezählt, mit schweren Schäden an Wohnhäusern in der Donandtstraße, also, in unmittelbarer Nähe zu unserer Wohnstraße.

Wir hatten einen Entschluss gefasst: Ich sollte mit den Kindern in den Osterferien, vielleicht auch länger, in das Riesengebirge nach Krummhübel fahren. Es gab dort das Haus des »Dresdner Pensionsvereins«, in dem wir Zimmer bekommen konnten. Allerdings stellte sich später heraus, dass das ganze Haus bis auf wenige Zimmer mit Kindern aus Berlin belegt war. Aber egal, es wurde darum sehr lebendig und lustig.

Wir fuhren mit dem Auto nach Dresden, wo Theo zugleich einen Besuch in der Hauptverwaltung seiner Firma machen konnte. Dresden! Diese wie im tiefen Frieden liegende Stadt. Am 1.3.41 waren wir abgereist und am 5.3.41 saßen wir in der Semperoper, es war wie ein Traum, nein, ein Märchentraum. Unsere liebe Tante H. passte wie früher auf die Kinder auf, so genossen wir den Abend unendlich. Ich ging am nächsten Tag durch die Straßen, saß im Kaffee Kreutzkamm, und kaufte auf Marken drei Stücke Kuchen, die Kinder bekamen Kakao. Ich gönnte mir eine Tasse »richtigen« Kaffee. Wir wohnten vom 1.3. bis zum 8.3. im Unionhotel und hatten dort zwei nebeneinander liegende Zimmer mit einer Verbindungstür, ohne diese Tür hätte ich die Zimmer nicht genommen. Ich muss immer dicht bei meinen Kindern sein, Theo sagte, dass ich einen »Kriegsschaden« hätte. Er war eine robuste Natur, woher er immer die Ruhe hatte, wenn er in Bremen bei den Angriffen in den Werften und deren Büros war, hatte ich nie begriffen. Aber seine Ruhe bedeutete für mich Schutz und den brauchte ich. Vom 9.1.41 an waren wir dann in Forst bei Theos Eltern. Wir wurden verwöhnt, man merkte keinen Kriegsmangel, in der Stadt herrschte Betrieb wie immer. Der Opa nahm die Kinder mit und sie gingen in die Fabriken mit den gewaltigen Dampfmaschinen oder sie staunten, wenn die kleinen Dampfzüge in den Straßen anhielten, um den ehemaligen Chef der Elektrizitätswerke zu begrüßen. »Ich kann Züge anhalten«, sagte er immer lachend. Jetzt, wo die Kinder größer waren, hatten sie natürlich noch mehr Spaß mit ihrem Opa. Zu Hause bauten sie dann mit ihrer Eisenbahn und den Baukästen Forst nach und spielten »Opa hält Züge an«. Es waren schöne Tage bei gelöster Stimmung und sogar meine Schwiegermutter hatte tiefes Mitgefühl für meine Ängste in Bremen. »Kindchen, bleib doch hier«, hatte sie gesagt, wir haben Platz genug für euch. Aber wir waren in Krummhübel angesagt, doch vorher gab es noch einen Tagesausflug nach Sorau. Max hatte irgendwie Heimaturlaub und so konnten wir einen schönen Tag verbringen - mit vier Kindern. Wir brauchten nicht sonderlich aufzupassen, Sorau ist keine große Stadt und auf den Straßen gab es wenig Verkehr, allenfalls ein paar Pferdekutschen, waren die Autos schon beschlagnahmt? Max war, als wir auf den Krieg zu sprechen kamen, nicht sehr gesprächig. Wo an der Front? Sagte er nicht, er hatte sicher manchen Einblick in das Kriegsgeschehen, auch was so hinter der Front sich ereignete, wovon wir nur unbestimmtes von irgendwo zugeraunt bekamen. Nein, es blieb bei Themen um die Familie und natürlich Krummhübel, die Schneekoppe, auf die wir steigen sollten, oder große Schlittenfahrten, wenn noch Schnee lag. Am Abend ging es zurück nach Forst und dann am nächsten Morgen nach Krummhübel. Tiefer Schnee erwartete uns. Unser Heim für die nächste Zeit lag dicht am »Hoser Weg«, der Rodelbahn, die von dem Schneekoppenplateau mit der Schlesierbaude, vorbei an der Hampelbaude bis fast vor die Tür führte. Theo blieb einige Tage bei uns, es waren glückliche Tage, von denen es viele Fotos gibt, die ich mir noch heute immer wieder gerne ansehe. Der Krieg war vergessen, nur die Kinder mussten »leiden«: Es gab zum Frühstück Milchsuppe ohne Zucker! Das schmeckt nicht, sagte Ekkehard und schaffte bald für Abhilfe. Und wie? Im Kaffee Klose, wo es für eine 5gr. Marke ein Stück Kuchen gab, bekam man zum Kaffee ein Stück Würfelzucker. Und was machte er? Sobald ein Gast vom Tisch aufstand, sauste er an den Tisch und stibitze den Zucker, wenn er dort noch lag. Lothar, nicht faul, machte es ihm nach und so gab es jetzt jeden Morgen Milchsuppe mit Zucker. Ob ich jetzt absichtlich wegen des Zuckers Kaffeetrinken ging, weiß ich nicht mehr. War das eine Anleitung zum Diebstahl? War das Mundraub? War das bewusste Unaufmerksamkeit einer Mutter? Meine ganze erlernte Pädagogik versagte. So ist das eben, die Praxis schlägt manche gut gemeinte Theorie. Viel könnte ich aus dieser schönen Zeit berichten, in der langsam der Frühling erwachte, der Schnee schmolz und wir machten mit dem Schlitten oder zu Fuß große Touren. Wir besuchten Stätten, die ich noch mit meinen Eltern besucht hatte und viele schöne Erinnerungen kamen auf. Die Teichmannbaude, der Melzergrund,

Kaffee Klose, die Zuckerstücksammelkonditorei

die Brodt-Baude, die Schlingelbaude, der kleine Teich, die Aufstiege zum Schlesierhaus. Auf die Koppe durfte ich mit den Kindern nicht, es war Schneeschmelze und der Fußweg war nicht gesichert. Natürlich gab es einen Besuch bei meiner Mutter in Arnsdorf. War das ein frohes Wiedersehen, das letzte Wiedersehen? Ich wusste es nicht, doch es gab viele Tränen beim Abschied. Ein anderer Weg führte uns zum »Schloss Pfaffenstieg« ein schönes Ausflugslokal. So lange Theo da war, hatten wir ja das Auto zur Verfügung, was wir ausgiebig nutzten. Wir fuhren nach Agnetendorf zu dem eindrucksvollen Haus Gerhard Hauptmanns, er wohnte dort, eine Besichtigung war nicht möglich. Am Ostersonntag, den 12.4. gab es noch einmal 90cm Neuschnee und es wurde richtig kalt. Ekkehard wollte nicht mehr wandern, doch ich versprach den Kindern immer eine Kleinigkeit, wenn sie durchhielten. So gab es die »Kriegshefte«. Kleine Heftchen für 20 Pfennige, die von den Kindern gesammelt wurden. Bei Kriegsende wurden sie alle verbrannt, als die Engländer Haus für Haus in Bremen nach Waffen durchsuchten. Eines der in Krummhübel erwanderten Hefte hatte den Titel: »Die Brücke mit den roten Türmen«. Gemeint war die Eisenbahnbrücke über die Weichsel bei Dirschau. Auf dieser Brücke hatte sich der unplanmäßige Ausflug meines

Vaters ereignet, als wir auf dem Weg nach Westerplatte in unser Ferienquartier waren - vor dem 1. Weltkrieg. Einen kleinen Dampfer aus Blech wollte Lothar unbedingt haben. Es gab ihn am Bahnhofskiosk. Aber der sollte fünf Mark kosten, das war zu teuer, vielleicht wenn der Papa uns wieder abholen würde. Na, da gab es erst großen Ärger. Und was war mit dem Trost »bestimmt das nächste Mal, wenn wir wieder kommen?« Ein »nächstes Mal« hat es nicht mehr gegeben, den Bahnhof gibt es noch, Gleise gibt es nicht mehr.

Am 13.5.41 schreibt Charlotte auf einer Postkarte nach Bremen an Theo:
Lieber Theo!
Bis zur Brodtbaude mit dem Autobus und dann 1 Std. zu Fuß bei herrlichem Wetter zum Berghotel Hainbergshöh. Wir haben die Stelle unserer Autopanne von 1937 wieder gefunden! Wir hatten eine herrliche Sicht bis zur Schneegrubenbaude, dem Hirschberger Tal, den Kynast. Die Kinder sperren Mund und Augen auf bei dieser weiten Aussicht. Recht herzlichen Dank für Deinen Brief an die Kinder und das Geld. Sie taten einen Freudensprung. Hoffentlich ist Bremen von Angriffen verschont worden, wir haben es hier so gut und Du musst dort aushalten. Deine Lotte u. Kinder

Die Postkarte war in das Büro Bremen, Rövekamp 10 adressiert und nicht an die Wohnadresse. Theo war immer unterwegs und es war nie sicher, ob nach einem nächsten Bombenangriff die Wohnung noch da gewesen wäre.

Theo hatte beschlossen, dass Charlotte mit ihren Kindern noch länger in Krummübel bleiben sollte, hofften sie doch immer, mit den Bombenangriffen auf Bremen würde es bald ein Ende haben - bei den dauernden Siegesmeldungen! Doch da gab es eine Hürde. Ekkehard musste wieder in die Schule, spontan hatte Charlotte ihren Sohn in Krummhübel in der Schule angemeldet. Die etwas störrische Schulverwaltung vermochte sie, dank ihrer Erfahrung mit Schulen und Kindergärten, umzustimmen. So ging Ekkehard in die dortige Schule zu Frau Geschwendt! Eine Lehrerin, die ein Arsenal von unterschiedlich großen Rohrstöcken im Klassenzimmer hatte und von denen sie reichlich Gebrauch machte. Der tägliche Schulweg war für Ekkehard lang, aber Charlotte holte ihn jeden Tag von der Schule ab. Theo war wieder in Bremen und so verbrachte die Familie die weiteren Wochen ohne ihn in Krummhübel bei täglichen Schlittenfahrten und später mit langen Wanderungen. Manchmal hatte wohl das energische Auftreten des Vaters gefehlt, die große Mädchenschar in der Pension hatte sich mit den beiden kleinen »Buben« schnell angefreundet.

Am 18.5.41 schreibt Charlotte an Theo:
Lieber Theo,
nun muss ich Dir doch noch einmal davon berichten, was wir hier so treiben. Noch immer lieg hoch Schnee, aber der Frühling kommt und die Büsche und Bäume bekommen Knospen. Wir sind wieder viel gewandert und auch Schlitten gefahren. Mit dem Ehepaar Kern machten wir eine tolle Schlittenfahrt mit den von den Heimkindern geliehenen Schlitten. Ekkehard hatte einen Lenkschlitten, auf den er ganz stolz war, nur wollte das Ding immer vom Weg abweichen und in die hohen Schneeberge an den Wegseiten fahren. Mit einem großen Hörnerschlitten,

der von einem Pferd gezogen wurde, ging es hinauf zu dem Schlesierhaus am Fuß der Koppe. Unsere Schlitten waren hinten angebunden. Das Pferd hatte einen Glockenkranz und es klingelte so schön die ganze Auffahrt, während wir in dicke Decken eingemummelt waren. Ich erinnerte mich daran, wie ich als Kind mit meinen Eltern und Erich in den Wintern zu den Gütern der Verwandten fuhren, die um den Zobten herum wohnten. Der Weg zur Koppe war, wie fast immer wegen Lawinengefahr gesperrt. Nach einer Stärkung im Schlesierhaus begann dann die Abfahrt. Ekkehard fuhr allein, Lothar fuhr mit mir und Ehepaar Kern vorneweg. Es war einfach herrlich. In der Hampelbaude machten wir eine kleine Pause um uns aufzuwärmen und dann kam der Rest der Strecke mit einigen Halts in den Schneehaufen. Ekkehard schimpfte auf den Schlitten, der natürlich Schuld daran war, dass er vom Weg abkam. Und dann ging es über den Hoser Weg bis zu unserer Pension. War das eine Fahrt gewesen! Solche langen Abfahrten kann man nur hier erleben. Das nächste Mal wollen wir zur kleinen Teichmannbaude fahren, wenn dann noch Schnee liegt. Eine große Tour mit Bus und zu Fuß führte uns nach Oberschreiberhau zur Josephinenhütte. Wir waren den ganzen Tag unterwegs, vielleicht etwas viel für unseren Jungen, aber ich wollte doch einmal zu dieser berühmten Glashütte, aus der doch einige unser Hochzeitsgeschenke stammen. Die Hütte gehört dem Grafen Schaffgotsch, wurde uns bei einer Führung erklärt und einigen schlesischen Magnaten sowie einer Familie Loesch, deren Besitzungen weit über Schlesien verteilt sind und deren Hauptsitz das Schloss Lorzendorf im Kreis Namslau ist. Was haben die Kinder gestaunt, als sie sehen konnten wie aus einem Kristallblock ein Glas oder ein Aschenbecher geschliffen wurde. Die geschliffenen Sterne im Boden der Schalen und Becher sind ein weltweit bekanntes Firmenzeichen. Heute heißt die Glashütte »Julia« Und das Blasen eines Glases aus buntem Glas! Was ist das für eine schwere Arbeit für diese Glaskünstler, die ihre Vorführungen so machen, als könnte das »mal eben« jeder. Dann waren wir noch einmal bei der Melzergrundbaude, die Du ja auch kennst und bei der Du von den Kindern so schöne Fotos gemacht hast, ach waren das schöne Tage. Und dann die Tour zu der »Kaffeebaude 100«. Die Gaststube ist ja wohl ein Museum für typische Schlesische Landmöbel. Auf den Wiesen schmolz schon kräftig der Schnee und die Kinder stauten die kleinen Bäche auf zu großen Seen, sie wollten gar nicht mehr nach Hause. Spät war es an diesem Nachmittag geworden und ich versprach den Kindern, dass wir in den nächsten Ferien wieder kommen würden, um nachzuschauen, ob alle Wiesen durch ihre Dammbauten überschwemmt worden waren. Ich glaube, da haben sie gemerkt, dass ich ihnen ein Märchen erzählt habe. Die Tage vergehen so schnell, Ekkehard findet jetzt auch etwas Spaß am Laufen und meint, dass er später vielleicht einmal auf die Schneekoppe wandern möchte, alleine!! Den kleinen Blechdampfer, von dem ich Dir erzählte, gab es nicht mehr am Kiosk am Bahnhof und Lothar war darüber traurig, doch er kam darüber schnell hinweg.

Als wir auf dem Koppenplateau standen, konnten wir bis zu der Prinz Heinrich Baude und zu der Schneegruben Baude sehen, so klares Wetter hatten wir. Die Kinder meinten, da sollten wir einmal hin wandern, aber ich erklärte ihnen, dass der Weg ganz schön weit sei und wir einmal mit Dir zusammen dorthin gehen würden, wenn sie größer wären. In der »Großen Teichmannbaude«, zu der wir eine Wanderung machten, gönnte ich mir eine Tasse Kaffee und die Kinder bekamen Kakao. Während ich da so saß und die Kinder irgendwo herumtollten, dachte ich an die schönen Stunden, die ich hier mit meinen Eltern, auch einmal mit Dir, verbracht habe. Wenn die Kinder größer sind, dann sollten wir hier einmal wieder kommen, wenn denn der Krieg endlich vorbei sein wird.

Einen Tag sind wir mit der »Gebirgsbahn« nach Arnsdorf gefahren und haben Mutter besucht. Mein Gott, was hat sie sich gefreut und wie sind mir die Tränen gekommen. Sie ist sehr alt geworden und das Gedächtnis schwindet immer mehr. Könnte ich sie doch bei mir haben, aber dass das nicht geht, ist mir völlig klar. Anni kann sie bei sich auch nicht aufnehmen, bedarf sie doch der ganztäglichen Pflege. Wie lange noch? Ich wage mir die Frage nicht zu stellen, einmal wird der Abschiedstag kommen, aber wann?

Lieber Theo, fast meine ich, hier wird es von Tag zu Tag für uns heimischer, auch wenn Ekkehard die Schule mit der strengen Lehrerin nicht mag. Ich fühle mich so heimisch, der mir vertraute schlesische Dialekt erinnert mich immer an meine Kindertage. Wenn ich auch noch gerne hier bleiben würde, hole mich bald wieder ab, damit ich bei Dir in Bremen sein kann, denn Dich alleine dort zu wissen bei den Luftangriffen raubt mir manches Mal den Schlaf.

Sei herzlich, auch von den Kindern gegrüßt Deine Lotte

P.s. Machen wir auf der Rückfahrt noch einen Abstecher nach Hirschberg zu Tante Anni? Sie leidet sehr darunter, dass Erich an der Front sein muss.

Krummhübel:

> *»Schau über die lange Kette der schlesischen Berge! Dort, wo der höchste Gipfel – die 1605m hohe Schneekoppe – zu dir herübergrüßt, liegt Krummhübel. Wähle nur einmal diesen Gebirgsort als dein Reiseziel, und du wirst wiederkommen!«*

So stand es damals in einem Ortsprospekt. Mit der Eisenbahn war der Ort über Hirschberg mit allen deutschen Großstädten verbunden. Eine Fluglinie verband Hirschberg mit Berlin, Stettin, Dresden und Breslau. Heute heißt der Ort Karpacz.

Am 21.5.41 fuhren wir alle wieder nach Bremen. Die Idee, Lothar in der Kirche Wang taufen zu lassen, flammte bei uns wieder auf. Die Kirche lag zentral für unsere Verwandtschaft in Forst, Sorau und Hirschberg. Wir wollten darüber nachdenken, es blieb ein schöner Traum. Es waren für uns die letzten, völlig unbeschwerten Ferienwochen gewesen. Später, wenn wir einmal Bremen wieder entfliehen konnten, stand immer die Frage im Raum: Was würde uns in Bremen bei unserer Rückkehr erwarten? Bis Ende der 50er Jahre hinein gab es derart unbeschwerte Tage für uns nicht mehr. Es war für mich ein Abschied von Krummhübel, von Schlesien, auch von meiner Mutter. Natürlich war mir damals nicht bewusst, dass es ein Abschied für immer werden sollte.

Die kommenden Jahre veränderten unser Leben völlig, stürmisch wurde es, wenngleich wir, gemessen an anderen Schicksalen, nicht klagen konnten. Als wir in Bremen nach den so schönen Ferien im Riesengebirge wieder ankamen, fand ich unser Heim unversehrt vor, auch weit drum herum hatte es durch die Bombenangriffe, die es in der Zwischenzeit gegeben hatte, keine Schäden gegeben. Aber bald ging es wieder los, Alarm, aufstehen, Kinderwecken, Anziehen, Gepäck greifen und nichts wie in den Bunker, wir konnten jetzt schon in 10 Minuten dort sein. Alles geht wie im Traum. Aber nach wenigen Tagen in Bremen waren meine alten Ängste, meine Sorgen wieder da. Mit meinem Mann kann ich über meine Ängste nicht sprechen. Er versteht mich nicht, oder hat er die gleichen Ängste und will es mir nur nicht eingestehen? Kann ein Mann nicht auch Ängste zeigen? Ich möchte mich mit meinen Kindern irgendwo hin verkriechen, bis dieser Krieg zu Ende ist. Ich möchte jemanden haben, mit dem ich sprechen kann. Auch darüber, wie die Welt nach diesem entsetzlichen Krieg, besonders für meine Kinder, aussehen wird. Es ist nicht vorstellbar, was man so munkelt.

In einem Brief an die von ihr so verehrte Schw. Käthe Vierhaus in Bethanien Breslau, der im Konzept erhalten blieb, schreibt sie:
...dass nichts mehr so sein wird, wie es gewesen war. Was passiert da weit im Osten? Mehr kann und will ich nicht schreiben, nicht einmal sprechen möchte ich über Dinge, die mir mein Schwager angedeutet hatte. Ganze Nachbarfamilien sollen hier in Bremen verschwunden sein. Ausgewandert, heißt es. Aber wohin? Sie sollen nur einen Koffer mit genommen haben, wandert man so aus? Jüdische Familien waren es, sagen die Nachbarn in deren Wohnungen ausgebombte Bremer Familien einzogen, einfach so in die möblierten Wohnungen? Ich weiß nicht, was ich glauben soll, ich bin in so tiefen Zweifeln gefangen auch als es in der Schule meines jüngsten Sohnes, der gerade eingeschult wurde, hieß:

»Die Klasse sei rein Arisch!« Ich war doch in Breslau mit Kindern fast aller Konfessionen zusammen gewesen, und wie hatten wir zusammengespielt und gealbert. Nun will ich ihnen aber nicht noch mehr klagen. Immer noch habe ich meine kleine Herrenhuter Bibel, aus der ich, wenn ich ganz alleine bin, Trost und Hoffnung zu finden suche. Irgendwann, so hoffe ich, werde ich sie einmal wiedersehen, was könnten wir uns dann erzählen! Ich hoffe, dass es Ihnen und Bethanien gut geht und Sie mit den Schwestern alle ungestört in Ihrer Arbeit leben können. Ich wünsche Ihnen, dass es nie so weit kommen wird, dass Sie mit dem Bombenkrieg in Berührung kommen sollten. Möge Gott das geben.....

Ganz herzlich ihre Charlotte N.

p.s. Sie fragen, ob ich noch so herrlich Klavier spiele? Leider nein. Nach dem Umzug nach Bremen war das Klavier verstimmt. So bleiben die Erinnerungen an schöne Stunden in denen ich meinem Vater die Klaviersonate Nr. 8 Op. 13C- Pathetique vorspielen konnte, ich glaube ich könnte blind und ohne Noten manches schöne Klavierstück, noch kann ich mir das nicht vorstellen. Vielleicht später wieder?

Einen Monat später erlebten die Bremer ihren 65. Luftangriff am 30.06.41. Die schönen Tage im Riesengebirge waren durch das eingeschränkte Leben in Bremen wie weggewischt. Noch hatte sich der Inhalt des Flugblattes vom Kriegsanfang bewahrheitet, dass Schwachhausen verschont werden sollte. Aber für wie lange? Bei keinem Alarm konnten wir hoffen, dass wir verschont blieben. Unser ganzes Leben stellte sich auf die Alarme ein: Aufspringen, anziehen, die paar Sachen greifen, die man mitnehmen konnte und dann so schnell als möglich zum Luftschutzbunker. Wir lernten alle Handgriffe ohne großes Nachdenken auszuführen. Später hatte ich meine Kinder immer gelobt, weil sie, ohne zu fragen, aus der Schnelligkeit im Anziehen und dem Griff nach den wenigen mitzunehmenden Sachen fast einen Sport gemacht hatten. Der Krieg, er berührte sie ja noch nicht direkt.

Einmal machte Theo, Charlotte war entsetzt, ein Foto von den Kindern vor einem Blindgänger, der in einem Garten lag. Es soll eine echte Verstimmung zwischen den beiden gegeben haben. Ihre Kinder, das war das teuerste, was Charlotte besaß, denn was hatte sie noch?

Die alte Heimat war weg, in der neuen Heimat war sie noch nicht angekommen, ihr Mann blieb der Technokrat, liebevoll zu uns Kindern, aber ohne Gefühl für ihre Sorgen und Ängste. Für ihn war die Organisation des täglichen Lebens und die Funktion aller Dinge, die mit seinem Beruf zusammenhingen, vorrangig. Beide begannen wieder ihre eigene Gedankenwelt aufzubauen. Charlotte lebte in ihrem Haushalt, in ihrer geringen Freizeit wendete sie sich ihren Büchern zu und versuchte alte Kontakte nach Bethanien im Briefverkehr zu erhalten. Und dann stand natürlich das Gedeihen ihrer Kinder im Vordergrund.

Am 24.08.41 war dann die Einschulung ihres zweiten Sohnes. Der Einschulungstag war, wenn auch die Kriegseinwirkungen unübersehbar waren, ein schöner Tag gewesen. Es gab eine Schultüte, einen richtigen Tornister mit dem nötigen Inhalt und eine Butterbrottasche. Theo hatte sich freigenommen, nach der ersten Schulstunde konnten die Kinder nach Hause gehen. Frau Wiskemann., so hieß die Lehrerin, der sofort auffiel, dass Lothar einen Griffel in die linke Hand nahm. »Ein deutsches Kind schreibt mit der rechten Hand« hieß die Belehrung. Aus welchem Grund es diesen Verweis gegeben hatte, erklärte Charlotte ihrem Sohn später. Aus ihrer pädagogischen Erfahrung, wusste sie, dass die Linkshändigkeit kein Fehler war, auch durch Übung abgewöhnt werden konnte. Aber warum? Da erwachte der Widerspruchsgeist in ihr, und sie suchte schon in

1941 vor einem Blindgänger

den nächsten Tagen die Lehrerin auf. Das Ergebnis war, dass ihr Sohn in eine Parallelklasse zu einer Frau Böhlke. kam, die nahm das mit der Schreiberei nicht so genau. Trotzdem hat Charlotte darauf geachtet, dass ihr neuer Schüler das Schreiben mit der rechten Hand lernte. Sie hatte wohl geahnt, dass es später Schwierigkeiten in der Schule geben würde, denn es gab ein pädagogisches Ziel: Es wird mit der rechten Hand geschrieben! Wann immer es später während der Schulzeit zu Missstimmungen zu den Lehrkräften kam, Charlotte war sofort da und kämpfte um ihre Kinder. Auf der einen Seite war sie ängstlich und manches Mal verzagt, auf der anderen Seite konnte sie »wie ein Löwe« kämpfen. Ihr Sternzeichen war der Löwe, Theos aber auch! Nun hatte Charlotte zwei Schulkinder. Ihr Tag war angefüllt mit der Hausarbeit, es wurde mittags immer richtig gegessen, und dann kamen die Schularbeiten. Da waren ihre alten pädagogischen Studien, ihre Kladden von der Erziehungslehre eine Hilfe. Ausarbeitungen über die »Normalen Entwicklungsprobleme von Kindern«, oder »Wie steht es um die geistige Entwicklung des Kindes«, »Seine Majestät das Kind« usw. konnte sie jetzt für zwei, später für drei Kinder, verwenden. Sie hatte ihren eigenen kleinen Kindergarten. Es war wie eine Nische, in der sie sich verwirklichen konnte. Kindererziehung war das nicht ihr Wunschtraum immer gewesen? Jetzt und in den kommenden Jahren konnte sie diesen Traum sich erfüllen und dann auch noch mit eigenen Kindern. Nur die äußeren Bedingungen waren so nicht vorgesehen gewesen. Zwei Jungen mit unterschiedlichen Veranlagungen, sie konnte studieren und versuchen, jeden nach seinen Möglichkeiten zu erziehen.

Was sie schon länger bemerkt hatte, ihre beiden Schulkinder waren im Wesen sehr verschieden. Der »Große« war lebendig, wissbegierig aber wenig geduldig. Der »Kleine« war ruhig, überlegend, eher grüblerisch und ausdauernd, auch ein Trotzkopf! Sie merkte das beim gemeinsamen Spiel und jetzt bei der Erledigung der Schularbeiten. Wie war das noch, was hatte sie damals in Breslau gelernt? Zu den Passagen der Kindererziehung im Vorschul- und Schulalter fügte sie neue Erfahrungen schriftlich hinzu. »Entdeckungen« nannte sie das, die sie aber mit keinem teilen konnte. Jetzt wurde sie wieder zur Pädagogin, was hätte sie darum gegeben, wenn es irgendwo die Möglichkeit gegeben hätte, ihr Wissen mit anderen zu teilen. Doch niemals hätte sie sich getraut irgendwo anzuklopfen und um eine Mitarbeit zu bitten. Wo denn auch? Bei den Nazis? Niemals!

Mit den nächsten Fliegerangriffen waren diese Ideen schon wieder verflogen. Am 11.12.41 erklärt das Deutsche Reich den USA den Krieg. Es galt das tägliche Leben zu meistern mit den Herausforderungen, die sich heute keiner mehr vorstellen kann. Schon die Einkäufe wurden zu Problemen, denn für alles gab es Marken, aber nicht immer gab es Ware. Ihr Theo war ein Meister im Organisieren und brachte häufig irgendwelche Lebensmittel, von irgendwo her mit. Woher? Die Frage stellte sich nicht und wurde auch nicht beantwortet. Z.B. gab es später für ihre Kinder Sachen zum Anziehen, aus Kisten, die Juden bei der Ausreise aus Deutschland angeblich hinterlassen hatten. Dachte da jemand darüber nach, ob das stimmte? Wichtig war, dass Charlotte für ihre Kinder wieder etwas zum Anziehen hatte, und was der nächste Tag bringen würde. Die Luftangriffe mit schweren Gebäudeschäden in der Humboldtstraße vom 3.1.41 oder am 13.03.41 in der Scharnhorststr. hatte niemand vergessen, war doch die Humboldtstraße und die Scharnhorststr. nicht sehr weit entfernt.

Lothar, 1.Schultag, 24.8.41

Zu Weihnachten 1941 gab es einen Weihnachtsbaum mit einigen Kerzen und einen Gabentisch, in dessen Vordergrund das Modell einer Bunkeranlage mit Stacheldraht, Gräben und Soldaten steht. Aber auch Zootieren und Bäume waren da, Bücher, z.B. Gullivers Reisen, die Stadt Nördlingen als Modell mit vielen kleinen Häusern, eine Tankstelle mit Garagen aus Holz und natürlich ein Weihnachtsteller für jeden, genau gleich aufgeteilt, damit es keinen Streit gab. Auffällig ist, dass keine Anziehsachen für die Kinder mehr auf dem Weihnachtstisch liegen. In den Jahren zuvor hat es an Geburtstagen und zu Weihnachten immer Anziehsachen gegeben. Das Fehlen der Sachen lässt den Schluss zu, es gab nichts mehr zu kaufen, oder es wurde gekauft, wenn es etwas gab.

Was würde das neue Jahr bringen? Noch immer stramme Siegesmeldungen? Weitere Luftangriffe auf Bremen? Einen Frieden?

Nein der Frieden kam auch nicht 1942. Ganz im Gegenteil. Die Luftangriffe wurden mehr.

Um wenigstens eine kleine Zeitspanne dem Luftkrieg zu entfliehen verbringt die Familie die Osterferienzeit in Dresden. Charlotte kann aufatmen, sie ist nervlich am Ende und überlegt wieder einmal mit Theo ernsthaft, mit ihren Kindern nach Sachsen oder Schlesien umzusiedeln. Theo würde wohl nicht eingezogen werden, da er UK gestellt worden war, d.h., er war für die Rüstungswirtschaft unabkömmlich. Wie er das geschafft hatte, war immer sein Geheimnis geblieben. Er müsste also in Bremen bleiben. Aus seinem beruflichen Bereich wusste Charlotte nach wie vor wenig oder nichts. Die Technik mit dem Tüfteln an technischen Problemen war nicht ihre Welt. Sie hatte auch keinen Überblick, wann Theo irgendwo hinreisen musste, was er dort zu erledigen hatte. Nur wenn er ihr anbot mitzukommen, dann stimmte sie zu, wenn es für die Kinder eine Aufsichtslösung gab. So entfloh sie dem häuslichen Arbeitsrhythmus, der zunehmend schwieriger wurde, ebenso, wie sie endlich einmal wieder die Nächte durchschlafen konnte. Während Theo seine geschäftlichen Dinge in der Hauptverwaltung seiner Firma in Dresden erledigte, konnte sie mit ihren Kindern in Dresden unbeschwert leben. Besuche machen bei alten Bekannten, den Zoo besuchen, mal wieder bei Kreutzkamm Kaffee trinken. Sie erholte sich, und sie schreibt später, dass es ihr auch gesundheitlich bedeutend besser gegangen war. Und doch fuhren sie mit Ende der Ferien wieder nach Bremen zurück. Warum es keine Entscheidung für Sachsen oder Schlesien gab, darüber hat sie nie gesprochen.

Aber es gab auch schöne Tage in Bremen, so z.B. die Kindergeburtstage. Charlotte ließ es sich nicht nehmen, zu den Geburtstagen andere Kinder aus der Straße oder der Schule einzuladen. Soweit es die Umstände zuließen, feierte sie einen fröhlichen Nachmittag, so wie sie es einmal in ihrer Jugendarbeit gelernt hatte.

Charlotte erinnert sich an den 9. Geburtstag ihres ältesten Sohnes Ekkehard 1942:
Ein herannahender Geburtstag meiner Kinder veränderte unseren Tagesablauf immer. Wer sollte eingeladen werden? Hatte Theo evtl. etwas Zeit? Wie würde die Luftkriegslage an diesem Tag sein? Ob alle Eltern zustimmten, dass ihre Kinder zu uns kommen könnten? Zum 27.2.1941 hatten wir 8 Kinder eingeladen, davon ein Mädchen. Auf dem Foto sehen sie alle schon ganz schön »groß« aus. Mit Topfschlagen und Stühlerücken konnte ich nicht mehr kommen. Aber Theo hatte eine Sensation organisiert, in letzter Minute, das war bei ihm immer so. Natürlich wurden in jedem Jahr die Kinderfilme vorgeführt, niemand hatte solche Filme, nur Theo, und da war ich schon etwas stolz, dass es ihm gelang immer wieder einen neuen Film zu organisieren. Da gab es »die Bremer Stadtmusikanten«, »Mutt und Jeffs Höllentraum«. »Wie Apfelblüte ihren Geliebten befreite« und andere Filme. Ja, mein Theo der Tüftler und Organisierer, der immer bereit war anderen in technischen Problemen zu helfen, der, wenn er in Gesellschaft war, mit Späßen und Anekdoten nicht zu bremsen war. Für den Spaß der Kinder war er immer zu haben und Überraschungen liebte er sowieso. So brachte er einmal aus Holland 10 Teddybären mit, jedes Kind bekam 5 Teddys, aber nur leihweise, denn sie waren als Tauschwaren für andere Dinge vorgesehen. Musste ein Teddy gehen, dann verschwand auch ein anderer, damit keiner der Jungs einen Teddy mehr hatte. Und streiten konnten die beiden ganz schön! Dieses Mal gab es »das Hasenschießen«. Der Nachmittag konnte nicht lang genug sein und meine »großen« schossen und schossen, mir gingen die Preise aus. Und was war das? Auf einem grünen Holzkasten war ein Gewehr montiert. Drückte man es ab, dann begann ein Film zu laufen und ein Hase lief an der Projektionswand. Den musste man erlegen. Ging der Schuss daneben, dann zeigte der Hase eine »Nase«, war er getroffen, fiel er um. Kann man heute verstehen, was wir für einen Spaß hatten? Der Schrank überlebte das Kriegsende als »der Hasenschrank«, die Schießtechnik wurde vernichtet. Oder das Pferderennen: Jeder bekam ein kleines Holzpferd auf Rädern, wir hatten so 6-8 Pferdchen. Und dann ging der Wettlauf an Bindfäden los. Auch hier gab es kleine Preise, selbst gebastelt, oder von Theo organisiert. Natürlich gab es Kuchen und Schokolade, besorgt vom Kegelbruder. Die Kindergeburtstage waren immer fröhliche Höhepunkte, egal wie es um uns herum aussah.

9. Geburtstag von Ekkehard 1942

So war es auch zu Weihnachten. Immer gab es einen Tannenbaum, wie der »organisiert« war, darüber wurde nicht gesprochen. Wir hatten noch alten Christbaumschmuck und richtige Kerzenhalter von meiner Großmutter. Das Lametta musste sein, es wurde Faden für Faden geglättet und aufgehängt. Nach Weihnachten wieder abgenommen und für das nächste Jahr aufbewahrt. Wann kam die Bescherung? Die Ungeduld war immer groß. Konnte doch ein Luftalarm das ganze Fest zerstören und die Geschenke, die noch unter dem Weihnachtsbaum lagen und der Entdeckung harrten, mussten bis zum Alarmende dort liegen bleiben. Das war immer oder doch meistens eine harte Prüfung für meine Kinder. Durften sie doch ihr schönstes Geschenk mit in den Bunker nehmen, damit das Geschenk wenigsten übrig blieb, falls das Haus zerstört werden sollte. Um diese Zeit gab es für die Jungs eine Enttäuschung: Die Schwachhauser Schule brannte am 16.12.1943 ab. Sie sahen - mit Theo natürlich - zu, als die Schule brennend zusammenbrach, und nun gab es keinen Unterricht mehr? Falsch gedacht, alle Kinder mussten mit der Straßenbahn nach Horn in die dortige Schule fahren. Einmal ging ich mit ihnen zur Haltestelle an der Orleansstraße und ermahnte sie erst ein- und auszusteigen, wenn die Bahn gehalten hatte. Als ich dann einmal in die Schule bestellt wurde, erfuhr ich, dass meine Jungs vor der Horner Schule manchmal während der Fahrt abgesprungen waren, das verkürze den Schulweg. Theo durfte ich davon nichts sagen, er hätte die Jungs auch noch gelobt. Seine Jungs, so mutig waren sie! Da war ich wohl immer zu ängstlich, schon bei dem Gedanken, was so alles passieren könnte.

In der Zwischenzeit reifte bei einigen Männern aus der Straße aus den ersten Gedanken ein konkreter Plan heran: Wir bauen uns einen Bunker. Die Nachbarn, der Bauunternehmer We., der Unternehmer Wa., der Ingenieur Nei. Und der Prokurist Ko. sind sich einig, dass sie zusammen für ihre Familien einen kleinen Bunker bauen wollen und dass es bald losgehen sollte. WeWaNeiKo lautete der Arbeitstitel. Charlotte war begeistert, würden ihr doch die nächtlichen Wege mit den Kindern in den Bunker Schumannstr. erspart werden. Die ersten, noch losen, Gedanken wurden nun Realität. Jetzt kommt sie mit den Frauen ins Gespräch, die auch einen Platz im Bunker haben würden. Alle Männer waren nicht eingezogen, die Gründe waren vielfältig, gefragt »warum« hatte niemand. Die Not und das Ziel: Der Bunker verbindet die Frauen.

Im Sommer 1942 fährt die Familie für die Sommerferien nach Tiefenbach im Allgäu und entgeht wenigstens eine Zeitlang dem Bombenkrieg. Es war eben nicht mehr wie früher, als sie einfach den Wohnungsschlüssel umdrehten und wegfuhren. Es herrscht dort tiefer Frieden, es gab keinen Mangel an Essen, doch die Lebensmittelmarken galten natürlich auch dort. Charlotte und Theo waren 1934 schon einmal in Tiefenbach gewesen und sie freundeten sich schnell mit der lieblichen Voralpenlandschaft an. Sie wanderten ausgiebig, auf den Almen gab es Milch von den Kühen, auf den Bauernhöfen gab es Käse, Brot wurde gebacken, dass es, natürlich ohne Marken abzugeben, gab. Die Bilder zeigen eine glückliche Familie. Auf der Hinfahrt war ein Abstecher in das Deutsche Museum in München eingeplant. Technischer Anschauungsunterricht musste sein. Gab es da eine Parallele zu Charlottes Vater, der jede Reise dazu genutzt hatte, um seinen Kindern Neues, was es zu sehen gab, zu erklären? Theo hoffte, dass seine Jungs einmal wie er Techniker auf irgendeinem Fachgebiet werden würden. Andere Berufe wollte er sich gar nicht vorstellen. Später bastelte Ekkehard Detektoren (Radios) mit dem Gitterrost seines Bettes als Antenne, war da nicht schon ein Ansatz für einen Elektroingenieur? Doch Kinder können im Zweifel viele Berufsgrundlagen sehen, wenn die Anleitung da ist, oder von außen eine Idee an ein Kind herangetragen wird. Aber aus dem erspielten einen Beruf zu machen? Mit Bauklötzen bauen, haben das nicht viele Kinder schon gemacht und den Turm mit dem Gleichgewicht der Bausteine doch nie erreicht.

Und etwa neun Monate später gibt es wieder Nachwuchs! Am 5.3.1943 wird ihr dritter Sohn, Hartmut, geboren. Die Bilder zeigen eine glückliche Mutter und ein liebliches Kind. Ein kleines Mädchen, der Zwilling, will nicht leben. Es gibt keinen Namen, kein Grab, nur eine amtliche Todesbescheinigung und Charlotte bekommt das »Mutterkreuz in Bronze«, da sie vier Kinder zur Welt gebracht hatte. Sie entsinnt sich daran, dass es in ihrem Elternhaus eigentlich vier Kinder gegeben hatte, doch nur sie und ihr Bruder waren ihren Eltern verblieben. Das »Ding«, die Brosche, wie sie es nannte, hatte immer in einer Schublade gelegen und wanderte zu Kriegsende in den Müll. Noch ist 1942, darüber, wie die Nachricht von einem weiteren Kind von Charlotte und Theo aufgenommen wurde, gibt es keinerlei Aufzeichnungen. In tiefster Liebe war sie ihrem

1942 im Allgäu

kleinen Schreihals zugetan, und gab ihm alle Lebenshilfe, die eine Mutter geben konnte, und wir »großen« versuchten zu verstehen, wenn es Situationen gab, in denen sie zuerst für »ihren Kleinen« sorgen musste.

Die restlichen Monate des Jahres vergingen, und mit jedem Monat wurde es stiller um irgendwelche Siegesmeldungen. Erstmals hatte es am 28./29.03.42 einen Flächenbombenabwurf über Lübeck gegeben, der die gesamte Innenstadt zerstörte. Hunderte von Menschen sterben und werden verletzt. Die Nachricht war ein Schock für alle Menschen und auch in Bremen, wo es bedeutende Rüstungsbetriebe gab. Sind wir morgen dran? Das war die bange Frage bei jedem Luftalarm.

Werden wir unser Heim wiedersehen? Wird der Bunker den Bomben Widerstand leisten? Der kleine Bunker wuchs heran. Unzählige Lagen von Eisenbahnschienen wurden in den Wänden und der Decke verbaut. Aber erst im September 1943 wird er endlich fertig.

Im Sommer 1943 will die Familie wieder dem Bombenkrieg entfliehen, Wustrow auf dem Darß ist das Ziel. Doch Charlotte weigert sich mit dem Säugling die lange Reise mit dem Zug anzutreten. Sie bleibt in Bremen, sollte Theo doch mit den großen Jungs alleine fahren. Es kommt zu einer Verstimmung zwischen den beiden, doch Charlotte bleibt bei ihrem Entschluss. Ihr kleiner Hartmut bedarf ihres besonderen Schutzes und den kann sie ihm am besten zu Hause

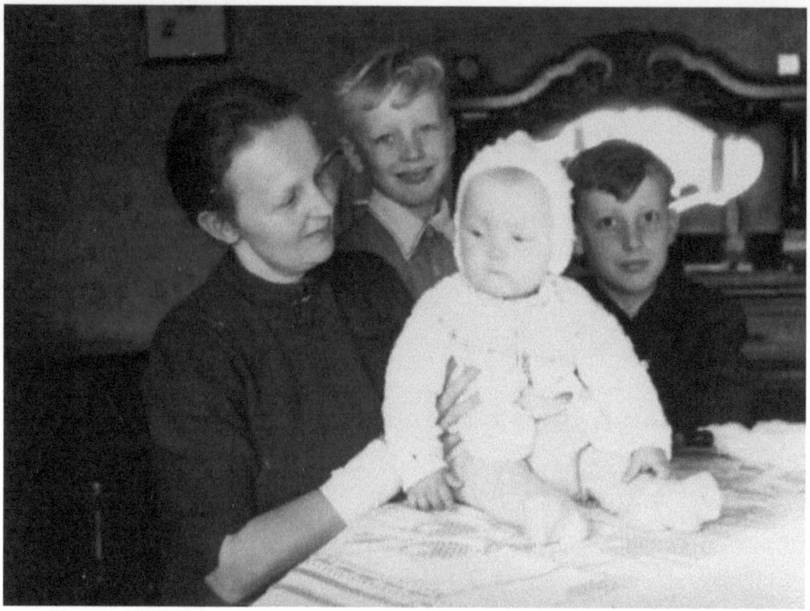

Das Brüderchen

geben, zumal sie inzwischen mit der zukünftigen »Bunkerfamilie« gut befreundet ist, und sie auch Schutz bekommen würde. Ein guter Kegelfreund von Theo, der Konditormeister Sch. würde sich wegen der nötigen Nahrung für das Kind kümmern. So fuhr Theo und die zwei Jungs, dieses Mal mit der Bahn auf den Darß. In Ülzen lernten sie die Kriegsfolgen kennen, dort saßen Hunderte von Menschen mit Betten und geringen anderen Habseligkeiten auf dem Bahnhof.

Sie waren dem Inferno der Angriffe auf Hamburg (24.-30.7.43) entkommen und suchten irgendwo eine neue Bleibe. Theo versuchte so gut wie möglich und so schonend wie möglich den Kindern zu erklären, was da passiert war. Die Frage, ob das auch ihrer Mutter in Bremen passieren könnte, während sie in Wustrow wären, ließ er unbeantwortet. So kamen sie in Ribnitz-Dammgarten an und stiegen auf ein Schiff um, das sie über den Bodden brachte. Eine Straße wie heute vorhanden, gab es wohl, aber es fuhr kein Autobus. Ein Ausguck beobachtete die Wasserfläche nach Mienen, die, falls welche gesichtet würden, mit einer Stange von dem Schiff abgehalten wurden. Ganz einfach, kann man sich das heute überhaupt vorstellen? Da fuhr ein Schiff mit vielen Passagieren und ein Matrose stieß mit einer langen Stange eine Mine beiseite, wenn er sie sichtete. Ein Flugboothafen konnte der Grund für das Legen von Mienen sein.

Es ging alles gut und Theo mit seinen zwei Kindern verbrachten die Wochen in einem kleinen Strohdachhaus bei der Familie T. Die Zimmervermieter hatten eine Schuhmacherwerkstatt und noch Landwirtschaft dabei. Zwei Mädels waren etwa im gleichen Alter und so waren die Kinder Tag für Tag am Strand oder halfen bei der Kornernte, mit nackten Füßen auf den Stoppelfeldern! Ein Geburtstag wurde dort gefeiert. Es war wie im tiefsten Frieden, doch die Pensionen waren mit Flüchtlingen aus den zerbombten Städten besetzt. Familien, die alles verloren hatten, die z.T. nach Angehörigen suchten, deren Väter irgendwo an einer der Fronten waren.

Zum Geburtstag schreibt Charlotte ihrem Geburtstagskind einen langen Brief, dem sie einem Paket beigefügt hatte.
Mein lieber, kleiner Lothar,
.....in Gedanken bin ich täglich, ja stündlich bei Dir, Deinem Bruder und Vati. Wie sehr wünsche ich mir, dass es Euch gut geht, besonders an Deinem achten Geburtstag. Vati schreibt, dass ihr bei einer lieben Familie gelandet seid und Du jetzt weißt, wozu eine Schusterkugel gebraucht würde. Und Ekkehard hat auf dem Schuppendach gestanden, als die vielen feindlichen Flugzeuge über Euch hinweg geflogen sind? Da hat es wohl Ärger gegeben, warum war er nicht in das Haus gegangen? Und ihr turnt um das große gestrandete Holzschiff herum? Ihr geht doch wohl nicht auf das Schiff? Auch wenn es Euch gut geht,zähle ich die Tage, bis Ihr wieder in Bremen seid. Ich hoffe, dass die paar kleinen Geschenke für Dich, Dir gut gefallen werden. Langsam ist es so, dass es kaum noch schönes Spielzeug für Kinder gibt, aber ein paar Sachen zu Deinem Trixbaukasten hatten wir hier in Bremen noch bekommen können. Vertrage Dich gut mit Deinem Bruder!

Dem kleinen Hartmut geht es prächtig. Noch merkt er nichts davon, dass wir ständig nachts in den Bunker fahren müssen. Er schläft in seinem Kinderwagen, in den ich auch alle nötigen Sachen für ihn verstaut habe. Könnte ich doch den Krieg einfach verschlafen. Neulich kamen wir fast zu spät in den Bunker, ein lieber Herr hatte mitten in der Nacht sich den Kinderwagen gegriffen und war losgerannt und ich hinterher. Was war ich außer Puste. Der Bunkerwart wollte schon die große Stahltür schließen, er war der Türwächter, irgendeinen Titel der Partei hatte er, doch ein Mann, der auch noch kam, wurde ganz böse und so konnten wir noch hineinschlüpfen. Da schossen schon die Kanonen nach den Flugzeugen, doch zum Glück passierte nichts. Grüße ganz, ganz lieb Ekkehard und Euren Vati und dann bis zum nächsten Brief.........

Niemand, der diese Angriffsnächte nicht erlebt hat, kann heute sich überhaupt vorstellen, welche Ängste die Menschen hatten. Viele verließen nach den Angriffen die Bunker und standen vor dem »nichts«. Die Wohnungen oder das Haus waren einfach weg oder brannten lichterloh. Sie besaßen dann nichts mehr als sie auf dem Leib trugen und in einem Koffer hatten. Und dann? Von den Nazi-Organisationen wurden dann Verschickungen in andere Teile Deutschlands angeordnet. Weit in den Osten, nach Österreich oder in das Sudetenland, wo nach wie vor tiefster Frieden herrschte. Viele Familien haben sich später nie wieder gesehen, Kinder gingen auf der Flucht verloren oder sie wurden von den östlichen Besatzern irgendwo hingeschickt. Charlotte und Theo hatten sich beharrlich gegen die »Kinderlandverschickung« ihrer Kinder gewehrt. Hier war wohl wieder Charlotte auf den Plan getreten, denn sie wollte sich nicht von ihren Kindern trennen, um keinen Preis. Nur widerstrebend hatte sie zugestimmt, dass ihr ältester, jetzt 10 Jahre alt, den »Pimpfen«, einer Unterorganisation der »Hitler Jugend«, beitreten musste. Mit Theo, der die Sachlage pragmatisch sah, hatte sie wegen der Kinderlandverschickung und den »Pimpfen«

Meinungsunterschiede. Theo hatte darauf verwiesen, dass »immer nein sagen« zu Schwierigkeiten führen könnte. Immerhin war auch er noch immer UK (unabkömmlich) gestellt. Immer wieder kam es bei Charlotte durch: » Meine Kinder, für die sorge ich, die beschütze ich, die nimmt mir niemand weg!

Die Schulschließungen in Bremen brachten die nächsten Probleme. Ekkehard war für das Gymnasium schon vorgesehen, ich ging noch in die Grundschule. Hier gab es für Charlotte nichts zu kämpfen: Es gab eben in Bremen keine Schulen mehr, und wer für seine Kinder Unterricht wollte, immerhin gab es eine Schulpflicht, der musste seine Kinder eben in die Kinderlandverschickung geben. Doch sie fand einen Ausweg: Das Domgymnasium in Verden war noch geöffnet. Schon war Ekkehard angemeldet und es begann der tägliche Schulweg vom Bremer Hauptbahnhof nach Verden. Täglich stand sie wortlos ihre Ängste aus. Die Züge waren nicht mehr sicher vor Tieffliegern. Mit ihrer Krankheit, den Ängsten um Ekkehard, den Bombenalarmen mit den Wegen zum Bunker mit drei Kindern, sie war restlos gefordert - und allein. Aber der Himmel war ihr gnädig.

Im September 1943 war der kleine Bunker nebenan fertig. Jeder durfte einen Koffer mit in den Bunker nehmen, und Charlotte einen Wäschekorb als Kinderbett. Unter das Bettchen schob sie so viel Kinderkleidung wie möglich, so lag der Kleine letztlich ganz oben auf, und keiner merkte etwas davon. Sie saß immer mit ihren Kindern zusammen um sie zu beschützen, doch wo vor? Hatte es doch schon Volltreffer auf Bunker gegeben, niemand hatte da überlebt. Die Personenzahl war begrenzt und jeder hatte eine Aufgabe. Die älteren Kinder wurden angeleitet im Ernstfall die Lüftungsmaschine, falls der Strom ausfiel, zu bedienen. Die Frauen wurden angeleitet eine Löschwasserpumpe zu bedienen. Diese wurde mit einem Starter bedient, schon bei der ersten Übung schlug der Startergriff zurück und Charlotte hatte sich das Handgelenk gebrochen. Da war es wieder: Charlotte war technisch unbegabt, und das bei einem »Technokraten« als Mann! Die Männer, wenn sie da waren, kuppelten die Schläuche und bediente die Spritze. Wie zur Übung schlug neben unserem Treppenhaus eine Phosphorbombe ein. Der Phosphor spritzte überall an der Hauswand brennend herum.

Es gab die »Feuertaufe« für die Männer der Bunkergemeinschaft. Der Schaden war harmlos, noch einmal Glück gehabt, einen Meter nach links, und das Haus wäre getroffen gewesen und vermutlich abgebrannt. Nach dem »Feuer aus« gab es an einer Kabeltrommel als Tisch vor dem Bunker einen großen Umtrunk. Herr K., Prokurist bei einer Weinimportfirma, hatte für solche Fälle vorgesorgt. Die Not ließ die Familien näher zusammenrücken, jeder half wie er konnte und wir Kinder waren gut aufgehoben. Es hatte aber auch eine Anzeige gegeben, dass Volksgenossen während eines Alarms »gesoffen« hätten, während andere Bürger in die großen Bunker hatten flüchten müssen und andere Männer bei den großen Bränden im Bremer Westen hätten helfen müssen zu löschen. Irgendwie verschwand die Anzeige, das Beziehungsgeflecht war eng und niemand redete darüber. Ab dann musste einer von uns Jungen an der Straße Wache stehen.

Mit dem Bunker wurde das Leben etwas erträglicher, die Bunkergemeinschaft traf sich auch privat in den zum Teil nur noch mit Gartenmöbeln versehenen Häusern. Kam Theo aus Bremerhaven mit Fisch zurück, so wurde gleich für mehrere Familien dieser zubereitet. Im September

In unserem Bunker

wird offiziell der Bevölkerung empfohlen ihren Hausrat auszulagern mit allen Dingen, die man nicht unbedingt benötigte. War das der verkündete »totale Krieg?« Es ist da noch eine ergreifende Geschichte in der Erinnerung, aus der hervorgeht, wie Charlotte nervlich völlig überfordert war. Bei einem Vollalarm, dem kein Voralarm vorausgegangen war, und es den kleinen privaten Bunker noch nicht gab, war sie mit wahnsinniger Hast aus dem Haus zum Bunker Schumannstraße gerannt. Auf halber Strecke bemerkt sie, dass ihr Junge nicht im Kinderwagen lag, sie hatte ihn vergessen. Sie rannte zurück, packte ihr Kind, während ihre beiden »Großen« warteten. Als sie wieder zusammen waren, begannen die Luftabwehrkanonen bereits zu schießen. Es wäre aussichtslos gewesen noch bis zu dem Bunker zu laufen, denn dieser war sicher schon geschlossen. Ein an der Straße stehender Hauseigentümer in der Orleansstr. erkannte die Gefahr und zog sie in den hauseigenen Keller, in dem sie den Angriff abwartete. Sie hatte mit ihren Kindern in den Armen nicht mehr aus dem Keller gehen wollen, bis Theo sie abholte, der aber selbst nicht wusste, wo sie geblieben war und herum fragen musste, ob jemand eine Frau mit zwei kleinen Kindern und einem Kinderwagen gesehen hätte. Erst viel später, in dem eigenen kleinen Bunker, gewann sie wieder die Kraft ruhig nach einer Alarmmeldung auf die Straße zu gehen.

Nach dem Krieg wollten meine Kinder einmal den Weg zu dem großen Bunker abgehen, so zur Erinnerung. Ich wollte nicht, ich wollte nicht erinnert werden, scheinbar weit lag diese schreckliche Zeit hinter mir. So versank der Bunker in Vergessenheit.

Später sagte Charlotte einmal:

> *Für mich nahm ich nichts mit in den Bunker außer meiner kleinen Herrenhuter Bibel. Was in meine Taschen und den Kinderwagen passte, war für Euch Jungs gedacht. Euer Vater wäre so oder so in der Welt zurechtgekommen.*

Theo war immer irgendwo für seine Firma unterwegs und kam manchmal erst spät am Abend zurück. Die Luftangriffe fanden meistens in sternklaren Nächten statt. Jetzt konnten wir auch nach der Alarmmeldung vor dem Bunker stehen und sahen die unzähligen Mengen an Bombern über Bremen wegziehen, wohin, das wussten wir nicht. Wir wussten nur, dass dieses Mal Menschen in einer anderen Stadt die unglücklichen Opfer sein würden. Kam ein zweiter Alarm, dann hieß es ab in den Bunker, Tür verriegeln und abwarten. Es war bei Angriffen auf Bremen immer mucksmäuschenstill. Und dann kamen die Bombeneinschläge! Weiter entfernt, näher dran, in der Bismarckstraße und dann waren wir daran. Der Bunker schaukelte, die Schlösser vor den Kisten unter den Sitzbänken schlugen an die Kisten, das Licht flackerte und ging aus. Wir saßen im Dunkeln. Ich legte meine Arme um meine Kinder und betete, dass wir heil wieder aus dem Bunker kämen und unser Haus unversehrt sein würde. In dieser einen Nacht hatte es die Wörtherstraße noch nicht erwischt, aber zwei Wochen später schlug eine Luftmine ein und zerstörte den größten Teil der Häuser. Ca. 75m von unserem Haus war die Bombe niedergegangen und hatte alles mit weggerissen. Bei uns waren alle Scheiben zerstört, das Dach war abgedeckt, die Wohnung verwüstet. Theo machte am nächsten Tag Fotografien von den Zerstörungen. Ich flehte ihn an das nicht zu tun, da mindestens eine Zuchthausstrafe verhängt werden würde, wenn jemand - ein Spitzel - das meldete. Und wem konnte man trauen?

Und dann die Angst am Tage um meinen Sohn Ekkehard, der täglich nach Verden fuhr! Die Züge fuhren nicht immer nach einem Fahrplan. Züge mit Rüstungsmaterial, Soldaten oder Flüchtlingen hatten freie Durchfahrt. Manchmal fuhren Züge nicht bis Bremen, dann mussten alle aussteigen und den Rest des Weges zu Fuß laufen. Über Stunden gab es keine Nachricht von meinem Kind. Nur im Radio die Meldung, dass feindliche Flieger wieder Terrorangriffe geflogen hatten. Wo war mein Sohn geblieben? Irgendwann kam er dann nach Hause, fröhlich und unbeschwert. Und dann kam der Tag, den ich nie vergessen werde. Der Zug, in dem die Schüler aus Bremen saßen, wurde durch Tiefflieger auf freier Strecke angegriffen. Den Sprung aus dem Wagen und die Flucht unter den Waggon hatten nicht alle geschafft. Es gab Tote und Verletzte. Am späten Nachmittag nahm ich überglücklich meinen Jungen in die Arme. Nie wieder sollte er alleine irgendwohin gehen, solange der Krieg dauerte. Das war mein fester Entschluss. Jetzt drohte wieder die Kinderlandverschickung. Und wieder fanden wir einen Ausweg. Lothar, der Zweite, ging schon zu einer Privatlehrerin, zu Frau Stüdemann., in der Georg-Gröning-Straße. Nun kam

Ekkehard dazu. Theo und ich hatten rechnen müssen, aber wir verzichteten auf manches, um den Unterricht zu ermöglichen. So blieb es bis zum Kriegsende. Täglich ging ich mit den schulpflichtigen Kindern und dem Kinderwagen, in dem unser kleiner Hartmut lag, den Weg zu der Privatlehrerin. War ich zu schwach und musste das Bett hüten, dann mussten sie eben alleine gehen. Und ihnen war eingeschärft: Bei einem Alarm nicht zu versuchen nach Hause zu kommen, sie sollten mit ihrer Lehrerin den nächsten Bunker aufsuchen und abwarten, bis ich sie abholen würde.

Im Winter, bei sternklaren Nächten, zeigte Theo den Kindern den Sternenhimmel und erklärte ihnen die Sternzeichen. Mit dem Fernrohr sahen sie aus den Bodenfenstern die schrecklichen Brände im »Bremer Westen«, die kaum ein Haus verschonten. Ich weiß überhaupt nicht mehr, wie mir es gelang für die Familie einzukaufen, essen zu kochen und den ganzen Haushalt zu besorgen. Das fünfte Zimmer war beschlagnahmt worden, die Fenster waren bis auf ein paar kleine Scheiben vernagelt, Theo hatte einen Kochofen in der Küche gebaut, in einem Wohnzimmer stand ein eiserner Ofen, der uns im Winter Wärme gab. Eine Brandnarbe auf einer Hand erinnert meinen jüngsten Sohn noch heute an den Tag mit dem eisernen Ofen.

Die ganze Bunkergemeinschaft war inzwischen auf »WeWaNeiKoStaLau.« angewachsen. Es wurde eng in dem Bunker, die Luft war schlecht, aber trotzdem waren wir untereinander manchmal auch fröhlich. Die Nähe der Familien schaffte Vertrauen zueinander, bei uns waren keine Spitzel, kein fremder Blockwart kümmerte sich um uns nach dem der betreffende Nachbar bemerkt hatte, dass hier eine Bunkergemeinschaft bestand, der er nicht gewachsen war. Wer einen Grund sah zu feiern, bei dem traf man sich. Gab es nur Voralarm, dann konnten wir in den Häusern bleiben, das war verboten, aber da war niemand, der das kontrollierte. Meine Kinder konnten so manches Mal durchschlafen und ich saß auf dem Bettrand und passte auf, ob ein weiteres Alarmsignal kam. Wann würde endlich das Kriegsende kommen? Nur ganz verstohlen flüsterte man sich die Nachrichten von Kriegsniederlagen, von Rückzügen zu, keiner dachte daran, wie ein Ende aussehen könnte. Doch inzwischen wussten wir: Schwachhausen war nicht verschont worden, das Ende würde kommen, ganz anders, als wir dachten, aber wie?

Noch gingen die Luftangriffe weiter, mit immer größeren Opferzahlen bei der Zivilbevölkerung. Bremen brannte bis an alle Stadtenden. Im Sommer 1944 fährt die ganze Familie noch einmal für die Sommerferien, mehr als Schutz vor den Fliegerangriffen gedacht, nach Wustrow. Charlotte ist dieses Mal mit dabei, doch sie hatte sich das anders vorgestellt. Die sehr einfachen Lebensverhältnisse mit einem »Plumpsklo« auf dem Hof, mit Mücken und Flöhen, unter denen sie sehr litt, mit den nur einfachsten Möglichkeiten für ihren jüngsten Sohn, das war zu viel für sie. Fast wäre sie allein mit ihrem kleinen Hartmut nach Bremen zurückgekehrt, aber das ging nicht. Auch Theo hätte das niemals zugelassen. Er war der robustere, das »einfache Leben« machte ihm nichts aus und seine großen Kinder fanden das Landleben großartig. Am Tage ging es auf die abgemähten Kornfelder und sie sprangen mit nackten Füßen über die Stoppeln, zuerst war das ungewohnt, auch schmerzhaft, aber schnell hatten sie sich eingewöhnt, zumal hier und da Kuhfladen lagen, in denen ihre Füße weich landeten. In dem großen Garten mit vielen Stachelbeer- und Johannisbeerenbüschen wurde geerntet. Oder sie gingen alle an den Strand und versuchten Bernstein zu finden, nur die Fundstücke waren Steine und kein Bernstein, wenn das Wasser abgetrocknet war

Luftminenschäden Wörtherstr.

und die Steine nicht mehr glitzerten. In der Schuhmacherwerkstatt konnte man zusehen, wie Schuhe repariert wurden. Sogar eine Schusterkugel für die Lichtkonzentration gab es dort. Es war alles so einfach dort, die Kinder waren mit dem Ferienleben zufrieden. Die Tage waren ausgefüllt und sie kamen meistens nur zum Essen nach Hause. Charlotte wurde nicht heimisch, alles war ihr zu primitiv und für ihren kleinen Sohn nicht sauber genug. Ihre Spaziergänge, zusammen mit Theo, glichen eher einer Flucht aus dem alten Strohdachhaus, mit seinen uralten, einfachen Einrichtungen. Wieder fühlte sie sich alleine und unverstanden und völlig ohne eine Möglichkeit ihre Situation zu ändern. Das primitive Leben, nein sie wäre lieber in Bremen geblieben. Sie fühlte sich wie ein »gefesselter Löwe«, letztlich war sie das auch. Was war ihr geblieben? Wer war sie noch? Wo waren die glücklichen Jahre geblieben? Hätte sie doch mit den Kindern in die Kinderlandverschickung fahren sollen? Irgendwo den Krieg überleben, aber wo, wenn nun auch im Osten die Fronten der Reichsgrenze näher kamen? War Schlesien noch sicher? Aus Ostpreußen flohen die ersten Menschen nach Westen. Und die Bremer hatten noch bis vor kurzer Zeit gedacht im »Osten« da liegt die friedliche Welt. Breslau, ihre geliebte Heimat war, wie man manchmal heimlich hörte, bedroht. Wieso und warum, darüber wurde nicht gesprochen. Nein, für Charlotte gab es nur noch einen Platz, bei ihrer Familie in Bremen. Hätte vielleicht Theo, ihr Mann auch Zuwendung bedurft? Was ging in ihm vor, wenn er dabei war Lebensmittel zu organisieren, das Leben für die Familie etwas erträglicher zu machen? Er sah alle beruflichen Hoffnungen, die die Grundlagen ihres Lebens gewesen waren, zerstört. Hatte er Angst vor der Zukunft? Charlotte und Theo, jeder trug seine Ängste in sich, unfähig sich gegenseitig zu stützen, zu den großen Kindern blieben sie stumm. Sie fühlten sich ohne etwas dagegen tun zu können, in den Abgrund gerissen, den Millionen von Menschen gleichermaßen erlebten.

1987 hatte ich Gelegenheit mit meiner Familie auf einer Reise nach Rügen auch nach Wustrow zu reisen. Ich konnte meinen Kindern das Haus zeigen, in dem ich mit meinen Brüdern und Eltern in den Kriegsjahren Urlaub gemacht hatte. 44 Jahre waren vergangen, nichts hatte sich verändert. Jetzt stand das Haus unter Denkmalsschutz und wurde von Touristen gerne fotografiert. Die alte, rüstige Schusterfrau konnte sich noch an die »lebhaften Kinder aus Bremen« erinnern. Sie zeigte meinen Kindern das Haus, nur das Plumpsklo war nicht mehr in Betrieb. Die Schusterwerkstatt war jetzt als ein Ort der Besinnung eingerichtet. So hatte man gearbeitet, vor dem Sieg des Sozialismus! Der Tisch hinter dem Haus, an dem wir immer gegessen hatten, stand noch immer dort mit einem Wachstuch als Tischdecke. Ich hatte mich an den Tisch gesetzt und in den Garten geschaut, er sah aus wie damals mit den Sträuchern und Bäumen, dem sandigen Boden und den Wegen zwischen den Beeten. Die Töchter waren aus dem Haus. Eine hatte nach Bremen geheiratet, eine Kontaktaufnahme zu ihr kam damals, vor der »Wende« nicht zustande. Die Gespräche kreisten auf der weiteren Fahrt um das »damals«, ich versuchte meinen Kindern zu vermitteln, wie unser Leben dort gewesen war, welche Gefühle und Gedanken wir damals vor 44 Jahren hatten. Der zweite Urlaub in Wustrow gehörte nicht zu den Ferien, an die sich meine Mutter gerne erinnerte, sie schwieg einfach, wie immer, wenn eine Erinnerung ihr unbequem war.

Im Juli 1943 stirbt Charlottes Mutter. Tante Anni hatte versucht ihre Schwägerin schonend auf das Ende hinzuweisen. Alle Überlegungen ob und wie Charlotte noch einmal zu ihrer Mutter hätte fahren können zerschlugen sich an dem Luftkrieg und der Tatsache, dass sie niemanden hatte, der auf drei Kinder aufpassen wollte. Die Mitteilung von dem Tod hatte sie, wie mein Vater berichtete, sehr gefasst aufgenommen. Wie immer, wenn sie ein Erlebnis zu bewältigen hatte, dass sie unmittelbar berührte, blieb sie nach außen gefasst. Keine Erinnerung gibt es daran, dass sie zu ihren Kindern, die immerhin schon 10 und acht Jahre alt waren, irgendwie den Tod ihrer Mutter zum Anlass genommen hätte etwas von der Großmutter zu erzählen. Wie immer hatte sie die tiefe Beziehung zu ihrer Mutter in sich verborgen. Alle Gedanken um ihr Leben in Breslau blieben in ihr verschlossen. Viel später, als sie nach Schlesien reisen konnte, hätte vielleicht einer ihrer Söhne sie begleiten müssen, um mit ihr das Wiedersehen zu teilen. Doch die Umstände ließen das nicht zu. Wirklich nicht? Die Frage wird wohl niemals beantwortet werden können.

Das letzte Band nach Schlesien war jetzt ihr Bruder in Hirschberg, doch der war irgendwo an einer Front, vermutlich im Osten und konnte für sie keine Stütze sein. Vor einem Fotoalbum mit ihren Kindern zu sitzen und zu erzählen von »alten Tagen«, das gab es nicht. Die Zeit, in der sie lebte, war nicht dazu angetan nach rückwärts zu blicken! Es überwog wohl die Sorge, was der nächste Tag, die nahe Zukunft bringen würde. Auch nach dem Kriege gab es für sie nur eine Gelegenheit Arnsdorf, dann schon polnisch, zu besuchen. Es gab kein Grab, der evangelische Friedhof war eingeebnet, Grabsteine gab es nicht mehr.

Der 138. Luftangriff erfolgte am 12.Oktober 1944 mit Zerstörungen in der Hastedter Heerstraße. Unablässig erfolgten weitere Angriffe. Inzwischen hatten wir in unserer Straße eine Parzelle, auf der Gemüse angebaut wurde. Theo baute mit Freunden eine Landbude. Charlotte war dieser Garten ein »Gräuel«. Wie verletzt fühlte sie sich, vor den Augen der Straßenpassanten Unkraut zu ziehen oder Kartoffeln zu ernten! Wenn der Garten »irgendwo« gewesen wäre, aber hier direkt bei den Nachbarn? Nein, sie brachte es nicht über sich den Garten zu betreten. Sie ging nicht dort hin und bat jeweils ihre Kinder für »Nachschub« in der Küche zu sorgen. Und ihre Kinder? Sie zogen Gemüse, jäteten Beete und »verkauften« ihrer Mutter die Ernte. Es war ein herzliches Einverständnis zwischen den Verkäufern und der Käuferin. Richtig gefeilscht wurde um die Ware, besonders ihr »großer« tat sich dabei hervor. Einen Laden hatte er, aus dem unsere Mutter frisches Gemüse oder Obst aus dem Garten einkaufte - zu symbolischen Preisen. Sie beanstandete oder lobte die Qualität dessen, was ihr Sohn da so groß gezogen hatte. Zeigten sich da schon erste Ansätze für den späteren Kaufmann in ihrem großen Sohn? Es gab da zu dem Garten Auseinandersetzungen zwischen Theo und Charlotte, die zum Teil heftig, auch vor den Kindern, ausgetragen wurden. Er wollte und konnte nicht verstehen, dass in diesen Zeiten jemand, und noch dazu seine Frau, die vergangenen guten Zeiten nicht vergessen wollte. Es waren Notzeiten, und die erforderten ein Umdenken, wenn man überleben wollte. Noch wusste sie nicht, in welche Tiefen der Not sie noch sinken würde, wenn es dann nur noch um das Überleben, auch ihrer Kinder, gehen würde. Das Ende des Krieges nahte nun auch für Bremen, die Front rückte bedrohlich näher. Auf der Kurfürsten Allee erfolge der Einmarsch der feindlichen Truppen mit Panzern unterstützt von Tieffliegern, die auf alles schossen, was sich bewegte. Streng hatte Charlotte ihren Kindern verboten sich in der Nähe der Straße aufzuhalten, doch heimlich waren ihre Jungs mit ihren Freunden dort um sich anzusehen, was »Krieg« bedeutete. Aus dem Blockland wurde aus einer Flakstellung heraus die Kurfürsten Allee beschossen, sie sahen die Treffer, die verwundeten Soldaten. Schreie waren zu hören aber sie dachten sich nichts dabei.

Charlotte hatte keine Nachricht, wo die Familie ihres Bruders geblieben war, aus Dresden gab es keine Lebenszeichen mehr von den alten Freunden und Bekannten, obgleich die Stadt noch immer vom Krieg verschont war. Von den Schwiegereltern aus Forst gab es keine Nachricht. Noch glaubten die Menschen nach dem Ende des Krieges in ihre alte Heimat zurückkehren zu können. Ihre Häuser, die Gräber ihrer Familien wiedersehen zu können. Schnell war der kleine Bunker der Lebensmittelpunkt der Familie geworden.

Sie dachte immer nur an eines: Hoffentlich kommt Theo von seinen Reisen zu den Häfen unverletzt heim, er war nur noch am Organisieren und brachte, wo immer er war, irgendetwas Essbares mit. Sein Auto wurde schon »der Fischkutter« genannt, wenn er aus Bremerhaven kam, von Fischresten verdreckt und nach Fisch stinkend. Die großen Jungs mussten dann den Wagen säubern, begeistert waren sie nicht! Das Leben drehte sich um die persönliche Sicherheit am Tage und in der Nacht, um Essen und Trinken und wie das Kriegsende aussehen würde.

Das Ende nahte dann schneller als alle dachten. Da jeden Augenblick die Soldaten der Sieger einmarschieren konnten, wurden ihre Kinder »entmilitarisiert« Charlotte lies ihre »großen« antreten und ohne irgendwelche Rücksichten musste alles Militärspielzeug bei ihr abgeben werden. Auch die Bunkergemeinschaft durchsuchte alle Koffer, die die Familien mitgebracht hatten, ob irgendwelche Symbole der Nazi-Zeit vorhanden waren. Charlotte musste die von ihren Kindern gesammelten Kriegshefte, Zinnsoldaten und anderes Kriegsspielzeug hergeben. Alles wurde verbrannt so wie andere Dinge, die irgendwie mit dem Nationalsozialismus zu tun hatten. Ihre Kinder hatten so verschiedenes gesammelt, z.B. Stahlsplitter von Bomben, kleine Hakenkreuzfahnen usw. Das Haus der Partei Ecke Kurfürstenallee und Metzerstr., war geplündert worden, ihr Theo war natürlich dabei - mit den großen Jungen! Sie war völlig hilflos und hatte nicht die Kraft ihre Kinder zurückzuhalten, die das Ganze eher als ein Abenteuer als eine Gefahr sahen. Was hatte Theo seinen Kindern eingeschärft, für den Fall, dass Tiefflieger kamen? Zur Seite in den Graben springen, und wenn die Salven der Maschinengewehre vorbeigeschossen waren, aufspringen und laufen. Sie waren 10 und 12 Jahre alt! Waren sie sich der Lebensgefahr bewusst? Sie hatten Zerstörungen gesehen, tote Menschen hatten sie gesehen, aber nicht, wie diese schrecklichen Taten geschahen. Charlotte nahm ihre Jungen in die Arme, als sie von ihren Erkundigungen wieder zurückkamen. Sie war ganz ruhig und gefasst. Ihre Kinder lebten noch. Und was sagte sie ihrem Mann? Darüber ist nichts überliefert. Jeder war mit seinen Ängsten allein. Wer wusste schon, wie es werden würde, wenn die Häuser von den Siegern kontrolliert würden? Und dann standen eines Tages ihre Schwiegereltern aus Forst vor der Tür. Sie hatten als Flüchtlinge vor den russischen Truppen nicht mehr mit gebracht, als sie auf dem Leib trugen und einen kleinen Koffer, den es noch heute gibt, in dem sie ihre Papiere und das Lebenswerk des Großvaters, seine Familiengeschichte, gerettet hatten. Was nun? In dem kleinen Bunker war für sie kein Platz mehr doch alle rückten, nur für wenige Tage, zusammen. Sie wurden in einer winzigen Wohnung in einem Haus gegenüber einquartiert, bis dahin lebten sie bei Charlotte, Theo und den Kindern. Zeitweise lebten so vier Erwachsene, drei Kinder in einer 4-Zimmer-Wohnung! Eine Hilfe, die von der NSV gestellt worden war, Frau G., eine resolute Frau, sorgte dafür, dass die wenigen Lebensmittel in der jetzt großen Familie gerecht verteilt wurden, Charlotte war dazu nicht mehr in der Lage. Ihre Schwiegermutter war immer dominant gewesen und versuchte auch jetzt sofort den Haushalt an sich zu reißen. Theo konnte sich um nichts im Haushalt kümmern, sein Büro war ausgebombt und er musste sich um ein neues Quartier kümmern, auch hätte er sich gegenüber seiner Mutter sicher nicht durchsetzen können. Dann kam noch seine Schwester mit ihren zwei Kindern aus Sorau nach Bremen. Sie hatte es geschafft mit dem letzten Focke-Wulf Transport von Sorau nach Bremen zu kommen. Ohne jegliches Hab und Gut. Ihr Mann war verschollen und kehrte aus dem Krieg nicht mehr zurück. Charlottes Bruder war in amerikanische Gefangenschaft geraten. Kurze Zeit später, nach Kriegsende, erhielt Charlotte die Nachricht, dass ihr Bruder irgendwie nach Straubing gelangt war.

Ein Flugblatt wurde abgeworfen, ein Ultimatum. Da waren keine Verse mehr geschrieben über die Zukunft. Der Text war deutlich: entweder oder. Wieder ganz heimlich hatten ihre Kinder eines der Flugblätter aufgehoben und versteckt. Waren Kinder damals nicht genauso in ihrem Verhalten wie heute? Man lebte in einer, wie es schien, untergehenden Welt, neben Löffeln und Gabeln war den großen Jungs der Umgang mit Gewehren und Pistolen ebenso geläufig. Eine Panzerfaust abzuschießen war kein Problem, wenn sie eine fanden, und Munition und Waffen lagen genug herum. Eine harmlose Kleingartenbude war das Angriffsziel gewesen. Nach der Detonation, die Gartenbude war einfach weg, liefen alle so schnell sie konnten. Natürlich erzählten sie zu Hause nichts. Eine Polizeistreife, die die Häuser abging und nach Kindern fragte, klingelte nicht bei Charlotte. Sie wusste nichts, sie fragte nichts, als sie von Nachbarn von der Sache hörte. Das war wohl ein unausgesprochenes Einverständnis gewesen. Ihre Kinder waren eben Kriegskinder, was sollte da eine Mutter dagegensetzen? Der Hinweis: »Bald ist alles vorbei«, was sollte der bedeuten? Dass es wieder Schulunterricht geben würde? Dass es keine Nacht mehr in den Bunker ging? Dass es, verbotener weise, kein Suchen in den Trümmern der zerbombten Häuser nach noch brauchbaren Sachen geben würden? Dass es Apfelsinen geben würde oder keine Lebensmittelmarken mehr? Wer wusste überhaupt noch etwas, wie es weiter gehen würde? Wovon leben in der Zukunft, das war die Frage, die jeden bewegte. Wie Tiere nach einem langen Winter kamen die Menschen aus den Kellern oder Bunker gekrochen, geblendet von der Sonne, aneinander gedrängt, Schutz suchend ob für das, was jetzt für »vorbei« erklärt wurde, etwas Besseres kommen würde. Charlotte hatte, wie unzählige andere Menschen, ihre Erfahrung vom Ende des anderen Krieges in der Erinnerung. Doch damals hatte es, wenigstens in Breslau, keine Soldaten von den Siegermächten gegeben. Die Straßenkämpfe waren unter Deutschen ausgetragen worden. Eine furchtbare Hungersnot hatte es gegeben, doch wie würde es jetzt werden? War das Kriegsende eine Befreiung oder eine Niederlage? Würde es für ihre Kinder eine Zukunft mit Hoffnung auf ein neues, besseres Leben geben? Gegenseitig sprachen die Menschen sich Mut zu, konnte es denn noch schlimmer kommen, als es jetzt bei Kriegsende war? Charlotte suchte für sich und für ihre Kinder nach den verbliebenen Lebensgrundlagen. Essen und trinken, eine unzerstörte Wohnung, ihren Theo gesund in ihrer Nähe, einen Feind gab es, der - hoffentlich - zum Freund werden würde. Und Theo? Für ihn blieb nur die Hoffnung in seinem erlernten Beruf einen neuen Anfang zu finden. Ingenieure, Erfinder, Denker, die würden doch immer gebraucht werden. War es nicht egal, ob Maschinen für Kriegsschiffe oder Fischkutter gebaut würden? Ob Motoren in Panzer oder Privatwagen eingebaut würden, die von Ingenieuren erdacht werden mussten. Und dann wusste sie nur eines: Das Kriegsende würde anders aussehen als 1919 in Breslau. Aber wie?

Und dann war das Kriegsende da. Am 27. April 1945 kapituliert Bremen. Der Alliierte Gouverneur für Bremen teilt dem Präsidenten des Senats mit:

> »The official time of the occupation of Bremen is 18.00
> hours, 27th April 1945.«

Der Zweite Weltkrieg war in Bremen beendet, jetzt hatten die Sieger in Bremen das Sagen.

IHR HABT DIE WAHL!

Die britiſche Armee ſteht vor Bremen. Unterſtützt von der britiſchen Luftwaffe iſt ſie im Begriffe, die Stadt einzunehmen. – Zwei Möglichkeiten der Einnahme beſtehen:

entweder

unter Einſatz ſämtlicher dem Heer und der Luftwaffe zur Verfügung ſtehenden Mittel. Ihr habt nichts, womit Ihr auf die Dauer widerſtehen könnt

oder

durch die Beſetzung der Stadt nach bedingungsloſer Uebergabe.

Ihr habt die Wahl

zwiſchen dieſen zwei Möglichkeiten.

Auf Euch lastet die Verantwortung

für den daraus entſtehenden unnötigen Blutverluſt, falls Ihr den erſten Weg wählt.

Andernfalls

ſchickt einen Unterhändler unter dem Schutze der weißen Fahne in die britiſchen Stellungen.

Wir geben Euch 24 [illegible]nden Zeit zur Entſcheidung.

1945/1983 Überleben mit dem Glauben an die Zukunft

Eine Endzeitstimmung legte sich über die Stadt, über die Familie. Was hatte in dem Flugblatt zu Anfang des Krieges gestanden? .... da wollen wir später selbst drin wohnen! Das erste Vorkommando der neuen Herren, die Amerikaner, kamen und taxierten die Wohnungen.

Wir hofften auf Frieden, wie auch immer der aussehen würde, wir lebten von aufgelösten Lebensmittelbeständen der alten Stadtverwaltung. Theo verlegte sich - mit Freunden - auf das Organisieren. Ich wollte gar nicht wissen, woher die Lebensmittel kamen. Streng hatte ich es verboten, doch meine großen Jungens kamen mit Kohlebrocken in Eimern nach Hause. Woher? Ich ahnte es, hatte doch ein Nachbar sie beim Kohleklauen von den Kohlezügen in Hemelingen gesehen. Der ältere war auf den Waggon gesprungen und warf die Brocken herunter, andere machten das auch so. Bewacher schossen in die Luft, der Zug fuhr vor einem Signal langsam, sie sprangen wieder ab, suchten die Brocken zusammen und verschwanden, bevor die Bewacher des Zuges kamen. Was sollte ich machen? Die Kinder zu Hause einschließen? Meine Kinder waren zu Hause, als die Amerikaner ohne Voranmeldung kamen. Nachbarn hatten uns noch warnen können, doch warnen wovor? Wir konnten der Wohnungstaxierung doch nicht entgehen. Sie sahen in jedes Zimmer, schrieben etwas auf und sprachen englisch, nahmen uns gar nicht wahr. Drohte jetzt die Vertreibung aus der Wohnung, so wie es schon in anderen Straßen Schwachhausens geschehen war?

... wollen wir später selbst drin wohnen, klang es mir im Ohr. Ein Deutscher sagte knapp: »Wir würden hören« und sie verschwanden. Nachbarn räumten in panischer Hast ihre Wohnungen aus, nur weg, irgendwohin, aber wir, wohin sollten wir? Theo hatte das Auto schon in einer Garage wo anders sicher untergebracht. Der Kelch ging an uns vorüber, warum, ist nie geklärt worden. Waren die Folgen der Luftmine Schuld daran, dass die neuen Herren bei uns nicht wohnen wollten? Benachbarte Straßen kamen nicht so davon. In kürzester Zeit mussten die Bewohner ihre Häuser verlassen - mit einer Tasche in der Hand. Ich hatte für die Kinder wieder den Kinderwagen hochgetürmt mit Anziehsachen, für jedes Kind hatte ich einen Koffer gepackt, in der Hoffnung, dass die Sieger die Kinder gewähren lassen würden. Doch wir konnten auspacken. Dann kam der nächste Schreck: Theos Firma hatte in Dresden ihren Sitz gehabt, die Verbindung nach dort war abgerissen. Ein »Grenzgänger« schmuggelte wichtige Papiere über die Demarkationslinie zu der sowjetische Besatzungszone hin und her. Immerhin war Theo für die Rüstungsindustrie als Ingenieur tätig gewesen und von der »Entnazifizierung« hörte man nichts Gutes. Bald durften die ersten »Entnazifizierten« Schuttloren im Bremen Westen fahren. Theo erhielt befristetes Berufsverbot mit Schuttfahren, die uralte SA-Mitgliedschaft holte ihn wieder ein. Also: kein Dresden, kein Beruf aber drei Kinder und eine Frau.

Was brauchten die Menschen? Warmes Essen. Strom gab es aber keine Kohle für den privaten Verbrauch. Theo ließ sich irgendwie Kochplatten, aus Ton gefertigt, anliefern. Charlotte musste ihr Esszimmer räumen. Das war wieder eine Kampfansage an ihre gehüteten Werte, die noch eine Verbindung zu ihrem Elternhaus vermittelten. Aber sie musste nachgeben - wie immer - und sich dem rücksichtslosen aber nötigen Spiel der Kräfte unterordnen. Existenzsicherung rangierte vor Kultur. Auf dem schönen Tisch stapelten sich sandige rotbraune Kochplatten, in die Spiralen gelegt wurden, die wir Kinder an einer Spiraldrehmaschine, die Theo gebastelt hatte, aus großen Drahtrollen drehten. Nicht irgendwie, sondern von Theo genau in der Länge und der Anzahl der Windungen berechnet. Mit diesen Platten ging er »über Land« und tauschte sie gegen Lebensmittel. Das Geschäft lief ganz gut und schon träumte er von größeren Geschäften. Das war auch nötig, denn er hatte eine eigene Ingenieurfirma angemeldet, um die Arbeitslosigkeit zu überwinden. Doch die Sache ging irgendwie schief, mit der Spiralenwickelei war es dann bald vorbei.

Das Esszimmer blieb »Büro«. Eine Frau als Halbtagskraft, Frau L. zog ein und machte den Schriftverkehr, auf der Schreibmaschine meiner Mutter, die ohne Kommentar ihr einfach »weggenommen« wurde, obgleich sie seit Jahren nur in einer Schrankecke unbenutzt stand. Eine fremde, junge Frau schrieb auf ihrer Maschine! Ein Geschenk ihres Vaters in Anerkennung für ihre Vortrags- und Schriftführertätigkeit, damals vor so vielen Jahren. Das konnte nicht gut gehen. Eine »Gesprächsexplosion« fegte das Esszimmerbüro hinweg, wir Kinder waren bei diesem emotionellen Ausbruch, der sich über Tage erstreckte, in »volle Deckung« gegangen. Da war wieder der »gefesselte Löwe« ausgebrochen, doch vergebens, das Büro zog aus in die Hagenauerstr. und war ab dann ohne Charlottes Kontrolle.

Der strengste Winter seit Menschengedenken 1945/46 begann. Wer von Lebensmittelmarken leben musste, konnte vielleicht geradeso überleben. Was hatten die Alliierten Entsetzliches, nicht Vorstellbares in Buchenwald, in Bergen-Belsen gesehen? Jetzt waren wir mit hungern dran. Über Recht und Unrecht nachzudenken hatten wir keine Zeit. Meine großen Jungs trieben sich bei den Amis rum. Sie schlichen durch die Stacheldrahtzäune und versuchten irgendwie an Lebensmittel oder Zigaretten heranzukommen, das wusste ich. Andere Kinder machten das auch so und wir Eltern sprachen darüber. Keiner wollte Näheres wissen. Schenkten die Amis freiwillig, aus Kinderliebe? Mussten die Jungs irgendwie Gegenleistungen erbringen? Wir schwiegen, machten wir uns schuldig? Mit Theo konnte ich nicht darüber reden. Er versuchte über alte Verbindungen nach der »Entnazifizierung« wieder Kontakte zu der Industrie aufzubauen und war bis zur Erschöpfung mit seinem Auto, für das er eine Sondergenehmigung hatte - woher wohl? - unterwegs.

Da gab es im Blockland ein Schöpfwerk, Höftdeich. Dieses wurde von Kohleantrieb auf Stromantrieb umgestellt. Täglich fuhr Theo ins Blockland und werkelte als Monteur in dem Schöpfwerk und entsann sich seiner praktischen Fähigkeiten. Nicht so schnell sollte es gehen, denn er nahm seine Jungen mit zu dem Landwirt A., bei dem sie den Tag über bleiben konnten. Mit dem Frühstück, einem richtigen Bauernfrühstück, begann der Tag, es kam das Mittagessen und ein paar Brotscheiben waren für den Abend gedacht. Charlotte war ihrem Theo, dem »werkelnden Monteur« unendlich dankbar. So musste sie nur noch für ihren »Kleinen« sorgen.

In Bremerhaven lagen die Fischtrawler, die immer wieder Rat und technische Hilfe benötigten. Theo hatte schnell die Nachlässigkeit der Amis bei der Fahrzeugkontrolle entdeckt. Er nahm seine großen Jungen einfach mit und bei den Kontrollpunkten mussten sie sich flach hinter die Vordersitze legen und er deckte sie mit Decken oder Montageanzügen zu. Das ging ja noch. Auf dem Rückweg mussten sie mit organisiertem Fisch im Arm flach unter den Decken liegen. Zu Hause gab es eine gründliche Wäsche, kalt natürlich, die stinkenden Klamotten kamen sofort in die Waschküche. Und wer war wieder mit der Reinigung dran? Charlotte.

Der Waschtag oder die Wäsche überhaupt war der für mich schwerste Teil meiner Hausarbeit. Ich hatte keine Hilfe, ich konnte kaum stehen es gab keine technischen Hilfsmittel, selbst das Holz zum Feuern des Waschkessels musste ich mir selbst mit einer Axt spalten. Es gab ein Waschbrett, später einen Wäschewringer. Natürlich musste mittags ein Essen auf dem Tisch stehen. Ich stand um 5 Uhr morgens auf, mein Theo schlief dann noch tief und fest. Leise, denn mein kleiner Hartmut schlief in seinem Kinderbett in unserem Schlafzimmer. Erst wurde der Waschkessel angefeuert, dann gab es Frühstück, die großen Jungs gingen zur Schule, Theo las Zeitung und frühstückte in aller Ruhe, bis er in sein Büro fuhr. Der kleine Hartmut blieb alleine in der Wohnung, einen Kindergarten gab es nicht. Bis zum Mittagessen, es gab immer einen am Vortag gekochten Eintopf, stand ich im Dampf der Wäsche, meine Hände waren krebsrot und von dem Waschbrett wundgescheuert. Nach dem Essen wurde die Wäsche ausgewrungen und im Hof aufgehängt, oder im Winter im Trockenraum im Keller. In den kalten Winter 1945/46 und 1946/47 fror die Wäsche auf der Leine, sie wurde dann von mir im Schlafzimmer zum Auftauen hingelegt, doch auch dort waren häufig Minusgrade, denn geheizt wurde nur ein Zimmer mit einem Ofen. Bis heute weiß ich nicht, wie ich das durchgestanden habe. Ich glaube heute, ich dachte an nichts mehr, selbst Theo war mir dann egal, und wenn es dann noch Probleme mit Hausaufgaben der Kinder gab, schloss ich mich in meinem Schlafzimmer ein und heulte mich aus. Ich konnte nicht einmal mehr ein kleines Kapitel in meiner Herrenhuter Bibel zu meinem Trost lesen.

Nicht vergessen kann ich die Tage, an denen zu uns eine »Schneiderin«, also eine Frau kam, die größere Kleidungsstücke nähen konnte, wenn Theo Stoff organisiert hatte. Für meine Kinder nähte ich alles selbst und war damit manchmal bis in die späten Abendstunden beschäftigt, aber das machte auch Spaß. Die nicht mehr genutzten Schnittbogen erbettelten sich die Kinder, die mit Malstiften die vielen Linien aus Punkten, Kreisen, Strichen nach zeichneten. So saßen wir beieinander, sie halfen beim Einfädeln des Fadens, versuchten sich am Tretbrett der Nähmaschine, was nicht einfach war, zankten sich um Farbstifte und waren geduldig bei einer Anprobe und stolz, wenn eine Hose oder eine Jacke fertig war. Und heute? Bald werden die auf gedruckten Marken mehr wert sein, als das Kleidungsstück, und vor allem: Wo war das gute Stück gekauft?

Also, die »Schneiderin« blieb den ganzen Tag und bekam auch ein Mittagessen. Was gab es zu essen? Das, was es heute noch bei mir hin und wieder gibt: Das Schneideressen, es bestand lediglich aus geschnittenem Weiß- oder Wirsingkohl mit gebratenem Mett und Kartoffelstücken. Ein Ein-Gang-Menü!

Es musste aufgegessen werden, was auf dem Teller lag. Gab es Reste in den Schüsseln oder Töpfen, dann gab es an einem anderen Tag ein »Resteessen«. Selbst bei der Weihnachtsgans wurde das verbleibende Gerippe noch einmal ausgekocht. Das war dann die »Gerüstsuppe«! Noch heute ist bei mir ein Essen erst beendet, wenn der Teller leer ist. Ich war in diesem Punkt gnadenlos. Notfalls wurde in der Küche »nachgesessen«, oder es gab den Rest vom Vortag als »Vorspeise« am nächsten Tag.

Die Küche von Charlotte setzte sich aus schlesischen und rheinischen Essgewohnheiten zusammen, hatte doch die Schwiegermutter nach der Kölner Küche gekocht. Da gab es Z.B. »grüne Klöße«, die bestanden aus rohen, geraspelten Kartoffeln im Inneren mit gerösteten, kleinen Brotstücken und dann wurde dieses Gemenge zu Klößen geformt und gekocht. Charlotte koche diese gerne ihrem Theo, und wenn dann noch Kegeltag war, dann lag gute Stimmung in der Luft. Eine Gelegenheit, bei der die Kinder ihren Vater an das Taschengeld erinnern konnten. Wenn sie dann evtl. bei Tisch sagten: »Wir mögen keine Kläööse mehr«, dann gab es Ärger und einen deutlichen Hinweis, von Charlotte, das Klöße mit einem scharfen S gesprochen werden. Manchmal wurde auch Spaß daraus, und alle lachten, selbst Charlotte, denn sie wusste schon genau zu erkennen, wann eine Essensverweigerungshaltung vorlag, oder wann es Spaß war.

Doch es gab auch, aus der Sicht ihrer Kinder, schlesische Scheußlichkeiten wie: Himmel und Erde. Gebratene fettbestückte Rotwurst mit Kartoffelbrei und Apfelmus. Die Fettstücke steckten die Kinder unbeobachtet in ihre Taschen und warfen sie später aus dem Fenster. Erwischte der Vater sie dabei, dann gab es »welche an die Löffel«. Charlotte dagegen war immer Pädagogin und Diplomatin, sie versuche zu überzeugen, suchte das Gespräch. Viele Jahre später als ihr Sohn als Maurerlehrling um 5.00 am Morgen aufstehen musste, bereitete sie das Frühstück und das Mittagessen im »Henkelmann«. Sie saß bei ihm und sie sprachen über Dinge, die sie beobachtete. Sie war Mittlerin zwischen den Kindern und ihrem Theo, manchmal mit Geschick, häufig erfolglos.

Zu dem Punkt »organisieren« fiel Charlotte immer wieder eine Geschichte ein, die für sie als in Rechtsfragen völlig unbedarfte Frau, schlaflose Nächte gebracht hatte. Ihr Theo hatte eine Ölmühle gebaut, in der Rapsöl gepresst wurde. Das gewonnene Öl musste erhitzt werden, damit es einigermaßen genießbar wurde, z.B. für Bratkartoffeln. Die Kartoffeln wurden irgendwo geklaut. Die Mühle brummte im Keller, der Hauseigentümer wurde misstrauisch und verklagte »den Neimke« wegen Ruhestörung. Was er nicht wusste, nach jeder Nutzung wurde die Mühle wieder auseinander gebaut und unter einem Kohlehaufen versteckt. Ein gerichtlicher Ortstermin führte zu keinem Ergebnis.

Im Herbst 1945 wurde der älteste im Gymnasium »Am Barkhof« eingeschult. Im Weser Boten vom 08.09.1945 wurde durch den Senator für Schulen und Erziehung, Paulmann, der Unterrichtsbeginn angekündigt. Wiedereröffnung höherer Schulen am Montag, 3. Dezember 1945 8.00 Uhr. Eine Schule, die Oberschule am Barkhof, ohne Dach. Jetzt war Charlotte wieder in ihrem Element. Da ihr ältester Sohn in Verden, einer Bremen benachbarten Stadt, zur Schule gegangen war, setzte sie es durch, dass er kein Schuljahr wie andere Kinder, die in der Kinderlandverschickung gewesen waren, verlor. Noch später war sie stolz darauf, dass es ihren Bemühungen zu verdanken gewesen war, dass Ekkehard als jüngster in der Klasse sein Abitur gemacht hatte. Bevor der Unterricht begann, musste das Gebäude vom Schutt der Luftangriffe befreit werden. Tätig in die Zukunft, dagegen hatte Charlotte nichts einzuwenden. Doch sie wusste nicht, dass ihr Sohn auch helfen musste das Dach der Schule neu einzudecken. Dachpfannen den Dachdeckern, die aus den Schülern der oberen Klassen bestanden, anreichen und im offenen Dachstuhl stehen. Diesem Ereignis von der Straße aus zuzusehen, dafür hatte sie keine Zeit. Lange Jahre konnten man auf dem Dach eine 8c, aus Dachpfannen gelegt, erkennen. Den Schulweg zu finden, das konnte ihr »Großer« wohl alleine, für die Straßenbahn gab es kein Geld, das sowieso damals mehr als knapp war.

Bei ihrem Zweiten lagen die Verhältnisse anders. Er musste in der Horner Schule, die als Ersatzschule für die zerstörte Schwachhauser Schule vorgesehen war, eingeschult werden. Mit viel Überzeugungsarbeit bei der Schulleitung versuchte Charlotte eine Einschulung ohne Verlustzeiten zu erreichen. Es gelang ihr nicht, die Privatschulzeit wurde nicht anerkannt und so erfolgte, wie für alle Kinder, die in Bremen in den Kriegsjahren nicht zur Schule gegangen waren, die Zurücksetzung um ein Schuljahr. Der Schulbeginn, lt. Auszug aus dem Weser Kurier vom 29.09.1945, war für Montag, den 1. Oktober 1945, vorgesehen. Es gab von Charlotte das Straßenbahnfahrgeld. Mit »Schwarzfahrten« und manipulierten Fahrscheinen wurde das magere Taschengeld aufgebessert, mit dem Ergebnis, dass sie wieder einmal wegen einer Beschwerde (abspringen von der fahrenden Bahn) zu der Schulleitung kommen musste. Es gab von ihr keine Schelte oder eine Ohrfeige, sie versuchte einfach zu überzeugen. Sie hatte mit allen Möglichkeiten ihres pädagogischen Wissens versucht zu überzeugen, mal wieder, und wie so oft noch in der Zukunft!

Weihnachten in diesen schlechten Zeiten war für Charlotte eine besondere Herausforderung. Wollte sie doch für ihre drei Kinder und ihren Mann immer ein schönes Fest gestalten. Selbst bei diesem Fest standen ihre fantasiereichen Ideen den »technokratischen« Ideen ihres Theos entgegen. Was hat sie für Geduldsproben über sich ergehen lassen müssen. In einem Jahr zum Beispiel, hatte unser Vater, einen genialen Gedanken zum Tannenbaumschmuck gehabt.

Es gab ja nichts zu kaufen, keine Kerzen, keinen Baumschmuck. Es war Heiligabend, ein Tannenbaum war schon da, der war so aus der Gegend des Grundbergsees von unserem Vater besorgt worden, mit vorheriger Besichtigung eines Nachbarn. Wir Jungs warteten auf die Bescherung. Und was machte unser Vater? Er begann den Baum mit Kalkmilch zu streichen. Die Idee war rührend, wurde der nackte Tannenbaum so zum Weihnachtsbaum, wenn auch zu einem sehr einfachen Baum. Aber man muss sich den Vorgang des Kalkens einmal vorstellen! Meine Mutter war verzweifelt, aber sagen durfte sie ja nichts. Für uns Kinder war der weiße Baum dann, als die Weihnachtsteller mit Süßigkeiten und mit Geschenken so da standen, einfach großartig.

Für ein anderes Weihnachten hatte Theo eine elektrische Beleuchtung irgendwo aufgetrieben. Unsere Mutter hatte alle Vorbereitungen fertig, wir Kinder warteten erwartungsvoll, nur es passierte nichts außer einem Rumoren im Weihnachtszimmer. Es hatte sich gezeigt, dass die Lichter an der Kette nicht brannten. Offenbar hatten eine oder mehrere Kerzen versagt. Und nun? Unser Vater nahm mit aller Ruhe zwei Stecknadeln, ein Messgerät, und prüfte Kerze für Kerze, wo der Strom unterbrochen sein könnte, das dauerte seine Zeit, war aber erfolgreich. Wie unsere die Beherrschung behalten hatte, das ist aus heutiger Sicht, bewundernswert. Zur Ablenkung las sie uns eine oder mehrere Weihnachtsgeschichten vor, mit diesem Vorlesen hat sie sich sicher selbst beruhig, sonst wäre das Weihnachten in Worten und Tränen versunken.

Weihnachten ohne den »Dresdner Christstollen« konnte sich niemand in der Familie vorstellen. Und so setzte ihr Theo alles daran die nötigen Zutaten zu organisieren.

Charlotte schreibt zu einem besonders lustigen Ereignis mit dem Christstollen:
Wenn Theo dann alle Zutaten organisiert hatte konnte ich mit den Backvorbereitungen beginnen. Es mussten immer zwei Stollen werden, deren Teig auf zwei langen Brettern zum Bäcker an der Kirchbachstraße zum Backen gebracht wurde. Immerhin reichten beide Stollen bis zu Ostern. Die Jungen zogen einen Handwagen und ich ging nebenher, damit die Bretter nicht etwa herabfielen. Beide Kuchen bekamen Namensschilder, damit Verwechselungen beim Bäcker nicht passierten. Zu einem Weihnachten holten wir die Kuchen gebacken wieder ab und schon bald gab es eine Kostprobe. Der probierte Stollen war köstlich, war aber nach meiner Ansicht mit seinen vielen Zutaten nicht mein Stollen, es war eher ein »Bremer Klaben« geworden. Was nun? Ich wollte den Klaben-Stollen zurückbringen, Theo war dagegen. Wir stritten uns nicht, wir lachten unbändig und dachten daran, wie es wohl den anderen Leuten ging, die nun unseren Stollen hatten. Theo sah das letztlich ganz pragmatisch. Wir hatten »Bremer Klaben« kennengelernt, die fremden Leute hatten »Dresdner Christstollen« kennengelernt. Nie hatte ich später bei dem Bäcker nur eine Andeutung über die Verwechselung gemacht, aber auch der Bäcker hatte nichts gesagt. Ob die andere Familie auch so viel Spaß gehabt hatte?

Brot konnte Theo nicht backen, aber sein Freund »Heischi«, der Konditormeister, sorgte dafür, dass Charlotte jede Woche ein Brot bekam, das wurde genau aufgeteilt und wehe einer nahm dem anderen etwas weg. »Meine Kinder hatten fast immer zu essen«, sagte Charlotte später einmal, von ihr selbst sprach sie nie. Auch nicht über die Qualen ihres sich wieder einstellenden Leidens. Sie arbeitete, litt, schwieg und hielt die Hände über ihre Kinder, auch als der entsetzliche Unglücksfall eingetreten war, und ihre beiden »Großen« durch eine selbst verursachte Pulverexplosion schwere Verbrennungen erlitten. Es gab keine Untersuchung, keine Polizei, kein Verhör bei der Besatzungsmacht. Unser Kinderarzt, Dr. Mertz, ermöglichte es, dass der Unfall nicht bekannt wurde. Charlotte und dieser großartige Arzt mühten sich zusammen, dass bei ihren Jungs keine bleibenden Verbrennungsnarben verblieben. (Der Kinderarzt Dr. Mertz wohnte in der Kurfürsten Allee 122, er hatte Kriegstagebuch über die letzen Kriegswochen geschrieben, erschienen im Temmen Verlag 1995).

Doch in der ersten Zeit gehörten zu meinem »Mittagstisch« noch Theos Eltern. Das Essen reichte einfach nicht. So ging ich, wie andere auch, zu den amerikanischen Offizieren, die in der Kurfürsten Allee eine schöne Villa bewohnten, und versuchte von der noch von meinen Eltern her vorhandene Tischwäsche aus Damast, die es für 24 Personen gab, einiges einzutauschen, auch Strümpfe fielen dabei manchmal ab. Das geschah heimlich, ohne die größte Not hätte ich solche Gänge niemals gemacht. Theo wusste davon nichts. Wäsche gehörte zum Haushalt, und da war ich immer zuständig gewesen. Als eine kleine Gegenleistung meiner Schwiegermutter wusch diese nach jedem Essen das Geschirr ab. Das Wasser dazu wurde auf einem Herd heiß gemacht, den Theo in der Küche gebaut hatte. »Kindchen, ruhe du dich mal aus«, sagte sie zu mir. Ich habe manches Mal heulend im Bett gelegen. Ich war ein »Kindchen« geworden, was war überhaupt aus mir geworden? Doch ich war Mutter von drei lieben Kindern, zwei schon etwas »älter« als sie eigentlich sein sollten, und das beobachtete ich genau, hatten sie auch Freunde, die man für älter halten konnte, als sie es waren.

Trotz aller Beziehungen, an Schuhe für die Kinder konnte Theo nicht herankommen, auch die Amis hatten keine Kinderschuhe, woher auch? Aber Ekkehard, der kam eines Tages mit selbst besohlten Schuhen an. Er hatte auf einem Flugzeugschrottplatz in Horn, einem benachbarten Stadtteil, Gummistücke aus den Benzintankverkleidungen herausgeschnitten, und damit seine Schuhe und die seines Bruders besohlt. Da sein jüngerer Bruder zur Grundschule in Horn ging, wusste ich wohl, dass hinter der Schule ein Lagerplatz für Flugzeuge war. Eines Tages waren die beiden erst spät zum Abendessen gekommen, Theo war schnell mit einer Ohrfeige dabei, wenn er spürte, dass seine Jungs es mit der Wahrheit nicht genau nahmen. Also, sie waren auf dem Platz gewesen und hatten irgendetwas Technisches aus den Flugzeugen klauen wollen. Sie wurden erwischt, und die Bewacher, Amerikaner, machten sich den Spaß daraus immer, wenn die Jungs aus dem Flugzeug die Köpfe steckten, einen Gewehrschuss abzugeben. Erst bei Wachwechsel konnten sie verschwinden. Wie man bei solchen Vorfällen mit Kindern umgeht, das hatte ich nicht gelernt, was hatte ich überhaupt gelernt mit dem Umgang von Kindern in solchen Notzeiten? Nichts! Da gab es keine Seminare, es gab keine Psychologen, keine Selbsthilfegruppen, keine Sprechstunden bei den Kirchen. Ich war allein, wie viele andere Frauen auch. Wir froren mit den Kindern im Winter, wir teilten die alten Vorhänge für Bekleidung mit ihnen, wir gaben ihnen zu essen, auch wenn wir Eltern nichts oder nur wenig bekamen. In der Schule gab es die Schulspeisung und mein »großer« brachte manches Mal ein fast volles Kochgeschirr mit einer Suppe nach Hause. Für dich, damit du auch einmal satt wirst, sagte er dann. Das sagte ein 13 jähriger Junge zu seiner Mutter! Früh lernte er das organisieren, kam da schon der spätere Kaufmann durch? Lothar war da anders. Zwei Mal musste ich in der Schule vorsprechen, da er Schwierigkeiten bei der Schulspeisung gemacht hatte. Er wollte »den Fraß« nicht entgegen nehmen, geschweige denn essen. Er beschimpfte die die Speisung beaufsichtigende Lehrerin, das konnte nicht ohne Folgen bleiben. Mit viel Diplomatie vermochte ich die Lehrerin umzustimmen, damit sie von einem Klassenbucheintrag oder Schlimmerem absahen. Er war ehrlich, spontan aber zu direkt, die Wendigkeit seines älteren Bruders hatte er nicht.

In Notzeiten lebten wir, nichts gab es zu kaufen, Lothar brauchte eine lange Hose in der Winterkälte. Theo hatte eine Hose organisiert, viel zu lang, zu weit natürlich. Die Hose wurde irgendwie zurechtgeschnitten, ich nähte die Säume und fertig war die Hose. »Vaterhose« wurde sie immer genannt. Brüder sind nicht immer empfindsam im Umgang miteinander. So musste ich hören, dass Ekkehard vor Freunden davon sprach, dass sein Bruder in einer »Vaterhose« rumläuft, es gab Gelächter, der Junge schämte sich. Der Fall kam bei mir vor das »Familiengericht«, ich denke, die Jungs hatten danach verstanden, dass man auch unter Brüdern so nicht miteinander umgehen konnte.

»Wer ist denn dieser Mann mit dem Schlapphut« - fragte mich meine Mutter. Ich wusste es nur ungefähr und sie war entsetzt über das, was sie hören musste. Und wieder sah sie keine Möglichkeit für sich irgendetwas dagegen zu tun.

Der Schwarzhandel blühte und wer einmal ein guter Kaufmann werden wollte, musste wohl früh anfangen, so wie mein Bruder Ekkehard. Verschoben wurden geklaute Radioröhren, die er mit einem Gewinn jemandem verkaufte - mit 14 Jahren! Soviel hatte ich gelernt, verbiete ich etwas, geschieht es weiter im Untergrund. Also kam der Schwarzhändler ständig zu uns nach Hause. Nie, sagte meine Mutter später einmal, hätte sie versucht »diesen Mann« zur Rechenschaft zu stellen, sie hat ihn einfach ignoriert und ständig gehofft, dass nicht einmal die Polizei bei ihr anklopfte.

Mein Theo war immer ein Lebenskünstler gewesen, irgendwie kam er immer auf die Füße, irgendetwas fiel ihm immer ein. Diese Sicherheit, dass er nie aufgab, war ein Teil meines Lebens mit ihm. Der andere Teil war sein völliges Unverständnis für meine ganz persönlichen Belange, die mein Dasein überhaupt ausmachten. Gespräche um die Wechselbeziehungen im Leben, ein Gespräch über literarische Ereignisse, meine Liebe zur Musik, zu Kunst und Kultur und natürlich die Kindererziehung, gab es nicht. Hier war ich allein und blieb auch alleine, fand bis in spätere Jahre niemanden, mit dem ich meine Gedanken teilen konnte. Viel später, was hätte ich da noch in angebotenen Gesprächskreisen der Kirche, oder von anderen Organisationen in mir aufnehmen können, doch da war es zu spät. Meine entscheidenden Jahre mussten im Krieg und in der Nachkriegszeit nutzlos für mich vergehen. Die Liebe zu meinen Kindern war mir geblieben und das hat mir unendlich viel bedeutet. Erst viel später kam mir die Erkenntnis, das es sinnlos gewesen war den nicht gelebten Idealen nachzutrauern. Es galt das Leben zu genießen, mit der aufstrebenden Wirtschaft versuchen zu vergessen, dass da der Wunsch gewesen war, mehr als ein schönes Leben zu führen. Wie war das zu Beginn meiner Tätigkeit in Bethanien? »Nehmen sie ihr den Besen weg, das ist nichts für das Schlüterchen«, hatte die Schw. Oberin gesagt.

In dieser so hoffnungslosen Zeit hatte es endlich einen Lichtblick für mich gegeben, der den Sinn meines Leben hätte noch erfüllen können. Irgendwie bekam ich Verbindung zu dem Frauenkreis der Domgemeinde. Der Frauenkreis wurde von Pastor T. geleitet, einem großartigen, gut aussehenden Mann. Jetzt hatte ich einen Gesprächspartner, mit dem ich mich verstand. Er erkannte schnell mein umfassendes Wissen über die Arbeit evangelischer Kindergärten. Es bedurfte nicht erst seines Anstoßes, damit ich erkannte, hier könnte nach einer Einarbeitungszeit eine Aufgabe für mich entstehen. Mit Begeisterung las ich in den mir überlassenen Schriften, die ich - mein Verhängnis - mit nach Hause nahm. Ich begann kleine Leserbriefe, Kommentare in der Zeitschrift »Frauenhilfe, ein Bote für die evangelische Frau« zu schreiben. Theo hatte ich nur am Rande von diesen Treffen berichtet. Mit diesen Treffen waren keine Besuche der Gottesdienste im Dom verbunden, was für mich auch nicht möglich gewesen wäre. In meiner Familie war es üblich, dass auch am Sonntag immer zu Mittag gegessen wurde, also stand ich am Herd während andere Frauen, auch aus meinem Frauenkreis, in der Kirche saßen. Theo horchte erst auf, als wir uns in kleinen Gruppen in den Wohnungen trafen, mit unserem Pastor T. Das passte ihm nicht. Vielleicht war der große, gut aussehende Pastor, den ich wie eine Fügung in meinem geistigen Leben sah, aus Theos Sicht eine Bedrohung für sein patriarchalisches Familienverständnis. Ein Pastor kam aus christlichen Anlässen wie Taufe, Konfirmation, Heirat oder Begräbnis ins Haus, sonst nicht. Irgend einen Anlass gibt es immer, wenn jemand einen grundsätzlichen Gesprächsgrund sucht, so auch bei meinem Verhältnis zu Pastor T.. Theo hat im Ergebnis in einem lautstark geführten Gespräch mir schlicht den Zugang zu dem Frauenkreis verboten. Niemanden hatte ich, der für mich Partei ergreifen konnte. Gehe doch sonntags in die Kirche und höre dir den Gottesdienst an, war einer von anderen ziemlich platten Ratschlägen. Es half nichts, das Ende einer kurzen, sich entwickelnden, für mich geistig fruchtbaren Zeit, war gekommen. Ich erinnerte mich daran, wie Theo ohne Verständnis auf einen meiner öffentlichen Vorträge über die Sozialarbeit in der schlesischen Kirche reagiert hatte, sehr lange war das her, aber mir stand seine Reaktion von damals plötzlich ganz lebendig vor Augen. Damals hatte die junge Liebe die Tränen getrocknet und auch das kleine Engelein, dass er mir schickte, quasi als Eingeständnis seiner Schuld an meinem Kummer. Doch heute? Er gab keine Begründung von sich. Er war der Herr über mich, ich hatte mich zu fügen. Wochen vergingen, bis die Stimmung wieder so war, dass wir normal miteinander umgingen. Ich glaube, dass auch meine Kinder unter diesem Zerwürfnis schwer gelitten hatten. Das war die Zeit, in der ich mir geschworen hatte meine glückliche berufliche Vergangenheit für alle Zeiten zu vergessen. Ab diesem Zeitpunkt wollte ich nur noch leben, so wie andere auch: Meine Krankheit vergessen und mich allen oberflächlichen Freuden, meinem zweiten Leben, zuwenden. So schwierig war das auch nicht, denn nach der Währungsreform ging es dann auch bei uns langsam, aber stetig bergauf, der Krieg war vergessen wir lebten einer - hoffentlich - glücklichen Zukunft entgegen.

Am 21.06.1948 kam die Währungsreform, die Reichsmark ging, es kam die Deutsche Mark. Jeder Deutsche bekam 40 DM, das waren für die Familie 200 DM.

Der Wert des Geldes war natürlich ein erheblich höherer als der Wert der DM vor der Einführung des Euro. Die RM Guthaben wurden im Verhältnis 100:5 abgewertet. Die Herkunft von Bargeld musste schlüssig nachgewiesen werden, wenn ein Umtausch erfolgen sollte. Ekkehards »Schwarzgeld«, ein Haufen Tausendmarkscheine auf dem Esszimmertisch gehäuft, war nichts mehr wert, die »Schieberei« hatte ein Ende, sagte Theo, Charlotte war erleichtert.

Die nächsten Jahre brachten den Aufschwung, das »Wirtschaftswunder«.

Und Charlotte? Sie hatte wieder einmal nach reiflicher Überlegung für sich einen eigenen Umschwung eingeläutet. Wie war das in Bethanien gewesen, damals, als sie sich stürmisch und mit Ehrgeiz der christlichen Kindererziehung verschrieben hatte? »Das arme Lottelchen, hin und her gerissen zwischen ihrer Berufsidee und tanzen und leben« so hatte eine ihr gut gesonnene Ordensschwester bedauernd festgestellt. Damals hatte sie, mehr bockig, für sich festgestellt, dass beides in ihrem Leben Platz haben würde. Der eine Teil ihrer Verwirklichung, der Beruf, war ausgeträumt. Ihr Theo war die unüberwindliche Barriere, damals und für die Zukunft, sein Nein zu allen beruflichen Neuanfängen in der Ehe war bei jedem Versuch der vorsichtigen Annäherung an das Berufsthema grundsätzlich und ohne Diskussion abgebrochen worden. Charlotte sollte eine »Nur-Hausfrau« sein und bleiben.

Nicht plötzlich aber doch langsam näherte ich mich jenem Zustand, den ich immer für mich ausgeschlossen hatte. Die Frau eines Mannes, einem »Technokraten«, ohne wechselseitige geistige

Zuwendung, er mit seinen beruflichen Ambitionen, die, und das musste ich anerkennen, unsere Lebensgrundlage waren, drei Kinder, die mich voll beanspruchten, zwei inzwischen in die, wie man sagte »Flegeljahre« kommend, und ein sich entwickelnder Freundeskreis, der sich »dem Leben« verschrieben hatte, wie wir auch. Die erste Urlaubsreise nach dem Krieg 1950 führte in das Weserbergland, Tanzveranstaltungen des sich in Bremen gesammelten ATB, die studentische Verbindung von Theo, und überhaupt die großartigen Treffen der Verbindungen bei dem jährlichen Bismarckkommers. Private Feste, Silvesterfeiern, Besuche in dem legendären Varietéetheater Astoria. Wir reisten, wann immer sich die Möglichkeit ergab. Theos neuer Firmensitz war München und wie sagte er einmal? »Über München ist es immer wert zu reisen«. Da holte er sich einen Vorschuss auf seine Umsatzboni ab und weiter ging es für Wochen in den Süden. Aber als er viele Jahre später in die Geschäftsleitung nach München berufen werden sollte, sagten wir beide: »Das schönste an München sei die Rückfahrkarte nach Bremen«. Dresden und auch Bremen, die Städte und ihre Menschen hatten wir gelernt zu verstehen. Aber jetzt München? Das war nicht Wien, eher Innsbruck für uns. Damals war die Stadt, die immer eine Residenzstadt gewesen war, so spießig, bayrisch, nicht zu vergleichen mit der Stadt, wie sie sich heute darstellt.

Eine Nische für irgendwelche geistigen Interessen gab es für mich nicht. Die Gespräche in dem Freundeskreis waren eben auf Bremen und seinen Handel zugeschnitten. Verdienen, leben, die Kinder. Als in Bremen das Theater wieder eröffnete, hatte Theo immerhin für uns zwei Plätze in der zweiten Reihe im Parkett abboniert. Mit einer Sonderfahrt der Linie 4, der Theaterbahn, fuhren wir in eleganter Abendgarderobe, ein kleines Abendessen im Theater krönte den Abend. Ich war glücklich, das Bremer Theater war zwar nicht die Semperoper, aber Theaterbesuche waren ein Lebensteil aus meiner Jugend, den ich immer vermisst hatte. Später fuhren wir auf schönen Auslandsreisen, immer über München und häufig, jedenfalls in den Sommerferien, zusammen mit den Kindern. 1950 machte mein Zweiter eine eigene Auslandsreise in die Schweiz mit der Bremischen evangelischen Jugend. Da hatte es schon mit Theo eine Diskussion gegeben, ob das sein müsste und die Kosten! Letztlich waren wir der Meinung, dass noch immer der alte Spruch galt: »Reisen bildet«, und so durfte er fahren. Im folgenden Jahr fuhren beide Jungs nach Schweden, wieder mit der Kirche, ich glaube sie hatten diese weite Reise sehr genossen. Meine Gesundheit war weiterhin nicht stabil und so genoss ich jeden Tag, an dem ich aus dem manchmal grauen Alltag mit kleinen Pausen heraus konnte. Untiefen gab es genug. Da war das Problem der für fünf Personen zu engen Wohnung. Die großen Jungs hatten ein gemeinsames Schlafzimmer. Der Jüngste schlief weiterhin in unserem Schlafzimmer, was ich für unerträglich hielt. Erst als mein ältester in Hamburg 1952 anfing zu studieren und wir das beschlagnahmte 5. Zimmer zurück bekamen, wurden die Zustände erträglich, aber bis dahin! Es gab viele Reibereien in der Familie, immerhin wollten die Jungs auch einmal Freunde bei sich haben.

Im Jahre 1949 wurde der älteste im Dom konfirmiert. Gefeiert haben wir dann mit den Schwiegereltern und anderen Verwandten in der Wohnung. Die vielen Stühle wurden aus der Nachbarschaft dazu geliehen. Immerhin konnte man den großen Esstisch so ausziehen, dass 24 Personen daran sitzen konnten. Freunde und Bekannte, die zum Gratulieren kamen schenkten »einen Briefumschlag«. Gezählt wurde, nachdem alle Gäste weg waren und dann gingen die Konfirmanden zu ihren Freunden und fragten, wie viel diese »eingenommen« hatten. Ein Konfirmand musste damals noch bei denen, die Geschenke gegeben hatten, einen Besuch machen. Ich achtete darauf, dass mein Sohn alle Besuche in einem angemessenen Zeitraum durchführte. Na ja, nachhelfen musste ich schon. Mir war schon verständlich, dass es da eine Hemmschwelle gab. Und was hatte so auf dem Gabentisch - 1949 - gelegen? Ein Bild von damals zeigt Blumen, eine Krawatte, Bücher, Manschettenknöpfe und einen Fotoapparat, den der geschäftstüchtige Konfirmand zum Ärger seines Vaters bald wieder verkaufte. Gut sah er aus, mein Konfirmand, irgendwie war ich glücklich.

Die Konfirmationsfeier war wohl ein schönes Fest gewesen und, wie das so damals üblich war, hatte auch Pastor Sprondel von der Domgemeinde kurz vorbei geschaut und wieder kam einmal ein Augenblick, in dem Charlotte mit der ihr eigenen Konsequenz tätig wurde. Sie sprach mit Pastor Sprondel darüber, dass ihr zweiter Sohn aus bestimmten Gründen noch nicht einmal getauft sei, obgleich er in zwei Jahren, 1949, vierzehn werden würde und mit sechzehn spätestens die Konfirmation erfolgen sollte. So kam es, dass er, auf Charlottes Veranlassung, zu einem evangelischen Kinderkreis gehen musste, um dann, zwei Jahre später getauft und konfirmiert zu werden. Offiziell ging er zur Begleitung seines jüngeren Bruders, der erst 7 Jahre alt war. Der schöne Traum von einer Taufe in der Kirche Wang, den hatten die Kriegsfolgen hinweg gefegt. Im März 1949 konnte Charlotte glücklich zwei Jungen als getauft in ihre Arme nehmen. Später hatte sie dann einmal, ganz beiläufig in einem Gespräch gesagt, wie unglücklich sie darüber gewesen sei, dass ihr Lothar bedingt durch ihre schwere Krankheit bei seiner Geburt und dann durch die Wirren des Krieges nicht getauft worden sei.

Ein Stein fiel mir vom Herzen, am 27.3.49 konnten wir nun endlich unseren zweiten Sohn in der Ostkrypta des Domes bei Pastor Sprondel taufen lassen. Ungewöhnlich war das schon und für unseren Jungen besonders, dass er erst mit 14 Jahren, zusammen mit seinem jüngeren Bruder, getauft wurde. Ihm war das nicht gerade angenehm, aber was hätten wir machen sollen? Er war verständig, vielleicht auch gleichgültig der Taufe gegenüber, ein paar Geschenke haben ihn dann aufgemuntert, Selbst Theo, der kirchlichen Dingen gegenüber ohne besonderes Interesse war, hatte sich über die Doppeltaufe gefreut, worüber ich wieder glücklich war. Niemandem könnte ich heute empfehlen Kinder im pubertären Alter taufen zu lassen. Ich hätte nicht hören mögen, was die Schwestern in Bethanien wohl dazu gesagt hätten, dass ein Kind nicht gleich nach der Geburt getauft wurde. Heute beginnt man das alles lockerer zu sehen, aber ob es richtig ist mit einer Taufe zu warten, bis ein Kind selbstbestimmend sagt, ja, ich will getauft werden? Nun waren wir eine christlich gegründete Familie, ich kann nicht genau sagen, warum mir daran so sehr gelegen hat, später habe ich häufig darüber nachgedacht, als die Kinder heirateten und dann wieder Enkel da waren.

Und dann dauerte es nicht mehr lange, und die Konfirmation folgte am 13.03.51 im Dom bei Pastor Sprondel .Es war eine schöne Feier, jetzt mit mehreren Jungen und Mädchen. Der Taufspruch lautete: Wer im Geringsten treu ist, der ist auch im Großen treu. War das ein Spruch für sein Leben? Lothar war dann lange Jahre in dem kirchlichen Jugendkreis eingebunden, später engagierte er sich in der Studentenjugend. Als Dank für seine Unterstützung im Dienste an der Jugend schenkte ihm die Gemeinde »Die Reden an die Jugend« von Theodor Heuss, dem damaligen ersten Bundespräsidenten des westlichen Deutschlands.

Glücklich war ich darüber, dass wohl irgendwie meine christliche Erziehung, wenn auch äußerlich nicht erkennbar, bei meinen Söhnen auf fruchtbaren Boden gefallen war.

Immer habe ich versucht meine drei Jungen gleichwertig zu behandeln und ihnen das Gefühl zu geben, dass ich immer für sie da sei. Nicht immer gelang mir das. Die Jungs waren auch zu unterschiedlich. Der Älteste hatte z.B. in dem Gymnasium, keinerlei Probleme und war wohl ein guter Schüler. Bei dem Zweiten gab es, nachdem auch er in das Gymnasium am Barkhof eingeschult war, ständig Probleme wegen seiner Leistungen. Oft musste ich in der Schule vorsprechen, da mal wieder irgendwo eine Zensur nicht ausreichend war. Seine Lieblingsfächer waren offensichtlich Deutsch und Geografie, aber die drei Fremdsprachen! Überall hakte es häufig. Mit Theo konnte ich da kein Gespräch führen, er war in seinem Beruf voll ausgelastet zumal sein Büro als Spezialabteilung Kranantrieb dem Werk in Regensburg angegliedert worden war, nachdem er Erfindungen in diesem Fachbereich gemacht hatte. Ich war also die Nurhausfrau, mit Verantwortung für die Kindererziehung und überhaupt für alles zuständig, nur nicht für die finanziellen Angelegenheiten. Im Laufe der Jahrzehnte hatte ich mich daran gewöhnt um jeden Pfennig zu bitten und wusste schon, wann der Zeitpunkt günstig und weniger günstig war. Zurückblickend muss ich sagen, dass die Frauen in der Gleichberechtigung noch völlig rückständig waren, was eigentlich verwundert, da wir Frauen im Krieg die größten Lasten der, wie man damals sagte, Heimatfront, zu leisten gehabt hatten. Ich hatte keine Ahnung über unsere finanziellen Möglichkeiten, mal war Theo großzügig, mal unendlich kleinlich, später hatte er sich etwas gebessert, da er Freunde hatte, die auf ihn großen Einfluss hatten.

1952 begann dann ihr ältester Sohn in Hamburg zu studieren. Betriebswirtschaft! Wie er das wohl seinem Vater beigebracht hatte! Charlotte ahnte als Mutter schon lange, dass ihr ältester kein Techniker werden würde. Die Funkbude im Keller mit Verbindung in alle Welt war kein Indiz dafür, dass er einen technischen Beruf ergreifen würde, wie sein Vater gehofft hatte. Da hat es Auseinandersetzungen gegeben, auch mit Charlotte, da sie ihren Vater als den großzügigen und anerkannten Kaufmann in Erinnerung hatte, warum sollte einer ihrer Söhne nicht studierter Kaufmann werden? Letztlich hatte Theo den Studienwunsch akzeptiert und in einem ernsten Gespräch seine finanziellen Möglichkeiten aufgezeigt mit dem Hinweis, da gebe es noch zwei Brüder, die evtl. den gleichen Weg gehen wollten. Also, nicht bummeln, wie er es selbst gemacht hatte, sondern sobald wie möglich das Studium beenden. Der Monatswechsel mit DM 200 war, zu damaliger Zeit, nicht zu knapp bemessen, zu mal er häufiger in Bremen war, und sich im Elternhaus weiterhin gerne aufhielt. Natürlich gab es da, schon in der Tanzstunde bei Schipfer-Hausa, da ging man hin, Bändeleien mit Mädchen, bei denen sein jüngerer Bruder manchmal, wegen des geringen Altersunterschiedes von zwei Jahren, aushelfen musste. Charlotte blieb da ganz ruhig und fragte hin und wieder nach dem Alter der jeweiligen Mädchen, mal den einen und mal den anderen, denn aus ihrer Sicht waren ihre beiden großen Jungs manchmal zu heftig engagiert. »Für dich zu alt« war ihre ständige Bemerkung, wenn sie bei einem häuslichen Tanztee die Mädchen kennengelernt hatte. Die Eltern hatten ja Freunde mit Töchtern, die wiederum danach spähten, ob ein junger Mann schon »etwas darstellte« oder auf dem Wege dazu war. Ein Student? Na das konnte noch dauern, lassen wir ihnen den harmlosen Spaß. Im sich anbahnenden Ernstfall schritten die jeweiligen Väter ein, und schwupp war es vorbei mit der Verbindung.

Ihr Theo bekam von diesen Dingen nur wenig mit, er war auf Reisen, zu denen er gerne Charlotte mitnahm, und so die »sturmfreie Bude« lieferte, oder er war auch am Abend unterwegs. Die geschäftlichen Aktivitäten ließen häufig keinen Raum für besondere Aussprachen in der Familie. Lange Sommerreisen ließen sie sich nicht nehmen und bei dem Wort »Reise« war Charlotte seit ihrer Kindheit wie elektrisiert. Immer wieder dachte sie daran, wie sie mit ihrer Mutter am Globus die Reisen ihres Vaters nachempfunden hatte.

Und dann die gesellschaftlichen Verpflichtungen mit den angereisten Geschäftsfreunden. Nur in Bremerhaven konnte man Fisch essen, wenn jemand aus dem Süden kam, die Küste musste gezeigt werden, ein Tag konnte nicht lang genug sein. Ein Zettel für ihre Jungen zu Hause, »macht euch Frühstück, wir sind an der Küste,« deutete darauf hin, dass Natusch, das bekannte Fischrestaurant in Bremerhaven, wieder dran war, nach dem die Nacht in Bremen zum Tag gemacht worden war. Feiern das konnten sie, Charlotte war dann in ihrem Element.

Und dann, irgendwann, zu irgend einem Anlass gab es wieder die Auseinandersetzungen, die offen auch vor den Kindern ausgetragen wurden. Der Messebesuch in Hannover oder die dringende Dienstreise in das Düsseldorfer Büro zur Karnevalzeit könne die Ursache gewesen sein, dass Charlotte »rot« sah. Sie fühlte sich gedemütigt, zurückgesetzt war eifersüchtig, auf wen auch immer und mit oder ohne Grund. Mit uns, den älteren Jungs gab es keine Gespräche über irgendwelche Gründe. Wir sahen ratlos zu und wussten, irgendwann bog sich alles wieder hin, wer da nachgegeben hatte, war eigentlich egal. Theo hat dann wohl auf Anraten von Freunden nachgegeben, nicht mit Worten, sondern mit kleinen Geschenken oder Reisen. Was blieb da hängen? Charlotte schloss alles in ihrem Herzen ein und später, als es ihrem Theo gesundheitlich schlecht ging, war sie ohne jede Ausnahme für ihn da. Ein Sohn hatte sie verlassen, war auf dem Weg flügge zu werden. Sie war zufrieden, hatte sie doch den »großen« auf den richtigen Weg gebracht, was nun kommen würde, darauf hatte sie keinen Einfluss mehr.

Einfluss versuchte sie noch zu nehmen, als sich die bedenklichen Zeichen bei Ihrem Zweiten mehrten, dass die Schulzeit auf dem Gymnasium unglücklich enden könnte. Sie hatte Gespräche mit den Lehrkräften, Auseinandersetzungen mit ihrem zweiten Sohn, Ärger mit Theo. Der Übergang in eine Privatschule oder in ein Internat kaum schon aus finanziellen Erwägungen heraus nicht infrage. Und Theo schritt zur Tat. Er meldete seinen Sohn in der Schule einfach ab und es folgte eine grundsätzliche Aussprache zwischen Vater und Sohn im Ergebnis, dass sein zweiter Sohn ebenfalls von der Elektrotechnik nichts wissen wollte, er wollte Architekt werden und musste dafür eine Maurerlehre über drei Jahre absolvieren. Am 1. April 1954 begann die Lehrzeit.

Das war für mich ein Unglück, hatte ich doch zu handwerklichen Berufen überhaupt keine Beziehung. In keiner unserer befreundeten Familien gab es einen »Handwerker«. Allenfalls gab es kaufmännische Lehrlinge in Vaters Firma, die, wenn auch an der kurzen Leine lernend, eine angemessene Anstellung in einer Im- und Exportfirma, oder Vaters Firma in Aussicht hatten. Die anfängliche styrotype Frage »So, Mauer lernt euer Junge?« war verletzend. Die Zeit war noch nicht reif dafür, dass es nicht ungewöhnlich war, dass jemand vor seinem Studium sich eine technische Grundlage erarbeitete. Von der Schulbank auf den Bau, Lehrling mit allen Konsequenzen, Hitze und Kälte an sechs Tagen die Woche. Der Freundeskreis, auch der mit den Mädchen, änderte sich. Meine erlernte Pädagogik scheiterte, ich blieb die Fragende, häufig ohne Auskunft, da änderte sich langsam etwas, ich spürte das, ohne helfen zu können. In seinen Urlauben war er manchmal einfach weg, mit einem Motorroller, den er sich gekauft hatte. Postkarten kamen aus Italien von irgendwo, manchmal brauchte er etwas Geld, so wusste Theo, wo er war, auf den Pfennig genau musste er später seine Schulden abtragen. Diese Selbstständigkeit gefiel Theo, das merkte ich in den Gesprächen mit unseren Freunden oder mit den Geschäftspartnern. Inzwischen hieß es übereinstimmend, dass eine handwerkliche Ausbildung mit dem Einblick in die Lebensverhältnisse der Arbeitskollegen für das ganze Leben eine wichtige Grundlage sein könnte. Die viel beschworene »alte Burschenherrlichkeit« in den studentischen Verbindungen sei für unser zukünftiges Leben zu abgehoben von der wirklichen Arbeitswelt. Ich dachte bei diesen Gesprächen dann immer daran, wie mein Vater von seiner Lehrzeit in Tirol geschwärmt hatte und was dann aus ihm später geworden sei: Ein gebildeter Mann mit geschäftlichem Weitblick und einer tiefen Menschenkenntnis.

Lichtblicke waren die Bälle in den Wintern, als guter Tänzer war mein Sohn gerne mit dabei, wenn auch immer auf die Berufsfrage die Antwort »Maurer« kam. Besonders berührt war ich, wenn es bei den ATB-Festen den Generationentanz gab, der für meine Schwiegereltern, Theo und mich und für Lothar mit Tanzdame angesagt wurde. Wir drei Paare drehten uns ganz alleine auf der großen Tanzfläche, beklatscht von den Zuschauern. So vergingen die Jahre, wir gewöhnten uns an unseren »Maurer«. Theo war sogar stolz auf seinen Sohn, der sich in seinem Fach sehr gut behauptete. Er musste es ja wissen, denn der Lehrherr war zugleich Kegelbruder von Theo und so erfuhr er manchmal etwas aus der Praxis.

Charlotte hat wegen ihres Maurer-Sohnes wohl gelitten, das war damals so nicht klar geworden, ihr Sohn hatte da sicher andere Dinge im Kopf. Die drei Jahre waren dann vorbei und die Aufnahmeprüfung zur damaligen Bau- und Ingenieurschule zum Architekturstudium gelang problemlos. Na, da war wieder alles im Lot! »Mein Sohn studiert Architektur« verkündete Charlotte und sah sich selbstbewusst in der Freundesrunde um. Zu einem Studium in Berlin an der Hochschule für bildende Künste kam es nicht. »Nackte Frauen zeichnen kommt nicht infrage«, sagte Theo bestimmend, er hatte wohl Erkundigungen zu dem Studium in Berlin und in Bremen eingeholt.

Der tüchtige Hamburger Student beendete in jungen Jahren sein Studium als Dipl. Kfm. Nein, noch weiter studieren, evtl. eine Habilitation in Angriff zu nehmen, die der Vater in schweren wirtschaftlichen Zeiten nicht geschafft hatte, das wollte er nicht. Der angehende Kaufmann wollte endlich Geld verdienen auch stand da schon ein junges Mädchen im Hintergrund. Der Vater - Sohn Streit war vorgegeben. Charlotte wollte schlichten, nur wie? Der Ausgleich wurde mit Freundesrat möglich, die Familie brach nicht auseinander, ganz im Hintergrund gab es wohl Gespräche zwischen Theo und Charlotte, er gab einmal nach, einer der ganz seltenen Fälle, es gab eine schöne Verlobungsfeier im Familienkreis. Was sagte Charlotte später so beiläufig?

Immer ging es bei allen Gesprächen um Geld und Besitz. Bei solchen Gesprächen konnte ich noch immer nicht mithalten und auch Theo lag es nicht mit Besitz anzugeben, jedes Ding nach seinem Wert zu taxieren oder gar nach dem Wert einer Sache zu fragen. Unser Leben und die Vorstellung davon, wie wir leben wollten, entsprach häufig nicht den Vorstellungen der Bremer Kaufmannsfamilien.

Nun musste noch der jüngste Sohn auf die richtige Lebensspur gebracht werden. Ihr Jüngster! Charlotte konnte sich nicht so um ihn kümmern, wie sie das gerne gewollt hätte. Viele geschäftliche Aktivitäten führten Theo jetzt im westlichen Europa herum, und sie war häufig dabei. Ihr entglitt die Übersicht, fragte ihre »großen« Söhne nach dem Umfeld ihres jüngsten Sohnes. Sie wusste nur wenig und kannte nur ein paar Freunde von ihm. Charlotte genoss das Leben, wie es ihr geboten wurde. Jetzt lebte sie, fast wie in jungen Jahren, ihr Theo wurde großzügig, sie hatten Gesprächspartner, mit denen sie gute Freunde wurden und die selbst großzügig lebten. Ihre Silberhochzeit 1955 in Utrecht, mit holländischen Freunden verlebt, war so ein Lebenshöhepunkt gewesen. Im Mai 1955 warf der Tod einen dunklen Schatten auf Theos Leben. Seine Eltern starben innerhalb einer Woche.

Mit der KLM flog sie manches mal mit Theo nach Amsterdam, wenn auch Start und Landung für sie immer mit Herzklopfen verbunden waren. »Die drückt mir noch den Daumen ab, so hält sie sich bei mir fest«, sagte Theo einmal zu einer nicht ganz glatten Landung in Bremen. Wenn sie nicht mit kam, dann rief er vom Flughafen in Amsterdam an, bevor er abflog, und Charlotte fuhr mit der Straßenbahn zum Bremer Flughafen. Sie betonte immer, was das für eine Ruckelfahrt war, das war einfach lächerlich und erinnerte sie daran, dass Bremen eben eine kleine Stadt war. Landete der Flieger, war auch sie am Flughafen eingetroffen, und mit der Taxe ging es, nach einem Begrüßungstrunk, heim.

Winterreisen führten nach Tirol, in das Hotel »Zum Stanglwirt« mit seinem berühmten »singenden Familienquartett«. Sie trafen sich dort mit Freunden aus München und dem Rheinland, feierten Sylvester, fuhren einmal im Rausch mit einem gemieteten Pferdeschlitten zu der Kirche in Ellmau und saßen ganz hinten in den Reihen zusammen, während alle anderen Kirchgänger getrennt durch den Mittelgang nach Frauen und Männern in den Bankreihen saßen. Die Berge sahen sie mehr von unten, denn ihr Theo war durch nichts am frühen Morgen auf die Beine zu bekommen. Sommerurlaube verbrachten sie für mehrere Wochen an den Küsten Italiens, mit guten Trinkgeldern bekamen sie Strandliegen in den ersten Reihen, besuchten die Städte mit ihren Sehenswürdigkeiten, und genossen das »dolce vita« in den belebten und eleganten Straßen. Ihren jüngsten Sohn nahmen sie gerne mit und sie freuten sich, wenn ihr Motorrollersohn sie auch einmal besuchte. In Bremen kam dann wieder der Alltag mit Macht auf Charlotte zu, Ausbildungsprobleme bei ihrem jüngsten Sohn, der auch nicht Elektrotechnik studieren wollte. Theo musste seine Verbindungen spielen lassen, um eine Lehrstelle bei der Fa. Lloyd Dynamo zu ergattern. Wieder hatte Charlotte einen Lehrling, jetzt schon mit dem in den Jahren entstandenen Wissen, dass eine praktische Ausbildung kein Nachteil sein konnte und inzwischen in der Gesellschaft akzeptiert wurde.

Im Juni 1956 heiratet ihr ältester Sohn und verlässt Bremen, da er eine gute Stellung bei der AEG in Frankfurt/M. bekommen hatte. Wie war das noch mit dem Spruch, als sie ihren Theo kennengelernt hatte: »Wer nie bei Siemens war, bei AEG und Borsig......!« Sie dachte an damals und hoffte auf die Zukunft ihres Sohnes an der Seite einer jungen und hübschen Frau. Und im März 1960 wird ihr erstes Enkelkind, Martina, geboren. Wie bedauerte Charlotte es, dass »die süße Kleine« so weit von ihr weg, in Frankfurt/M., war. Im März war dann im Bremer Dom die Taufe, Paten waren ihre beiden großen Jungen. Nun waren sie Oma, Theo Opa! Daran mussten sie sich erst gewöhnen, signalisierte dieser für sie neue Begriff, dass das Alter kommt! Sie hatten noch so viel vor und träumten von einem langen, glücklichen Leben.

Ja, stürmische Zeiten durchlebte sie wieder, doch weitgehend im Glück, die dunklen Stunden, die es gab, verdrängend.

Nicht befriedigend waren nach wie vor die Wohnverhältnisse. Inzwischen hatte sie zur Genüge bemerkt, in Bremen besaß man ein Haus, klein oder groß das war egal, aber keine Mietwohnung. Lange hatte sich Theo an den Gedanken eines eigenen Hauses gesträubt. Doch irgendwie, mit Freundes Rat gab er sie sich den inneren Ruck und erwarben ein schönes neues Haus in Bremen Horn-Lehe, Robert-Bunsen Str.27. Es war hell, schön und hatte viel Platz. Beide waren glücklich, widerstrebend war sogar ihr zweiter Sohn noch mit eingezogen. Raus wollte er aus der »Umklammerung« des Elternhauses aber in einer eigenen »Bude« wohnen? Das war für die damalige Zeit gesellschaftlich unmöglich, ja, wenn es in einer fremden Stadt gewesen wäre, aber in Bremen? Zum Jahreswechsel 1962/1963 war es soweit, sie zogen nach langen Vorbereitungen um. Charlotte dachte daran, wie es war, als sie nach Bremen zogen:

Ein eigenes Haus! Für Bremer selbstverständlich, für mich, die ich aus Breslau und Dresden nur große Etagenwohnungen kannte, war der Gedanke neu. So hatten wir damals in Bremen auch eine große Etage gesucht, vergebens. Bremen war die Stadt der Einfamilienhäuser, winzig zum Teil mit kleinen Gärten, aber Eigentum. Sicher, es gab Villen, wie ich sie aus Breslau oder Dresden her kannte, herrschaftliche Anwesen mit Gärtnerhaus und einem Personaleingang, aber die konnte man hier an einer Hand abzählen. Ich freute mich zusammen mit Theo riesig und die gemeinsame Einrichtungsplanung rückte uns wieder einmal so richtig zusammen. Was gab es alles zu bedenken! Ohne großen Kummer gab ich die letzen Bindungen an mein Elternhaus auf. Das Esszimmer wurde komplett weggeben gegen moderne Möbel. Das Klavier, seit Jahren unbenutzt, sollte auch weg. Ich hatte mich entschieden und keine Illusionen mehr, dass ich mit meinen »Waschküchenhänden« hätte überhaupt noch spielen können. Bei keinem meiner Jungen war erkennbar geworden, dass sie in irgend einer Richtung musikalisch sein könnten. Vielleicht mein Hartmut, ab da hätte es einer intensiven Unterstützung bedurft. Geld ausgeben für einen Unterricht? Dafür wäre Theo nicht zu gewinnen gewesen. Jetzt kam alles neu, dem Zeitgeist entsprechend. Ich bekam eine Vitrine, in der ich alle meine hübschen Porzellane und Vasen stellen konnte. Theo wollte jetzt nicht auf halbem Wege stehen bleiben und gönnte sich für sein Auto auch noch eine Garage. Unser Zweiter zog, wie ich es nannte, in den »Keller«, er als Architekt sagte »Gartengeschoss«, nun egal, er wohnte getrennt von uns, und das war wohl für ihn als auch für uns wichtig. Und der Garten? Da hatte weder Theo noch ich Erfahrungen, die Fläche war da und zum Frühjahr sollte da irgendwie etwas wachsen, aber was und wie, da hatten wir keine Ahnung. Ich lernte den Garten später lieben, Stunden konnte ich mich mit all dem Gepflanzten beschäftigen. Wenn mich dann eine Ordensschwester aus Bethanien gesehen hätte, was aus dem Lottchen geworden war! Mit dem neuen Haus entstand so richtig Leben um uns herum. Wir feierten mit Freunden, die Kegelkreise, ich war inzwischen in zwei Vereinen, besuchten uns regelmäßig, der Skatklub kam, die Freunde aus dem Verbindungskreis freuten sich auf unsere Feste. Jetzt waren wir in Bremen richtig angekommen. Musste das so viele Jahre gedauert haben? Wir waren uns darüber im Klaren, der Krieg und die Nachkriegsjahre hatten uns einen ganzen Lebensabschnitt geraubt, konnten wir das wieder aufholen? Wir sahen so viel Sonne in der Zukunft, so viel positive Zeichen für uns. Ganz im Stillen für mich betete ich darum, dass uns für die Zukunft das Lebensglück hold sein möchte.

Eine Schiffsreise führte mich mit meinem Kegelklub 1963 nach Marokko. Es war ein ganz neues Frachtschiff einer Bremer Reederei, die dem Mann einer meiner Kegelschwestern gehörte, mit wunderschönen Kabinen für uns. Nie hätte ich gedacht einmal eine große Schiffsreise machen zu können und wie wurden wir verwöhnt, ob wir unsere Familien vergaßen? Ich weiß das nicht mehr, möglich war das schon. Da war die Reise mit dem Seedienst Ostpreußen nach Danzig vor Kriegsbeginn doch einfacher und Theo war bei mir gewesen.

Überhaupt, was hatte ich für einen Spaß in dem Verein. Eine ganz liebe Frau, ohne irgendwelchen Aufhebens zu ihrer Person war bei uns Mitglied: Prinzessin Kira von Preußen, geb. Romanow. Sie war eine von uns, und sie war für uns da, wenngleich außerhalb unseres Klubs der Unterschied zwischen Bürger und Adel schon bemerkbar wurde. Sie schenkte mir einen bemalten Tiroler Krug und als etwas Besonderes: »Musik der Hohenzollern« mit der dritten Symphonie D-dur I. Satz, von Friedrich dem Grossen und von Prinz Louis Ferdinand »Rondo« als eine Privatausgabe. Manchmal sagte ich im Spaß: »kaiserliche Geschenke!« Ich dachte dann an meine Tanzstundenzeit, in der ich mit den jungen Adligen aus Schlesien getanzt hatte. Ganz heimlich für mich allein hatte ich dann den Gedanken, was wäre gewesen wenn....? Nein, das hatte Theo nicht verdient, dass ich solche Gedanken hatte. Vergangen und doch nicht vergessen? Warum nicht? Diese Zeit, die ich nicht mehr zurückholen konnte, war ein Teil meines Lebens, ein schöner Teil, musste ich den auslöschen? Eine herrliche Episode hatte es gegeben, als mein Sohn Lothar einmal unsere Haustür öffnete, und Prinzessin Kiras Mann, der Kaiserenkel, vor ihm stand. Da hat er wohl nicht gewusst, wie er diesen Herrn ansprechen sollte. Wütend war er später, dass ich ihm nicht gesagt, dass »die Kira« abgeholt werden würde. Ob er sich blamiert hatte? Er meinte, er hätte allenfalls »guten Tag Herr von Preußen« gesagt, das wäre aber falsch gewesen dachte ich, eine Diskussion wollte ich nicht und lies die ganze Sache auf sich beruhen.

Die liebe Familie! Jeder hatte so seine Befindlichkeiten und war ich immer informiert über das Leben meiner Kinder?

Theo und ich waren wirklich häufig auch über viele Tage unterwegs, so unsere Reisen nach Wien, wo wir unseren alten Freund aus der Dresdner Zeit besuchten, um dann nach Ungarn zu fahren. Budapest, wir wohnten im Hotel Gellert, wohl dem elegantesten Haus, besuchten die Fischer Bastei und die Umgebung. Theo machte da irgendwelche Geschäfte und ich hatte dann Freizeit, wie immer. Ich schlenderte durch die Innenstadt, die mit ihren Bauten Ähnlichkeit mit Wien aber auch Dresden hat. Zu den Reisen nach Lissabon konnte er mich nicht mitnehmen, er war mehrmals dort und brachte mir kleine Geschenke mit, was schwärmte er von dieser Stadt und versprach mir, dass wir später einmal gemeinsam dorthin fahren würden. Aber noch war nicht »später«! Unser dritter Sohn musste noch »angeschoben« werden. Techniker? Kaufmann? Irgendwie kam da in der Berufswahl noch keine Entscheidung zustande. Eine weitere kaufmännische Lehre brachte dann die Entscheidung in das »sowohl als auch«, technischer Kaufmann war das zukunftsweisende Konzept. Wie immer, verstand ich von dem ganzen Berufsgerangel nichts, ich wünschte mir einen mit sich glücklichen Sohn. In unserem Bekanntenkreis mussten wir wohl immer die Vorreiter für neue Wege sein, die Berufswelt änderte sich und die alte Stereotype vom »studierten Mann und dem lernenden Kaufmann« hatten sich geändert, nur in Bremen, der traditionellen Kaufmannsstadt, war das noch nicht überall angekommen. Die Wahl war richtig gewesen, unterbrochen von dem Wehrdienst, ging nun auch mein Jüngster seinen erfolgreichen Weg und wurde Betriebsleiter eines großen Unternehmens.

So hatte ich jetzt drei Söhne, mit deren bisherigen Lebenswegen ich zufrieden war, doch was waren meine Anteile an ihrer positiven Entwicklung gewesen? Manchmal fragte ich mich das und suchte nach Teilen von mir in meinen Kindern: Die noble Lebensart meiner Eltern? Die Genauigkeit und Beharrlichkeit meines Schwiegervaters? Die rheinische Lebenslust meiner Schwiegermutter? Der nie ruhende Erfindergeist von Theo? Wichtig war mir auch, dass die Drei sich untereinander verstanden, war doch der Altersunterschied, jedenfalls zwischen Ekkehard und Hartmut mit 10 Jahren sehr groß. Bisher geltende gesellschaftliche Formen befanden sich in der Wandlung, die sich auch in den Wertevorstellungen meiner Kinder niederschlugen. Mein jüngster war schon »ein Kind der 60er Jahre« während der Älteste mit seinem Bruder noch mit dem klassischen Erziehungsbild aufgewachsen war. In der Schule gab es noch die Ohrfeige, stures Auswendiglernen von Texten oder Vokabeln und die unumschränkte Autorität der Lehrkräfte. In der Generation meines jüngsten Sohnes begann sich manches anders zu gestalten, die Einfügung in das Elternhaus, der Umgang mit den Mädchen, die Ansichten zu dem Staat und der vorherrschenden Politik. Der Begriff »Grundsatzdiskussion« entstand. Auch ich verstand manches nicht mehr und hatte meine Vorbehalte, z.B. zu dem Umgang der Jungen mit den Mädchen, vielleicht besonders, weil wir ein »Männerhaushalt« waren. Es fehlte die »weibliche Intuition« in unserer Familie, mir gelang nur schwer der Weg zum Verstehen, wie heute die Geschlechter miteinander umgingen. Freier und zwangloser?

Mit Theo brauchte ich darüber nicht zu sprechen, er hatte da so seine Vorstellungen aus seiner Studentenzeit, die waren mir sattsam bekannt und für mich keine nachahmenswerte Vorstellung.

Kam ihr Bruder Erich zu Besuch, dann lebte sie richtig auf. Ein engerer Briefwechsel war langsam entstanden, und er nahm wieder die Stellung ein, die er bei ihr in den jungen Jahren gehabt hatte: Er wurde ihr Vertrauter, Rest der schlesischen Familie, Ansprechpartner in allen Lebensfragen. Vielleicht war er auch für sie Ausdruck einer verborgenen Sehnsucht nach den verschwundenen glücklichen Jugendjahren. Ihr war es nicht möglich nach Aschaffenburg zu reisen, dafür kam er öfters nach Bremen mit Neuigkeiten aus seiner Familie und aus der großen schlesischen Vertriebenenfamilie, die er maßgeblich in Bayern betreute. Da gab es Gespräche bis tief in die Nacht, er war Jurist und vermochte Argumente zu drehen und zu wenden. Charlotte liebte ihren Bruder nach wie vor und bedauerte, dass er so weit im Süden, in Aschaffenburg als Präsident des Oberlandgerichts, beheimatet war. Er war ihr Stütze und Ratgeber, wie in alten Zeiten, sagte sie immer. Sie tauschten Meinungen aus, an Theo vorbei, ihm war das egal, da war er tolerant, um nicht zu sagen, dass ihm der Meinungsaustausch gleichgültig war. Die Abende verbrachten sie über Fotoalben gebeugt und es zeigte sich als eine glückliche Fügung, dass ihr Theo ein so leidenschaftlicher Fotograf gewesen war. Glückliche Stunden verbrachte sie mit ihm, sicher rückwärtsgewandt, aber voll von gelebten glücklichen Tagen. Nach wie vor kam das Thema »Politik« in der Familie nicht vor, doch die Aktivität ihres zweiten Sohnes in der »Humanistischen Union« fand sie beunruhigend. Sie fühlte sich zwar an ihre eigenen öffentlichen Auftritte erinnert, die hatten aber einen christlichen Hintergrund gehabt. Ihr Bruder konnte auch hier vermittelnd helfen, und sie von den demokratischen Grundlagen des Vereins überzeugen. Sie las die grünen Plakate, das Programm, besuchte auch einmal eine Veranstaltung und konnte ihren fragenden Freunden bald beruhigend mitteilen, dass die Aktivitäten ihres Sohnes unbedeutend waren. Es gab keinen neuen Nachwuchspolitiker.

Wie »vom Himmel gefallen« fand im Juli 1964 die Verlobung ihres zweiten Sohnes statt. Wieso? Mit wem? Woher kannten die sich denn? Sie hatte nicht gewusst, dass die beiden in einem Fechtklub die Klingen kreuzten. Die Brüder wurden ausgefragt. Charlotte war irritiert, da war ihr wieder einmal in ihrer Familie eine Entwicklung entgangen. Von einer Reise kam sie mit Theo zurück, ihr Sohn erwartete sie. »Übrigens, ich heirate« hatten sie zur Begrüßung gehört. War damit gemeint, sie seien ihn nun endlich los? Wie auch immer, Charlotte war erfreut über die liebe, neue zukünftige Schwiegertochter. Die wirtschaftlichen Grundlagen waren, na ja man so, doch die beiden würden ihr Leben schon meistern, davon war sie überzeugt, und sie dachte wieder an den nie vergessenen Anfang ihrer Ehe mit Theo. Am 30.12.64 gab es eine sehr schöne Hochzeit. Die ganze alte und neue Familie war zusammengekommen und im Bremer Dom wurde geheiratet. Jetzt wurde es leer in ihrem Haus, nur ihr jüngster wohnte dort noch zeitweise, denn er war der Erste in der Familie, der einen Militärdienst absolvieren musste und die Heimaturlaube zu Hause verbringen konnte. Schick war er in seiner Ausgehuniform, stellte sie fest. Lange musste sie nicht warten, im Nov. 1965 kam eine süße zweite Enkeltochter, Andrea, zur Welt, jetzt hatte sie ein Enkelkind ganz in ihrer Nähe und doch so weit weg, wenn sie mit Theo auf Reisen war.

Das Weihnachtsfest wurde in dieser Zeit zum Mittelpunkt der Familie. Alle kamen zum Gänseessen und Charlotte erinnert sich:

War die Weihnachtsgans gar, dann war für mich Weihnachten. Um 5.00 Uhr stand ich auf, um mit der Zubereitung der Gans zu beginnen. Theo besorgte immer die Gans, woher auch immer, sie war natürlich »im Stück« und musste erst ausgenommen und manchmal auch gerupft und gebrannt werden. In der Suppe vor dem Hauptgang gab es das »Gänseklein«, also die essbaren Innereien wie Herz, Magen und Leber.

Dann wurde die Gans gefüllt mit Gewürzen und Äpfeln und die Braterei begann. Mit der Gabel wurde immer wieder von mir geprüft, ob das Fleisch gar war. Theo hatte schon Gänse angeschleppt, die zwar groß waren, dafür aber eine Ewigkeit benötigten, um gar zu werden, welcher Bauer die ihm wohl angedreht hatte? Und regelmäßig musste die Gans mit ihrem eigenen Fett begossen werden. An diesem Tage fiel meistens das Frühstück für mich aus, darüber war ich nicht traurig, kamen dann doch, wenn die Gans geglückt war, die schönen Mittagsstunden mit der Familie. Theo musste »den Vogel« in der Küche zerlegen, falls das Viech bei der Zerteilung noch irgendwo hin springen wollte. Die Soße musste sein, war aber immer ein Problem. Nur ganz heiß wollte sich das Gänsefett mit den Zutaten mischen, also immer wieder aufgewärmt und gerührt. Wenn dann die ganze Familie um den Tisch saß, ja dann war für mich Weihnachten. Ich kochte gerne und so war das ganze »drum herum« für mich nicht sonderlich schwierig. Als Nachspeise

Na also, doch eine Weiberwirtschaft mit Charlotte

gab es natürlich immer einen Obstsalat. Auf die »Gerüstsuppe«, die es in den schlechten Zeiten gegeben hatte, verzichteten wir alle gerne, nur im Spaß erinnerten wir uns an diese Scheußlichkeit, die aus der Not geboren worden war. Manchmal kam in den Gesprächen das »früher« dran, doch irgendwie wollten wir gar nicht hören, wie das so nach Kriegsende gewesen war. Wir sahen immer nach vorne, wie alles besser wurde und meine Jungs mit ihren Frauen erzählten von ihren kleinen Kindern, ein für mich nie langweilig werdendes Thema, wenn gleich ich mich mit irgendwelchen Ratschlägen immer zurückgehalten habe. Ich hörte zu, versuchte zu verstehen und dachte über das Gehörte nach, später. Und dann war Weihnachten vorbei, der Alltag hatte uns zurück. Manchmal gab es eine Silvesterfeier mit Freunden bei uns, eine Feier, die es in sich hatte und deren Überreste mit Konfetti und Luftschlangen uns noch über Tage erinnerten. Beim Bleigießen erfolgten so allerhand Deutungen für die Zukunft, wir waren natürlich nur an schönen Deutungen interessiert. Insgesamt: Was waren das für schöne Jahre!

Ein anderer Umstand rückte in den Mittelpunkt und rüttelte an ihrem ganzen Lebensgebäude: Theos Erkrankung, eher noch nicht beunruhigend, rückte mehr und mehr in den Vordergrund, die Ärzte waren für die Zukunft besorgt. Wieder war ein Zustand entstanden, der die beiden zusammenrücken lies. Lebten sie noch intensiver, genussfroher? In Bremen hatten sie ihren

Lebensmittelpunkt gefunden, und wenn ihrem Theo irgendetwas wiederfahren sollte, so würde Charlotte sich hier in ihrem gewohnten Umfeld am sichersten fühlen. Auseinandersetzungen gab es hin und wieder noch immer, doch anders als früher geführt. Theo gab nach.

Im Juli 1967 lässt Theo sich pensionieren. Charlotte war mit sich uneins. Sollte sie glücklich darüber sein, dass der ganze Berufskram, den sie immer nur am Rande verstanden hatte, beendet war, wobei natürlich auch die großzügigen berufsbedingten Reisen ihr Ende gefunden hatten, oder sollte sie dem ganzen aufregenden Leben mit Geschäftsfreunden nachtrauern? Sie hatten ihr Auskommen, die Kinder waren erwachsen, die häusliche Arbeit und ihre Freundeskreise füllten sie aus. War sie noch die »Nur-Hausfrau« von vor Jahren? Oder war sie nicht schon die »rechte Hand« von Theo in allen Lebensfragen? Er war tolerant geworden, schätze ihre Fürsorge und dennoch gab es Grenzen, die nicht überschritten werden durften. Seine enge Bindung zu einem Geschäftsfreund bis zu seiner Pensionierung, missbilligte sie und lautstarke Auseinandersetzungen waren die Folge, doch erfolglos, und wieder gingen zwei »Löwen« aufeinander los. Sie blieb unterlegen und nutze die Diplomatie mit einem »ich bin dabei, wenn die Geschäfte beendet sind« und das waren die vielen Stunden der Gemeinsamkeiten mit Theo und dem von ihr nicht geliebten Freund-Geschäftspartner. Ihr war nur diese Möglichkeit geblieben und sie nutze die Freiräume für sich, für ein schönes Leben. Theo hätte sich ein weniger abruptes Ende seiner Berufszeit gewünscht, vielleicht mit einem Beratervertrag, doch so gab es eine großartige Feier, arrangiert vom Firmenvorstand mit vielen Reden von Geschäftsfreunden, Geschenken, auch für Charlotte, denn jeder wusste, dass sie in den letzten Jahren mit ihrem diplomatischen Geschick fest hinter ihrem Mann gestanden hatte. Der labile Gesundheitszustand von Theo hatte sich immer wieder bemerkbar gemacht, wobei er sich dann ganz auf seine Frau verlassen konnte.

Mit wie viel Geschick sie auf den Dienstreisen Stimmungen steuerte, war bewundernswert, dass sie »dabei« war, wurde überall akzeptiert, redete sie ihrem Theo doch niemals in technische Dinge hinein. Am 3. Mai 1968 kommt ihr drittes Enkelkind, Gunnar, zur Welt. Drei Enkelkinder! Wer hatte das Glück schon in ihrem Freundes- und Bekanntenkreis? Noch immer wurde über Geld geredet, über das was wer hatte und nicht hatte. Aber sie hatte drei Enkelkinder, ihr ganzer Stolz. Und ihr jüngster Sohn war noch nicht verheiratet, da waren noch Kinder zu erwarten. Ja, sie lebte noch in einer Welt, in denen zum »Kinderkriegen« die Ehe dazu gehörte, von ganz wenigen Ausnahmen abgesehen. Die Ehe, das war noch das Versprechen »für das ganze Leben«, so wie sie sich mit Theo verbunden gefühlt hatte –»bis das der Tod uns scheide«.

Und der Tod kam, kaum, dass Theo sein jüngstes Enkelkind so richtig erleben konnte. Am 13. Nov. 1968 war die 38 Jahre anhaltende Ehe durch Gottes Wille beendet. Jetzt war Charlotte alleine und wie war noch der alte Spruch? »Eine Mutter kann fünf Kinder großziehen, aber die Kinder...? Und Charlotte? Sie war gefasst ganz in sich gekehrt, wie immer, wenn unabänderliche Schicksalsfragen auf sie zugekommen waren. Niemand weiß, was in ihr vorging, als sie jetzt alleine in ihrem Haus beim Kaffeetisch saß, oder welche Gedanken sie an den langen Wochenenden bewegten. Noch wohnte ihr jüngster Sohn bei ihr, der ihr auch bei den vielen kleinen Handreichungen half, die nun einmal in einem Haus erforderlich wurden.

Jetzt konnte sie die Gespräche nachholen, die sie seit Jahren vermisst hatte. Am Geburtstag ihrer Enkeltochter Andrea, am 25.Nov. war Charlotte zum Kindergeburtstag geladen. Sie war lieb zu den Kindern, es gab keine Träne, kein Klagen, fast schien es, als hätte sie unter einer ungeheuren Spannung gestanden, und als der Tag endete, fand sie Zuflucht dort, wo sie immer Trost gefunden hatte, in ihrer Herrenhuter Bibel. In einer kleinen Ausweistasche hatte sie einen Bibelspruch immer bei sich, an dem sie sich in verzweifelten Stunden versuchte aufzurichten:

»Sei nur voll Trost und Zuversicht, der Herr erhört dein Flehn, ja,
er erhört Gebete und spricht, Amen, es soll geschehen!«

Der tägliche Weg führte sie zu der Grabstelle und sie nahm Zwiesprache mit ihrem Theo, darüber jedenfalls hatte sie einmal gesprochen. Was wäre gewesen, wenn sie ihrem sich damals abzeichnenden beruflichen Aufstieg gefolgt wäre? Diese Frage hat sie später immer wieder bewegt.

Ja damals! Ich stand am Fuße einer beruflichen Leiter, damals in Bethanien. Ich hatte Erfolg mit meinen Vorträgen, den Radiosendungen, mich mochten die Menschen, ich hatte Gönner gehabt. Der Weg in die Verwaltung der Schlesischen Landeskirche war vorgezeichnet. Ich hätte nur »ja« zu sagen brauchen. Über Schlesien hinaus wäre mein Weg vorgezeichnet gewesen, nach Berlin, in die Zentrale. Neben dem beruflichen Erfolg hätte sich ein finanzielles Auskommen ergeben. Mit vielen Menschen wäre ich bei vielen Reisen zusammengekommen. Der Finger meiner Mutter hätte häufig über den Globus fahren müssen, um zu finden, wo im Deutschen Reich ich gerade gewesen wäre. Aber die Liebe? Es hätte eine Entscheidung geben müssen. Nicht wie heutzutage, wo die Karriere bei zwei Liebenden fortgesetzt wird, mit und ohne Trauschein, mit einer oder zwei Wohnungen, zusammenlebend an den Wochenenden, vielleicht auch krisenbelastet, mit unbestimmtem Ausgang, und ob beide die Trennungszeiten unbeschadet überstehen könnten. Nein, es gab nur entweder Trennung und beruflichen Erfolg oder Heirat und für mich Ende der beruflichen Ambitionen. Die Zeit war damals noch nicht reif für eine echte Gleichberechtigung der Geschlechter. Die Frau war noch dem Manne untertan! Wie hatten sich später bis heute die Ansichten über das Zusammenleben von Frau und Mann geändert!

Die Familie war von dem Tagesgeschehen wieder eingeholt. Ihr Bruder Erich war noch einige Tage bei ihr zu Gast, aber auch diese Tage waren gezählt. Es war für sie ein schwerer Schicksalsschlag, als ihr Bruder im November 1977 plötzlich verstarb. Zu der Trauerfeier fuhr sie mit ihrem Sohn Lothar nach Aschaffenburg und erlebte eine bewegende Abschiedsfeier mit vielen Reden aus dem Kreis der Stadtverwaltung und besonders von der Landsmannschaft der Schlesier in Bayern, für die er unermüdlich tätig gewesen war. Die Fahrt mit dem Auto war ein besonderes Erlebnis, denn sie sprach während der Fahrt über sich und ihr Leben. Nie wieder hat sie sich so in ihre Gedankenwelt schauen lassen.

»Bei einem Besuch meines Bruders schenkte er mir ein kleines Büchlein über die Heilige Hedwig und unsere Zeit. Das Buch hatte ihm anlässlich eines Schlesiertreffens Otto von Habsburg signiert.

Wie hatte ich mich über dieses Geschenk gefreut. Die alte Heimat lebte wieder auf.

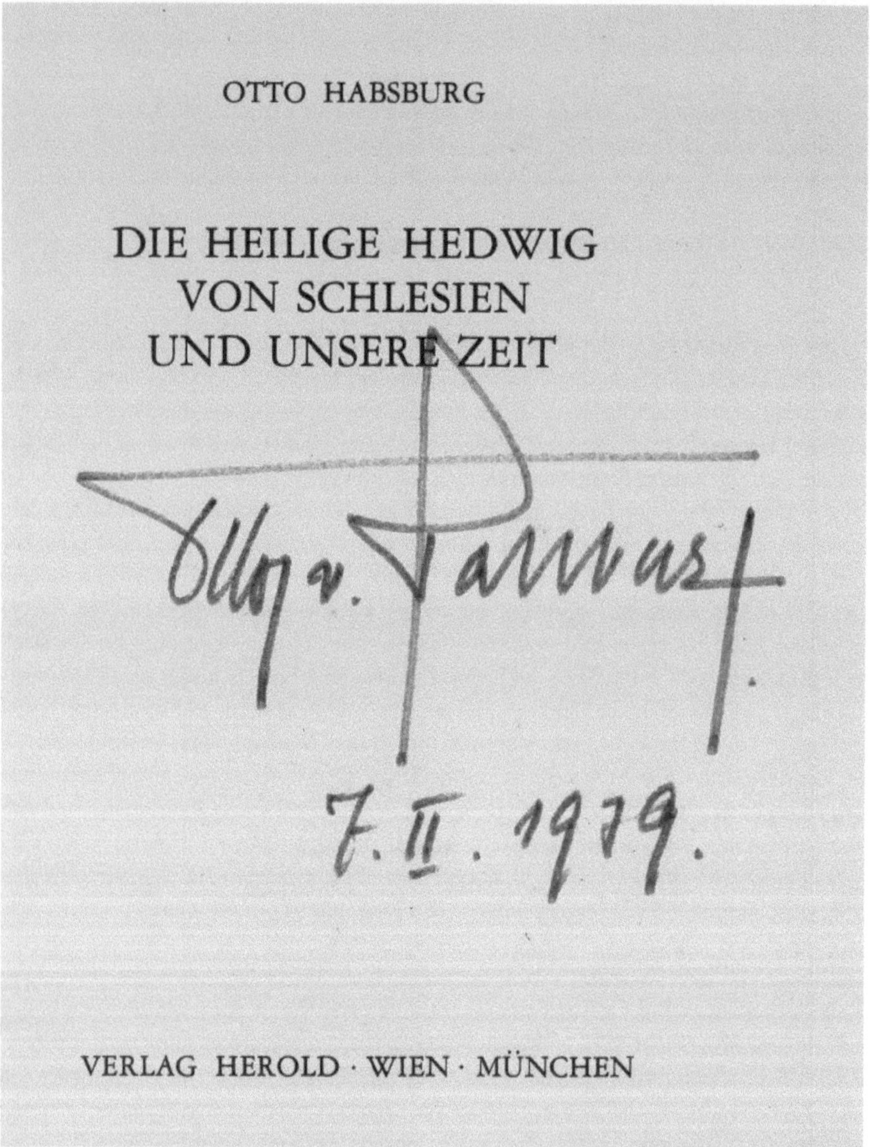

OTTO HABSBURG

DIE HEILIGE HEDWIG
VON SCHLESIEN
UND UNSERE ZEIT

7. II. 1979.

VERLAG HEROLD · WIEN · MÜNCHEN

Otto von Habsburg, Österreichischer Kaiserenkel

Nach Theo`s Tod kam das, was kommen muss, wenn jemand aus einer langen Zweisamkeit übrig bleibt. Charlotte war allein, keine Tagesplanungen mehr, keine Freude auf gemeinsame Feste oder Reisen, still wurde es aus der Ferne der früher geschäftlichen Aktivitäten alter Geschäftsfreunde. Es bewahrheitete sich eine alte Lebensweisheit: Kann oder will ich nichts dem Leben geben, so kommt aus dem Leben nichts zu dir. Schnell hatte Charlotte trotz aller Trauer erkannt, dass sie sich ihren Freunden, der Familie zuwenden muss. Ihre Ausgabenbücher, sorgsam geführt, weisen auf viele kleine Aufmerksamkeiten hin, die sie verschenkte und darauf, dass sie gerne und häufig eingeladen wurde, sie war beliebt in ihrem großen Freundeskreis. Für 1971 hat sie Ausgaben für Geschenke von DM 621,50 aufgeschrieben. Ihre Rente war nicht unermesslich, eher gerade so, dass sie ihr bisheriges Leben weiter führen konnte. Das Einkommen durch Theos Erfindervergütungen fiel bald fort, ebenso die früher üblichen Weihnachtsgeldzahlungen der Firma. Was konnte sie sich noch leisten? Den »Händedruck« für ein Kaffeetrinken im Urlaub ihrer Kinder? Nie sprach sie über ihre finanziellen Möglichkeiten, erst viel später mussten ihre Kinder sich einräumen, dass sie Hilfe durchaus hätte gebrauchen können.

Es schien, als wäre sie aus dem übermächtigen Schatten Theo`s Lebenslust herausgetreten. Ja, er war in Gesellschaft immer gerne gesehen gewesen, mit seiner spontanen rheinischen Lebenslust konnte sie kaum mithalten. Ihr Frohsinn war immer eher distanziert, mitgerissen von Theo. Die fest gefügten Freundeskreise ließen sie nicht allein, gemeinsame Reisen unternahm sie mit der einen oder anderen guten Bekannten. Sie lud ihre in Bremen lebenden Kinder ein und freute sich, wenn ihre Enkelkinder bei ihr zu Besuch waren. Das Haus und besonders der Garten waren ihr in den Sommermonaten Betätigungsfeld zugleich mit den langen Lesestunden auf ihrem schönen Balkon. Noch war sie nicht ganz allein, ihr jüngster Sohn wohnte, wenigstens zeitweise, bei ihr und sie versuchte etwas von dem nachzuholen, was sie, so meinte sie, in den vergangenen Jahren ihm nicht hatte geben können, Zuwendung. Immer ging eine echte Freude über ihr Gesicht, wenn eines ihrer Kinder einmal ohne Voranmeldung sie besuchen kam, war das ein Zeichen dafür, dass sie manchmal doch an einer Leere litt, dass Theo ihr als Gesprächspartner fehlte, vielleicht auch als Streitpartner? Eine neue Überraschung war dann die Verlobung ihres jüngsten Sohnes Hartmut im Sept. 1969. Ihr Lachen hatte sie inzwischen wieder gefunden, war Theo vergessen? Sicher nicht, in ihren stillen Stunden blätterte sie in ihren vielen Fotoalben und reiste in die Vergangenheit - mit ihrem Theo. Die immer größer werdende Familie war reich an Ereignissen, sie verbrachte manchmal viele Tage bei ihrem ersten Sohn Ekkehard in Hamburg. Mit Freude erzählte Charlotte im Freundeskreis, dass ihr zweiter Sohn als Architekt seine Wohnung selbst geplant hatte, mitten in einer größeren Wohnanlage. Schon im März 1970 konnte sie sich über ein neues Ereignis freuen, ihr jüngster Sohn heiratete im März 1970 im Dom und es gab eine sehr schöne Hochzeitsfeier nach einem ausgiebigen Polterabend. Was nur sie wusste, ihr zweiter Sohn wurde an diesem Tage in einer Freimaurerloge aufgenommen. Hatte sie sich gefreut? Damals vor mehr als 40 Jahren war es noch nicht üblich über diesen Männerbund offen zu sprechen. Charlotte sprach immer von dem großen Freimaurerfreundeskreis der Eltern, wenn überhaupt jemand daran interessiert war. Man lebte heute, dachte an die Zukunft, wer wollte schon etwas aus den alten Zeiten wissen. Charlotte schon, und so schenkten wir Kinder ihr zu ihrem 75. Geburtstag eine Reise nach Schlesien, von der schon berichtet wurde. Für sie war es nicht die Abschlussreise für vergangene, unwiederbringliche Zeiten. Noch einmal fuhr sie später in das Land ihrer Eltern, ihr Jugendland, das sie so geprägt hatte und von dem sie in der Erinnerung nicht lassen wollte. Wenn sie die Wiedervereinigung noch erlebt hätte? Ob sie dann vielleicht mit ihren Kindern zusammen nach Dresden gefahren wäre oder gar weiter nach Breslau? Die Spurensuche wäre leichter gefallen, die Suche in der Vergangenheit wäre durch ihre Begleitung leichter gewesen, die Steine wären lebendig geworden, wenn es nach dem schrecklichen Krieg noch Steine an ihrem alten Platz gegeben hätte. Was hatte sie auf der selbst besprochenen Schallplatte 1939 in Berlin ihren Kindern versprochen? ... »und wenn ihr groß seid, liebe Kinder, dann werden wir zusammen mit Euch die herrliche Reise von Bremen über München, Wien, Prag und Berlin wiederholen!«

Dresden! Fast zu Mitternacht stehen meine Frau und ich 1987 vor unserem Hotel in der Prager Straße. Noch gibt es die DDR. Wir kamen aus der Semperoper, hatten Dresden auf einer Stadtrundfahrt gesehen, aber wo Charlotte damals gewohnt hatte, wo konnte das wohl sein? Reiseteilnehmer drängten um die Gelegenheit zu nutzen und zu der Uhlandstr. zu laufen, weit konnte es nicht sein. Ein Stadtplan, eine Rarität damals, wurde besorgt und wir gingen los, allein auf dunklen Straßen, am Bahnhof vorbei, immer weiter. Keinen Menschen gab es, den wir hätten fragen können. »Eine Querstraße noch, dann drehe ich um, hier ist nur aufgeräumte Wildnis und zwei nicht mehr normale Menschen, die nach Mitternacht durch menschenleere Straßen laufen«, stellte meine Frau ganz nüchtern fest. Die nächste Querstraße war dann die Uhland Straße. Und keine Häuser, das war im Dunklen zu erkennen. Doch ein Haus stand auf der einen Straßenseite, allein, ein trauriger Hinweis, wie alle Häuser einmal ausgesehen hatten. So hatte ich mir das nicht vorgestellt, nichts, aber auch gar nichts erinnerte an die schöne Straße von damals. Wie sollte ich erklären, dass hier Charlotte sechs ihrer glücklichsten Lebensjahre verbracht hatte? Auf dem Rückweg zu unserem Hotel waren wir schweigsam. Wieder hatten wir eine Lebensstation von Charlotte gefunden, wieder eine, wie andere, aus der wir nicht mehr erkennen konnten, dass es überhaupt möglich gewesen war, dort zu leben. Unschlüssiger denn je war ich damals und bin es bis heute, ob es einen Sinn machen könnte irgendwann einmal nach Breslau oder Schweidnitz zu reisen.

1971 wird Charlotte 65 Jahre alt, wie immer sind ihre Kinder und Enkelkinder bei ihr. Zugleich wird ihre Wahlheimatstadt Bremen eintausend Jahre alt. In einem aus diesen Anlass herausgegebenen »Merian« heißt es:

> *»Vor einem Jahrtausend verlieh Kaiser Otto I. dem Erzstift Bremen das große Marktprivileg mit dem Königsschutz für die eingesessenen Kaufleute. Dank dieser Gunst und eigener Tüchtigkeit stieg Bremen zu einer der schönsten und mächtigsten Städte des europäischen Nordens auf.«*

Und wir, Anka und Lothar, reimten für sie:

> *1000 Jahre Bremen, 65 Jahre Leben, 29 Jahre hier,*
> *noch viele Jahre wünschen wir gesund und munter Dir*

In den nächsten Jahren werden ihr noch zwei Enkelkinder, Markus im April 1972 und Christoph im März 1975, geschenkt. Mit fünf Enkelkindern und drei verheirateten Söhnen, die es alle zu etwas gebracht hatten, fühlte sie sich vom Leben beschenkt. Die Visitenkarten ihrer Söhne trug sie immer bei sich, wer will konnte da lesen, was aus ihren drei Jungen geworden war. Fröhlich ging es zu, wenn alle beieinander waren und sie genoss es auf ihre Art, wenn Spaß und Unterhaltung den Tag mit den Kindern beherrschten. Sie fühlte sich nicht als Mittelpunkt eher im Hintergrund steuerte sie den Tag und machte, wie fast immer, ihre eigenen Beobachtungen, die sie in ihrem Herzen verschloss. Zu ihrem 75. Geburtstag 1981 hatte sie die ganze Familie, auch die ihrer Schwägerin, in das Logenhaus zu einer Feier eingeladen. Auf einem der vielen Fotos ist sie mit ihren fünf Enkelkindern, die um sie als Mittelpunkt herumstehen, zu sehen.

Kann es für eine Mutter etwas Schöneres geben, als zu sehen, dass ihre Kinder in ihrem Leben glücklich geworden sind? Zusehen, wie ihre Enkelkinder heranwuchsen, wobei ich besonders mich um die Kleinen meines jüngsten Sohnes kümmern konnte. Die Spaziergänge mit Ihnen, das Einhüten mit den gute nacht Geschichten, ja, immer wieder freute ich mich auf diese Stunden.

So schreibt sie später in ihren Erinnerungen und betont weiter, wie sie es genossen hatte, als sie zum 50. Geburtstag ihres ältesten Sohnes Ekkehard in Hamburg eingeladen wurde. Wie hat sie sich gerade an diesem Tag an die großartigen Feiern in ihrem Elternhaus erinnert. Damals war sie das heranwachsende Mädchen, umworben von Tänzern, umsorgt von ihren Eltern. Heute überblickte sie von ihrem Ehrenplatz neben ihrem Sohn die ganze elegante Gesellschaft, sie war auf diesem Fest nicht der Mittelpunkt für ihren Sohn, und doch war sie an diesem Tage fest davon überzeugt, dass es ihr gelungen war ihrem Sohn, das weitergegeben zu haben, was ihr von ihren Eltern an großzügiger Lebensart überkommen war. Die Fotos des Fotografen zeigen sie, wie meistens, nachdenklich, eher nach innen gerichtet, bescheiden aber glücklich. Weggewischt waren für Stunden die Zukunftssorgen, die Gedanken, wie ihr Leben weitergehen würde.

Familientreffen in ihrem Haus waren für sie immer eine große Herausforderung. Dem Gedanken ihr Haus zu verkaufen und eine kleine Wohnung zu nehmen, schon wegen der einfacheren Bewirtschaftung, schenkte sie keine Sekunde Raum. Theos Haus, ihr gemeinsam erfüllter Wunsch, nie würde sie an eine solche Veränderung denken wollen! Später gestand sie einmal: Sie mache sich große Sorgen um ihre Zukunft, sie wisse nicht, wie ihr Leben weiter gehen solle. Angst hatte sie vor dem kommenden Alter, jetzt mit 73 Jahren, und sie dachte daran, wie ihre Mutter in Arnsdorf, wenn auch in der Nähe ihres Sohnes, in einem kleinen Zimmer eines Altersheimes zuletzt gelebt hatte. Ein Zeitsplitter war dieses Gespräch, ein winziger Blick in ihr innerstes Denken, sonst immer durch Beherrschung jedem verwehrt. Am 22. Mai 1983 notiert sie in ihrem als Tagebuch genutzten Kalender: »Kinder heute zum Spargelessen bei mir«. Für den nächsten Tag folgt die Eintragung: »Krankenhaus St. Joseph-Stift«. Am 24. Juli lautet die Eintragung: »Wohnung besichtigt«. Wohnung? Es war ein kleines 1-Zimmerappartement mit einem Balkon in einem Seniorenwohnheim. Schön? Zu klein? Wo bleiben die Möbel? Fragen dieser Art hatte sie nicht.

Sie ging, als sie wieder zu Hause war durch ihr Haus, und nahm Abschied. Ihre Schwiegertochter aus Hamburg betreute sie dort, nachdem sie aus dem Krankenhaus entlassen worden war. Zu dem 8. August 1983 schreibt sie in ihren Kalender: »Einzug«. Mehr nicht. Am 16. Oktober 1983 notiert

Die ganze Familie, Charlottes 75. Geburtstag

sie: »Jetzt die 9.Woche hier«. Es war ihre letzte Eintragung, nachdem sie über Jahre für sich Tagesereignisse als Stichworte notiert hatte, kommentarlos.

»Gott hat den Menschen die Ewigkeit ins Herz gelegt«,

war auf einer Anzeige in der Tageszeitung zu lesen.

Für Charlotte war am 11.12.83 der Abschied aus der irdischen Welt gekommen, die Ewigkeit hatte sie aufgenommen. Wie ein Vogel war sie zum Himmel geflogen, so jedenfalls hatte sie sich das einmal gewünscht.

Publikationen von Lothar Neimke

Im Bereich Biografien und Belletristik

Sturmzeiten -Ein Frauenleben zwischen Pflicht und Leidenschaft
United p.c. Verlag Östereich 1. Auflage 2013
ISBN 978-3-8504-0893-6 (vergriffen)

Bauen und mehr -aus dem Leben eines Bremer Architekten
Langenbruch, Druck und Medien 1. Auflage 2017
ISBN 978-3-9472- 6902-0

Anthologie -kreuz und quer
Langenbruch Druck und Medien 1. Auflage 2018
Privatedition

Dumm gelaufen - Die Haustürabholung
Langenbruch, Druck und Medien 1.+ 2. Auflage2017
3. Auflage 2018

Aus Film und Funk

Zeitzeugen - Der Bunker in Rablinghausen, ein Kurzfilm
von Peter Nobmann mit dem Zeitzeugen Lothar Neimke u.a.

Quellennachweise

Tagebücher, Briefe, Studienaufzeichnungen von Charlotte S.
Janusz Korczak: Wie man ein Kind lieben soll, Vandenhoek & Ruprecht, Die Welt 2004
Pastor sprach Segen auf Polnisch, J.Korczak Hauseinweihung in Bremen, Weser Kurier 1982
100 Jahre Montessori-Pädagogik., Hilf mir, es selbst zu tun, Die Welt .
Im Zeichen der Menschlichkeit, Karl König, Pilgramshain/Schl., Verlag Urachhaus, Stuttgart, 1968
Die Bibel oder die ganze Heilige Schrift Dr. Martin Luther, Berlin 1885 Familienbibel der Familien Hoffmann in Militsch, Lüben, Schweidnitz und Saarau
Der Schlesier, Breslauer Nachrichten, Nr. 49, 39. Jahrgang. 09.12.1977

Schlesischer Rundfunk, Breslau 1930 In »Schlesische Funkstunden« Organ der Sendegesellschaft.
Beiträge von Charlotte
Geheime Miterzieher
    Wo bleiben unsere aufsichtslosen Schulkinder?
    Weihnachten, seine Vorbereitung und Ausgestaltung u.a.

Vortrag in Bunzlau , 08.12.1930 , Einweihung der Kleinkinderschule
Wie wir uns die Mütter wünschen
Vortrag in Schwarzbach, 20.09.1930
Die familienmässige Erziehung im Kindergarten und Hort

Ostdeutschland, 20 Fragen - 20 Antworten, Dr. Erich Schlüter, 1950
Hauptdaten der Weltgeschichte, K. Plötz, Verlag Aufbau und Wissen, 1950
Breslau, Hauptstadt Schlesiens, Gräfe und Unzer Verlag, H. Hupka, 1956
Geliebtes Breslau, Gräfe und Unzer Verlag, 1966
Diercke Schulatlas, Verlag George Westermann, 1912
Karte des Deutschen Gross-Logenbundes, Lampson & Martin, 1907
Geographie für höhere Lehranstalten, 5. Heft, F. Hirt Breslau, 1923
Taschenbuch »Deutschland«, 1941, Statistik
Die nebenkirchlichen religiösen Gem. Schlesiens, Oscar Heinze Verlag, 1936
Stadtplan von Breslau, Gräfe und Unzer Verlag, 1958
Chronik der Deutschen, Chronik Verlag, 1983
Am Rande einer neuen, besseren Welt, Die Welt 01.2010
Soli Deo Gloria, Selbstverlag Diakonissenhaus Michlowitz, 1923
    Schwester Eva Friedenshort, Eva von Thielen-Winckler

Frauenhilfe, Nachrichten der Reichsfrauenhilfe Deutschlands: 1950 Nr. 8
Der Himmel war unten, Hugo Hartung, Bergstadtverlag, München 1951
Das Bild der Erde, Statistik, Velhagen und Klasing, 1930
Bremen Kaputt, Chronologie, Brockkamp Verlag, 1983
Kriegsende in Bremen, Edition Temmen, 1995 (Tagebuch Kriegsende Dr. Mertz)
Schlesische Reise, 1000 Jahre Breslau, Ekkehard Kuhn, Ullsteinverlag Berlin
Burgen und Schlösser in Schlesien, Pilgramshain, Verlag W.Weidlich 1962

Der Autor

Lothar Neimke bei der IHK Zwickau

Lothar Neimke, 1935 in Dresden geboren, lebt seit 1938 in Bremen. Als freischaffender Architekt, Fachbuchautor und Dozent ist er mit Fachthemen bekannt geworden.

Sein Anliegen ist es mit dem Buch »Gestern ist nicht vergessen« Erfahrungen einer Generation zu bewahren und weiterzugeben, die aus heutiger Sicht unter kaum noch vorstellbaren Umständen in einem »verlorenen Jahrhundert« gelebt hat und sich doch ihr persönliches Glück erhalten konnte.